本书的出版得到郑州大学"双一流"建设项目

——"考古学学科建设创新中心专项"资助

本书是"河南省四个分时期专题历史文化研究课题"

暨"河南省南水北调中线工程文物保护项目研究课题"成果

郑州大学"中原历史文化"研究丛书第 15-1-6 卷

东周郑韩文化的考古学研究

——以郑州地区都城和墓葬材料为中心

陈钦龙　著

科学出版社

北　京

内 容 简 介

本书是一部专注于东周时期郑韩文化考古学研究的专著。作者以郑州地区的郑、韩两国都城及墓葬材料为核心考察对象，结合相关文献资料，对两国的疆域进行了细致的动态分析，并深入探讨了郑韩故城的形制、布局及其特征。书中对郑州地区东周时期的墓葬进行全面研究，包括墓葬的分期、等级、器用制度和丧葬习俗等，揭示了郑韩墓葬的显著特点及其发展变化的规律。本书还致力于复原郑韩文化的全貌，探讨其主要特征和演进过程，并分析了郑韩文化变迁与王朝更迭之间的内在联系。

本书适合考古学、历史学及相关学科的研究者和大专院校相关专业师生阅读、参考。

图书在版编目（CIP）数据

东周郑韩文化的考古学研究：以郑州地区都城和墓葬材料为中心／陈钦龙著. -- 北京：科学出版社，2024. 6. --（郑州大学"中原历史文化"研究丛书）. -- ISBN 978-7-03-078883-2

Ⅰ.K878.34；K878.85

中国国家版本馆 CIP 数据核字第 2024YB3110 号

责任编辑：闫广宇／责任校对：邹慧卿
责任印制：张　伟／封面设计：北京有道文化传播有限公司

科学出版社 出版
北京东黄城根北街 16 号
邮政编码：100717
http://www.sciencep.com
北京汇瑞嘉合文化发展有限公司印刷
科学出版社发行　各地新华书店经销
*
2024 年 6 月第　一　版　开本：787×1092　1/16
2024 年 6 月第一次印刷　印张：16 1/2
字数：317 000
定价：158.00 元
（如有印装质量问题，我社负责调换）

序

在西周社会发展的基础上，东周时期各列国地方性文化崛起，分封制向郡县制的转变，意味着以血缘关系为中心的政治统治方式向国家集权转变，逐渐形成了多元并蓄、百花齐放的历史文化格局。尤其是以铁器为核心的先进工具的不断普及和使用，伴随各诸侯国一系列经济制度的改革，重新塑造了新的社会阶层和生产关系，产生了诸多影响深远的原典思想和文化，这些内容和变化在两周考古的发现中都有充分展示。因此，从整体、系统、动态的大历史、大考古观念出发，关于东周列国文化形成与发展的考古学研究乃至阐释就显得非常重要（可谓"轴心时代"考古），一直是学界关注、研究的重点与热点。

东周列国的考古发现主要集中在城聚、陵墓、手工业、农业等领域的材料，能够集中反映一个国家政治、经济、文化、军事、社会等综合发展水平指数的要素一定是当时的都邑遗址。东周时期郑韩两国相继掌控了中原地区的核心地带，其考古学文化的分期不仅具有标尺性的作用，更因其文化因素的延续性、融合性、创新性，从中可以窥视到商周母体文化到郑韩地域文化再到秦汉政治文化统一的演进历程。郑韩故城作为著名的东周列国都城之一，其重要的考古发现和深入研究，无疑具有典型性标本考古或标准考古的学术价值。进之，对郑韩两国文化的考古学综合研究，也具有重要的历史意义。

陈钦龙博士的学位论文《东周郑韩文化的考古学研究》就是基于这样一个背景产生的，当然，前提是考古资料的发现必须比较充分。现在历经八年，论文经过不断修改，即将付梓出版之际，一方面陈述了该书稿的来龙去脉，另一方面也是检验其研究成果与结论是否合乎当时历史发展转型的逻辑。通观这部书稿，作者充分利用现有的考古资料，广泛吸收和借鉴前人的研究成果，以郑州地区的两国都城和墓葬为中心，结合相关文献资料，尝试复原郑韩文化的主体面貌、特征和演进过程，这是研究的主线条、主目标。

具体而言，书稿有如下几个特点。首先，动态地考察了郑韩两国的疆域变迁，描绘出一幅流动的历史画卷。其次，通过对出土陶器的细致分析，将郑州地区东周墓葬划分为六个时期，揭示了陶器文化因素的历时性阶段变化。再次，综合多种因素，将东周墓葬分为五个等级，为理解东周社会结构的发展轨迹提供了有力的证据。最后，深入考察了墓葬中的"守旧"与"创新"现象，揭示出当时社会丧葬习俗、观念文化与社会阶层（人群）的关系。

如众所知，公元前375年韩哀侯灭了郑国，迁都新郑，两个诸侯国连续共用了同一都邑，这成为书稿努力解决的一个重要学术命题，即王朝更替过程中考古学文化的表现如何，进之讲清楚"变与不变"的内在成因。针对这一点，作者在对郑韩器物文化描述和分析基础上，从历史面貌和发展轨迹的角度，通过对郑韩文化演变的综合考察，得出了在王朝更替过程中，考古学文化虽然会发生变化，但文化变迁存在明显的滞后性和显著的差异性，这一观点为我们理解古代历史文化的传承与变迁提供了重要学理经验和研讨实践。

当然，由于考古发现的不充分以及文献记载的语焉不详，书稿研究还存在一定的局限性，如郑韩早期文化的面貌和特征、郑韩故城的营建流程等问题还有待进一步的考古研究。另外，正如前面叙述的选题背景成因，这部著作虽然为我们理解东周列国文化及相关问题提供了重要的参考和借鉴，但对"轴心时代"考古的深入释读和精准解析工作永远在路上。

教学相长，桃李不言。陈钦龙博士在郑州大学考古学专业完成了本科与硕士学业，在攻读博士学位前，又在南京地区从事了四年的考古工作，积累了扎实的田野发掘功底和丰富的学术实践，现在成为郑州大学考古学科的一名青年教师。作为硕博阶段的导师，随着书稿的出版，一方面对钦龙在学术道路上的成长和进步感到欣慰，希望这一著作给东周列国文化及相关领域的深化研究带来新的推动力，并成为该领域的一块重要研究基石，为后来的研究者提供有益的启示和借鉴。另一方面期待他在日后的工作中继续深化东周时期历史考古研究，取得更加突出的成绩，为考古学界和文化教育领域贡献更多的智慧和力量。

韩国河

2024 年 5 月

目　　录

插 图 目 录

插 表 目 录

绪　　论

东周时期是中国古代社会的转型期，旧社会基础结构崩溃而新社会的统治模式又未形成，造成阶级升降的频繁、士阶层的活跃、自由迁徙与择业环境的逐渐宽松以及市场经济的快速发展，这又进一步激发了社会深层次的活力，推动了社会的进步与发展[①]。郑国和韩国是东周历史舞台上的两个重要诸侯国，韩灭郑并迁都新郑以后，郑韩文化紧密联系在一起。在社会大变革的时代背景下，郑韩文化呈现出不同的面貌和演变轨迹，其文化变迁与王朝更替密切相关。

第一节　相关概念说明

一、郑韩文化

参照学界关于楚文化[②]和秦文化[③]的界定，郑文化就是周代郑人及相关人群创造和使用的、自身特征明显的考古学文化遗存及其所反映的物质、精神文明等诸多内容。换言之，郑文化是指最初由郑人在郑国境内创造的一种文化，这种文化具有较多不同于其他文化的特征，并伴随着历史进展不断变化，而具有这种特征的文化遗存，基本都可归入"郑文化"的范畴。此外，那些被纳入郑国统治范围、与郑有密切关系且基本接受郑文化的其他人群，在同时期、同地域内所创造和使用的、与郑文化面貌相同或相近的古代遗存，亦属于"郑文化"的范畴。韩文化的概念和内涵与郑文化相似。

根据上述概念，郑韩文化的时间范畴应比郑韩两国具体的存在时间稍长。郑文化可早至西周末年桓公封于郑，消亡于韩灭郑以后的一段时间。韩文化应发生在韩人建国之前，即始于春秋中期韩万封于韩原，三家分晋后，韩氏已有国家之实，此前的韩文化可称为"韩早期文化"，常被归为"晋文化"[④]。战国晚期秦灭韩以后，韩文化并未戛然而止，而是延至秦代甚至西汉初年。

①　杨师群：《东周秦汉社会转型研究》，上海：上海古籍出版社，2003 年，第 234 页。
②　俞伟超：《关于当前楚文化的考古学研究问题》，《先秦两汉考古学论集》，北京：文物出版社，1985 年，第243~253 页。
③　梁云：《秦文化的发现、研究和反思》，《中国历史博物馆馆刊》2000 年第 2 期，第 65~71 页；滕铭予：《秦文化：从封国到帝国的考古学观察》，北京：学苑出版社，2002 年，第 3~4 页；雍际春：《秦文化与秦早期文化概念新探》，《西安财经学院学报》2007 年第 4 期，第 5~10 页。
④　刘绪：《晋文化》，北京：文物出版社，2007 年。

二、郑 州 地 区

本研究中的郑州地区，并非指今郑州市行政辖区，而是指以国都新郑为中心的郑、韩两国疆域重合的腹心区域，地理范围东至开封尉氏，南至漯河，西至登封与郏县一线，北至黄河。

三、王 朝 更 替

东周时期王室衰微明显，基本丧失了对各诸侯国的控制能力，各国拥有相对独立的行政能力。因此，本研究中的王朝更替不仅包括诸如"小邦周"取代"大邑商"这样传统意义上的改朝换代，还包括东周时期列国之间的兼并行为，以及三家分晋和田氏代齐等诸侯国内部政治的剧变。

第二节　研究对象和时空范围

一、研 究 对 象

关于郑韩文化遗存的考古工作主要围绕都城和墓葬展开，对小型遗址和普通聚落重视不足。鉴于资料的严重不平衡性，本研究选择考古资料较为丰富的都城和墓葬作为主要研究对象。

由于郑迁都新郑前的都邑情况不明，韩都平阳未见相关资料，韩都宜阳[①]和阳翟[②]也多为调查资料，唯郑韩故城资料较为翔实[③]，且城址布局较为清晰，本研究以新郑作为都城考察的重点，兼顾其他都城和一般城市。

墓葬研究的对象包括竖穴土坑墓、空心砖墓、土洞墓和瓮（瓦）棺葬四类，不包括灰坑葬[④]。需要说明的是，赵、韩两国均设有上党郡，其中的一些城邑时而归韩，时而属赵。

---

① 赵安杰：《战国宜阳故城调查简报》，《中原文物》1988年第3期，第8~12页；蔡运章：《韩都宜阳故城及其相关问题》，《甲骨金文与古史研究》，郑州：中州古籍出版社，1993年，第290~312页。

② 刘东亚：《阳翟故城的调查》，《中原文物》1991年第2期，第77、85~86页。

③ 郑韩故城的科学考古工作始于20世纪60年代，考古资料见河南省博物馆新郑工作站、新郑县文化馆：《河南新郑郑韩故城的钻探和试掘》，《文物资料丛刊（3）》，北京：文物出版社，1980年，第56~65页；蔡全法：《40余年来郑韩故城考古重要收获》，《蔡全法考古文集》，北京：科学出版社，2012年，第106~118页；蔡全法：《郑韩故城的发现与研究》，《华夏都城之源》，郑州：河南人民出版社，2012年，第252~265页；马俊才：《郑、韩两都平面布局初论》，《中国历史地理论丛》1999年第2期，第115~129页；马俊才：《郑韩两都之考古学复原研究》，《华夏都城之源》，郑州：河南人民出版社，2012年，第283~306页。另，《中国考古学年鉴》载有郑韩故城历年发掘概况。

④ 如新郑寺东高遗址M2，见郑州市文物考古研究院：《河南新郑市寺东高遗址周代遗存发掘简报》，《中原文物》2015年第5期，第4~12页。

虽有学者探讨了两国上党郡的范围及界线①，但是关于此地区战国墓葬的国属仍存有争议，常被视为赵文化的范畴②。本研究亦曾尝试从墓葬特征及随葬品等方面来界定其国属，但并不能得出令人信服的结论，因此长治地区韩国墓葬不在本研究之列。同时，为了更好地反映郑韩文化变迁与王朝更替的关系，本研究以郑州地区东周墓葬作为考察中心。

据初步统计，已公布的郑州地区东周墓葬共计2500余座③，主要分布在新郑、郑州④、登封、禹州四地，包括新郑烟厂⑤、李家村⑥、唐户⑦、东城路⑧、西亚斯⑨、中行⑩、兴弘花园与热电厂⑪、铁岭⑫、郑韩路⑬、大高庄⑭、赵庄⑮、蔡庄⑯、河李村⑰、一中新校区⑱、

① 路伟东：《战国上党郡考》，《面向新世纪的中国历史地理学——2000年国际中国历史地理学术讨论会论文集》，济南：齐鲁书社，2001年，第291～299页。

② 张辛：《中原地区东周陶器墓葬研究》，北京：科学出版社，2002年，第129～130页；张渭莲、段宏振：《东周赵国考古学文化的演进历程》，《中国国家博物馆刊》2016年第1期，第27～35页。

③ 其中包括小部分时代特征不明显、年代可能延至秦或西汉初的墓葬。本研究统计数据仅为已公开发表的墓葬资料，不包括《中国文物报》《中国考古学年鉴》以及考古单位所公布的墓葬通讯或概况等。

④ 战国时期周的统治区域在今河南洛阳、偃师、孟津、汝阳、巩义等一带，且今巩义市一度为东周惠公所居之都城。因此，在对郑韩统治腹地的墓葬进行考察时，暂不把巩义东周墓纳入其中。

⑤ 孟昭东：《河南新郑出土的战国铜器》，《考古》1964年第7期，第368页。

⑥ 河南省文物考古研究所新郑工作站：《河南新郑县李家村发现春秋墓》，《考古》1983年第8期，第703～706页。

⑦ 开封地区文管会、新郑县文管会、郑州大学历史系考古专业：《河南省新郑县唐户两周墓葬发掘简报》，《文物资料丛刊（2）》，北京：文物出版社，1978年，第45～65页。

⑧ 河南省文物研究所新郑工作站：《新郑县东城路古墓群发掘报告》，《中原文物》1988年第3期，第13～21页。

⑨ 河南省文物考古研究所：《新郑西亚斯东周墓地》，郑州：大象出版社，2012年。

⑩ 河南省文物考古研究所：《新郑郑国祭祀遗址》，郑州：大象出版社，2006年。

⑪ 河南省文物考古研究所：《郑韩故城兴弘花园与热电厂墓地》，北京：文物出版社，2007年。

⑫ 郑州市文物考古研究院、河南省文物管理局南水北调办公室（下同）：《南水北调新郑铁岭墓地发掘简报》，《文物春秋》2008年第5期，第40～48页；《新郑铁岭墓地M429发掘简报》，《中原文物》2010年第1期，第4～8页；《新郑铁岭墓地M550发掘简报》，《中原文物》2010年第5期，第4～10页；《河南新郑市铁岭墓地M458发掘简报》，《文物研究》第17辑，北京：科学出版社，2010年，第124～130页；《新郑铁岭墓地M709、M722发掘简报》，《文物春秋》2012年第1期，第34～40、71页；《新郑铁岭墓地M1404、M1405发掘简报》，《中原文物》2012年第2期，第10～18、29页；《新郑铁岭墓地M1414发掘简报》，《东方博物》第49辑，杭州：浙江大学出版社，2013年，第5～20页；《新郑铁岭墓地M308发掘简报》，《中原文物》2014年第2期，第4～17页。

⑬ 河南省文物考古研究所新郑工作站：《新郑市郑韩路6号春秋墓》，《文物》2005年第8期，第39～46页。

⑭ 赵清、王文华、刘松根：《河南新郑新禹公路战国墓发掘简报》，《考古》1994年第5期，第397～404页；郑州市文物工作队、新郑县文物保管所：《河南新郑大高庄东周墓》，《文物》1995年第3期，第16～30页。

⑮ 郑州市文物考古研究院、河南省文物管理局南水北调文物保护办公室：《新郑市赵庄东周墓葬发掘简报》，《中原文物》2011年第3期，第9～16页。

⑯ 河南省文物研究所新郑工作站：《新郑县蔡庄东周墓葬发掘简报》，《中原文物》1987年第4期，第49～55页。

⑰ 河南省文物研究所新郑工作站：《新郑县河李村东周墓葬发掘简报》，《中原文物》1987年第4期，第56～61页。

⑱ 何扬：《河南新郑一中新校区墓地东周墓葬发掘简报》，郑州大学硕士学位论文，2015年。

华信学院新校区[①]、合兴石业[②]、双楼[③]、寺东高[④]、李家楼[⑤]、后端湾[⑥]、许岗[⑦]、胡庄[⑧]、郚楼[⑨]、黄帝故里[⑩]、侯家台[⑪]等地，郑州岗杜[⑫]、碧沙岗[⑬]、二里冈[⑭]、白庄[⑮]、凤凰台[⑯]、布袋李[⑰]、官庄[⑱]、西史赵村[⑲]、纺织机械厂[⑳]、化工地质勘探总院和省邮电器材公司[㉑]、

① 河南省文物考古研究院：《新郑华信学院新校区空心砖墓葬发掘简报》，《中原文物》2017 年第 6 期，第 18～31 页。

② 宋婷：《新郑市合兴石业东周墓地发掘报告》，郑州大学硕士学位论文，2013 年。

③ 河南省文物考古研究院：《新郑双楼东周墓地》，郑州：大象出版社，2016 年。

④ 郑州市文物考古研究院：《河南新郑市寺东高遗址周代遗存发掘简报》，《中原文物》2015 年第 5 期，第 4～12 页。

⑤ 蔡全法：《新郑李家楼青铜器钩沉》，《蔡全法考古文集》，北京：科学出版社，2012 年，第 157～168 页。

⑥ 张志清主编：《中原文化大典·文物典·陵寝墓葬》，郑州：中州古籍出版社，2008 年，第 230～231 页；新郑市文物管理局：《新郑市文物志》，北京：中国文史出版社，2005 年，第 87～88 页。

⑦ 河南省文物研究所新郑工作站、新郑县文物保管所：《新郑县辛店许岗东周墓调查简报》，《中原文物》1987 年第 4 期，第 62～68 页。

⑧ 河南省文物考古研究所：《河南新郑胡庄韩王陵考古发现概述》，《华夏考古》2009 年第 3 期，第 14～18 页。

⑨ 河南省文物考古研究院：《新郑天利两周墓地》，上海：上海古籍出版社，2018 年；河南省文物考古研究院：《新郑郚楼两周墓地》，上海：上海古籍出版社，2020 年。

⑩ 河南省文物考古研究院：《河南新郑黄帝故里景区东周墓葬发掘简报》，《华夏考古》2022 年第 5 期，第 49～60 页。

⑪ 河南省文物考古研究院、武汉大学历史学院考古系：《河南新郑市侯家台墓地三座东周墓》，《考古》2022 年第 10 期，第 64～78 页。

⑫ 河南省文物工作队第一队：《郑州岗杜附近古墓葬发掘简报》，《文物参考资料》1955 年第 10 期，第 3～24 页；郑州市文物考古研究所：《郑州市南阳路家世界购物广场战国墓葬发掘简报》，《华夏考古》2006 年第 2 期，第 3～32 页。

⑬ 河南省文化局文物工作队第一队：《郑州碧沙岗发掘简报》，《文物参考资料》1956 年第 3 期，第 27～40 页。

⑭ 河南省文化局文物工作队：《郑州二里冈》，北京：科学出版社，1959 年。

⑮ 郑州市文物考古研究院：《郑州市中原区白庄东周墓发掘简报》，《洛阳考古》2014 年第 3 期，郑州：中州古籍出版社，2014 年，第 3～17 页。

⑯ 郑州市文物考古研究院、荥阳市文物保护管理所：《河南荥阳凤凰台遗址战国墓葬发掘简报》，《洛阳考古》2013 年第 3 期，郑州：中州古籍出版社，2013 年，第 3～15 页。

⑰ 刘彦锋、丁兰坡、张巧燕：《郑州市高新区布袋李春秋墓葬发掘简报》，《郑州文物考古与研究（二）》，北京：科学出版社，2010 年，第 208～224 页。

⑱ 郑州大学历史学院考古系、河南省文物局南水北调文物保护办公室：《河南荥阳市官庄遗址春秋墓葬发掘简报》，《华夏考古》2012 年第 1 期，第 3～12 页。

⑲ 郑州市文物考古研究院：《郑州信和置业普罗旺世住宅小区 M126 战国墓》，《中原文物》2009 年第 3 期，第 12～17 页。

⑳ 郑州市文物考古研究所：《郑州纺织机械厂战国墓葬发掘简报》，《中原文物》1997 年第 3 期，第 24～29 页；郑州市文物考古研究所：《郑州纺织机械厂东周墓葬发掘简报》，《华夏考古》2000 年第 4 期，第 31～39 页。

㉑ 郑州市文物考古研究所：《郑州市两处战国墓发掘报告》，《中原文物》1997 年第 3 期，第 13～23 页。

市政工程总公司①、加气混凝土厂②、紫光园小区③、电厂路④等地，登封肖家沟⑤、阳城⑥、袁窑⑦、南洼⑧等地，禹州白沙⑨和新峰⑩两地。此外，在郏县太仆乡⑪、尉氏河东周村⑫、许昌仓库路⑬和漯河固厢⑭等地也发现有部分墓葬。

二、时　空　范　围

在考古学研究中，时间与空间的概念是不可分割的。考古学上的空间既是一个经验性的实体，也是一种对过去的经验实体的重建。本研究的空间范畴主要包括郑韩两国的统治区域，虽然东周各诸侯国疆域在政治动荡的环境下不断变迁，但严格意义上来说，只要是郑韩两国曾经统治的区域均属郑韩文化研究的范围。

考古学上的时间可分为科学的时间和文化的时间两种。科学的时间只是提供一个普遍而准确的时间尺度作为研究时的参照系和基准点⑮。由于早期郑文化面貌不详，本研究的科学时间上迄武公灭郐、虢后正式东迁（约前767年），下至秦灭韩（前230年）。至于春秋、战国的分野，本研究采用刘绪的观点，"以公元前453年赵魏韩共灭智氏，三家分立格局的形成作为战国之始最为合理"⑯。这与杨宽在《战国史》中对战国的描述相合："'战国'这个名称，战国时代已经有了，原来不是时代的名称，而是指当时连年进行兼并战争的七大强

①　郑州市文物考古研究所：《郑州市市政工程总公司战国墓葬发掘简报》，《中原文物》2006年第3期，第13～22页。

②　郑州市文物考古研究所：《郑州市加气混凝土厂东周墓发掘简报》，《华夏考古》2001年第4期，第25～32页。

③　郑州市文物考古研究院：《郑州四方汇泽清华·紫光园小区东周墓发掘简报》，《中原文物》2012年第2期，第4～9、34页。

④　郑州市文物考古研究院：《郑州高新区电厂路战国、东汉墓发掘简报》，《洛阳考古》2014年第3期，郑州：中州古籍出版社，2014年，第18～23页。

⑤　河南省文物研究所登封工作站：《河南登封县肖家沟战国墓发掘简报》，《华夏考古》1990年第4期，第40～42、112页。

⑥　河南省文物研究所、中国历史博物馆考古部：《登封王城岗与阳城》，北京：文物出版社，1992年。

⑦　郑州市文物考古研究所、登封市文物局：《河南登封告成东周墓地三号墓》，《文物》2006年第4期，第4～16页；郑州市文物考古研究院、登封市文物管理局：《河南登封告成春秋墓发掘简报》，《文物》2009年第9期，第21～42页。

⑧　郑州大学历史文化遗产保护研究中心：《登封南洼：2004～2006年田野考古报告》，北京：科学出版社，2014年。

⑨　陈公柔：《河南禹县白沙的战国墓葬》，《中国考古学报》第七册，北京：中国科学院考古研究所，1954年，第87～101页。

⑩　河南省文物局：《禹州新峰墓地》，北京：科学出版社，2013年。

⑪　唐兰：《郏县出土的铜器群》，《文物参考资料》1954年第5期，第38～40页。

⑫　郑州市博物馆：《尉氏出土一批春秋时期青铜器》，《中原文物》1982年第4期，第32～35页。

⑬　许昌市文物工作队：《河南许昌市仓库路战国和汉代墓葬发掘简报》，《华夏考古》2009年第4期，第3～14页。

⑭　河南省文物管理局南水北调文物保护办公室、河南省文物考古研究院、漯河市文物考古研究所：《河南漯河固厢墓地战国墓发掘简报》，《文物》2015年第8期，第4～18页。

⑮　张光直：《考古学：关于其若干基本概念和理论的再思考》，北京：生活·读书·新知三联书店，2013年，第19页。

⑯　刘绪：《晋与晋文化的年代问题》，《文物季刊》1993年第4期，第83～87页。

国魏、赵、韩、齐、楚、秦、燕而言。"①三家分晋后,韩氏已经作为独立的政治实体行事,不再依附于晋王室,虽然直到前403年才得到周王室的册封获得正名,但是在此之前已有国家之实。因此,以前453年作为韩国始建之年较为恰当。

从科学时间上看,如果春秋、战国各分三期,那么郑韩两国的历史年代约为春秋积年314年,每期年数约100年;战国积年224年,每期年数约70年。虽然在郑韩文化的实际期别中,每期年数与此不一定完全吻合,但应大体相符。

第三节　研究历史与现状

一、研究历史

学界关于郑韩文化的研究主要包括始封地、历史变迁、城市、墓葬和其他相关研究等方面。

(一)郑韩始封地与历史变迁研究

1. 郑国始封地与历史变迁

关于郑国的始封地,学界主要有两种观点:一种为传统观点,即郑国始封地在今陕西华县,以李学勤的《论西周郑的地望》为代表,结合金文材料对传统说法进行了补充[②];另一种观点认为,郑国的始封地在泾河以西的今陕西凤翔一带,主要代表有陈梦家的《西周铜器断代》[③]、常征的《周都南郑与郑桓封国辨》[④]、唐兰的《西周青铜器铭文分代史徵》[⑤]、卢连成的《周都减郑考》[⑥]、王辉的《西周畿内地名小记》[⑦]、尚志儒的《郑、械林之故地及其源流探讨》[⑧]、蔡全法的《奠及其都邑考》[⑨]、李峰的《西周金文中的郑地和郑国东迁》[⑩]、虞万里的《〈郑风·缁衣〉诗旨与郑国史实、封地索隐》[⑪]、吕亚虎的《周都"西郑"地望考》[⑫],其中以尚文论述最为全面。此外,裴锡圭的《论戈箟的两个地

① 杨宽:《战国史》,上海:上海人民出版社,2003年,第1~2页。
② 李学勤:《论西周郑的地望》,《夏商周年代学札记》,沈阳:辽宁大学出版社,1999年,第40~47页。
③ 陈梦家:《西周铜器断代(六)》,《考古学报》1956年第4期,第85~122页。
④ 常征:《周都南郑与郑桓封国辨》,《中国历史博物馆刊》第3期,北京:文物出版社,1981年,第15~24页。
⑤ 唐兰:《西周青铜器铭文分代史徵》,北京:中华书局,1986年,第369~370页。
⑥ 卢连成:《周都减郑考》,《古文字论集(一)》,西安:考古与文物编辑部,1983年,第8~10页。
⑦ 王辉:《西周畿内地名小记》,《考古与文物》1985年第3期,第26~31页。
⑧ 尚志儒:《郑、械林之故地及其源流探讨》,《古文字研究》第13辑,北京:中华书局,1986年,第438~450页。
⑨ 蔡全法:《奠及其都邑考》,《安金槐纪念文集》,郑州:大象出版社,2005年,第324~330页。
⑩ 李峰:《西周金文中的郑地和郑国东迁》,《文物》2006年第9期,第70~78页。
⑪ 虞万里:《〈郑风·缁衣〉诗旨与郑国史实、封地索隐》,《史林》2007年第1期,第114~136页。
⑫ 吕亚虎:《周都"西郑"地望考》,《中国历史地理论丛》2007年第2期,第115~120、124页。

点——械林和胡》认为郑国始封于东方①。总的来看，郑国始封地在今陕西凤翔一带得到多数学者的认可。

关于郑国历史变迁的考察，以苏勇的《周代郑国史研究》最为全面翔实，文中详细论述了郑国的建国、东迁、庄公小霸及衰落与灭亡的过程，并对郑国的疆域、都城、经济和文化进行了系统研究②。晁福林的《论郑国的政治发展及其历史特征》也是关于郑国史的综合研究，文中把郑国的变迁分为四个阶段③。韩国河、陈康的《郑国东迁考》认为郑桓公灭郐后于东方建都，"郑父之丘"位于郑韩故城东南部④。程浩的《出土文献与郑国史新探》利用新发现的清华简、金文中涉及的大量郑国史料，与传世史料相互补充印证，重新对郑国历史进行了整体研究⑤。丘述尧的《新郑建国史发秘》⑥、宋杰的《春秋时期的诸侯争郑》⑦、邵炳军的《郑武公灭桧年代补证》⑧、刘志玲的《论春秋时期郑国的外交政策》⑨、李玉洁的《春秋时期郑国的成文法与"悬书"》⑩、骆宾基的《郑之"七穆"考》⑪、房占红的《论郑国七穆世卿政治的内部秩序及其特点》⑫等从政治、外交等方面对郑国发展史进行了考察。还有学者尝试在环境视野下考察郑国历史，如王晓勇的《从地理环境看春秋时期郑国之盛衰》⑬、李金玉的《郑国生态环境的变化及原因初探》⑭等。另外，张渭莲与段宏振的《春秋时期中原核心文化区的重构与郑国的兴衰》一文⑮运用历史和考古资料论证了郑国的兴衰。

2. 韩国始封地与历史变迁

东周时期的韩氏是晋曲沃桓叔之后的封国，虽与西周初的韩氏封国同为姬姓，但宗支有别。《史记·韩世家》云："韩之先与周同姓，姓姬氏，其后苗裔事晋，得封于韩原，曰韩武子。武子后三世有韩厥，从封姓为韩氏。"《正义》引《括地志》云："韩原在同州韩

---

① 裘锡圭：《论戜簋的两个地点——械林和胡》，《古文字论集（一）》，西安：考古与文物编辑部，1983年，第4～7页。
② 苏勇：《周代郑国史研究》，吉林大学博士学位论文，2010年。
③ 晁福林：《论郑国的政治发展及其历史特征》，《南都学坛（社会科学版）》1992年第3期，第40～44页。
④ 韩国河、陈康：《郑国东迁考》，《郑州大学学报（哲学社会科学版）》2019年第2期，第66～72页。
⑤ 程浩：《出土文献与郑国史新探》，上海：上海古籍出版社，2021年。
⑥ 丘述尧：《新郑建国史发秘》，《华南师范大学学报（社会科学版）》1996年第2期，第63、83～86页。
⑦ 宋杰：《春秋时期的诸侯争郑》，《首都师范大学学报（社会科学版）》1996年第6期，第74～82页。
⑧ 邵炳军：《郑武公灭桧年代补证》，《上海大学学报（社会科学版）》2005年第1期，第31～35页。
⑨ 刘志玲：《论春秋时期郑国的外交政策》，《鄂州大学学报》2002年第2期，第56～59页。
⑩ 李玉洁：《春秋时期郑国的成文法与"悬书"》，《中州学刊》2007年第1期，第187～191页。
⑪ 骆宾基：《郑之"七穆"考》，《文献》1984年第3期，第40～48页。
⑫ 房占红：《论郑国七穆世卿政治的内部秩序及其特点》，《厦门大学学报（哲学社会科学版）》2008年第6期，第115～121页。
⑬ 王晓勇：《从地理环境看春秋时期郑国之盛衰》，《河南教育学院学报（哲学社会科学版）》1997年第4期，第86～88页。
⑭ 李金玉：《郑国生态环境的变化及原因初探》，《河南社会科学》2006年第2期，第133～135页。
⑮ 张渭莲、段宏振：《春秋时期中原核心文化区的重构与郑国的兴衰》，《中原文化研究》2014年第2期，第72～78页。

城县西南八里。又韩城在县南十八里，故古韩国也。"[①]传统观点认为韩原在今陕西韩城市西南 9 公里处。但沈长云在《西周二韩国地望考》中对这一观点提出了质疑，认为韩原应在今山西芮城一带[②]。随后，王重九在《古韩原地理位置考辨——兼论〈左传〉"秦始征河东"的问题所在》中坚持了传统观点，对沈文的观点提出了质疑[③]。

韩国历史变迁的相关研究主要包括疆域变迁和政治制度等方面，如缪文远在《战国制度通考》中全面考察了韩国的职官、地理、兵制和法制[④]。关于韩国疆域变迁的考察成果主要有李晓杰的《战国时期韩国疆域变迁考》[⑤]、吴良宝的《〈战国时期韩国疆域变迁考〉补正》[⑥]和《战国晚期韩国疆域变迁新考——以兵器刻铭为中心》[⑦]。此外，还有专文研究韩国上党郡的范围和变迁，如钱林书的《战国时期的上党地区及上党郡》[⑧]、路伟东的《战国上党郡考》[⑨]、吴良宝的《战国时期上党郡新考》[⑩]等。此外，陈峰在《战国时期韩国交通问题初探》中提出韩国的国内交通以南北为主、东西为辅[⑪]。

（二）郑韩城市研究

关于郑韩城市的研究集中在两国的都城方面，又以郑韩故城为主。

1. 都城

综合研究有史念海的《郑韩故城溯源》[⑫]、蔡全法的《郑韩故城的发现与研究》[⑬]和《郑韩故城在我国古城中的地位》[⑭]、马世之的《郑韩都城的城市布局》[⑮]、马俊才的《郑、韩两都平面布局初论》[⑯]和《郑韩两都之考古学复原研究》[⑰]等。还有一些城市考

---

① （汉）司马迁：《史记》卷四十五《韩世家》，北京：中华书局，1959 年，第 1865 页。
② 沈长云：《西周二韩国地望考》，《中国史研究》1982 年第 2 期，第 135～138 页。
③ 王重九：《古韩原地理位置考辨——兼论〈左传〉"秦始征河东"的问题所在》，《中国史研究》1984 年第 4 期，第 81～86 页。
④ 缪文远：《战国制度通考》，成都：巴蜀书社，1998 年。
⑤ 李晓杰：《战国时期韩国疆域变迁考》，《中国史研究》2001 年第 3 期，第 15～25 页。
⑥ 吴良宝：《〈战国时期韩国疆域变迁考〉补正》，《中国史研究》2003 年第 3 期，第 169～172 页。
⑦ 吴良宝：《战国晚期韩国疆域变迁新考——以兵器刻铭为中心》，《中国历史地理论丛》2012 年第 1 期，第 94～97 页。
⑧ 钱林书：《战国时期的上党地区及上党郡》，《地名考释》1985 年第 2 期，第 11、13～14 页。
⑨ 路伟东：《战国上党郡考》，《面向新世纪的中国历史地理学——2000 年国际中国历史地理学术讨论会论文集》，济南：齐鲁书社，2001 年，第 291～299 页。
⑩ 吴良宝：《战国时期上党郡新考》，《中国史研究》2008 年第 1 期，第 49～60 页。
⑪ 陈峰：《战国时期韩国交通问题初探》，《黑河学院学报》2014 年第 3 期，第 100～105 页。
⑫ 史念海：《郑韩故城溯源》，《中国历史地理论丛》1998 年第 4 期，第 1～36 页。
⑬ 蔡全法：《郑韩故城的发现与研究》，《华夏都城之源》，郑州：河南人民出版社，2012 年，第 252～265 页。
⑭ 蔡全法：《郑韩故城在我国古城中的地位》，《中国古都研究（十五）》，西安：三秦出版社，2004 年，第 123～131 页。
⑮ 马世之：《郑韩故城的城市布局》，《华夏都城之源》，郑州：河南人民出版社，2012 年，第 266～282 页。
⑯ 马俊才：《郑、韩两都平面布局初论》，《中国历史地理论丛》1999 年第 2 期，第 115～129 页。
⑰ 马俊才：《郑韩两都之考古学复原研究》，《华夏都城之源》，郑州：河南人民出版社，2012 年，第 283～306 页。

古研究成果涉及郑韩故城，如贺业钜的《中国古代城市规划史论丛》[①]、杨宽的《中国古代都城制度史研究》[②]、刘庆柱的《古代都城与帝陵考古学研究》[③]、曲英杰的《先秦都城复原研究》[④]和《史记都城考》[⑤]、许宏的《先秦城市考古学研究》[⑥]等。此外，还有多篇关于郑韩故城研究的硕士学位论文，如《郑韩故城考古发现与初步研究》[⑦]、《新郑郑韩故城研究》[⑧]、《郑韩故城历史城市地理研究》[⑨]等。

　　都城专题研究方面，马世之的《略论韩都新郑的地下建筑及冷藏井》[⑩]、安金槐的《战国时期地下冷藏遗迹初探》[⑪]和卫斯的《我对韩都新郑"地下室"的看法——兼与马世之先生商榷》[⑫]等都是关于韩都宫城内地下冷藏遗迹的研究。郑韩故城发现了多处沿用时间较长的手工业遗迹，此方面研究成果颇丰，如蔡全法和马俊才的《新郑郑韩故城出土的战国钱范、有关遗迹及反映的铸钱工艺》[⑬]与《战国时代韩国钱范及其铸币技术研究》[⑭]、马俊才的《新郑"郑韩故城"新出土东周钱范》[⑮]以及王凯的《郑韩故城手工业遗存的考古学研究》[⑯]等。新郑中行遗址发现后，与郑国祭祀遗址相关的研究成果逐渐增多，但存有争议：《新郑郑国祭祀遗址》[⑰]、《郑国青铜礼乐器祭祀坑相关问题讨论》[⑱]和《新郑郑国祭祀遗址相关问题研究》等均认为其属于郑国的社稷祭祀遗址[⑲]，谢肃的《关于新郑中行遗址青铜器坑和马坑性质的讨论》则认为其中的青铜器坑为窖藏坑，马坑可能与手工业遗存有关[⑳]。

　　"国之大事，在祀与戎。"东周时期群雄争霸，列国之间战争频发，而"春秋战事之多莫如郑，战国战事之多者莫如韩"。因此，郑韩故城的军事防御成为学术研究的重要方

　　① 贺业钜：《中国古代城市规划史论丛》，北京：中国建筑工业出版社，1986年。

　　② 杨宽：《中国古代都城制度史研究》，上海：上海人民出版社，2003年。

　　③ 刘庆柱：《古代都城与帝陵考古学研究》，北京：科学出版社，2000年。

　　④ 曲英杰：《先秦都城复原研究》，哈尔滨：黑龙江人民出版社，1991年。

　　⑤ 曲英杰：《史记都城考》，北京：商务印书馆，2007年。

　　⑥ 许宏：《先秦城市考古学研究》，北京：北京燕山出版社，2000年。

　　⑦ 陈钦龙：《郑韩故城考古发现与初步研究》，郑州大学硕士学位论文，2007年。

　　⑧ 陶新伟：《新郑郑韩故城研究》，湘潭大学硕士学位论文，2008年。

　　⑨ 李海明：《郑韩故城历史城市地理研究》，陕西师范大学硕士学位论文，2015年。

　　⑩ 马世之：《略论韩都新郑的地下建筑及冷藏井》，《考古与文物》1983年第1期，第80～82页。

　　⑪ 安金槐：《战国时期地下冷藏遗迹初探》，《华夏考古》1991年第2期，第77～80页。

　　⑫ 卫斯：《我对韩都新郑"地下室"的看法——兼与马世之先生商榷》，《文物季刊》1989年第2期，第43～45页。

　　⑬ 蔡全法、马俊才：《新郑郑韩故城出土的战国钱范、有关遗迹及反映的铸钱工艺》，《中国钱币》1995年第2期，第48～54、74页。

　　⑭ 蔡全法、马俊才：《战国时代韩国钱范及其铸币技术研究》，《中原文物》1996年第2期，第77～86页。

　　⑮ 马俊才：《新郑"郑韩故城"新出土东周钱范》，《中国钱币论文集》第4辑，北京：中国金融出版社，2002年，第78～93页。

　　⑯ 王凯：《郑韩故城手工业遗存的考古学研究》，郑州大学硕士学位论文，2010年。

　　⑰ 河南省文物考古研究所：《新郑郑国祭祀遗址》，郑州：大象出版社，2006年。

　　⑱ 杨文胜、李晓莉、韩越：《郑国青铜礼乐器祭祀坑相关问题讨论》，《华夏考古》2008年第2期，第110～120页。

　　⑲ 王宇：《新郑郑国祭祀遗址相关问题研究》，吉林大学硕士学位论文，2011年。

　　⑳ 谢肃：《关于新郑中行遗址青铜器坑和马坑性质的讨论》，《中国国家博物馆馆刊》2013年第11期，第18～25页。

面，张国硕的《中原先秦城市防御文化研究》对中原地区先秦时期城市防御问题进行综合研究，其中涉及郑韩故城防御体系①。鲍颖建的《郑韩故城军事防御体系综合研究》从大的都城圈视野出发，综合考虑周边城市对郑韩故城的拱卫，又细致入微地考察都城本体相关的军事防御遗存，再结合防御思想，呈现出一个全方位立体的郑韩故城军事防御体系，客观评价了郑韩故城军事防御的功能与破解过程②。此外，还有专文对郑韩故城的防御功能进行研究，如《郑韩故城的军事防御功能探析》③和《论郑韩故城周邻河泽的自然防御功能》④等。

关于郑国都城的专文研究，有蔡全法的《郑韩故城与郑文化考古的主要收获》⑤和李玉洁的《郑国的都城与疆域》⑥等。相对而言，关于韩国都城的研究成果较多。其中，梁景的《韩国都城迁徙考》⑦和徐团辉的《韩国迁都宜阳、阳翟考辨》⑧均是对韩国都城迁徙问题的考辨。蔡运章的《韩都宜阳故城及其相关问题》⑨、曲英杰的《史记都城考》⑩和蔡全法的《郑韩故城韩文化考古的主要收获》⑪分别就韩国都城中的宜阳、阳翟和新郑进行了考察。《战国时期韩国三大都城比较研究》⑫和《战国韩三都比较研究》⑬则是对韩三都的比较研究。

2. 一般城市研究

邬锡非的《制和"北制"》⑭、荆贵生的《"郑伯克段于鄢"的"鄢"》⑮、韩益民的《"郑伯克段于鄢"地理考》⑯、马世之的《娘娘寨城址性质问题试探》⑰、顾万发的《郑州祭城镇古城考古发现及相关问题初步研究》⑱、陈康的《官庄遗址两周时期遗存研究》⑲、

① 张国硕：《中原先秦城市防御文化研究》，北京：社会科学文献出版社，2014年。

② 鲍颖建：《郑韩故城军事防御体系综合研究》，郑州：河南人民出版社，2020年。

③ 陈钦龙：《郑韩故城的军事防御功能探析》，《洛阳理工学院学报（社会科学版）》2009年第2期，第62～65页。

④ 鲍颖建、张英：《论郑韩故城周邻河泽的自然防御功能》，《华北水利水电学院学报（社科版）》2012年第4期，第24～27页。

⑤ 蔡全法：《郑韩故城与郑文化考古的主要收获》，《群雄逐鹿·两周中原列国文物瑰宝》，郑州：大象出版社，2003年，第202～211页。

⑥ 李玉洁：《郑国的都城与疆域》，《中州学刊》2005年第6期，第162～164页。

⑦ 梁景：《韩国都城迁徙考》，《大同高专学报》1998年第4期，第8～12页。

⑧ 徐团辉：《韩国迁都宜阳、阳翟考辨》，《华夏考古》2015年第2期，第109～115、126页。

⑨ 蔡运章：《韩都宜阳故城及其相关问题》，《甲骨金文与古史研究》，郑州：中州古籍出版社，1993年，第290～312页。

⑩ 曲英杰：《史记都城考》，北京：商务印书馆，2007年。

⑪ 蔡全法：《郑韩故城韩文化考古的主要收获》，《群雄逐鹿·两周中原列国文物瑰宝》，郑州：大象出版社，2003年，第117～123页。

⑫ 徐团辉：《战国时期韩国三大都城比较研究》，《中原文物》2011年第1期，第17～22、52页。

⑬ 王佳涵：《战国韩三都比较研究》，郑州大学硕士学位论文，2013年。

⑭ 邬锡非：《制和"北制"》，《杭州大学学报》1988年第1期，第102～105页。

⑮ 荆贵生：《"郑伯克段于鄢"的"鄢"》，《中国语文》1995年第2期，第145～146页。

⑯ 韩益民：《"郑伯克段于鄢"地理考》，《北京师范大学学报（社会科学版）》2006年第4期，第98～104页。

⑰ 马世之：《娘娘寨城址性质问题试探》，《中原文物》2010年第5期，第39～42页。

⑱ 顾万发：《郑州祭城镇古城考古发现及相关问题初步研究》，《华夏考古》2015年第3期，第72～83页。

⑲ 陈康：《官庄遗址两周时期遗存研究》，郑州大学硕士学位论文，2015年。

惠夕平的《试论河南荥阳官庄城址的性质》[①]、史雪飞的《雍氏城考辨》[②]等对鄢、娘娘寨城址、官庄城址等郑韩一般城邑进行了研究。另有秦文生的《荥阳故城新考》[③]、陈万卿与董恩林的《京、索二城考》[④]、陈隆文的《郑州历史地理研究》[⑤]等文重点考察了荥阳地区的城邑。此外，曲英杰的《水经注城邑考》[⑥]也涉及了部分郑韩城邑。

（三）郑韩墓葬研究

1. 综合研究

张辛的《郑州地区的周秦墓研究》[⑦]和《中原地区东周陶器墓葬研究》[⑧]较早地对郑韩墓葬进行了系统研究，前者将郑州地区1994年以前发现的周秦墓葬分为八组，归属于邲、郑、韩、秦四个文化系统；后者将郑州地区东周陶器墓分为七组，归为邲遗民墓、郑人墓、韩人墓和魏人墓。王震、滕铭予的《郑州地区东周时期郑韩陶器墓葬分期》将郑州地区东周陶器墓分为六期十一段[⑨]。一些墓葬制度与社会变迁的研究也涉及郑韩墓葬，如李玉洁的《先秦丧葬制度研究》[⑩]、印群的《黄河中下游地区的东周墓葬制度》[⑪]、宋玲平的《晋系墓葬制度研究》[⑫]、张亮的《东周社会结构演变的考古学观察——以三晋两周地区墓葬为视角》[⑬]和王震的《中央集权国家形成的考古学观察——以中原地区东周时期墓葬为中心》[⑭]等。此外，还有关于郑韩墓葬研究的数篇硕士学位论文，包括《东周郑韩墓葬研究》[⑮]、《新郑地区东周墓葬出土陶器研究》[⑯]、《东周时期郑韩墓葬研究》[⑰]和《郑国与韩国墓葬制度比较研究》[⑱]等。

① 惠夕平：《试论河南荥阳官庄城址的性质》，《东方考古（第21集）》，北京：科学出版社，2023年，第283~292页。

② 史雪飞：《雍氏城考辨》，《河南科技大学学报（社会科学版）》2018年第2期，第20~23页。

③ 秦文生：《荥阳故城新考》，《中原文物》1983年特刊，第197~204页。

④ 陈万卿、董恩林：《京、索二城考》，《历史文献研究》第30辑，上海：华东师范大学出版社，2011年，第297~303页。

⑤ 陈隆文：《郑州历史地理研究》，北京：中国社会科学出版社，2011年。

⑥ 曲英杰：《水经注城邑考》，北京：中国社会科学出版社，2013年。

⑦ 张辛：《郑州地区的周秦墓研究》，《考古学研究（二）》，北京：北京大学出版社，1994年，第166~181页。

⑧ 张辛：《中原地区东周陶器墓葬研究》，北京：科学出版社，2002年。

⑨ 王震、滕铭予：《郑州地区东周时期郑韩陶器墓葬分期》，《考古与文物》2018年第4期，第78~89页。

⑩ 李玉洁：《先秦丧葬制度研究》，郑州：中州古籍出版社，1991年。

⑪ 印群：《黄河中下游地区的东周墓葬制度》，北京：社会科学文献出版社，2001年。

⑫ 宋玲平：《晋系墓葬制度研究》，北京：科学出版社，2007年。

⑬ 张亮：《东周社会结构演变的考古学观察——以三晋两周地区墓葬为视角》，吉林大学博士学位论文，2014年。

⑭ 王震：《中央集权国家形成的考古学观察——以中原地区东周时期墓葬为中心》，吉林大学博士学位论文，2017年。

⑮ 胡进驻：《东周郑韩墓葬研究》，郑州大学硕士学位论文，2003年。

⑯ 王文嘉：《新郑地区东周墓葬出土陶器研究》，武汉大学硕士学位论文，2006年。

⑰ 王震：《东周时期郑韩墓葬研究》，吉林大学硕士学位论文，2014年。

⑱ 周剑：《郑国与韩国墓葬制度比较研究》，郑州大学硕士学位论文，2014年。

2. 专题研究

新郑李家楼大墓自 1923 年被发现后，学界对其热议不断。关于墓葬时代，多数学者认为是春秋中期偏晚，以王国维[①]、高明[②]、朱凤瀚[③]、彭裕商[④]等为代表，也有部分学者持春秋晚期说，以陈梦家[⑤]为代表，极个别学者把其归为春秋早期，如郭沫若[⑥]。至于墓主身份，赵世纲[⑦]和杨文胜[⑧]定为郑成公，蔡全法则认为是郑釐公[⑨]。此外，《新郑郑公大墓青铜器》汇集了与李家楼大墓相关的多篇研究文章，涉及考古、青铜器研究等[⑩]。

郑韩墓葬中的腰坑葬俗和空心砖墓也是学界研究的热点。王志友的《东周秦汉时期墓葬中的腰坑浅议》[⑪]和郭志委的《先秦腰坑葬俗研究》[⑫]均涉及郑韩腰坑墓；刘中伟的《郑州地区空心砖墓的初步研究》从墓葬形制演变考察战国至东汉时期郑州地区空心砖墓[⑬]，李文杰的《河南新郑市郑韩故城战国晚期空心砖工艺研究》侧重于讨论空心砖的制作工艺[⑭]，沈小芳、樊温泉的《郑韩故城东周时期空心砖墓葬研究》则重点考察了新郑东周空心砖墓的区域特征与演变规律[⑮]。

此外，还有关于墓葬中相关遗存的研究，如吴晓筠的《商周时期车马埋葬研究》[⑯]和赵海洲的《东周秦汉时期车马埋葬研究》[⑰]，涉及郑韩墓葬中的车马遗存。

（四）其他相关研究

郑韩文化中的青铜器、货币和文字也是学界研究的重点。青铜器和铭文的相关研究成果较多，主要有高明的《中原地区东周时代青铜礼器研究》[⑱]、朱凤瀚的《中国青铜器

---

① 王国维：《观堂集林》，北京：中华书局，1959 年，第 445~446 页。

② 高明：《中原地区东周时代青铜礼器研究（上）》，《考古与文物》1981 年第 2 期，第 68~82 页。

③ 朱凤瀚：《中国青铜器综论》，上海：上海古籍出版社，2009 年，第 1592 页。

④ 彭裕商：《春秋青铜器年代综合研究》，北京：中华书局，2011 年，第 126 页。

⑤ 陈梦家：《寿县蔡侯墓铜器》，《考古学报》1956 年第 2 期，第 90 页。

⑥ 郭沫若：《新郑古器之一二考核》，《殷周青铜器铭文研究》，北京：科学出版社，1961 年，第 103~204 页。

⑦ 河南省文物研究所、河南省丹江库区考古发掘队、淅川县博物馆：《淅川下寺春秋楚墓》，北京：文物出版社，1991 年，第 318 页。

⑧ 杨文胜：《新郑李家楼大墓出土青铜器研究》，《华夏考古》2001 年第 3 期，第 73~79 页。

⑨ 蔡全法：《新郑李家楼青铜器钩沉》，《蔡全法考古文集》，北京：科学出版社，2012 年，第 157~168 页。

⑩ 河南博物院、台北历史博物馆编：《新郑郑公大墓青铜器》，郑州：大象出版社，2001 年。

⑪ 王志友：《东周秦汉时期墓葬中的腰坑浅议》，《秦文化论丛》第 10 辑，西安：三秦出版社，2003 年，第 278~293 页。

⑫ 郭志委：《先秦腰坑葬俗研究》，中国社会科学院博士学位论文，2010 年。

⑬ 刘中伟：《郑州地区空心砖墓的初步研究》，《华夏考古》2011 年第 2 期，第 62~72 页。

⑭ 李文杰：《河南新郑市郑韩故城战国晚期空心砖工艺研究》，《二十一世纪的中国考古学——庆祝佟柱臣先生八十五华诞学术文集》，北京：文物出版社，2006 年，第 678~688 页。

⑮ 沈小芳、樊温泉：《郑韩故城东周时期空心砖墓葬研究》，《中原文物》2017 年第 6 期，第 64~68 页。

⑯ 吴晓筠：《商周时期车马埋葬研究》，北京：科学出版社，2009 年。

⑰ 赵海洲：《东周秦汉时期车马埋葬研究》，北京：科学出版社，2011 年。

⑱ 高明：《中原地区东周时代青铜礼器研究》，《考古与文物》1981 年第 2~4 期。

综论》①、彭裕商的《春秋青铜器年代综合研究》②、黄盛璋的《三晋铜器的国别、年代与相关制度问题》③和《试论三晋兵器的国别和年代及其相关问题》④、赵瑞民与韩炳华的《晋系青铜器研究：类型学与文化因素分析》⑤、杨建军的《三晋东周铜器墓初论》⑥、滕铭予和张亮的《中原地区东周铜器墓分类新论》⑦、杨文胜的《中原地区两周随葬青铜礼乐器制度研究》⑧、苏辉的《秦三晋纪年兵器研究》⑨等。新近出版的《郑风韩韵——郑韩故城近出东周青铜器精粹》⑩收录郑韩故城遗址近年考古发掘出土的青铜器 200 余件，包括器物照片、线图、拓片，并有出土信息、器物描述等内容，为研究中原地区的青铜器文明提供了新资料。

古文字研究中还有关于陶文的考释与研究，集中在郑韩故城⑪和郑州商城⑫出土以及新郑博物馆馆藏⑬的东周陶文。金属货币的相关研究则有何琳仪的《古币丛考》⑭、吴良宝的《中国东周时期金属货币研究》⑮和陈隆文的《春秋战国货币地理研究》⑯等。

此外，还有关于郑韩文化与其他文化互动关系的考察，如蔡全法的《试论韩与楚文化的关系》《楚郑两国编钟的比较与研究》《郑晋两国铸造技术对比研究》⑰和杨文胜的《郑国青铜器与楚国青铜器之比较研究》⑱等。

① 朱凤瀚：《中国青铜器综论》，上海：上海古籍出版社，2009 年。

② 彭裕商：《春秋青铜器年代综合研究》，北京：中华书局，2011 年。

③ 黄盛璋：《三晋铜器的国别、年代与相关制度问题》，《古文字研究》第 17 辑，北京：中华书局，1989 年，第 1~66 页。

④ 黄盛璋：《试论三晋兵器的国别和年代及其相关问题》，《考古学报》1974 年第 1 期，第 13~44 页。

⑤ 赵瑞民、韩炳华：《晋系青铜器研究：类型学与文化因素分析》，太原：山西人民出版社，2005 年。

⑥ 杨建军：《三晋东周铜器墓初论》，《中原文物》2005 年第 3 期，第 33~46 页。

⑦ 滕铭予、张亮：《中原地区东周铜器墓分类新论》，《考古》2013 年第 2 期，第 76~85 页。

⑧ 杨文胜：《中原地区两周随葬青铜礼乐器制度研究》，郑州：大象出版社，2016 年。

⑨ 苏辉：《秦三晋纪年兵器研究》，上海：上海古籍出版社，2013 年。

⑩ 河南省文物考古研究院、武汉大学历史学院考古系：《郑风韩韵——郑韩故城近出东周青铜器精粹》，上海：上海古籍出版社，2023 年。

⑪ 蔡全法：《近年来新郑"郑韩故城"出土陶文简释》，《中原文物》1986 年第 1 期，第 76~87 页；蔡全法：《郑国祭祀遗址出土韩国陶量及其文字研究》，《蔡全法考古文集》，北京：科学出版社，2012 年，第 145~156 页；王琳：《从郑韩故城出土陶文看先秦乡遂制度》，《考古与文物》2003 年第 4 期，第 50~54 页；徐在国：《新出韩、魏陶文辑录》，《出土文献》第十一辑，上海：中西书局，2017 年，第 127~140 页。

⑫ 牛济普：《郑州、荥阳两地新出战国陶文介绍》，《中原文物》1981 年第 1 期，第 13~15 页；张松林：《郑州商城区域内出土的东周陶文》，《文物》1985 年第 3 期，第 76~79 页；张松林：《郑州商城内出土东周陶文简释》，《中原文物》1986 年第 1 期，第 73~75 页。

⑬ 乔志敏、赵丙唤：《新郑馆藏东周陶文简释》，《中原文物》1988 年第 4 期，第 11~14 页；牛济普：《新郑馆藏东周陶文试析》，《中原文物》1989 年第 2 期，第 34~36 页。

⑭ 何琳仪：《古币丛考》，合肥：安徽大学出版社，2002 年。

⑮ 吴良宝：《中国东周时期金属货币研究》，北京：社会科学文献出版社，2005 年。

⑯ 陈隆文：《春秋战国货币地理研究》，北京：人民出版社，2006 年。

⑰ 蔡全法：《试论韩与楚文化的关系》《楚郑两国编钟的比较与研究》《郑晋两国铸造技术对比研究》，《蔡全法考古文集》，北京：科学出版社，2012 年，第 119~126、169~177、282~291 页。

⑱ 杨文胜：《郑国青铜器与楚国青铜器之比较研究》，《中原文物》2002 年第 3 期，第 41~44 页。

二、研　究　现　状

经过几代学者的努力，郑韩文化的研究取得了丰硕的成果，主要包括以下几个方面。

第一，对两国始封地的争议趋少，为探寻早期郑韩文化指明了方向。

第二，研究领域和范围逐渐扩大，涉及政治、经济、文化以及意识形态等多方面。

第三，郑韩相继为都的新郑布局和形制较为清晰，特征与变化明确。

第四，学界对青铜器和金属货币的时代特征和演变规律取得了较为一致的认识。

第五，墓葬形制的类别和演变趋势比较清楚，个别典型陶器的演变趋势较明确，墓葬分期框架基本建立。

同时，也应注意到郑韩文化研究中仍有薄弱环节，主要有以下几个方面。

第一，随着考古工作的开展，已公布郑韩墓葬达 2500 余座。与如此丰富的墓葬资料相比，学界对郑韩文化的关注度仍较低。

第二，对一般城市的研究比较薄弱，研究侧重于都城，尤其以新郑为重中之重，导致普通聚落和遗址资料匮乏，严重阻碍了城市与聚落研究的深入开展。同时，对于都城中重要遗迹的兴废年代多有争议，不利于对都城营建过程的研究和动态考察。

第三，墓葬中典型陶器类型学分析尚有缺陷，主要器类的变化趋势较为粗略，细部变化特征不明确。在型式划分甚至名称上千差万别，缺乏统一全面分析。陶器的全面统计分析也较为缺乏，基本不见对陶器种类、数量、组合的量化分析。

第四，墓葬分期尚不全面，而且集中关注铜器和陶器两类随葬品，对其他随葬品以及墓葬形制、结构、方向、葬式、葬具、等级差异等方面特征和历时性变化缺乏关注，未能全面分析墓葬资料所蕴含的各种信息。

第五，郑韩两国历史变迁经历了三次王朝更替，即郑灭郐、虢，韩灭郑，秦灭韩，均是通过战争形式完成的，因此郑韩文化演变与王朝更替有密切的关系，但就此问题学界鲜有研究。

第四节　研究目的、方法和思路

一、研　究　目　的

鉴于前文所述郑韩文化的研究现状，本研究拟以郑州地区两国都城和墓葬为重点研究对象，利用考古学的理论和方法，从社会学和文化学的角度，在深入探讨郑韩都城布局以及墓葬出土陶器类型的基础上，对都城特征，墓葬分期、器用制度、等级结构、葬俗的"守旧"与"创新"，文化变迁与王朝更替的关系等课题进行详细分析研究，以期在郑韩文化研究方面有所创新和突破，揭示出郑韩文化的面貌和特征，总结出先秦乃至中国古代文化变迁与王朝更替的关系，从而更好地理解考古学文化演进及其动因，以及考古学上所说的过渡期和过渡性遗存。本研究对于深入认识文化与政治的关系也具有重要意义。

二、研　究　方　法

本研究以唯物和辩证史观为指导，在广泛吸收已有考古研究成果、积极借鉴其他学科相关研究成果的基础上，以考古资料为主导，同时有机结合相关文献资料，在全面收集资料的前提下，采用量化分析和动态考察的方式对资料进行分析。

首先，以考古发现的遗存为研究对象是本研究的基本原则。考古学研究的主要方法是以考古资料为基础，"让考古资料牵着鼻子走"[①]，依据地层学和类型学对遗存进行分类、分期，并进行历时性变化考察。历史时期考古还必须合理利用文献资料[②]。众所周知，中国是古代文献保存比较丰富的国家，先秦时期著作亦有较多留存，记录了中国早期社会的许多信息。虽然这些记录并非全部属实，其中不乏传抄讹误，但历经文献学家的不断考订，大多数文献记载被证实是可信或基本可信的。同时，受保存程度、发掘面积、公布情况等的限制，考古资料具有一定的局限性。因此，在考察郑韩文化的过程中，本研究先用考古资料独立构筑出一个知识框架，然后再结合文献分析考古现象。

其次，资料收集力求全面，并注重对其的合理运用。本研究在资料分析过程中采用了文化因素分析法和数理统计方法。文化因素分析法是对考古遗存内部不同文化因素的组成情况进行分析，进而确定文化归属，区分文化谱系，分析不同文化之间的关系，探讨文化的源流等[③]。但由于考古资料的不完整性，仅依此研究古代社会，实际上是由样本推断总体，存在以偏概全之嫌[④]。因此，为使结论更有统计学意义，本研究尽可能地收集郑韩文化相关的资料，采用单个变量的统计学描述、多个变量的相关性分析以及相关比值等数理统计方法[⑤]，以期从复杂的考古资料中获取更多信息和总结规律性特征。

再次，在多维视域下，注重多学科的交叉和应用。在学术发展日新月异的时代，仅依靠考古和文献资料的"二重证据法"进行考古学研究显然是不够的，还需要借助人类学、社会学、地理学、环境学、计算科学等相关学科的研究成果。本研究综合运用这些学科的研究成果和手段以促成郑韩文化研究的完成。

最后，任何文化都不是孤立存在的，均与周邻文化存在着互动关系，而且文化不是静止的，是动态演变的过程[⑥]。同理，各文化遗存之间也是存在普遍联系的。因此，在城市研究中，本研究除了侧重都城研究外，还将周边卫星城邑和聚落以及环境因素纳入考察范畴，并动态分析都城演变过程；在墓葬研究中，不仅重点考察了出土陶器，还对墓葬特征和其

---

① 李政、朱乃诚：《迎接中国考古学的新时代——张忠培理事长采访录》，《中国文物报》2008年11月21日第5版。

② 唐际根：《考古学证史倾向民族主义》，《读书》2002年第1期，第42～51页。

③ 俞伟超：《楚文化的研究与文化因素的分析》，《考古学是什么》，北京：中国社会科学出版社，1996年，第119～132页；李伯谦：《论文化因素分析法》，《中国文物报》1988年11月4日第3版。

④ 陈铁梅：《定量考古学》，北京：北京大学出版社，2005年，第5页。

⑤ 陈铁梅、陈建立：《简明考古统计学》，北京：科学出版社，2013年。

⑥ 李伯谦：《关于考古学文化互动关系研究》，《南方文物》2008年第1期，第14～20页。

他器用制度以及等级结构等进行了详细论述，并进行历时性变化分析。此外，在宏观历史大背景下对郑韩文化进行研究，进而讨论文化变迁与王朝更替的关系。

三、研 究 思 路

综合郑韩文化研究现状，本研究的研究思路主要有以下几个方面。

第一，根据文献记载和考古发现的郑韩城邑，考察两国疆域的变迁过程，并对郑韩都城新郑的形制和布局进行分析，探讨其特点。

第二，梳理郑州地区东周墓葬出土陶器的种类、数量以及组合情况。通过对典型陶器进行类型学分析，考察其演变序列和特点，并根据层位关系以及共存的铜器及金属货币等遗物，对郑州地区东周墓葬进行分期。

第三，在器物类型学的基础上，对郑州地区东周墓葬出土陶器的文化因素进行辨识，并根据不同时期文化因素的量化统计，分阶段考察各类文化因素的主次关系，从而揭示郑州地区东周墓葬中的文化构成和消长变化。

第四，系统讨论郑州地区东周墓葬的特征，包括墓葬形制、结构、方向、葬具、葬式等方面，并考察陶器以外其他器用制度的特征及历时性变化。另就墓葬中的特殊葬俗和形制予以重点考察。

第五，综合墓葬规模、形制、葬具及随葬品等因素，对郑州地区东周墓葬进行等级划分，分期考察墓葬等级结构的演变，从而揭示此地区东周社会结构的变迁过程。

第六，通过对郑韩文化演变的综合分析，探索考古学文化变迁与王朝更替之间的关系。

四、几 点 说 明

首先，为达到相关研究与最新考古资料的统一，本研究使用了少部分尚未发表的资料。其次，本研究用图来源主要有两部分：一部分为发掘资料用图，数量多，占比大，因文中均有相关注释，不再另行标注；另一部分是论著和相关研究成果中的用图，其出处在文中均作了标注说明。再次，限于篇幅和文章结构，部分资料在前文引注后，后文不再注释。文中还引用了大量的古籍文献，出于行文流畅和排版需要，仅在首次出现时标注版本信息，后文不再逐一标注。最后，为表述方便，本研究依照学界通用惯例，将墓号前的信息进行简化，原则为：凡原始资料已简化的，继续沿用之；原材料中未简化者，则以简洁的方式冠以年份、发掘地点或报告名称，以示区别。

第一章 郑韩疆域与都城考

东周列国的疆域尚不具备后世国家那样的封闭性，在没有天然界线或人为防线的区域，各国辖区交叉现象十分常见，边境地区大片土地无明确归属，而疆域边界多是由跳跃性的城邑连线构成[①]。由于当时没有严格的国界线和精确记录手段，加之频繁的战争加剧了疆域变化，若要准确界定郑国与韩国的疆域范围是不现实的，目前只能根据文献记载和考古发现的城邑，考察两国疆域的变迁过程。

第一节 郑国城邑与疆域

一、郑国城邑地望考

在文献记载中，郑国城邑以《左传》所见最多，《史记》《国语》等也见有少部分。这些城邑多数地望可考，部分可与已有考古资料相照。

（一）北部城邑

廪延 《左传·隐公元年》载："郑共叔之乱，公孙滑出奔卫。卫人为之伐郑，取廪延。"[②]其地在今河南延津县北而稍东。

酸枣 《左传·襄公三十年》载："（郑）驷带追之，及酸枣。"其地在今河南延津县西南[③]。

虫牢 《左传·定公八年》载："秋，晋士鞅会成桓公侵郑，围虫牢，报伊阙也。"其地在今河南封丘县北。

縣、訾、匡 《左传·文公元年》载："晋文公之季年，诸侯朝晋，卫成公不朝，使孔达侵郑，伐縣、訾及匡。"縣，地望不详，当与匡邑相近。訾，疑为"僖公十八年"传之訾娄[④]，应在滑县西南，与长垣县接界，本卫邑，后属郑，与"成公十三年"传中的"訾"非一地。匡，有两说，一为长垣县西南十五里之匡城，另为扶沟县匡城乡之匡亭，但此条中卫伐郑之匡应为前者，本为卫邑。

亳城 《春秋·襄公十一年》载："秋七月己未，同盟于亳城北。"《公羊》《谷梁》俱作

---

① 路伟东：《战国上党郡考》，《面向新世纪的中国历史地理学——2000年国际中国历史地理学术讨论会论文集》，济南：齐鲁书社，2001年，第291～299页。

② 杨伯峻：《春秋左传注》，北京：中华书局，1981年，第12～13页。

③ 后晓荣：《战国政区地理》，北京：文物出版社，2013年，第87页。

④ 《左传·僖公十八年》载："邢人、狄人伐卫……众不可，而后师于訾娄。"

"京"。杜注："亳城，郑地。"其地在郑州商城北部和东北部一带①。

制 《左传·隐公元年》载："制，岩邑也，虢叔死焉，佗邑唯命。"《左传·隐公五年》载："六月，郑二公子以制人败燕师于北制。"据韩益民考证，制与北制应为一地，但与虎牢各为一城，共同构筑要塞②。其说可从。在今河南荥阳市汜水镇虎牢关村大伾山发现有成皋故城，可能亦为制邑③。

梧 《左传·襄公十年》载："诸侯之师城虎牢而戍之，晋师城梧及制。"其地在虎牢附近。

管 《左传·宣公十二年》载："王病之，告令尹改乘辕而北之，次于管以待之。"杨伯峻注曰（下简称"杨注曰"）："管在今河南省郑州市。"但需要注意的是，在今郑州市区发现的东周城修建于战国中晚期，当属韩国④。郑国的管邑应另有所在，或在今河南郑州市西北郊古荥泽附近⑤。

垂陇 《春秋·文公二年》载："夏六月，公孙敖会宋公、陈侯、郑伯、晋士縠盟于垂陇。"杜预注："垂陇，郑地，荥（荥）阳县东有陇城。"《水经·济水注》云："京相璠曰：垂陇，郑地，今荥阳东二十里有故垂陇城，即此是也。"⑥其地在今河南荥阳市东北。

郔、衡雍 《左传·宣公十二年》载："丙辰，楚重至于郔，遂次于衡雍。"郔邑故城在今郑州圃田乡之古城村、东周村一带⑦。杨注曰："衡雍又可谓河雍，战国时又称垣雍，其地在河南原武废县（今并入原阳县）西北五里。"

时来 《春秋·隐公十一年》载："夏，公会郑伯于时来。"《公羊》作"祁黎"，杜预又谓"釐"，其地在今河南郑州市北三十里古荥泽一带⑧。

践土 《春秋·僖公二十八年》载："五月癸丑，公会晋侯、齐侯、宋公、蔡侯、郑伯、卫子、莒子，盟于践土。"其地在今河南原阳县西南、武陟县东南，亦可能在河阳近温处⑨。

京 《左传·隐公元年》载："请京，使居之，谓之京城大叔。"京城故城在今河南荥阳东南京襄城村⑩。

索氏 《左传·昭公五年》载："晋韩宣子如楚送女，叔向为介。郑子皮、子大叔劳诸索氏。"索国故城在今河南荥阳老城一带，即大索城⑪。

汜 《左传·成公四年》：载"（晋）以救许伐郑，取汜、祭。"杨注曰："汜、氾两字因形相近亦讹。此条中实应为氾，其地在今河南荥阳汜水镇。"

① 邹衡：《郑州商城即汤都亳说》，《文物》1978 年第 2 期，第 69～71 页。
② 韩益民：《"郑伯克段于鄢"地理考》，《北京师范大学学报（社会科学版）》2006 年第 4 期，第 98～104 页。
③ 雒国栋、李泽生：《郑州黄河名胜史话》，郑州：中州古籍出版社，2009 年，第 138 页。
④ 河南省文物考古研究所：《郑州商城——1953～1985 年考古发掘报告》，北京：文物出版社，2001 年，第 998 页。
⑤ 程平山、周军：《商周管邑地望考略》，《中原文物》2000 年第 4 期，第 21～24 页。
⑥ 陈桥驿：《水经注校证》，北京：中华书局，2007 年，第 195 页。
⑦ 河南省地方史志编纂委员会：《河南省志·文物志》，郑州：河南人民出版社，1993 年，第 115 页。
⑧ 陈隆文：《郑州历史地理研究》，北京：中国社会科学出版社，2011 年，第 113 页。
⑨ 马保春：《晋国地名考》，北京：学苑出版社，2010 年，第 118 页。
⑩ 河南省地方史志编纂委员会：《河南省志·文物志》，郑州：河南人民出版社，1993 年，第 129 页。
⑪ 荥阳市志编委会：《荥阳市志》，北京：新华出版社，1996 年，第 776 页。

郏　《左传·宣公三年》载："晋侯伐郑，及郏。"此郏有两种解释，一是与廪延同为一地；另为近郏，在郑州市北。

祭　《左传·桓公十一年》载："初，祭封人仲足有宠于庄公，庄公使为卿。"《括地志》云："故祭城在郑州管城县东北十五里，郑大夫祭仲邑也。"①郑州市祭城村发现的早期古城可能为西周穆王时祭公谋父的食邑，或为春秋郑祭仲的封邑②。另有一说认为祭仲的封邑在中牟③。在谭其骧主编的《中国历史地图集（第一册）》（下简称《谭图》）郑、宋、卫疆域图中，也标有两个祭，一在郑州市东北，另一在郑州市西北近黄河处④。

邢丘　《左传·昭公五年》载："晋侯送女于邢丘。子产相郑伯会晋侯于邢丘。"邢丘故城在今河南温县赵堡镇北平皋村⑤。

扈　《史记·晋世家》云："秋，齐、宋、卫、郑、曹、许君皆会赵盾，盟于扈。"《集解》引杜注曰："郑地，荥阳卷县西北有扈亭。"其地在今河南原阳县西。

邬、刘、蒍、邘、温、原、絺、樊、隰郕、欑茅、向、盟、州、陉、隤、怀　《左传·隐公十一年》载："王取邬、刘、蒍、邘之田于郑，而与郑人苏忿生之田：温、原、絺、樊、隰郕、欑茅、向、盟、州、陉、隤、怀。"杜注："凡十二邑，皆苏忿生之田。"刘在河南偃师市南，邬又刘之西南。蒍在孟津县东北。邘在沁阳县西北邘台镇。温在温县西稍南三十里。原在济源市西北原乡。絺在沁阳县西稍南三十里。樊（阳樊）在济源市东南约二十里，有古阳城。隰郕（城）故城在武陟县西南⑥。欑茅在修武县大陆村。向在济源市南稍西二十余里，有古向城。盟在孟县南稍西数里。州在沁阳县东稍南五十里。陉在沁阳县西北三十里。隤在获嘉县北约二十里。怀在武陟县西南，隰郕之北。

（二）东部城邑

雍丘　《左传·哀公九年》载："郑武子滕之嬖许瑕求邑，无以与之。请外取，许之，故围宋雍丘。"《史记·郑世家》云："缪公十五年，韩景侯伐郑，取雍丘。郑城京。"雍丘原为宋邑，后为郑所占，其地在今河南杞县城关镇。

启（开）封　《能改斋漫录·地理》载："京师开封县，其城本郑庄公所筑。昔卫之水有浚，浚之地有仪封人，掌仪地之封疆，郑人得而城焉，以为开封（启封），此其始也。"⑦启（开）封城址位于今河南开封市西南五十里⑧。

斗城　《左传·襄公三十年》载："伯有死于羊肆。子产襚之，枕之股而哭之，敛而殡诸伯有之臣在市侧者。既而葬诸斗城。"其地在河南废陈留县（今陈留镇）南三十五里，通

①　（唐）李泰等著，贺次君辑校：《括地志辑校》，北京：中华书局，1980年，第174页。
②　顾万发：《郑州祭城镇古城考古发现及相关问题初步研究》，《华夏考古》2015年第3期，第72～83页。
③　杨伯峻：《春秋左传注》，北京：中华书局，1981年，第11页。
④　谭其骧：《中国历史地图集（第一册）》，北京：中国地图出版社，1996年，第24～25页。
⑤　郭建设：《焦作先秦古城考》，《河南文物考古论集（二）》，郑州：中州古籍出版社，2000年，第121页。
⑥　国家文物局：《中国文物地图集·河南分册》，北京：中国地图出版社，1991年，第192页。
⑦　（宋）吴曾：《能改斋漫录》，北京：中华书局，1985年，第231页。
⑧　丘刚：《启（开）封故城遗址的初步勘探与试掘》，《中原文物》1994年第2期，第22～25页；葛奇峰：《启（开）封城的性质及其存废原因》，《史学月刊》2008年第4期，第122～123页。

许县东北。

（东）氾 《左传·成公七年》载："秋，楚子重伐郑，师于氾。"杨注曰："氾有二处，此为东氾，在河南中牟。"

桐丘 《左传·庄公二十八年》载："秋，子元以车六百乘伐郑……郑人将奔桐丘。"杜注："许昌县东北有桐丘城。"其地在今河南扶沟县西二十里桐丘亭。

牛首 《左传·桓公十四年》载："冬，宋人以诸侯伐郑，报宋之战也。焚渠门，入，及大逵。伐东郊，取牛首。"其地在今河南开封陈留西南十一里牛首乡，通许县偏东北。

（三）南部城邑

（南）氾 《左传·僖公二十四年》载："王出适郑，处于氾。……鄙在郑地氾。"杨注曰："氾有二处，此为南氾，在河南襄城县。"

曲洧 《左传·成公十七年》载："公会尹武公、单襄公及诸侯伐郑，自戏童至于曲洧。"曲洧故城在今河南扶沟县西南 ① 。

城颍 《左传·隐公元年》载："遂置姜氏于城颍。"其地在今河南临颍县西北。

许田 《左传·隐公八年》载："郑伯请释泰山之祀而祀周公，以泰山之祊易许田。"杨注曰："郑桓公因宣王母弟，赐之以祊，使于天子祭泰山时，为助祭汤沐之邑。周成王营王城，有迁都之意，故赐周公许田，以为鲁君朝见周王时朝宿之邑。郑庄公或者见周王泰山之祀废弃已久，助祭汤沐之邑无所用，祊又远隔，而许则近，所以提出以祊易许。"其地在今河南许昌市东南。

犫、郏 《左传·昭公元年》载："楚公子围使公子黑肱、伯州犁城犫、栎、郏，郑人惧。"二邑本为郑地，后属楚。犫在今河南鲁山县东南五十里，即叶县西。郏应在今河南平顶山郏县境内，而非三门峡市西北之郏县旧治。

郲 《春秋·襄公七年》载："十有二月，公会晋侯、宋公、陈侯、卫侯、曹伯、莒子、邾娄子于郲。"郲，《谷梁》作"鄎"，杜注："郑地。"在河南确山县境内。

萧鱼 《春秋·襄公十一年》载："公会晋侯、宋公、卫侯、曹伯、齐世子光、莒子、邾娄子、滕子、薛伯、杞伯、小邾娄子伐郑，会于萧鱼。"杜注："郑服而诸侯会，萧鱼，郑地。"《国语·晋语七》载："十二年，公伐郑，军于萧鱼。" ② 陈桐生注："萧鱼，郑国地名，即今河南许昌。" ③

（四）西部城邑

负黍 《左传·定公六年》载："郑于是乎伐冯、滑、胥靡、负黍、狐人、阙外。"负黍故城在今河南登封大金店镇南城子村 ④ 。

（费）滑 《左传·僖公二十年》载："滑人叛郑，而服于卫。夏，郑公子士、洩堵寇，

---

① 周口地区文化局：《扶沟古城初步勘查》，《中原文物》1983 年第 2 期，第 67～70 页。

② 徐元浩撰，王树民、沈长云点校：《国语集解》，北京：中华书局，2002 年，第 413 页。

③ 陈桐生译注：《国语》，北京：中华书局，2013 年，第 495 页。

④ 河南省文物局编：《河南文物》，郑州：文心出版社，2008 年，第 466 页。

帅师入滑"。杨注曰："滑，国名，姬姓，原都滑（今河南睢县西北），后迁都于费（今河南偃师东南），故亦称费滑。"滑国故城在今河南偃师府店镇府店村北[1]。

訾　《左传·成公十三年》载："六月丁卯夜，郑公子班自訾求入于大宫……反军于市。"杨注曰："因公子班由许入新郑，訾当在新郑南。高士奇《地名考略》谓訾为周地，近郑，其地在今河南巩义市訾店。"

颍谷　《左传·隐公元年》载："颍考叔为颍谷封人。"颍，姬姓，建都于今河南登封市颍阳镇颍阳村附近[2]。其地在今河南登封市西南。

胥靡、献于　《左传·襄公十八年》载："楚师伐郑……芳子冯、公子格率锐师侵费滑、胥靡、献于、雍梁。"胥靡，在今河南偃师市东南。献于，可能在今河南偃师市境内。

戏（戏童）《春秋·襄公九年》载："十有二月己亥，同盟于戏。"戏，《左传·成公十七年》谓之"戏童"，其地在今河南巩义市东南，戏童山在登封嵩山北。

圉　《左传·昭公五年》载："韩起反，郑伯劳诸圉。"杨注曰："据《明一统志》，圉在今河南杞县南五十里，今名圉镇。然江永《考实》云：'韩起自楚返晋，郑劳诸圉，其地当近郑都，不得经杞县之圉。疑非是。'"《谭图》中，偃师西南有"东圉"[3]，疑是。

此外，虢郐十邑中的邬，位于今河南偃师境内，也属西部城邑。

（五）中部城邑

郑　《史记·郑世家》载："（庄公）二十二年，段果袭郑，武姜为内应。"郑即郑国的都城，位于今河南新郑市[4]。

虢、郐十邑　《史记·郑世家》载："于是卒言王，东徙其民洛东，而虢、郐果献十邑，竟国之。"《集解》引虞翻曰："十邑，谓虢、郐、鄢、蔽、补、丹、依、柔、历、莘也。"《国语·郑语》云："若克二邑，邬、弊、补、舟、依、柔、历、华，君之土也。"这十邑为郑国东迁初期的重要城邑，但可能并非虢、郐所献，而是郑武公攻占而来。梁玉绳曰："武公灭虢、郐，非王徙之而献邑也；十邑中八邑，各为其国，非虢、郐之地，无由献之也。"

从文献记载中可以看出，十邑的名称略有差异，邬或作鄢，华或作莘，舟或为丹。邬，妘姓，在今河南偃帅；鄢，在河南鄢陵北偏西。华，在今河南新郑市北，即华阳故城[5]；莘，虢国地名，在今河南三门峡。舟，秃姓，在今河南新郑市境；丹，尧之子丹朱的封国，在今河南内乡境，一说在温县。从地理位置来看，邬、华、舟与虢、郐都邑较近，而鄢、莘、丹则距离较远，初步判断邬、华、舟应属十邑，鄢、莘、丹可能为讹误。弊通蔽，在

---

①　河南省文物局编：《河南文物》，郑州：文心出版社，2008年，第779页。

②　郑州市城市科学研究会华夏都城之源课题组：《关于华夏都城之源的课题研究报告》，《华夏都城之源》，郑州：河南人民出版社，2012年，第17页。

③　谭其骧主编：《中国历史地图集（第一册）》，北京：中国地图出版社，1996年，第24～25页。

④　河南省博物馆新郑工作站、新郑县文化馆：《河南新郑郑韩故城的钻探和试掘》，《文物资料丛刊（3）》，北京：文物出版社，1980年，第56～65页。

⑤　郑州市文物考古研究院、新郑市旅游文物局：《河南新郑市华阳城遗址东周遗存的调查与发掘》，《考古》2013年第9期，第23～39页。

今河南郑州市东郊圃田西。依或为殷，在河南郑州市西北部。补在河南新密县境内①。柔、历在河南禹州市境内，历或为栎，即阳翟故城。

　　一般认为，虢为东虢，西周初年文王弟虢仲的封国，在今河南荥阳市境内②。《史记·郑世家》引徐广曰："虢在成皋，郐在密县。"《汉书·地理志》中应劭注河南郡荥阳："故虢国，今虢亭是也。"③有学者认为，虢都为今河南荥阳广武镇南城村的平咷城④，但其城址面积仅六十余万平方米，与都城的规模差距较大，此说存疑。而荥阳娘娘寨⑤和官庄⑥遗址均发现有西周时期的遗存，或为寻找虢都提供了新的线索。

　　郐城的地望在学界仍存在争议：一说为密县东北五十里，一说为新郑东北三十二里⑦。长期以来，学界多认为郐城位于新密市曲梁乡大樊庄古城寨⑧，但经发掘证实，古城寨是一座保存较好的龙山文化晚期城址，暂未发现西周时期的遗存⑨。因此，有学者认为，新密古城寨城址并非郐城，新密曲梁故城⑩或新郑苑陵故城⑪可能是郐城所在。亦有学者认为，古郐城不可能在新郑市东北，而只能在今新密市以东或东北、新郑市之西北⑫。

　　鄢　《春秋·隐公元年》载："夏五月，郑伯克段于鄢。"鄢陵故城位于今河南鄢陵县西北九公里的前步村⑬。

　　阳城　《史记·郑世家》云："（郑君乙）十一年，韩伐郑，取阳城。"故城在今河南登

　　①　马世之：《郑州市域夏商周诸侯国国都探索》，《古都郑州》，郑州：中州古籍出版社，2004年，第249～286页。

　　②　任伟：《虢国考》，《史学月刊》2001年第2期，第22～27页。

　　③　（汉）班固撰，（唐）颜师古注：《汉书》，北京：中华书局，1962年，第1556页。

　　④　河南省文物局编：《河南文物》，郑州：文心出版社，2008年，第397页。

　　⑤　张松林、张家强、黄富成：《河南荥阳娘娘寨遗址发掘出两周重要城址》，《中国文物报》2009年2月18日第2版；郑州市文物考古研究院：《河南荥阳娘娘寨城址西周墓葬发掘简报》，《文物》2009年第9期，第4～20页；马世之：《娘娘寨城址性质问题试探》，《中原文物》2010年第5期，第39～42页。

　　⑥　郑州大学历史学院、郑州市文物考古研究院：《河南荥阳市官庄西周城址》，《中国文物报》2013年3月15日第5版；郑州大学历史学院考古系：《河南荥阳市官庄遗址西区发掘简报》，《考古》2013年第3期，第3～14页；郑州大学历史学院考古系、河南省文物局南水北调文物保护办公室：《河南荥阳市官庄遗址西周遗存发掘简报》，《考古》2014年第8期，第20～37页。

　　⑦　关于郐城的方位，《括地志》："故郐在郑州新郑县东北二十二里。"《史记·郑世家·正义》引作"故郐城在新郑县东北三十二里"。《水经·洧水注》："洧水又南迳郐城南。"杨守敬疏："《括地志》，在新郑东北二十二里。《元和志》，在新郑东北三十二里。二志东北疑西北之误，在今密县东北五十里。"《左传·僖公三十三年》说郑公子瑕死后，"文夫人敛而葬之郐城下"。杜预注："郐城，故郐城，在荥阳密县东北。"《读史方舆纪要》卷四十七载："郐城在（密县）东北五十里，周郐国也。"《大清统一志》卷一百五十云："郐城在密县东北五十里，接新郑县界，周初封国，《诗》有《郐风》。"

　　⑧　马世之：《郐国史迹初探》，《史学月刊》1984年第5期，第30～34页；梁晓景：《郐国史迹探索》，《中原文物》1987年第3期，第102～106页；陈隆文：《古郐国历史地理考辨》，《中州学刊》2005年第6期，第165～168页。

　　⑨　河南省文物考古研究所、新密市炎黄历史文化研究会：《河南新密市古城寨龙山文化城址发掘简报》，《华夏考古》2002年第2期，第53～82页。

　　⑩　蔡全法：《郐国、郐水、郐都析议》，《蔡全法考古文集》，北京：科学出版社，第91～97页。

　　⑪　寇玉海、薛红：《西周时期的郐国故城在哪里》，《中原文物》2001年第2期，第86页。

　　⑫　许少华：《祝融八姓之妘姓、曹姓诸族历史地理分析》，《湖北大学学报（哲学社会科学版）》1996年第2期，第15～20页。

　　⑬　刘东亚：《河南鄢陵县古城址的调查》，《考古》1963年第4期，第225～226页。

封东南告成乡告成村东北，可能始建于春秋晚期①。

菟氏　《左传·昭公五年》载："过郑，郑伯劳子荡于氾，劳屈生于菟氏。"其地在今河南尉氏县西北四十里。

南里　《左传·襄公二十六年》载："十二月乙酉，（许、楚）入南里，堕其城。"其地在今河南新郑南五里。

上棘、雍梁　《左传·襄公十八年》载："楚师伐郑，次于鱼陵。右师城上棘，遂涉颍，次于旃然。芳子冯、公子格率锐师侵费滑、胥靡、献于、雍梁，右回梅山，侵郑东北，至于虫牢而返。"上棘，《水经·颍水注》载："颍水又迳上棘城西，又屈迳其城南。"在今河南禹州市南。一说雍、梁为两地，梁即汉之梁县，在今河南临汝县东。雍梁故城或谓雍氏城，在今河南禹州市古城镇狮子口村、古城村一带②。

旧许、北林、向、琐　《左传·襄公十一年》载："四月，诸侯伐郑。……东侵旧许。……六月，诸侯会于北林，师于向，右还，次于琐。"旧许，许国于鲁成公十五年（前576年）迁于叶，地入于郑，故称旧许，地在今河南许昌市东三十六里。北林即棐林，亦单称棐，《左传·襄公三十一年》载："过郑，印段迂劳于棐林，如聘礼而以劳辞。"棐为偃姓国，建都于今河南新郑市龙王乡境③。向在今河南尉氏县西南四十里。琐在今河南新郑北约十余里。

尉氏　《左传·襄公十年》载："初，子驷与尉止有争，将御诸侯之师，而黜其车。"杨注曰："尉止为郑大夫。尉氏原为郑国之东鄙弊狱之官名也，郑大夫尉氏之邑。"其地在今河南尉氏县。

阳陵　《左传·襄公十年》载："诸侯之师还郑而南，至于阳陵。"其地在今河南许昌市西北。

高氏　《左传·成公十七年》载："卫北宫括救晋，侵郑，至于高氏。"其地在今河南禹州市西南。

新城（新密）《春秋·僖公六年》载："夏，公会齐侯、宋公、陈侯、卫侯、曹伯伐郑，围新城。"《左传》称为新密，即"围新密，郑所以不时城也"。杨注曰："此城为郑国逃齐国之盟后修筑的，加强防御，以免齐国攻打。"密国故城在今河南新密市大隗镇大隗村④。

栎（历）《春秋·桓公十五年》载："秋九月，郑伯突入于栎。"《史记·郑世家》载："夏，厉公出居边邑栎。"《索隐》曰："即郑初得十邑之历也。"《读史方舆纪要》载："阳翟城，今州治，本春秋时郑之栎邑。"阳翟故城在今河南禹州市老城⑤。

大陵　《左传·庄公十四年》载："郑厉公自栎侵郑，及大陵。"其地当在今河南禹州至

①　河南省文物研究所、中国历史博物馆考古部编：《登封王城岗与阳城》，北京：文物出版社，1992年，第202~214页。

②　河南省文物局：《河南省南水北调中线工程文物保护项目年报》（内部资料），2006年，第38页。

③　郑州市城市科学研究会华夏都城之源课题组：《关于华夏都城之源的课题研究报告》，《华夏都城之源》，郑州：河南人民出版社，2012年，第17页。

④　河南省文物局编：《河南文物》，郑州：文心出版社，2008年，第558页。

⑤　刘东亚：《阳翟故城的调查》，《中原文物》1991年第2期，第77、85~86页。

新郑之间，而非旧说临颍东北三十五里的巨陵亭。

长葛 《左传·隐公五年》载："宋人伐郑，围长葛，以报入郛之役也。"次年，宋人取长葛。又称为繻葛，《左传·桓公五年》载："战于繻葛。"长葛故城在今河南长葛县偏北[①]。

（六）地望不详者

鱼陵 《左传·襄公十八年》载："楚师伐郑，次于鱼陵。"旧以鱼陵为鱼齿山，在河南平顶山市西北。杨伯峻疑之。

柤 《左传·昭公六年》载："过郑，郑罕虎、公孙侨、游吉从郑伯以劳诸柤，辞不敢见。"其地可能近郑都。

城麋 《左传·襄公二十六年》载："楚子、秦人侵吴，及雩娄，闻吴有备而还，遂侵郑。五月，至于城麋。郑皇颉戍之，出与楚师战，败。"

柳棼 《左传·宣公九年》载："晋郤缺救郑。郑伯败楚师于柳棼。"

伯牛、鄵、丘舆 《左传·成公三年》载："三年春，诸侯伐郑，次于伯牛，讨邲之役也，遂东侵郑。郑公子偃帅师御之，使东鄙覆诸鄵，败诸丘舆。"伯牛乃郑国西部地名，鄵、丘舆皆为郑国东部地名。

柯泽 《左传·僖公二十二年》载："丙子晨，郑文夫人芈氏、姜氏劳楚子于柯泽。"

督扬 《左传·成公十六年》载："七月……诸侯之师次于郑西，我师次于督扬，不敢过郑。"督扬为郑东地。

鄵 《春秋·襄公七年》载："郑伯髡顽如会，未见诸侯。丙戌，卒于鄵。"鄵，《公羊》《谷梁》作"操"，杜注，郑地。

柯陵 《春秋·成公十七年》载："六月乙酉，同盟于柯陵。"杜注，柯陵，郑西地。

二、郑国疆域历史变迁

据上文所述统计，曾属于郑国的城邑约有 99 处，这仅是文献中可考的数量，实际的数量还要多。但是这些城邑并非同时被郑控制，换言之，在政治交换和列国争战中，郑国的疆域不断发生变化，部分城邑，尤其是边邑的归属时常改变。目前所知城邑可分为四个区域，分别是以新郑为中心的核心统治区，以及东部、东北和西北三个边境地区。

郑国的东部疆域与宋国接壤，《左传·哀公十二年》载："宋、郑之间有隙地焉，曰弥作、顷丘、玉畅、嵒、戈、锡。"玉畅在杞县东北三十里，另五地或皆在杞县、通许县与陈留镇之间的三角地区。而郑邑中最东部的雍丘，原本属于宋国，在战国初期为郑国所占[②]。因此，春秋时期，郑、宋两国的疆界在今河南开封杞县、通许县与陈留镇一带，而到了战国早期，郑国占领了包括雍丘在内的原宋国西部边境地区。

西北边境的城邑约有 16 处，包括郑国的邬、刘、蒍、邘四邑和苏忿生十二邑。隐公十一年（前 712 年），周王以不能控制的苏忿生十二邑换取郑国四邑，虽然郑名义上拥有这

① 国家文物局：《中国文物地图集·河南分册》，北京：中国地图出版社，1991 年，第 324 页。

② 后晓荣：《战国政区地理》，北京：文物出版社，2013 年，第 93 页。

些城邑，但其远离郑都，未必能实际控制。《左传·桓公七年》载："秋，郑人、齐人、卫人伐盟、向。"盟、向二邑叛郑，也说明郑对苏忿生十二邑的控制力较差。至春秋中期，这一地区的城邑归属于晋国南阳地^①。《左传·昭公十五年》云："（晋）文公受之，以有南阳之田。"陈伟认为晋文公所受之南阳包括阳樊、温、原、州、陉、绨、组、欑茅等八邑^②。因此，从春秋中期开始，郑国基本丧失了黄河以北的西北疆域。

郑国东北部与卫国相连，从北至南可考的城邑依次为廪延、訾娄、匡、酸枣和虫牢等。廪延为郑北端之邑，最早为共叔段在北方扩张的城邑之一，《左传·隐公元年》载："大叔又收贰为己邑，至于廪延。"此邑是黄河重要的渡口，与卫国相邻。段叛乱失败后，其子公孙滑奔卫，并挑起了郑、卫之间的战争，廪延成为两国争夺的焦点。訾娄与匡位置偏东，属卫邑。《左传·僖公十八年》载："邢人、狄人伐卫，围菟圃……众不可，而后师于訾娄。"《国语·晋语四》亦云："过卫，卫文公有邢、狄之虞，不能礼焉。"韦昭注："鲁僖十八年冬，邢人、狄人伐卫，围菟圃，（卫）文公师于訾娄，以退之，故不能礼焉。"可见，訾娄属卫的边境之邑。匡虽一度属于郑邑，但也常被别国占领。《左传·定公六年》载："二月，公侵郑，取匡，为晋讨郑之伐胥靡也。"酸枣、虫牢作为郑边邑，多为他国来犯的首冲之地，《左传·定公八年》载："晋士鞅会成桓公侵郑，围虫牢，报伊阙也。"从春秋中期开始，由于晋、卫、鲁等国不断进犯，郑国对东北边邑的控制力逐渐减弱，到春秋晚期，基本不见郑国在此地区活动的记载。

综上所述，郑国以虢郐十邑起家，经武公和庄公的营建，疆域迅速扩大，北至廪延、南至城颍、东至斗城、西至邬，就连西北地区的苏氏十二邑也在名义上属于郑国。然而，郑庄公创造的霸业随着其去世而终止，郑国陷入了君位之争，开始了近三十年的内乱。春秋中晚期，郑国陷入晋、楚、齐等大国争霸的泥潭中，疆域逐渐缩小，其西北地区的苏氏十二邑被纳入晋国南阳，东北地区的边邑常被晋、卫等国攻占，主要控制范围是以郑都为中心的地区。战国初期，郑国一度控制了原属宋国的雍丘及周边区域，但随着韩伐郑活动的不断加剧，郑国相继失去了雍丘、栎（阳翟）、负黍、阳城等城邑^③，最终国都也被韩所占，郑国灭亡。

总之，郑国疆域的主体范围北至扈和衡雍（今河南原阳东南），以黄河故道为界，西北有虎牢；西至邬、刘（今河南偃师南）；西南至郏（今河南郏县）；南至城颍（今河南临颍县西北）；东南至曲洧（今河南扶沟县西南）；东至牛首、斗城（今河南通许县东北）。

第二节　韩国城邑与疆域

战国时期各国多实行郡县制，郡多设在边地，主要是为了巩固边防^④。一般认为，韩国

①　马保春：《晋国地名考》，北京：学苑出版社，2010年，第52页。

②　陈伟：《晋南阳考》，《历史地理》第18辑，上海：上海人民出版社，2002年，第157～167页。

③　李晓杰：《战国时期韩国疆域变迁考》，《中国史研究》2001年第3期，第15～25页。

④　杨宽：《战国史》，上海：上海人民出版社，2003年，第228页。

在三晋交界且山地险要的上党地区设有上党郡[①]，为防秦在西部设三川郡[②]，为防楚在南部设上蔡郡[③]。郡下置县，如韩上党郡下辖十七县[④]。需要注意的是，虽然郡的设置多集中在各国边区，但县的设置比较常见。因此，考察韩国城邑有助于厘清其疆域变迁。

一、韩国城邑地望考

韩国城邑多见于《史记》《战国策》《水经注》等文献记载，也有部分见于兵器铭文和金属货币文字中。据初步统计，目前所见的韩国城邑共有 81 处，集中分布在今河南境内及山西南部地区，极少数延至陕西、河北境内，另有个别地望不详或存有争议者（表1-1）。

表1-1 韩国城邑统计表

序号	名称	资料来源	地望
1	韩原	《史记·韩世家》：韩之先与周同姓，姓姬氏。其后苗裔事晋，得封于韩原，曰韩武子	一说在今陕西韩城市南，一说在今山西芮城县北，一说在今山西河津县与万荣县之间
2	州	《史记·韩世家》：宣子徙居州	今河南温县东北武德镇
3	郑	《史记·韩世家》：（哀侯）二年，灭郑，因徙都郑	今河南新郑
4	阳城	《史记·周本纪》：（赧王）五十九年，秦取韩阳城	今河南登封告成村
5	阳翟	《史记·郑世家》：（桓公）二十三年，郑围韩之阳翟	今河南禹州市[⑤]
6	负黍	《史记·周本纪》：（赧王）五十九年，秦取韩阳城负黍	今河南登封南城子村
7	岸门	《史记·韩世家》：（宣惠王）十九年，（秦）大破我岸门	今河南许昌市东北二十八里
8	华阳	《史记·韩世家》：（釐王）二十三年，赵、魏攻我华阳	今河南新郑市北[⑥]
9	雍氏	《史记·韩世家》：（襄王十二年）楚围雍氏	今河南禹州古城镇狮子口村、古城村一带[⑦]
10	成皋	《史记·六国年表》：（韩桓惠王元年）秦拔我成皋、荥阳	今河南荥阳虎牢关村
11	荥阳	同上	今河南郑州古荥镇

---

① 钱林书：《战国时期的上党地区及上党郡》，《地名考释》1985 年第 2 期，第 11、13～14 页。

② 缪文远：《战国制度通考》，成都：巴蜀书社，1998 年，第 216～217 页。

③ 杨宽：《战国史》，上海：上海人民出版社，2003 年，第 678 页；后晓荣：《战国政区地理》，北京：文物出版社，2013 年，第 37 页。亦有学者称其为南阳郡，可备一说，见吴良宝：《战国晚期韩国疆域变迁新考——以兵器刻铭为中心》，《中国历史地理论丛》2012 年第 1 期，第 94～97 页。

④ 吴良宝：《战国时期上党郡新考》，《中国史研究》2008 年第 1 期，第 49～60 页。

⑤ 刘东亚：《阳翟故城的调查》，《中原文物》1991 年第 2 期，第 77、85～86 页。

⑥ 郑州市文物考古研究院、新郑市旅游文物局：《河南新郑市华阳城遗址东周遗存的调查与发掘》，《考古》2013 年第 9 期，第 23～39 页。

⑦ 河南省文物局：《河南省南水北调中线工程文物保护项目年报》（内部资料），2006 年，第 38 页。

续表

序号	名称	资料来源	地望
12	管	《战国策·魏策四》：秦攻韩之管①	今河南郑州市
13	市丘	《战国策·韩策一》：五国罢，必市丘，以偿兵费	今河南郑州市西北
14	广武	《史记·范雎蔡泽列传》：（昭王四十三年）城河上广武。《索隐》引刘氏：本属韩，今秦得而城	今河南荥阳东北
15	宅阳	《史记·魏世家》：（惠王）五年，与韩会宅阳	今河南荥阳东北
16	折②（制）	折戈③	今河南荥阳西北
17	格氏	六年格氏戈④	今河南荥阳小索城⑤
18	京	九年京令戈⑥	今河南荥阳京襄城村
19	釐	六年釐令戈⑦	今河南郑州市北
20	夏山	《史记·韩世家》：（釐王十年）秦败我师于夏山	今河南巩义西南四十里
21	马陵	《史记·六国年表》：（韩懿侯六年）魏败我马陵	今河南新郑东南
22	鄢陵	《史记·春申君列传》：王以十万戍郑，梁氏寒心许、鄢陵婴城	今河南鄢陵县西北十八里前步村⑧
23	许	同上	今河南许昌市东南
24	颍川	《战国策·韩策一》：公何不以秦为韩求颍川于楚，此乃韩之寄地也	今河南许昌市
25	南梁	《战国策·齐策一》：南梁之难，韩氏请救于齐	今河南临汝西二十六里
26	纶氏	《水经·伊水注》引《竹书纪年》：楚吾得帅师及秦伐郑（韩），围纶氏	今河南登封西南七十里
27	缑氏	《史记·白起王翦列传》：（秦昭襄王）四十六年，秦攻韩缑氏、蔺⑨，拔之	今河南偃师滑城村⑩
28	桐丘	五年桐丘令戈⑪	今河南扶沟县西

---

① 缪文远、缪伟、罗永莲译注：《战国策》，北京：中华书局，2012 年，第 781 页。
② 吴良宝：《战国文字所见三晋置县辑考》，《中国史研究》2002 年第 4 期，第 11~20 页。
③ 杜平安：《新郑博物馆藏战国带铭青铜器》，《中原文物》1999 年第 3 期，第 101、110 页。
④ 苏辉：《秦三晋纪年兵器研究》，上海：上海古籍出版社，2013 年，第 154 页。
⑤ 后晓荣：《战国政区地理》，北京：文物出版社，2013 年，第 39 页。
⑥ 吴良宝：《战国文字所见三晋置县辑考》，《中国史研究》2002 年第 4 期，第 11~20 页。
⑦ 苏辉：《秦三晋纪年兵器研究》，上海：上海古籍出版社，2013 年，第 131 页。
⑧ 刘东亚：《河南鄢陵县古城址的调查》，《考古》1963 年第 4 期，第 225~226 页。
⑨ "蔺"疑为"纶"之讹，即上条中的纶氏，见李晓杰：《战国时期韩国疆域变迁考》，《中国史研究》2001 年第 3 期，第 15~25 页。
⑩ 中国科学院考古研究所洛阳发掘队：《河南偃师"滑城"考古调查简报》，《考古》1964 年第 1 期，第 30~35 页。
⑪ 黄盛璋：《新出五年桐丘戈及其相关古城问题》，《考古》1987 年第 12 期，第 1107~1111 页。

续表

序号	名称	资料来源	地望
29	酸枣 （东孟）	《史记·魏世家》：（文侯）三十二年，伐郑（韩）。城酸枣。《战国策·韩策二》：韩适有东孟之会	今河南延津县西南十五里
30	平丘	《水经·河水注》引《竹书纪年》：梁惠成王十三年，郑釐侯使许息来致地：平丘、户牖、首垣诸邑及郑驰地	今河南封丘县东四十里
31	户牖	同上	今河南兰考县北
32	首垣	同上	今河南长垣县东北
33	垣雍	《史记·秦本纪》：（昭襄王）四十八年十月，韩献垣雍	今河南原阳县西南
34	鹿	《水经·河水注》引《竹书纪年》：梁惠成王十三年……我取枳道，与郑鹿	今河南浚县东南
35	黄池	《史记·六国年表》：（韩昭侯六年）宋取我黄池	今河南封丘县西南
36	修鱼	《韩世家》：（宣惠王）十六年，秦败我修鱼	今河南原阳县西南
37	安成	十七年安成令戈[2]	一说在今河南汝南县，一说在今河南原阳县
38	武始	《史记·秦本纪》：（昭襄王）十三年，向寿伐韩，取武始	今河北邯郸西南
39	涉	《战国策·赵策一》：韩欲有宜阳，必以路、涉、端氏赂赵	今河北涉县西北二里
40	高都	《水经·伊水注》引《竹书纪年》：梁惠成王十七年，东周与郑高都、利	今河南洛阳市南
41	宜阳	《史记·韩世家》：（列侯）九年，秦伐我宜阳，取六邑	今河南宜阳韩城镇东[3]
42	新城	《战国策·韩策二》：郑强为楚王使于韩，矫以新城、阳人命世子（韩公子几瑟）	今河南伊川县东南[4]
43	阳人	同上	今河南临汝西北
44	注人	《史记·赵世家》：（孝成王元年）攻韩注人，拔之	今河南临汝西北
45	伊阙	《史记·六国年表》：（韩釐王三年）秦败我伊阙	今河南洛阳市南二十里
46	卢氏	七年卢氏令戈[5]	今河南卢氏县卢氏故城
47	平阳	《史记·韩世家》：贞子徙居平阳	今山西临汾市西南
48	武遂	《史记·韩世家》：（襄王）六年，秦复与我武遂	今山西临汾市西南，一说在垣曲县东南

---

① 酸枣与东孟可能为一地，见缪文远：《战国制度通考》，成都：巴蜀书社，1998 年，第 221～222 页。

② 苏辉：《秦三晋纪年兵器研究》，上海：上海古籍出版社，2013 年，第 130～131 页。

③ 赵安杰：《战国宜阳故城调查简报》，《中原文物》1988 年第 3 期，第 8～12 页。

④ 赵晓军、屈昆杰、周鼎凯：《伊川新城故城勘察记》，《洛阳考古》2013 年第 2 期，郑州：中州古籍出版社，2013 年，第 3～11 页。

⑤ 苏辉：《秦三晋纪年兵器研究》，上海：上海古籍出版社，2013 年，第 151 页。

续表

序号	名称	资料来源	地望
49	路（潞）	《战国策·赵策一》：韩欲有宜阳，必以路、涉、端氏略赵	今山西潞城东北四十里①
50	端氏	同上	今山西沁水东四十五里
51	陉	《史记·韩世家》：（桓惠王）九年，秦拔我陉，城汾旁	今山西曲沃北二十里
52	汾	同上	今山西襄汾赵康故城②
53	屯留	《水经·浊漳水注》引《竹书纪年》：梁惠成王十二年，郑（韩）取屯留、尚子、涅	今山西屯留南
54	长子（尚子）	同上	今山西长子西南③
55	涅	同上	今山西武乡西五十里
56	阏与	《史记·六国年表》：（韩惠王三年）秦击我阏与城，不拔	今山西沁县乌苏村
57	彘	十七年彘令戈（《集成》17·11382 戈）	今山西省霍县东北
58	皋落	十一年皋落戈④	今山西垣曲东南皋落镇一带
59	濩泽	濩泽君七年戈⑤	今山西阳城西北
60	介	十二年介令戈⑥	今山西介休西南
61	杨氏（唐是）	韩“唐是”方足布⑦	今山西洪洞东南
62	铜鞮	铜鞮右库戈⑧	今山西沁县南
63	襄垣	“襄洹”尖足布⑨	今山西襄垣县西北
64	少曲	《史记·范雎蔡泽列传》：秦昭王之四十二年，东伐韩少曲、高平，拔之	今河南济源东北
65	高平（向）	同上	今河南济源西南

　　① 山西省考古研究所、山西省晋东南地区文化局：《山西省潞城县潞河战国墓》，《文物》1986 年第 6 期，第 1～19 页。

　　② 山西省文物管理委员会侯马工作站：《山西襄汾赵康附近古城址调查》，《考古》1963 年第 10 期，第 544～546 页。

　　③ 山西省考古研究所：《山西长子县东周墓》，《考古学报》1984 年第 4 期，第 503～529 页。

　　④ 蔡运章、杨海钦：《十一年皋落戈及其相关问题》，《考古》1991 年第 5 期，第 413～416 页。

　　⑤ 郝本性：《新郑“郑韩故城”发现一批战国铜兵器》，《文物》1972 年第 10 期，第 32～37 页。

　　⑥ 吴良宝：《战国晚期韩国疆域变迁新考——以兵器刻铭为中心》，《中国历史地理论丛》2012 年第 1 期，第 94～97 页。

　　⑦ 何琳仪：《韩国方足布四考》，《古币丛考》，合肥：安徽大学出版社，2002 年，第 96～98 页。

　　⑧ 吴镇烽：《商周青铜器铭文暨图像集成》，上海：上海古籍出版社，2012 年，编号 16702。

　　⑨ 吴良宝：《战国布币四考》，《古文字论集（二）》，西安：考古与文物编辑部，2001 年，第 169～170 页。

续表

序号	名称	资料来源	地望
66	河雍（阳）	《水经·济水注》引《竹书纪年》：郑侯使韩辰归晋阳及向。……更名阳为河雍，向为高平	今河南济源西南
67	野王	《史记·白起王翦列传》：（昭王）四十五年，伐韩之野王	今河南沁阳境
68	邢丘	《史记·白起王翦列传》：秦尝攻韩，围邢丘	今河南温县赵堡镇北平皋村
69	邢	四年邢令戈（《集成》17·11335 戈）	今河南沁阳西北三十里邢台村
70	襄城	廿三年襄城令戈 ①	今河南襄城县
71	棠溪	《史记·苏秦列传》：韩卒之剑戟皆出于冥山、棠溪、墨阳……革抉吠芮，无不毕具	今河南西平西南
72	墨阳	同上	今河南内乡北
73	宛城	《史记·六国年表》：（韩釐王五年）秦拔我宛城	今河南南阳市
74	穰	《史记·韩世家》：襄王十一年，秦伐我，取穰	今河南邓县南二里
75	洱阳（汝阳）	十年洱阳令戈 ②	今河南商水县汝阳故城
76	申阴	廿四年申阴令戈 ③	今河南南阳市北一带
77	合伯（膊）	十一年合伯令戈 ④	今河南舞阳附近
78	雍丘	《史记·韩世家》：韩景侯虔元年，伐郑，取雍丘	今河南杞县城关镇
79	石章	《史记·秦本纪》：（惠王十年）伐取韩石章	今地不详，疑在韩西境 ⑤
80	马雍	三年马雍令戈（《集成》17·11375 戈）	今地不详，疑近黄河故道 ⑥，抑或与河雍为一地
81	安阳	廿七年安阳令戈 ⑦	一说今河南信阳市东北，一说今河南陕县东

　　上表中所列的韩国城邑多继承自晋国和郑国，也有少部分为韩国新建，如战国中晚期在郑州商城基础上营建的管 ⑧。

---

①　苏辉：《秦三晋纪年兵器研究》，上海：上海古籍出版社，2013 年，第 146 页。
②　孙敬明、苏兆庆：《十年洱阳令戈考》，《文物》1990 年第 7 期，第 39～42 页。
③　黄盛璋：《试论三晋兵器的国别和年代及其相关问题》，《考古学报》1974 年第 1 期，第 13～44 页。
④　湖北省文物考古研究所：《江陵九店东周墓》，北京：科学出版社，1995 年，图 150-2。
⑤　李晓杰：《战国时期韩国疆域变迁考》，《中国史研究》2001 年第 3 期，第 15～25 页。
⑥　曾庸：《若干战国布钱地名之辨释》，《考古》1980 年第 1 期，第 84～87 页。
⑦　张德光：《试谈山西省博物馆拣选的几件珍贵铜器》，《考古》1988 年第 7 期，第 616～620 页。
⑧　河南省文物考古研究所：《郑州商城——1953～1985 年考古发掘报告》，北京：文物出版社，2001 年，第 998 页。

二、韩国疆域历史变迁

战国时期兼并战争加剧，各国疆域的变化比较频繁，韩国都城的屡次迁徙更加剧了其版图的复杂性。幸有缪文远[①]、李晓杰[②]、吴良宝[③]、后晓荣[④]等学者先后对韩国疆域进行了细致梳理，我们才得以了解其版图变化。

韩国城邑可划分为五大区域，由北至南依次为上党地区、野王至荥阳地区、阳翟与新郑地区、以宜阳为中心的三川地区和上蔡地区。

在三家分晋之初，韩国统治中心在平阳，基本控制着上党地区，并据有野王至荥阳地区。从《战国策·韩策一》段规谓韩王"分地必取成皋"的记载可知，在三晋灭智氏后，韩把荥阳地区战略要地成皋纳入版图，为侵并郑国做好了准备。

经韩武子至哀侯的经营（前 424 年至前 374 年），韩国势力逐渐壮大，疆域也得到了大幅扩展。其中最重要的事件，莫过于韩灭郑并迁都新郑。韩国的版图也在此时达到最大，主要势力范围集中在上党与国都新郑周围。而连接上党与新郑的途径有两条，一是经野王，过邢丘达荥阳的狭窄通道，《史记·白起王翦列传》云："（昭王）四十五年，伐韩之野王，野王降秦，上党道绝。"另一条则是经武遂，过宜阳而达新郑，如《史记·秦本纪》云："秦下甲据宜阳，断韩之上地。"《战国策·韩策一》张仪说韩王曰："秦下甲据宜阳，断绝韩之上地……则王之国分矣。"

自韩懿侯至宣惠王统治时期（前 374 至前 312 年），韩国虽城邑有所变动，但疆域范围基本保持稳定。从韩襄王时期开始，随着秦国不断东进，韩国相继失去了武遂、上党、三川和上蔡，最后"秦虏王安，尽入其地"，韩遂亡。

第三节　郑国都城选址与布局特征

《史记·郑世家》云："宣王立二十二年，友（郑桓公）初封于郑。"《世本》又云："桓公居棫林，徙拾。"关于郑国始封地及迁徙问题，学界主要有二说[⑤]：一说，棫林为汉京兆郑县，在今陕西华县西北，拾在河南虢、郐之地，抑或为今河南新郑；一说，棫林在今陕西凤翔地区，拾则在今陕西华县西北。多数学者支持第二种学说，本研究亦从之。郑国东迁始于桓公，成于武公，武公灭郐、虢后[⑥]迁郑（今河南新郑），此后至韩灭郑，未闻郑再

① 缪文远：《战国制度通考》，成都：巴蜀书社，1998 年，第 215～229 页。

② 李晓杰：《战国时期韩国疆域变迁考》，《中国史研究》2001 年第 3 期，第 15～25 页。

③ 吴良宝：《〈战国时期韩国疆域变迁考〉补正》，《中国史研究》2003 年第 3 期，第 169～172 页；吴良宝：《战国晚期韩疆域变迁新考——以兵器刻铭为中心》，《中国历史地理论丛》2012 年第 1 期，第 94～97 页。

④ 后晓荣：《战国政区地理》，北京：文物出版社，2013 年，第 33～59 页。

⑤ 关于郑国始封地，李峰与苏勇等均已考证，详见李峰：《西周金文中的郑地和郑国东迁》，《文物》2006 年第 9 期，第 70～78 页；苏勇：《周代郑国史研究》，吉林大学博士学位论文，2010 年，第 28～41 页。

⑥ 经考，武公灭郐是在周平王二年（前 769 年），时隔两年（前 767 年）而灭虢，见邵炳军：《郑武公灭桧年代补证》，《上海大学学报（社会科学版）》2005 年第 1 期，第 31～35 页。

迁之事。需要注意的是，武公在迁郑前可能暂居于留（刘），《公羊传·桓公十一年》载：
"古者郑国处于留。先郑伯有善于邻公者，通乎夫人以取其国，而迁郑焉，而野留。"留
（刘）之地望存疑①。目前仅国都郑地望可确，并进行了大量的考古工作，下文将对其形制和
布局及相关问题进行分析。

一、环境视野中的郑都新郑

人类的生存和发展始终离不开环境，都城选址与营建更是在特定环境背景下展开和完
成的。这里的环境并不局限于人类赖以生存的自然环境，同时也包括影响文化和社会发展
的人文环境，而且自然环境的某些作用是通过人文环境间接来发挥的②。

关于郑都周围的自然环境，《诗·郑风·溱洧》有"溱与洧，方涣涣兮"③，《国语·郑
语》有"主芣騩而食溱洧"的记载。新郑地区的地势总体为西高东低，西部为浅山区，中
部有丘陵、岗地，东部为平原，属暖温带大陆季风性气候，温度适中，四季分明，为宜居
之地④。溱、洧交汇形成冲积平原，土壤肥沃，水源充足，为农业相对发达地区，盛产黍、
稷、稻、麦等粮食作物⑤。

《国语·周语》云："昔伊洛竭而夏亡，河竭而商亡。"《管子·乘马篇》亦曰："凡立国
都，非于大山之下，必于广川之上。高毋近旱而水用足，下毋近水而沟防省。"⑥可见，河流
水系与国家政治经济生命休戚相关，河流对都城文明的形成与发展有催化作用⑦。从小的地
理环境来说，郑都位于双洎河（古洧水）与黄水河（古溱水）交汇处；从大的地理环境观
察，其北有黄河，南有颍水、汝水，西有伊水、洛水，东有济水，东北有圃田泽等水系⑧。
新郑周围的河流、沼泽形成了一个完整的水系网络，既能保证都城大量用水之需，便于交
通，又能防旱抗涝，同时也是自然防御屏障。

除丰富的水系外，郑都周围还有许多可据守的高山，如南有陉山，西南有大騩山（亦
谓大隗山或具茨山），西有嵩山，西北有戏童山，北有梅山及敖山等。另有一些易守难攻的
关隘及险道，如西北有虎牢关，东北有马陵险道，西有轩辕关。

人文环境方面，新郑地区历史悠久，文化遗存丰富，河南地区新石器时代中期的裴李
岗文化遗存就集中发现于此。此外，据《元和郡县图志·河南道四》，"新郑县，本有熊之

① 一说在汉代的陈留，靠近开封，见陈槃：《春秋大事表列国爵姓及存灭表撰异》，上海：上海古籍出版社，2009
年，第70～71页。一说在偃师西南，见梁晓景：《刘国史迹考略》，《中原文物》1985年第4期，第65～72页。

② 钱耀鹏：《中国史前城址与文明起源研究》，西安：西北大学出版社，2001年，第68页。

③ 程俊英：《诗经译注》，上海：上海古籍出版社，2004年，第140页。

④ 新郑市文物管理局：《新郑市文物志》，北京：中国文史出版社，2005年，第1页。

⑤ 杨宽：《战国史》，上海：上海人民出版社，2003年，第74页。

⑥ 房玄龄注，刘绩增注：《管子》，上海：上海古籍出版社，1989年，第19页。

⑦ 韩国河：《都市文明与河流关系的思考》，《郑州商都3600年学术研讨会暨中国古都学会2004年年会论文选
编》，郑州：中州古籍出版社，2005年，第186～190页。

⑧ 鲍颖建、张英：《论郑韩故城周邻河泽的自然防御功能》，《华北水利水电学院学报（社科版）》2012年第4期，
第24～27页。

墟，又为祝融之墟"①。足可见此地人文历史底蕴之厚重。

总之，郑国都于新郑不是偶然的，而是在综合考量了此地自然和人文环境后决定的。当然，不可否认的是，城市选址是一种以人为主的"人地关系"②，即郑都选址除了各种环境因素外，最终决定其微观选址的还是郑公及其谋士。新郑优越的环境再加上统治阶层的明智选择，使郑国在新郑立都约394年，未闻徙都。

二、郑都新郑的形制与布局

经过半个多世纪的考古工作，郑都新郑的形制和平面布局已较为清晰。学界关于郑都研究成果丰硕，以蔡全法③和马俊才④两位的考察较为细致⑤。本研究于此仅简要概述之，并尝试对相关问题进行探讨。

（一）平面形状与基础设施

1. 平面形状

郑都依双洎河和黄水河两岸地势筑成，平面呈不规则的长方形，俗称"四十五里牛角城"，东西长约5000米，南北宽约4500米，城垣周长近20千米，城内面积约16平方千米。墙体保存较好的部分残高10～19米，基宽40～60米。东城墙的墙基是由黏土和黄色砂土分层夯筑而成，墙基未挖基槽，缘岗脊分段夯筑。墙体下部为春秋夯层，圆形圜底夯；上部为战国夯层，圆形平底夯（图1-1）。南城墙底部有基槽，夯土呈斜坡状，夯筑顺序由城内向城外，废弃年代不早于战国早期（图1-2、图1-3）⑥。结合出土物推断，城墙始建于春秋时期，战国时期进行了修补。北墙外还发现有宽约50米的护城壕。

2. 城门

在城墙上发现多处缺口，目前仅东墙偏北和北墙偏西两处缺口已证实为城门。而文献中出现的城门数量多达14个，分别为东门、渠门、桔秩之门、师之梁门、北门、西门、鄟门、皇门、旧北门、墓门、闺门、南门、仓门、时门等。但从史念海⑦、曲英杰⑧、李玉洁⑨、

① （唐）李吉甫撰，贺次君点校：《元和郡县图志》，北京：中华书局，1983年，第205页。
② 成一农：《中国古代城市选址研究方法的反思》，《中国历史地理论丛》2012年第1期，第84～93页。
③ 蔡全法：《郑韩故城韩文化考古的主要收获》《郑韩故城与郑文化考古的主要收获》，《群雄逐鹿·两周中原列国文物瑰宝》，郑州：大象出版社，2003年，第117～123、202～211页；蔡全法：《郑韩故城在我国古城中的地位》，《中国古都研究（十五）》，西安：三秦出版社，2004年，第123～131页；蔡全法：《郑韩故城的发现与研究》，《华夏都城之源》，郑州：河南人民出版社，2012年，第252～265页。
④ 马俊才：《郑、韩两都平面布局初论》，《中国历史地理论丛》1999年第2期，第115～129页；马俊才：《郑韩两都之考古学复原研究》，《华夏都城之源》，郑州：河南人民出版社，2012年，第283～306页。
⑤ 下文所用郑韩故城发掘资料，无特别注明者，均出自两位学者的论著，不再逐一标注。
⑥ 河南省文物考古研究院：《2017年新郑郑韩故城南城墙发掘简报》，《华夏考古》2021年第2期，第15～22页。
⑦ 史念海：《郑韩故城溯源》，《中国历史地理论丛》1998年第4期，第1～36页。
⑧ 曲英杰：《先秦都城复原研究》，哈尔滨：黑龙江人民出版社，1991年，第419～423页。
⑨ 李玉洁：《郑国的都城与疆域》，《中州学刊》2005年第6期，第162～164页。

马俊才等的研究成果来看，这些并非都是城门，如《尔雅·释宫》载："宫中之门谓之闱，其小者谓之闱。"[1]闱门应为宫中小门。

图 1-1　黄水路东段东城墙剖面（东南向西北）　　　图 1-2　南城墙东剖面中段（西向东）

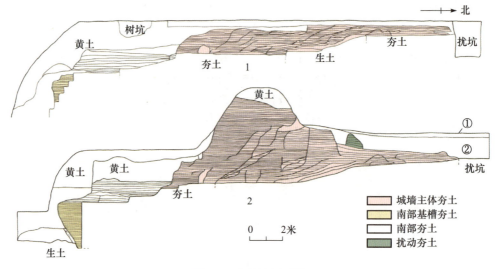

图 1-3　南城墙剖面图

1.西剖面　2.东剖面

3. 道路

一般来说，都城内的道路连接城门，也是城市分区布局的界线。逵路是郑都中常见于文献记载的一条道路，如《左传·桓公十四年》载："冬，宋人以诸侯伐郑，报宋之战也。焚渠门，入，及大逵。"《左传·宣公十二年》载："春，楚子围郑……三月，克之。入自皇门，至于逵路。"杜注："逵，道方九轨。"《尔雅·释宫》："一达谓之道路，二达谓之歧旁，三达谓之剧旁，四达谓之衢，五达谓之康，六达谓之庄，七达谓之剧骖，八达谓之崇期，

---

① 胡奇光、方环海撰：《尔雅译注》，上海：上海古籍出版社，2004 年，第 211 页。

九达谓之逵。"《群经平议》云:"《左传》于鲁国多言衢,于齐国多言庄,于郑国多言逵。"[1]
《释三九上》云:"凡一、二之所不能尽者,则约之三,以见其多;三之所不能尽者,则约
之九,以见其极多。"[2]可见,"九"只表虚数并非实指,故"逵"无非是言其四通八达。但
目前郑都内发现的道路很少,除已确定的2段城门道路外,在今市政府北还发现有一段东
北—西南走向、宽6米的道路,尚不明确是否与逵路有关。而经曲英杰考证,逵路为郑都
东部纵贯南北的大道[3],可备一说。

考古人员根据发掘收获初步判断,渠门位于郑韩故城北城墙与隔城墙交汇处东侧缺口
处,春秋时期其北部为护城壕,水渠和道路穿过城墙缺口处分别为陆门和水门;战国时期
修筑大型夯土建筑,并与同时期修筑的北城墙凸出部分共同构成瓮城城墙,并增设两条道
路[4](图1-4)。

图1-4 北城门遗址遗迹平面图

① (清)俞樾:《群经评议》,《续修四库全书》,上海:上海古籍出版社,2013年,第416~417页。
② 田汉云:《新编汪中集》,扬州:广陵书社,2005年,第347页。
③ 曲英杰:《先秦都城复原研究》,哈尔滨:黑龙江人民出版社,1991年,第421页。
④ 河南省文物考古研究院、新郑市旅游和文物局、城市考古与保护国家文物局重点科研基地:《河南新郑郑韩故
城北城门遗址春秋战国时期遗存发掘简报》,《华夏考古》2019年第1期,第3~12、113页。

（二）宫殿区与礼制建筑

在对郑都宫殿区和宗庙基址的认识上，蔡全法与马俊才有明显分歧。前者认为宫殿区分布在城内西北部"梳妆台"一带，宗庙基址应在新郑市政府以北、黄水路以南、新郑市第一高级中学操场以东、中华路以西的区域；后者则认为"梳妆台"及其附近夯土建筑应为文献中记载的国朝西宫，宫殿区应在市政府后院及实验幼儿园周围，宗庙基址位于宫殿区北侧。根据目前考古资料来看，蔡说较为合理。

1. 宫殿区

"梳妆台"为宫殿区重要组成部分，也是城内现存唯一高出地面的大型夯土台基，平面呈南北向长方形，长 135 米，宽 80 米，面积约为 10800 平方米，现存高度约为 6 米。经发掘证实，整个台基为夯筑，建于春秋时期，台基上还发现有井圈构筑的水井和埋入地下的陶排水管道。这种高大的夯土台基在东周列国都城中较为常见，如齐都临淄故城的桓公台[1]、燕下都的武阳台、老姆台[2]，赵都邯郸故城的龙台[3]，魏都安邑故城的"人工夯土台"[4]等。这些都城的宫殿区皆以高台夯土台基为中心，可见，东周时期盛行以高台建筑为主体的宫殿区。这种高台建筑既满足了统治阶级向往空中楼阁"仙居"的要求，又非常实用，利于防水、通风，还可作为制高点，便于控制全城[5]。结合"梳妆台"南北横长的情况判断，此台应是郑都宫殿区的主殿基址，东西两侧建筑基址当是配殿遗存。

2. 宗庙基址

春秋时期庙与寝有明显的区别，庙专为祖先而修建，主要用于祭祀祖先，寝则是生人所居[6]。判断一处基址是否为宗庙建筑，除祭祀遗存外，还应有大型建筑基址，如秦雍城马家庄春秋宗庙遗址，由多个建筑组成，还有牛坑、羊坑等祭祀坑[7]，且建筑无明显居住痕迹[8]。在蔡全法所谓的宗庙基址区域内发现有春秋时期大型建筑区及多处祭祀遗存，应是郑都宗庙之所在。

① 山东省文物考古研究所：《临淄齐故城》，北京：文物出版社，2013 年，第 143 页。

② 河北省文化局文物工作队：《河北易县燕下都故城勘察和试掘》，《考古学报》1965 年第 1 期，第 83～106 页。

③ 邯郸市文物保管所：《河北邯郸市区古遗址调查简报》，《考古》1980 年第 2 期，第 142～146、158 页。

④ 中国科学院考古研究所山西工作队：《山西夏县禹王城调查》，《考古》1963 年第 9 期，第 474～479 页。

⑤ 杨鸿勋：《从盘龙城商代宫殿遗址谈中国宫廷建筑发展的几个问题》，《文物》1976 年第 2 期，第 16～25 页；俞伟超：《中国古代都城规划的发展阶段性——为中国考古学会第五次年会而作》，《文物》1985 年第 2 期，第 52～60 页。

⑥ 陈筱芳：《春秋宗庙祭祀以及庙与寝的区别》，《西南民族大学学报（人文社科版）》2006 年第 11 期，第 93～97 页。

⑦ 陕西省雍城考古队：《凤翔马家庄一号建筑群遗址发掘简报》，《文物》1985 年第 2 期，第 1～29 页。

⑧ 韩伟：《马家庄秦宗庙建筑制度研究》，《文物》1985 年第 2 期，第 30～38 页。

3. 社稷遗址

在金城路①、城市信用社②及中行③三处遗址皆发现有青铜礼乐器坑及殉马坑（图1-5），一般认为，均属郑国社稷祭祀遗存。根据出土青铜礼器的组合和数量分析，祭祀者身份有明显差异，中行遗址的主人应是郑公，金城路遗址的主人则相当于卿大夫阶层④。

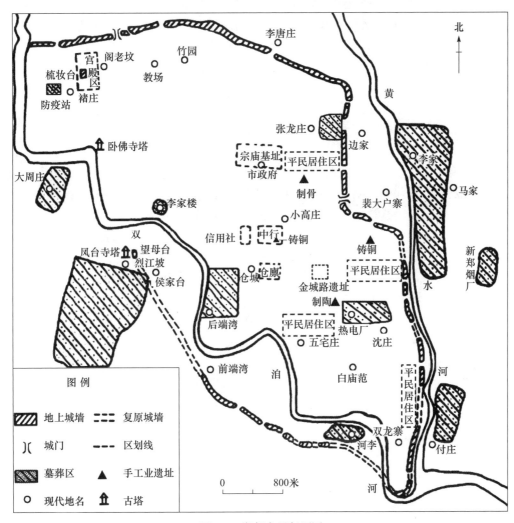

图 1-5　郑都布局复原图

（底图据《郑、韩两都平面布局初论》，《中国历史地理论丛》1999 年第 2 期）

　　①　蔡全法：《新郑金城路铜器窖藏性质及其若干问题》，《河南文物考古论集（二）》，郑州：中州古籍出版社，2000 年，第 196～200 页。

　　②　新郑市文物管理局：《新郑市文物志》，北京：中国文史出版社，2005 年，第 60 页。

　　③　河南省文物考古研究所：《新郑郑国祭祀遗址》，郑州：大象出版社，2006 年。

　　④　杨文胜、李晓莉、韩越：《郑国青铜礼乐器祭祀坑相关问题讨论》，《华夏考古》2008 年第 2 期，第 110～120 页。

（三）手工业遗址

手工业遗址多分布于都城东部。韩灭郑后多继续沿用郑国手工业作坊，加之战国手工业有更大的发展，因此，郑国手工业作坊遗存多保存较差，目前发现的相关遗存主要有冶铸、制陶和制骨等手工业类别。其中冶铸遗址发现于大吴楼、中行与城市信用社[1]三地，均始于春秋中期，但铸造的产品有明显区别。其中大吴楼铸铜遗址以铸造青铜工具和兵器为主，也有少量青铜礼器和钱币；中行铸铜遗址则主要铸造青铜礼器，兼有少量的工具、钱币及兵器；城市信用社铸铜遗址主要铸造鼎、簋等青铜礼器。制陶遗址分布在热电厂西北，始于春秋早期，沿用至战国晚期[2]。制骨遗址发现于张龙庄南约 400 米，东距东城墙约 500 米处，从春秋中期沿用至战国晚期，全盛时期为战国时期[3]。此外，以往认为制玉遗址位于张龙庄附近[4]，但经近年发掘证实，此处并非制玉遗址[5]。

（四）墓葬区

郑国公墓区在后端湾、仓城西至双洎河一带，由于发掘工作多是配合基建进行，墓区未得到系统发掘，各代郑君墓的具体排列情况尚不清楚。但依据现有资料可以看出，郑国公墓区和卫、虢、应等其他姬姓封国相似，虽然很凸显国君及夫人的地位，但仍保留有较多以血缘关系为纽带的族葬痕迹，即国君和夫人以及与国君有较近血缘关系者葬于同一墓区[6]。此外，在李家楼还发现有郑君大墓，有学者认为墓主死于非命，导致其远离公墓区[7]。

郑国高级贵族墓葬主要分布在城内张龙庄、公安路、热电厂西北角、防疫站、毛园等地，也有部分位于城外西北的铁岭墓地。

中小型墓葬多分布在城外：城东有李马墓地、付庄墓地、车站墓地等，城西有烈江坡墓地、周庄墓地、蔡庄墓地、大高庄墓地等，城北有赵庄墓地。城内也有零星墓葬分布，主要有兴弘与热电厂墓地等。

除上述遗址和墓葬外，郑都东部有平民居住区，仓城村及以东一带为仓廪区。而文献中出现的逵市[8]、周氏之汪[9]、游氏之庙[10]、子大叔之庙[11]等与郑都有关的地点，目前均无法确认其位置。

---

① 河南省文物考古研究所：《新郑郑国祭祀遗址》，郑州：大象出版社，2006 年，第 647 页。

② 河南省文物考古研究院新郑工作站内部资料。

③ 河南省文物研究所：《郑韩故城制骨遗址的发掘》，《华夏考古》1990 年第 2 期，第 43～59、81 页。

④ 新郑市文物管理局：《新郑市文物志》，北京：中国文史出版社，2005 年，第 70 页。

⑤ 河南省文物考古研究院新郑工作站内部资料。

⑥ 李伯谦：《从晋侯墓地看西周公墓墓地制度的几个问题》，《考古》1997 年第 11 期，第 51～60 页。

⑦ 杨文胜：《新郑李家楼大墓出土青铜器研究》，《华夏考古》2001 年第 3 期，第 73～79 页；蔡全法：《新郑李家楼青铜器钩沉》，《蔡全法考古文集》，北京：科学出版社，2012 年，第 157～168 页。

⑧ 《左传·庄公二十八年》："秋，子元以车六百乘伐郑……众车入自纯门，及逵市。"

⑨ 《左传·僖公三十三年》："（楚）遂伐郑，将纳公子瑕。门于桔柣之门，瑕覆于周氏之汪。"

⑩ 《左传·昭公十二年》："三月，郑简公卒，将为葬除。及游氏之庙，将毁焉。"

⑪ 《左传·昭公十八年》："子大叔之庙在道南，其寝在道北。"

三、郑都新郑的特征

综上所述，郑都新郑在选址规划和城市布局等方面主要有以下五个特征。

第一，崇尚居中为尊的观念。国都新郑位于郑国版图的中心区域，符合"择天下之中而立国"的传统思想，于此立都有利于形成"四方辐辏"式的中心，可最大限度地发挥中央政权对四方国土的控制作用[①]。

第二，因地制宜的典范。为把水资源的优势发挥到最大，郑都选址在河曲凸岸由河流沉积物形成的小块平地上，并将附近的两条大川纳入城市规划中，这也被证实为建城的较佳方案[②]。受地形限制，为了把必要的土地围入城内，郑都城市规划不再拘泥于方形理念，平面呈不规则形。

第三，防御体系严密。郑都防御体系是由自然屏障、高大城垣及护城河、周边军事重镇和要塞等要素组成的[③]。此外，宫殿基址以高大的梳妆台为主体，也可增加其防御功能。

第四，功能分区明确。平民居住区、仓廪区及手工业遗址远离宫殿区。手工业遗址分区明显，不同类别有明确界限和集中区域。就连铸造类手工业内部也有明确分工，各作坊专铸不同种类产品，而且有根据需要就近设置作坊的现象，如在城市信用社与中行社稷遗址发现有铸造青铜礼器的遗存。

第五，不同墓葬与都城的相对位置有明显的等级差异。郑国实行集中公墓制，公墓区位于城内高地，保留有族葬痕迹。其他高等级贵族墓葬也多居城中，在城外有少量分布。中小型墓葬大多分布在城外周边地区，城内只有零星分布。

需要注意的是，都城营建是个循序渐进的过程[④]，不乏兴废，其布局也是动态的。《墨子·明鬼》云："昔者虞、夏、商、周三代之圣王，其始建国营都日，必择国之正坛，置以为宗庙。"[⑤]《礼记·曲礼》亦云："君子将营宫室，宗庙为先，厩库为次，居室为后。"[⑥]可见，在都城建设过程中，多以宗庙和社稷为先，但就目前考古资料而言，还无法确认郑都各遗存的营建顺序。

第四节　韩国都城历史变迁考

三家分晋后，西部强秦不断东进，韩国亦图谋吞并郑国进军中原地区。为适应领土扩张和对外战略的需要，韩国屡次迁都。一般认为，韩国曾先后以平阳、宜阳、阳翟和新郑

---

① 赵立瀛、赵安启：《简述先秦城市选址及规划思想》，《城市规划》1997年第5期，第53～55页。
② 章生道：《城治的形态与结构研究》，《中华帝国晚期的城市》，北京：中华书局，2000年，第91页。
③ 张国硕：《中原先秦城市防御文化研究》，北京：社会科学文献出版社，2014年，第151～154页。
④ 许宏：《燕下都营建过程的考古学考察》，《考古》1999年第4期，第60～64页。
⑤ 李小龙译注：《墨子》，北京：中华书局，2007年，第123页。
⑥ （元）陈澔注：《礼记》，上海：上海古籍出版社，1987年，第39页。

为都①。依据目前考古资料，在韩国的四座都城中，平阳情况不明，宜阳和阳翟仅以考古调查为主，仅新郑的城址形制和布局较为明晰。鉴于此，下文拟对韩国迁都过程进行简要梳理，并重点考察韩都新郑的布局及特点。

一、韩国迁都考辨

关于韩国迁都过程，史学界众说纷纭，莫衷一是，争议集中于韩国迁都的次序以及宜阳、阳翟是否曾为韩国都城②。

《史记·韩世家》载："韩之先与周同姓，姓姬氏。其后苗裔事晋，得封于韩原，曰韩武子。武子后三世有韩厥，从封姓为韩氏。"《正义》引《括地志》云："韩原在同州韩城县西南八里，又韩城在县南十八里，故古韩国也。"韩原当在今陕西韩城南③。前494年，范氏、中行氏被灭后，韩、智、赵、魏的势力迅速壮大。因韩氏旧邑韩原偏居晋国西陲，既受西邻秦国的威胁，又不利于韩氏统治，为了适应形势发展，进一步巩固统治，韩贞子就东渡黄河，把国都迁至平阳。《史记·韩世家》云："晋定公十五年，宣子与赵简子侵伐范、中行氏。宣子卒，子贞子代立。贞子徙居平阳。"平阳位于晋南平原中部，在今山西临汾市西北，因四周多山、中央平坦而得名。

三晋灭智氏之初，韩国已有灭郑的意图。《战国策·韩一》载："三晋已破智氏，将分其地。段规谓韩王曰：'分地必取成皋（今河南省荥阳汜水镇）。'韩王曰：'成皋，石溜之地也，寡人无所用之。'段规曰：'不然。臣闻一里之厚而动千里之权者，地利也；万人之众而破三军者，不意也。王用臣言，则韩必取郑矣。'王曰：'善。'果取成皋。至韩之取郑也，果从成皋始。"为了适应战事并达到吞并郑国领土的目的，韩武子和景侯先后迁都宜阳和阳翟④。

但《史记》仅言韩曾徙都平阳和新郑，未提迁都宜阳和阳翟之事，且《汉书·地理志》中有"韩自平阳徙都之（新郑）"的记载。因此，有学者把宜阳和阳翟视为具有浓厚军事色彩的临时性都城，具有战时陪都性质，并认为平阳一直是战时主都⑤。可备一说。

韩灭郑后即把都城迁至新郑。《史记·韩世家》载："（哀侯）二年（前375年），灭郑，因徙都郑。"而《汉书·地理志》在"颍川郡阳翟县"条下载："周末韩景侯自新郑徙此。"但景侯时郑还未灭亡，韩不可能在灭郑之前都于新郑，故而此条文献有待商榷。韩迁都新郑后，直至前230年被秦国灭亡，未再徙都。

由上可知，韩都迁徙的大体路线是：贞子徙居平阳，历贞子、简子、庄子、康子四代，约90年；武子徙都宜阳，仅武子一代，约16年；景侯徙都阳翟，历景侯、烈侯、文侯三代，约30年；哀侯徙都新郑，历哀侯、懿侯、昭侯、宣王、襄王、釐王、桓惠王、王安

① 杨宽：《战国史》，上海：上海人民出版社，2003年，第280页。
② 关于韩都迁都分歧的考察，详见梁景：《韩国都城迁徙考》，《大同高专学报》1998年第4期，第8～12页。
③ 王重九：《古韩原地理位置考辨——兼论〈左传〉"秦始征河东"的问题所在》，《中国史研究》1984年第4期，第81～86页。
④ 《吕氏春秋·任数》高诱注："生武子，都宜阳。生景侯处，徙阳翟。"
⑤ 徐团辉：《韩国迁都宜阳、阳翟考辨》，《华夏考古》2015年第2期，第109～115、126页。

等，约 140 年。

二、韩都新郑的形制与布局

韩都新郑在郑旧都的基础上进行了大规模改造与重建。

（一）城墙与城门

韩迁都新郑后，新修了两段城墙：一是隔墙，把都城分成东、西两部分；二是废弃了双洎河南岸的原郑城墙，在河北岸新筑了一道城墙。东、西、北三面城墙基本沿用原有郑城墙，仅对其进行了加宽加高，并在内侧路路（图 1-4）。

为增强西城北部的防御，在西城北墙外增筑了 4 个长方形马面。而在宜阳故城郭城北垣外侧也发现有 4 个马面，间距约 200 米，其中 3 个呈长方形，1 个为半圆形[1]。总体来看，韩都马面以长方形为主，这也是东周时期城墙马面的基本形制[2]。

1. 城门

关于韩都城门的情况，文献记载不详。韩既然沿用了郑都东、西、北三面城墙，依理也应沿用这三面城墙上的旧门。韩人新修城门仅见高门一处，《史记·韩世家》载："（昭侯）二十五年，旱，作高门。屈宜臼曰：'昭侯不出此门。何也？不时。吾所谓时者，非时日也，人固有利不利时。昭侯尝利矣，不作高门。往年秦拔宜阳，今年旱，昭侯不以此时恤民之急，而顾益奢，此谓时绌举赢。'二十六年，高门成，昭侯卒，果不出此门。"高门何指，暂无定论。史念海认为，高门应是东墙靠北处的城门[3]。曲英杰则认为，高门作于新筑的东城南垣西部，与西城南门相对[4]。韩兆琦认为，高门非城门而为宫殿之门[5]。高门两年修成，可见在当时是一项大工程，况且时为国君的昭侯两年"不出此门"，高门自非宫门或殿门，应是城门。新筑城墙，自然相应增添城门，而在韩新筑的两段城墙上，双洎河北岸的城墙未发现城门遗迹，但在隔墙上发现有城门两座。照此推测，高门可能是隔墙上的城门。若此论无误，那么隔墙也可能建于昭侯时期，这也符合韩国当时的国情：哀侯和懿侯两君初都新郑之时，韩可谓是正处于内忧外患的不利局面。国内政局不稳，哀侯被弑，懿侯则与魏连年争战[6]，民不聊生，他们都无暇顾及都城的建设，也正是这种不利的局面促使韩人对其都城进行改造。而昭侯任用申不害进行了一系列改革，国力一度强大起来，社会稳定，经济发达，为改造都城提供了坚实的社会和经济基础[7]。因此，韩大规模地修补和新

---

① 蔡运章：《韩都宜阳故城及其相关问题》，《甲骨金文与古史研究》，郑州：中州古籍出版社，1993 年，第 290～312 页。

② 叶万松、李德方：《中国古代马面的产生与发展》，《考古与文物》2004 年第 1 期，第 50～53、60 页。

③ 史念海：《郑韩故城溯源》，《中国历史地理论丛》1998 年第 4 期，第 1～36 页。

④ 曲英杰：《先秦都城复原研究》，哈尔滨：黑龙江人民出版社，1991 年，第 423 页。

⑤ 韩兆琦译注：《史记》，北京：中华书局，2010 年，第 3610 页。

⑥ 《史记·韩世家》："韩严弑其君哀侯，而子懿侯立。懿侯二年，魏败我马陵。……九年，魏败我浍。"

⑦ 《史记·韩世家》："申不害相韩，修术行道，国内以治，诸侯不来侵伐。"

筑城墙很可能是在昭侯时期。

另外，修建城郭也是先秦时期应对灾荒的一种措施。《左传·僖公二十一年》载："夏，大旱。公欲焚巫、尪。臧文仲曰：'非旱备也。修城郭、贬食省用、务穑劝分，此其务也。……'公从之。是岁也，饥而不害。"孔疏引服虔曰："国家凶荒，则无道之国乘而加兵，故修城郭为守备也。"沈钦韩补注云："民艰于食，故修土功，给其稍食，亦救荒之策……使民食其力是也。"可见，于大旱之时修建城垣既可加强都城防御，又可供给灾民糊口之粮，助其度过灾荒。因此，昭侯在大旱之时修建高门可谓是明智之举。

2. 隔墙

在郑韩故城中部发现一条南北向的隔墙，北起北城墙，南至前端湾村西南的双洎河北岸，长约 3400 米，残基宽 10～40 米。关于隔墙的始建年代，蔡全法认为其与大城墙同时修建于春秋时期，属于郑都。马俊才则认为这段城墙营建于战国中期，属于韩都。后者的主要依据是，在 1990 年对隔墙黄水路段进行了发掘，发现墙下有夯筑基槽，且叠压战国早期水井。通过对隔墙化肥厂段的发掘可知，隔墙的始建年代为战国中期，并在隔墙东侧发现了道路和壕沟 [①]。隔墙的建造方法为先挖基槽，然后逐层夯筑（图 1-6）。

图 1-6　隔墙墙基结构示意图

（二）宫城

宫城位于西城北部，北依北城墙，东、西、南三面发现有夯土围墙，东、西两侧围墙外还有壕沟。平面呈长方形，南北长约 750 米，东西宽约 650 米。宫墙内分布夯土建筑基址 50 余处以及灰坑、窖穴、水井等遗存，在宫城东北部还发现有地下冷藏遗迹 [②]。东周时期，贵族阶层常把食物和酒放置在地下设施中。《左传·襄公三十年》载："郑伯有著酒，为窟室，而夜饮酒击钟焉，朝至未已。朝者曰：'公焉在？'其人曰：'吾公在壑谷。'"窟

① 河南省文物考古研究院新郑工作站内部资料。
② 河南省文物研究所：《郑韩故城内战国时期地下冷藏室遗迹发掘简报》，《华夏考古》1991 年第 2 期，第 1～15页；安金槐：《战国时期地下冷藏遗迹初探》，《华夏考古》1991 年第 2 期，第 77～80 页。

室、壑谷均指地下设施。韩地下冷藏遗迹与秦雍城"凌阴"[①]结构迥异，而与燕下都[②]同类遗存相似。

（三）宗庙基址

韩国宗庙基址位于西城中部偏南，平面呈东西向长方形，东西长 500 米，南北宽 320 米，全部埋在地下，四周有夯土墙，墙基宽 10～13 米。墙四角有角楼，在北墙和西墙中部发现有城门遗迹。在小城中央发现有战国时期大型夯土基址，有多处柱础石、磉墩、米格纹凹槽砖和大量筒瓦、板瓦等建筑遗存。在基址中央部位，即城正中心，发现一座黄灰色花岗岩巨型石碑。据此推测，此地为韩宗庙遗址，夯土基址应是韩宗庙中心大殿。

（四）手工业遗址

韩都的冶铸、制陶、制骨等手工业在郑国的基础上又有更大规模发展，并新发现纺织遗址。冶铸遗址主要分布在大吴楼、中行、仓城和梳妆台等地。其中大吴楼和中行遗址沿用郑国铸铜遗址，以铸铁为主，兼铸铜钱；仓城冶铸遗址主要铸造铁质工具和兵器，以农具占多数；梳妆台铸铜遗址位于宫城内，主要铸造青铜礼乐器。制陶遗址在能人路[③]、热电厂和大吴楼东北[④]均有发现，其中能人路和大吴楼遗址以生产砖瓦类建筑构件为主。制骨遗址位于人民路中段，为承袭前代的遗存。此外，在宫城西侧发现有与缫丝或纺织有关的遗址，在城南冯庄东北还发现有制陶遗址。

（五）墓葬区

韩侯（王）陵墓分布于都城西、南侧略远的区域，相对于都城呈扇形分布。现已发现疑为韩侯（王）陵区的墓地有许岗、王行庄、苗庄、冢岗、暴庄、胡庄、宋庄、冯庄、柳庄、官刘庄、七里井 11 处。除冢岗陵区外，每个陵区都发现 2 座或 2 座以上的大墓，可能为韩侯（王）、后异穴合葬墓。经发掘证实的有许岗和胡庄两处。

中小型墓葬分布于都城周围，城西侧和南侧有烈江坡、蔡庄、周庄、河李等墓地，城东有李马、付庄、车站等墓地，城北有金须胡庄墓地，都是从春秋沿用至战国。部分墓葬分布于城内。在东城中行郑国祭祀遗址中部偏东发现有战国晚期墓葬 119 座，墓主多为平民和未成年的孩童。

除上述功能区外，官署和贵族居住区多分布在西城，平民居住区皆在东城，仓廪区位于仓城村一带（图 1-7）。

　①　陕西省雍城考古队：《陕西凤翔春秋秦国凌阴遗址发掘简报》，《文物》1978 年第 3 期，第 43～47 页。

　②　河北省文化局文物工作队：《河北易县燕下都故城勘察和试掘》，《考古学报》1965 年第 1 期，第 83～105 页。

　③　河南省文物考古研究所新郑工作站：《郑韩故城发现战国时期大型制陶作坊遗址》，《中原文物》2003 年第 1 期，第 4～8 页。

　④　河南省文物研究所：《河南新郑郑韩故城制陶作坊遗迹发掘简报》，《华夏考古》1991 年第 3 期，第 32、33～54 页。

图 1-7 韩都布局复原图

（底图据《郑、韩两都平面布局初论》，《中国历史地理论丛》1999 年第 2 期）

三、韩都新郑的特征

韩都新郑在平面形制和布局方面主要有以下四个特点。

第一，东、西两城分制，功能分区明确。西城为小城，主要分布宫城、宗庙、官署以及贵族居住区，还有少量专为统治阶级服务的手工业遗存；东城为大城，集中分布冶铸、制骨、制陶等各类手工业遗存，还有仓廪和平民居住区。

第二，西城中存在南北向的中轴线。这种轴线设计没有太多实用目的，主要用意在于强化宫城和宗庙的核心意义，令规划范围内的地理空间变得严整有序[1]。

第三，防御功能最大化。韩都放弃了双洎河南岸防守薄弱的旧郑城垣，在河北岸新筑

①　唐晓峰：《从混沌到秩序：中国上古地理思想史述论》，北京：中华书局，2010 年，第 93 页。

了城垣，加强了南部的防御能力。宫、庙基址外围均挖沟筑墙，还在西城的宫城北侧修筑马面，利用各种举措增强对外和对内的防御力量。

第四，墓葬区大多位于城外。韩侯（王）实行独立陵区，分布在都城西、南侧的远郊。中小型墓葬位于都城周围的近郊。

总之，韩都新郑建于郑都之上，但经过不断改造，形成典型的双城制，并构成了攻守严密的防御体系。

第二章　郑州地区东周墓葬分期及出土陶器文化因素分析

目前郑州地区已公布 2500 余座东周墓葬，以中小型墓葬为主，随葬品多为陶器，有相当一部分遭到盗扰。被盗扰的墓葬多缺失青铜器、玉器等贵重物品，而陶器常被遗留在墓内或盗洞中。因此，在对郑州地区东周墓葬进行分期研究时，陶器是主要参考材料。

第一节　陶器统计分析

一、种类与数量

根据目前已发表资料统计，郑州地区出土陶容器的墓葬为 1200 余座，出土陶容器数量共计 4000 余件[①]。器类有鬲、盂、豆、罐、鼎、敦、舟、盘、匜、盖豆、盒、罍、壶、釜、碗（钵）[②]、高柄小壶、簠、盆、甑、杯、簋、瓮、缶等 23 种，以鬲、盂、豆、罐、鼎、盖豆、壶、盘、匜、碗等为主。其中豆有 482 件，约占总数的 12.04%；鬲有 427 件，约占总数的 10.67%；鼎有 421 件，约占总数的 10.52%；罐有 399 件，约占总数的 9.97%；盂有 306 件，约占总数的 7.65%；壶有 400 件，约占总数的 10.00%；盖豆有 268 件，约占总数的 6.70%；匜有 293 件，约占总数的 7.32%；盘有 292 件，约占总数的 7.30%；碗有 226 件，约占总数的 5.65%。这十种陶器总计约占出土陶器总量的 87.81%（图 2-1）。

陶容器可分为日用陶器和仿铜陶礼器两大类。虽然对少部分器物的分类存有争议[③]，但一般将鬲、盂、豆、罐、釜、碗、盆、甑、杯、瓮、缶等认

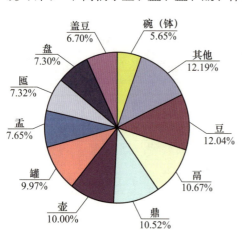

图 2-1　陶器种类百分比图

盖豆 6.70%
碗（钵）5.65%
盘 7.30%
其他 12.19%
匜 7.32%
盂 7.65%
豆 12.04%
罐 9.97%
鬲 10.67%
壶 10.00%
鼎 10.52%

[①] 由于部分简报对出土陶器及墓葬数量语焉不详，实际数量要多于本研究统计数据，但不影响总体统计结果。

[②] 碗与钵形制无明显差异，且均常与罐、壶同出，发掘资料中也未见明显区分，文中合为一类。为方便表述，下文统称为碗。

[③] 张亮对盖豆、壶、簋三种进行了讨论，认为陶盖豆只有在春秋晚期后段以后与其他仿铜陶礼器共出时，才可视为陶礼器，可备一说。见张亮：《东周社会结构演变的考古学观察——以三晋两周地区墓葬为视角》，吉林大学博士学位论文，2014 年，第 39 页。

定为日用陶器，把鼎、盖豆、敦、舟、盘、匜、盒、罍、壶、高柄小壶、簠、簋等视为仿铜陶礼器。其中，日用陶器占陶容器总数的 49.05%，仿铜陶礼器占 50.95%，二者数量基本相当。

二、组　　合

经统计，随葬品组合明确的陶器墓葬共有954座，各墓出土陶容器依据种类的不同，可初步分为195种组合[①]。根据陶器组合中器类由少至多的顺序，依次介绍如下。

（一）一种陶器

共计265座，有16种器类，分别为：鬲，111座；釜，44座；罐，37座；壶，28座；豆，9座；盂，8座；鼎、碗各有7座；盘，3座；盖豆、罍、舟、缶各有2座；盒、瓮、杯各有1座。以鬲出现的次数最多，其次是釜，再次是罐和壶。

（二）两种陶器的组合

共计183座，不同器类之间有39种组合形式。

从表2-1可以看出，出土两种陶器的墓中，以碗+罐为组合的墓葬最多，其次是以碗+壶为组合的墓葬，再次是以鬲+盂、盂+罐、鬲+罍及鬲+罐为组合的墓葬。

在两种陶器的39种组合中，共有20种器类参与。其中鼎参与的组合有10种，鬲、罐、壶、碗参与的组合各有7种，豆参与的组合有6种，罍参与的组合有5种，盂、盘、匜参与的组合各有4种，舟、甑、盆、盖豆、釜、敦、杯参与的组合各有2种，缶、盒、瓮参与的组合各有1种。

表2-1　两种陶器的组合统计表

序号	组合类型	墓葬数量	序号	组合类型	墓葬数量
1	碗＋罐	39	10	鼎＋鬲	5
2	碗＋壶	35	11	鼎＋壶	5
3	鬲＋盂	15	12	壶＋豆	4
4	盂＋罐	11	13	鼎＋盘	4
5	鬲＋罍	8	14	碗＋缶	2
6	鬲＋罐	7	15	罍＋敦	2
7	鬲＋豆	6	16	鼎＋盖豆	2
8	豆＋罐	6	17	鼎＋罐	2
9	豆＋盂	5	18	鼎＋敦	2

---

① 因公布资料的差异，部分陶器墓无完整的随葬品介绍，也无墓葬登记表。为保证统计无偏差，器物组合统计仅限于文中有完整介绍或登记表的墓葬。

续表

序号	组合类型	墓葬数量	序号	组合类型	墓葬数量
19	鼎+匜	2	30	壶+甑	1
20	壶+罐	2	31	鬲+壶	1
21	鼎+盒	1	32	鬲+杯	1
22	鼎+碗	1	33	舟+盘	1
23	碗+杯	1	34	匜+盘	1
24	碗+瓮	1	35	罍+匜	1
25	釜+甑	1	36	匜+豆	1
26	釜+盆	1	37	盖豆+壶	1
27	罐+盆	1	38	鼎+罍	1
28	盂+盘	1	39	罍+舟	1
29	豆+碗	1			

各种器类出现的次数依次为：碗，80 次；罐，68 次；鬲，43 次；壶，49 次；盂，32 次；鼎，25 次；豆，23 次；罍，13 次；盘，7 次；匜，5 次；敦，4 次；盖豆，3 次；舟、甑、盆、釜、杯、缶各 2 次；瓮、盒各 1 次。诸器类中，碗、罐出现次数最多，其次为鬲、壶，再次为盂、鼎、豆和罍。

（三）三种陶器的组合

共计 157 座，不同器类之间有 45 种组合形式（表 2-2）。

从表 2-2 可以看出，在三种陶器组合的墓葬中，以鬲+盂+豆为组合的墓葬最多，其次是以鼎+盖豆+壶为组合的墓葬。

表 2-2　三种陶器的组合统计表

序号	组合类型	墓葬数量	序号	组合类型	墓葬数量
1	鬲+盂+豆	51	11	壶+盖豆+盆	2
2	鼎+盖豆+壶	22	12	罍+盘+匜	2
3	鬲+盂+罐	11	13	鼎+鬲+盂	2
4	鬲+盂+碗	6	14	鼎+鬲+盘	2
5	鼎+盒+壶	5	15	鼎+罐+盂	2
6	盂+罐+碗	4	16	鼎+敦+匜	2
7	鬲+豆+罐	4	17	鼎+敦+盘	2
8	豆+盂+罐	4	18	鼎+敦+罍	2
9	碗+壶+豆	3	19	鼎+罍+盘	2
10	罐+釜+碗	2	20	鼎+壶+碗	2

续表

序号	组合类型	墓葬数量	序号	组合类型	墓葬数量
21	碗＋罐＋豆	1	34	罍＋敦＋匜	1
22	碗＋罐＋釜	1	35	罍＋舟＋盂	1
23	碗＋壶＋盂	1	36	罍＋舟＋匜	1
24	碗＋壶＋罐	1	37	盖豆＋壶＋罐	1
25	碗＋壶＋釜	1	38	盖豆＋罍＋罐	1
26	罐＋釜＋盆	1	39	盖豆＋盘＋匜	1
27	豆＋罐＋敦	1	40	鼎＋壶＋盂	1
28	盒＋壶＋罐	1	41	鼎＋罐＋盘	1
29	盒＋壶＋高柄小壶	1	42	鼎＋盖豆＋盘	1
30	壶＋罐＋豆	1	43	鼎＋盖豆＋敦	1
31	壶＋盖豆＋釜	1	44	鼎＋敦＋罐	1
32	鬲＋罐＋盖豆	1	45	鼎＋罍＋舟	1
33	鬲＋壶＋釜	1			

在三种陶器的45种组合中，共有17种器类参与。其中罐参与的组合有18种，鼎参与的组合有16种，壶参与的组合有15种，盂、碗参与的组合各有10种，盖豆参与的组合有9种，鬲、罍参与的组合各有8种，豆、盘、敦参与的组合有7种，釜参与的组合有6种，匜参与的组合有5种，盒、舟参与的组合各有3种，盆参与的组合各有2种，高柄小壶参与的组合有1种。可见，罐、鼎、壶常见于三种陶器的组合中。

各种器类出现的次数依次为：盂，83次；鬲，78次；豆，65次；鼎，49次；壶，44次；罐，39次；盖豆，31次；碗，22次；罍、盘各11次；敦，10次；釜、盒、匜各7次；盆、舟各3次；高柄小壶，1次。诸器类中，盂、鬲、豆出现的次数最多，其次是鼎、壶、罐和盖豆。盂、鬲、豆的数量相差不大，是较为常见的、稳定的组合形式。

（四）四种陶器的组合

共计115座，不同器类之间有45种组合形式（表2-3）。

表2-3　四种陶器的组合统计表

序号	组合类型	墓葬数量	序号	组合类型	墓葬数量
1	鬲＋盂＋豆＋罐	51	4	鼎＋盖豆＋壶＋釜	3
2	鼎＋盖豆＋壶＋匜	9	5	鼎＋盒＋壶＋匜	3
3	鼎＋盖豆＋壶＋盘	7	6	鼎＋壶＋盘＋匜	2

续表

序号	组合类型	墓葬数量	序号	组合类型	墓葬数量
7	鼎＋豆＋罐＋盂	2	27	鼎＋罐＋盂＋舟	1
8	罐＋釜＋壶＋碗	1	28	鼎＋鬲＋豆＋盆	1
9	鬲＋盂＋豆＋匜	1	29	鼎＋鬲＋豆＋盒	1
10	鬲＋罐＋壶＋碗	1	30	鼎＋盖豆＋罍＋匜	1
11	鬲＋豆＋盂＋高柄小壶	1	31	鼎＋盖豆＋罍＋盘	1
12	鬲＋豆＋罍＋匜	1	32	鼎＋盖豆＋罍＋鬲	1
13	鬲＋豆＋壶＋盖豆	1	33	鼎＋盖豆＋壶＋碗	1
14	鬲＋豆＋罐＋盖豆	1	34	鼎＋敦＋舟＋盘	1
15	豆＋盂＋罐＋壶	1	35	鼎＋敦＋舟＋罐	1
16	鼎＋盒＋壶＋盘	1	36	鼎＋敦＋舟＋鬲	1
17	盒＋壶＋盆＋盘	1	37	鼎＋敦＋罍＋舟	1
18	壶＋盘＋匜＋碗	1	38	鼎＋敦＋罍＋匜	1
19	鼎＋匜＋鬲＋罐	1	39	鼎＋敦＋罍＋盘	1
20	鼎＋盘＋舟＋匜	1	40	鼎＋敦＋罐＋盘	1
21	鼎＋盘＋舟＋鬲	1	41	鼎＋敦＋鬲＋豆	1
22	鼎＋罍＋舟＋盘	1	42	鼎＋敦＋簋＋盘	1
23	鼎＋罍＋盂＋罐	1	43	鼎＋豆＋舟＋罐	1
24	鼎＋罍＋盘＋甄	1	44	鼎＋豆＋碗＋罐	1
25	鼎＋罍＋盘＋匜	1	45	鼎＋豆＋盘＋舟	1
26	鼎＋壶＋盂＋匜	1			

从表 2-3 中可以看出，在四种陶器组合的墓葬中，以鬲＋盂＋豆＋罐为组合的墓葬最多，其次是以鼎＋盖豆＋壶为基本组合、加上匜或盘或釜构成组合的墓葬。其余的陶器组合形式不固定，每种组合只有 1～2 座墓葬。

在四种陶器的 45 种组合中，共有 18 种器类参与。其中鼎参与的组合有 34 种，盘参与的组合有 16 种，壶、鬲、豆参与的组合各有 14 种，罐参与的组合有 13 种，匜参与的组合有 12 种，罍参与的组合有 11 种，舟参与的组合有 10 种，盖豆、敦参与的组合各有 9 种，盂参与的组合有 8 种，碗参与的组合有 5 种，盒参与的组合有 4 种，盆、釜参与的组合各有 2 种，甄、高柄小壶参与的组合各有 1 种。

各种器类出现的次数依次为：豆，65 次；鬲、罐各 64 次；盂，59 次；鼎，54 次；壶，33 次；盖豆，25 次；匜、盘各 23 次；罍，11 次；舟，10 次；敦，9 次；盒，6 次；碗，5 次；釜，4 次；盆，2 次；甄、高柄小壶各 1 次。诸器类中，豆、鬲、罐、盂出现的次数最多，数量相差不大，鬲＋盂＋豆＋罐为较稳定的组合形式。鼎出现的次数也较多，为仿铜陶礼器组合中的核心器类。

（五）五种陶器的组合

共计154座，不同器类之间的组合形式有24种（表2-4）。

表2-4　五种陶器的组合统计表

序号	组合类型	墓葬数量	序号	组合类型	墓葬数量
1	鼎+盖豆+壶+盘+匜	114	13	鼎+壶+匜+碗+高柄小壶	1
2	鼎+盒+壶+盘+匜	10	14	鼎+豆+罐+盂+匜	1
3	鼎+敦+罍+盘+匜	5	15	鼎+盖豆+壶+盘+豆	1
4	鬲+盂+罐+盘+匜	2	16	鼎+盖豆+壶+匜+碗	1
5	鬲+盂+罐+豆+鼎	2	17	鼎+盖豆+壶+匜+高柄小壶	1
6	鼎+敦+盘+匜+鬲	2	18	鼎+盖豆+豆+盘+釜	1
7	鼎+罍+舟+盘+匜	2	19	鼎+盖豆+壶+盘+匜+罐	1
8	罐+釜+盆+甑+壶	1	20	鼎+敦+罍+舟+匜	1
9	盒+罐+盂+碗+豆	1	21	鼎+敦+罍+舟+豆	1
10	鬲+盖豆+敦+罍+舟	1	22	鼎+罍+盘+匜+鬲	1
11	盒+壶+匜+罐+高柄小壶	1	23	鼎+罍+舟+匜+鬲	1
12	鼎+盒+高柄小壶+盘+匜	1	24	鼎+盘+舟+匜+罐	1

从表2-4中可以看出，在五种陶器组合的墓葬中，以鼎+盖豆+壶+盘+匜为组合的墓葬最为常见，其次是以鼎+盒+壶+盘+匜为组合的墓葬，再次是以鼎+敦+罍+盘+匜为组合的墓葬，但是第一种与后两者墓葬数量相差极大。其余的组合均只有1～2座墓葬，未形成稳定的组合形式。

在五种陶器的24种组合中，共有18种器类参与。其中鼎参与的组合有19种，匜参与的组合有17种，盘参与的组合有12种，壶参与的组合有9种，罐参与的组合有8种，罍、盖豆参与的组合各有7种，豆、鬲、舟参与的组合各有6种，敦参与的组合有5种，盂、盒、高柄小壶参与的组合各有4种，碗参与的组合有3种，釜参与的组合有2种，盆、甑参与的组合各有1种。

各种器类出现的次数依次为：鼎，148次；匜，146次；盘，141次；壶，131次；盖豆，120次；盒，13次；罍，12次；敦、罐各10次；鬲，9次；豆、舟各7次；盂，6次；高柄小壶，4次；碗，3次；釜，2次；盆、甑各1次。诸器类中，鼎、匜、盘、壶、盖豆出现的次数明显较多，这五个器类的组合也较为流行和固定。

（六）六种陶器的组合

共计46座，不同器类之间的组合形式有13种（表2-5）。

从表2-5中可以看出，在六种陶器组合的墓葬中，以鼎+敦+罍+舟+盘+匜为组合的墓葬最为常见，其次是以鼎+盖豆+壶+盘+匜+豆和鼎+敦+舟+盘+匜+罐为组合的墓葬。

在六种陶器的 13 种组合中，共有 17 种器类参与。其中鼎、盘参与的组合各有 12 种，匜参与的组合有 11 种，壶参与的组合有 7 种，豆参与的组合有 5 种，罍、舟、盖豆、鬲、高柄小壶参与的组合各有 4 种，敦参与的组合有 3 种，碗、罐参与的组合各有 2 种，盒、甑、盂、釜参与的组合各有 1 种。

表 2-5　六种陶器的组合统计表

序号	组合类型	墓葬数量	序号	组合类型	墓葬数量
1	鼎＋敦＋罍＋舟＋盘＋匜	14	8	鬲＋盂＋罐＋豆＋舟＋盘	1
2	鼎＋盖豆＋壶＋盘＋匜＋豆	9	9	鼎＋壶＋盘＋匜＋高柄小壶＋豆	1
3	鼎＋敦＋舟＋盘＋匜＋罐	8	10	鼎＋盒＋壶＋匜＋盘＋碗	1
4	鼎＋盖豆＋壶＋盘＋匜＋高柄小壶	4	11	鼎＋盖豆＋壶＋匜＋豆＋高柄小壶	1
5	鼎＋敦＋罍＋盘＋匜＋鬲	2	12	鼎＋罍＋壶＋匜＋鬲＋甑	1
6	鼎＋盖豆＋壶＋盘＋匜＋碗	2	13	鼎＋罍＋舟＋盘＋匜＋鬲	1
7	鼎＋壶＋高柄小壶＋盘＋豆＋釜	1			

各种器类出现的次数依次为：鼎、盘各 45 次；匜，44 次；舟、敦各 24 次；壶，19 次；罍，18 次；盖豆，16 次；豆，13 次；罐，9 次；高柄小壶，7 次；鬲，5 次；碗，3 次；盒、甑、盂、釜各 1 次。诸器类中，鼎、盘、匜出现的次数最多，且数量基本相同，为六种陶器组合中常见的基本器类。

（七）七种及以上陶器的组合

共计 34 座，不同器类之间有 13 种组合形式（表 2-6）。

表 2-6　七种及以上陶器的组合统计表

序号	组合类型	墓葬数量	序号	组合类型	墓葬数量
1	鼎＋盖豆＋壶＋盘＋匜＋豆＋釜	12	8	鼎＋敦＋舟＋盘＋匜＋罐＋鬲	1
2	鼎＋盖豆＋壶＋盘＋匜＋高柄小壶＋豆	6	9	鼎＋盒＋壶＋盘＋匜＋罐＋碗	1
3	鼎＋敦＋罍＋舟＋盘＋匜＋鬲	6	10	鼎＋敦＋罍＋舟＋盘＋匜＋簠＋鬲	1
4	鼎＋盖豆＋壶＋盘＋匜＋豆＋罐	1	11	鼎＋盖豆＋敦＋罍＋簠＋豆＋鬲＋碗	1
5	鼎＋盖豆＋壶＋盘＋匜＋高柄小壶＋釜	1	12	鼎＋盖豆＋壶＋盘＋匜＋高柄小壶＋豆＋鬲	1
6	鼎＋盖豆＋壶＋盘＋高柄小壶＋豆＋釜	1	13	鼎＋敦＋壶＋簠＋簋＋甑＋豆＋鬲＋碗	1
7	鼎＋盖豆＋敦＋罍＋舟＋盘＋匜	1			

从表 2-6 中可以看出，七种陶器组合为 9 种，八种陶器组合为 3 种，九种陶器组合为 1 种。在七种陶器组合的墓葬中，以鼎＋盖豆＋壶＋盘＋匜＋豆＋釜为组合的墓葬最为常

见，其次是以鼎＋敦＋罍＋舟＋盘＋匜＋鬲和鼎＋盖豆＋壶＋盘＋匜＋高柄小壶＋豆为组合的墓葬，其余组合均只有 1 座墓，组合形式不固定。

在七种及以上陶器的 13 种组合中，共有 18 个器类参与。其中鼎参与的组合有 13 种，盘参与的组合有 11 种，匜参与的组合有 10 种，盖豆参与的组合有 8 种，壶参与的组合有 8 种，豆参与的组合有 7 种，鬲、敦参与的组合各有 6 种，舟、高柄小壶、罍参与的组合各有 4 种，罐、碗、釜、簋参与的组合各有 3 种，簠、甑、盒参与的组合各有 1 种。

各种器类出现的次数依次为：鼎，34 次；盘，32 次；匜，31 次；壶、盖豆各 24 次；豆，23 次；釜，14 次；鬲、敦各 11 次；舟、罍、高柄小壶各 9 次；簋、罐、碗各 3 次；甑、簠、盒各 1 次。诸器类中，鼎、盘、匜、盖豆、壶、豆出现的次数最多，是组合中的基本器类。

在上述的 195 种陶器组合中，单纯的日用陶器组合（A 类）有 39 种，出现 492 次；仅仿铜陶礼器参与的组合（B 类）有 62 种，出现 301 次；日用陶器与仿铜陶礼器均参与的组合（A＋B 类）有 94 种，出现 161 次（图 2-2）。在一种陶器的组合中，A 类组合明显多于 B 类组合，A 类组合不见于五种及以上陶器的组合中（图 2-3）。在郑州地区东周墓葬中，以 A＋B 类为组合的墓葬占有一定比例，约占总数的 16.9%，可视为此地区墓葬的突出特点。

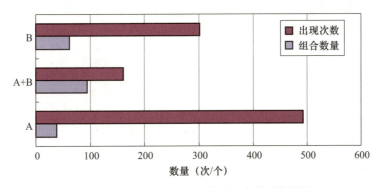

图 2-2　日用陶器与仿铜陶礼器组合数量统计图

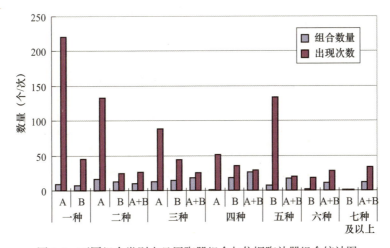

图 2-3　不同组合类别中日用陶器组合与仿铜陶礼器组合统计图

在所有的 23 种器类中，以鼎参与的组合最多，其次是盘、壶、匜、罐、豆、鬲，再次为罍、盖豆、敦（图 2-4）。

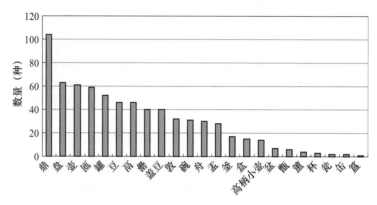

图 2-4　各器类参与的组合数量统计图

若把出现在 10 座及以上墓葬中的陶器组合认定为常见组合形式，那么郑州地区东周墓葬中常见的陶器组合就有 16 种，分别为：鼎 + 盖豆 + 壶 + 盘 + 匜，114 座；鬲，111 座；鬲 + 盂 + 豆，51 座；鬲 + 盂 + 豆 + 罐，51 座；釜，44 座；碗 + 罐，39 座；罐，37 座；碗 + 壶，35 座；壶，28 座；鼎 + 盖豆 + 壶，22 座；鬲 + 盂，15 座；鼎 + 敦 + 罍 + 舟 + 盘 + 匜，14 座；鼎 + 盖豆 + 壶 + 盘 + 匜 + 豆 + 釜，12 座；鬲 + 盂 + 罐，11 座；盂 + 罐，11 座；鼎 + 盒 + 壶 + 盘 + 匜，10 座。其中日用陶器组合形式有 9 种，仿铜陶礼器组合形式有 5 种，日用陶器 + 仿铜陶礼器组合形式有 2 种。通过陶器组合的分析可以看出，在陶器墓葬中，以鼎 + 盖豆 + 壶 + 盘 + 匜五种陶器为组合的墓葬最多，其次是随葬单鬲的墓葬，再次是以鬲 + 盂 + 豆和鬲 + 盂 + 豆 + 罐为组合的墓葬。

在常见的 16 种陶器组合中，共有 15 个器类参与，分别为：壶参与的组合有 6 种，鬲、盂、罐、鼎参与的组合各有 5 种，盘、匜参与的组合各有 4 种，盖豆、豆参与的组合各有 3 种，釜、碗参与的组合各有 2 种，敦、罍、舟、盒参与的组合各有 1 种。总的来看，核心器类不明显，日用陶器与仿铜陶礼器在组合中的地位基本相当。

第二节　典型陶器类型学研究

张辛曾对 1994 年以前发掘的郑州地区东周陶器墓葬进行了深入研究[①]，但随着近年来新资料的不断公布，有必要再次对陶器进行类型学的分析研究。本研究拟对陶器中的鬲、盂、罐、豆、鼎、盖豆、壶、盘、匜、罍、敦、舟、釜、碗、高柄小壶、盒等 16 类出土数量多且特征明显的器物进行类型学分析，并总结其器型变化趋势。

---

① 张辛：《郑州地区的周秦墓研究》，《考古学研究（二）》，北京：北京大学出版社，1994 年，第 166～181 页。

一、陶　鬲

鬲多为夹砂，少有泥质，陶色以红陶为主，其次为灰陶。器表多饰绳纹，少量仅饰瓦棱纹，肩部常见有弦纹，仅见一件仿铜陶鬲为素面。兴弘花园与热电厂墓地出土的陶鬲肩部还见有泥饼状或泥条状装饰，少数鬲内还保存有兽骨或禽骨①。共出土427件，其中类型可考的标本306件②。根据足部、裆部以及整体特征的不同，可分为七型。

A型：分裆，小袋足，尖足跟。共计109件，根据肩腹特征可分为两亚型。

Aa型：无肩或溜肩，弧腹。共计74件，可分八式。

I式：方唇，折沿上仰，腹微鼓近竖直，三足外张，裆极低近平。近口沿处绳纹被抹去。中行③M792：2，夹砂红陶，上腹饰中绳纹，下腹饰粗绳纹。口径16.8厘米，高13厘米（图2-5-1）。

II式：平折沿，厚方唇，弧腹略直，三足略内敛，裆较低。近口沿处绳纹被抹去。兴弘④M29：3，夹细砂红陶，饰中绳纹。口径14.5厘米，腹径15.6厘米，高14.2厘米（图2-5-2）。

III式：平折沿，薄方唇。三足内敛，裆稍高。上腹绳纹被抹去。兴弘M56：2，饰细绳纹。口径19.2厘米，腹径21厘米，高16.6厘米（图2-5-3）。

IV式：多折沿下仰，沿薄，多尖唇，三足内敛，裆高。热电M41：1，夹细砂红褐陶，饰中绳纹，局部有烟熏痕迹。口径21厘米，腹径22.8厘米，高17.8厘米（图2-5-4）。

V式：三足内敛，裆高。上腹多饰数周凹弦纹。双楼⑤M238：1，口径17.2厘米，腹径19厘米，足距10.5厘米，高13.4～13.6厘米（图2-5-5）。

VI式：足间距较小，裆较高。西亚斯⑥M12：1，口径17厘米，腹径20.2厘米，高15.4厘米，足距10～11厘米（图2-5-6）。

VII式：窄沿，三足内敛明显，高裆。铁岭⑦M1405：26，口径11.4厘米，腹径16.8厘米，高12.8厘米（图2-5-7）。

VIII式：形体较小，窄平沿，短束颈，肩部饰凹弦纹，腹、足饰粗绳纹。铁岭M1404：18，口径7.4厘米，腹径10.4厘米，高6.8厘米（图2-5-8）。

---

① 河南省文物考古研究所：《郑韩故城兴弘花园与热电厂墓地》，北京：文物出版社，2007年，第44页。

② 文中所统计的标本数量为类型可考的器物，发表资料中并非均有线图或照片。

③ 河南省文物考古研究所：《新郑郑国祭祀遗址》，郑州：大象出版社，2006年，第857～889页。下文选用的标本，凡墓号前加"中行"者均出自此报告，不再另注。

④ 河南省文物考古研究所：《郑韩故城兴弘花园与热电厂墓地》，北京：文物出版社，2007年。下文选用的标本，凡墓号前加"兴弘""热电"者均出自此报告，不再另注。

⑤ 河南省文物考古研究院：《新郑双楼东周墓地》，郑州：大象出版社，2016年。下文选用的标本，凡墓号前加"双楼"者均出自此报告，不再另注。

⑥ 河南省文物考古研究所：《新郑西亚斯东周墓地》，郑州：大象出版社，2012年。下文选用的标本，凡墓号前加"西亚斯"者均出自此报告，不再另注。

⑦ 郑州市文物考古研究院、河南省文物管理局南水北调办公室：《新郑铁岭墓地M1404、M1405发掘简报》，《中原文物》2012年第2期，第10～18、29页。下文选用铁岭M1404、M1405的标本，均出自此简报，不再另注。

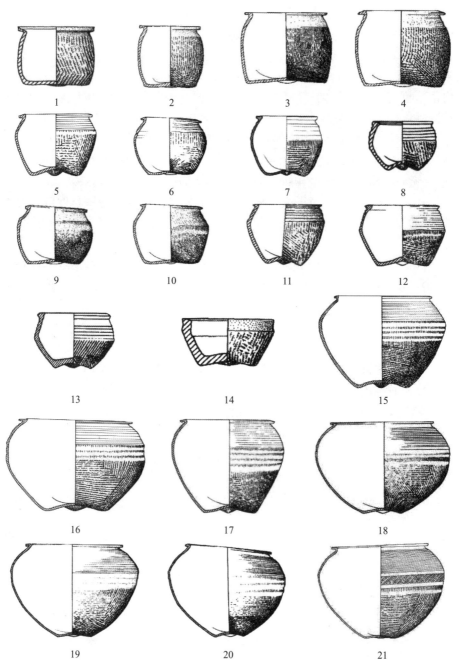

图 2-5　A、B 型陶鬲

1. AaⅠ式（中行 M792：2）　2. AaⅡ式（兴弘 M29：3）　3. AaⅢ式（兴弘 M56：2）　4. AaⅣ式（热电 M41：1）
5. AaⅤ式（双楼 M238：1）　6. AaⅥ式（西亚斯 M12：1）　7. AaⅦ式（铁岭 M1405：26）　8. Aa Ⅷ式（铁岭
M1404：18）　9. AbⅠ式（兴弘 M9：2）　10. AbⅡ式（兴弘 M103：5）　11. AbⅢ式（防疫 M6：13）　12. AbⅣ式
（98 纺织 M43：5）　13、14. AbⅤ式（铁岭 M229：3、中行 M861：2）　15. BⅠ式（合兴 M52：12）　16. BⅡ式
（双楼 M207：1）　17. BⅢ式（西亚斯 M176：1）　18. BⅣ式（西亚斯 M96：1）　19、20. BⅤ式（西亚斯 M102：1、
西亚斯 M183：2）　21. BⅥ式（双楼 M232：2）

器型变化趋势：早期由仰沿变为平沿，自Ⅳ式折沿角度无规律。三足逐渐内敛，裆部由低渐高。Ⅰ～Ⅳ式足间距与口径之比在0.8～0.95之间，此后各式的比例均在0.8以下。

Ab型：斜肩，肩、腹接痕明显，部分器物有显著的折痕，弧腹或斜腹。共计35件，可分五式。

Ⅰ式：折沿下斜，尖唇，斜肩略内弧。袋足略敛，裆较低。肩腹交接于器高的四分之三处。兴弘 M9∶2，夹细砂红陶，饰细绳纹。口径15.4厘米，腹径18.6厘米，高14厘米（图2-5-9）。

Ⅱ式：折沿下斜，尖圆唇，沿面局部内凹，斜肩微内弧，尖足跟圆钝，足间距较前式略小，低裆。肩腹交接于器高的三分之二处。兴弘 M103∶5，夹细砂红陶，饰中绳纹。口径17.6厘米，腹径21.2厘米，高16.8厘米（图2-5-10）。

Ⅲ式：折沿略下斜，圆唇，斜肩，弧腹，足间距较小，裆略高。肩腹交接于器高的三分之二处。防疫[①] M6∶13，口径15.9厘米，腹径17.7厘米，高12.9厘米（图2-5-11）。

Ⅳ式：器形扁矮。平折沿上仰，厚圆唇，斜肩，斜腹，足跟内敛明显，裆高。肩腹交接于器高的二分之一处。肩部多饰凹弦纹，腹及底饰绳纹。98纺织[②] M43∶5，夹砂红陶，口径16厘米，高12.4厘米（图2-5-12）。

Ⅴ式：形体较小，明器化趋势显著。短束颈，尖圆唇，斜肩，斜腹。浅袋足内敛。肩腹交接于器高的二分之一处。铁岭[③] M229∶3，口径9.4厘米，腹径13.2厘米，高7.4厘米（图2-5-13）。还有一种近直领的斜肩、斜腹小鬲。中行 M861∶2，泥质红陶，口径13厘米，高6.8厘米（图2-5-14）。

器型变化趋势：足内敛明显，裆心逐渐变高，肩腹交接处逐渐下移。

B型：分裆，小袋足，尖足跟，大陶鬲。均为夹砂红陶，肩以上的部位夹细砂，腹与底部夹粗砂。常以碎片状出土于葬具或墓主身下。器表纹饰可分为三部分，最大径以上的肩部抹平，饰数道凹弦纹，上腹部近肩处多饰抹断绳纹，间有竖绳纹，下腹及底部饰斜向粗绳纹。器形一般较为高大，口径与高度多在20厘米以上，以26～30厘米居多。以西亚斯墓地出土陶器为例，口径与高度在27厘米以上的陶鬲有50件，而20厘米左右的仅见4件。共计139件，可分六式。

Ⅰ式：宽折沿下斜，方唇，沿面有一周凹槽，高实足跟，三足外撇，裆较高。足间距与口径之比为0.55左右。合兴[④] M52∶12，口径31.8厘米，腹径40.5厘米，高29厘米（图2-5-15）。

① 河南省文物考古研究所新郑工作站：《新郑市郑韩路6号春秋墓》，《文物》2005年第8期，第39～46页。下文选用防疫站 M6的标本，均出自此简报，不再另注。

② 郑州市文物考古研究所：《郑州纺织机械厂东周墓葬发掘简报》，《华夏考古》2000年第4期，第31～39页。下文选用的标本，凡墓号前加"98纺织"者均出自此简报，不再另注。

③ 郑州市文物考古研究院、河南省文物管理局南水北调办公室：《南水北调新郑铁岭墓地发掘简报》，《文物春秋》2008年第5期，第40～48页。下文选用铁岭 M6、M229、M252和 M285的标本，均出自此简报，不再另注。

④ 宋婷：《新郑市合兴石业东周墓地发掘报告》，郑州大学硕士学位论文，2013年。下文选用的标本，凡墓号前加"合兴"者均出自此报告，不再另注。

Ⅱ式：短折沿或卷沿，鼓肩，三足略内敛。足间距与口径之比为 0.5 左右。双楼 M207：1，口径 33.6 厘米，腹径 41 厘米，足距 17 厘米，高 25.9～26.6 厘米（图 2-5-16）。

Ⅲ式：平卷沿或窄折沿，多圆唇，矮束颈。足间距与口径之比为 0.5 左右。西亚斯 M176：1，口径 30 厘米，足距 15 厘米，裆心高 2 厘米，高 28.8 厘米（图 2-5-17）。

Ⅳ式：器形略显矮胖，沿一般较窄，多圆唇。足间距与口径之比为 0.4 左右。西亚斯 M96：1，口径 34.4 厘米，足距 13 厘米，裆心高 0.8 厘米，高 30 厘米（图 2-5-18）。

Ⅴ式：宽折沿，多方唇，圆肩或折肩。肩部凹弦纹密集，数量多达二十余道。足间距与口径之比为 0.3 左右。裆心高度多在 1 厘米以下。西亚斯 M102：1，口径 34.8 厘米，足距 10 厘米，裆心高 0.7 厘米，高 32 厘米（图 2-5-19）。还常见有烧制变形的器物，如西亚斯 M183：2，口径 32 厘米，足距 11.5 厘米，裆心高 0.6 厘米，高 32 厘米（图 2-5-20）。

Ⅵ式：裆心近平，袋足近消失。双楼 M232：2，口径 36.4 厘米，腹径 47.8 厘米，足距 10.2 厘米，高 33.2～34.9 厘米（图 2-5-21）。

器型变化趋势：裆心由高到低，Ⅰ～Ⅲ式裆心高度在 2 厘米左右，此后高度一般不超过 2 厘米。实足跟逐渐内敛，足间距与口径的比例越来越小，最大径有下移的趋势，肩部的凹弦纹数量增多。

C 型：分裆，袋足肥大，无足跟或足跟不明显。共计 17 件，可分四式。

Ⅰ式：平折沿，厚方唇，袋足外张。内壁裆线清晰，饰粗绳纹，近口沿处绳纹被抹去。足间距与口内径之比大于 1。兴弘 M1：4，口径 18.4 厘米，腹径 22 厘米，高 17.8 厘米（图 2-6-1）。

Ⅱ式：平折沿或下斜，薄沿，方唇或圆唇，袋足略内收。饰粗绳纹。足间距与口内径之比约等于 1。兴弘 M140：2，口径 16 厘米，腹径 18.8 厘米，高 14.4 厘米（图 2-6-2）。

Ⅲ式：折沿下斜，三足微收，略显实足跟。饰粗绳纹。足间距与口内径之比约等于 1。兴弘 M63：1，口径 16.8 厘米，腹径 19.4 厘米，高 15 厘米（图 2-6-3）。

Ⅳ式：折沿下斜，尖圆唇，足内敛明显。饰中绳纹。足间距与口内径之比小于 1。热电 M24：4，口径 18.4 厘米，腹径 20.8 厘米，高 16.4 厘米（图 2-6-4）。

器型变化趋势：平折沿变为折沿下斜，袋足由肥大变瘦，足部由外张变内敛。足间距与口内径比例逐渐变小。

D 型：浅腹平裆或弧裆。共计 34 件，可分四式。

Ⅰ式：窄平沿下斜，方唇，短束颈，圆鼓腹，弧平裆，底部有极矮的三乳状足。肩部饰数周凹弦纹，腹及底部饰中绳纹。铁岭[①] M429：13，红陶褐衣，口径 13.2 厘米，腹径 18.8 厘米，高 11.2 厘米（图 2-6-5）。

Ⅱ式：窄平沿，圆唇或方唇，短束颈，鼓腹，下腹弧内收，平底略内凹，削底为足。肩部饰三周凹弦纹，上腹绳纹抹去，下腹及底多饰绳纹。铁岭[②] M550：10，口径 8.4 厘米，

---

① 郑州市文物考古研究院、河南省文物管理局南水北调办公室：《新郑铁岭墓地 M429 发掘简报》，《中原文物》2010 年第 1 期，第 4～8 页。下文选用铁岭 M429 的标本，均出自此简报，不再另注。

② 郑州市文物考古研究院、河南省文物管理局南水北调办公室：《新郑铁岭墓地 M550 发掘简报》，《中原文物》2010 年第 5 期，第 4～10 页。下文选用铁岭 M550 的标本，均出自此简报，不再另注。

腹径 12.8 厘米，高 8.1 厘米（图 2-6-6）。

Ⅲ式：方唇或尖圆唇，沿极窄，圆鼓腹，形体宽扁，袋足基本消失，三乳状足。上部饰凹弦纹，下部及底多素面。98 纺织 M30：2，口径 10 厘米，高 7.4 厘米（图 2-6-7）。

Ⅳ式：短束颈，弧腹或扁鼓腹，底附三短实足。上腹饰弦纹，下腹及底部多素面。外形似鼎又似鬲。加气[①] M4：5，口径 15 厘米，高 9.3 厘米（图 2-6-8）。

器型变化趋势：器腹的绳纹逐渐简化，趋于消失。袋足先经削底为足，后再变为附足。器形向扁圆方向发展，最后演变为似鬲又似鼎的形态。

E 型：深腹，联裆，实足跟。共计 2 件，可分二式。

Ⅰ式：折沿略下斜，方唇，束颈，弧腹，裆近平，底附三足，足尖内收。腹部饰粗绳纹。仅 1 件。官庄[②] M37：3，夹砂褐陶，口径 21.6 厘米，腹径 25.2 厘米，高 23.2 厘米（图 2-6-9）。

Ⅱ式：卷沿下斜，尖唇，鼓肩，斜直腹，平底，下附三实足，足尖外撇。腹部饰绳纹。仅 1 件。布袋李[③] M12：1，口径 16 厘米，高 11.7 厘米（图 2-6-10）。

器型变化趋势：束颈渐无，三足由内收至外张，弧腹变斜直腹。

F 型：分裆，束颈，乳状足。共计 4 件，可分三式。

Ⅰ式：平折沿，高束颈，腹略弧近直，足尖稍内收，裆较高。热电 M15：3，饰中粗绳纹，口径 17.6 厘米，腹径 20.2 厘米，高 17 厘米（图 2-6-11）。

Ⅱ式：平折沿，厚方唇，矮束颈，三足略内敛，裆稍低。布袋李 M19：3，口径 16.8 厘米，高 15 厘米（图 2-6-12）。

Ⅲ式：折沿上斜，斜方唇，束颈不明显，低裆。兴弘 M113：1，饰中绳纹。口径 17.2 厘米，腹径 19.8 厘米，高 16.2 厘米（图 2-6-13）。

器型变化趋势：束颈由高至矮，裆部逐渐变低，乳状足由高到低。

G 型：平裆柱足鬲，1 件。热电 M51：5，泥质灰陶，仰折沿，裆部近平，腹部有三个圆饼状扉棱，实心柱状足。素面。口径 15.4 厘米，腹径 13 厘米，高 10.6 厘米（图 2-6-14）。

此外，在铁岭和河李村墓地中还出土有小泥鬲，共计 3 件，每墓随葬 1 件。形制为实心，素面。铁岭 M429：23，口径 3.9 厘米，高 3.3 厘米（图 2-6-15）。还有 1 件与 CⅠ式陶鬲相似，河李[④] M18：20，口径 3 厘米，高 2 厘米（图 2-6-16）。

①　郑州市文物考古研究所：《郑州市加气混凝土厂东周墓发掘简报》，《华夏考古》2001 年第 4 期，第 25～32 页。下文选用的标本，凡墓号前加"加气"者均出自此简报，不再另注。

②　郑州大学历史学院考古系、河南省文物局南水北调文物保护办公室：《河南荥阳市官庄遗址春秋墓葬发掘简报》，《华夏考古》2012 年第 1 期，第 3～12 页。如无特别说明，下文选用的标本，凡墓号前加"官庄"者均出自此简报，不再另注。

③　刘彦锋、丁兰坡、张巧燕：《郑州市高新区布袋李春秋墓葬发掘简报》，《郑州文物考古与研究（二）》，北京：科学出版社，2010 年，第 208～224 页。下文选用的标本，凡墓号前加"布袋李"者均出自此简报，不再另注。

④　河南省文物研究所新郑工作站：《新郑县河李村东周墓葬发掘简报》，《中原文物》1987 年第 4 期，第 56～61 页。下文选用的标本，凡墓号前加"河李"者均出自此简报，不再另注。

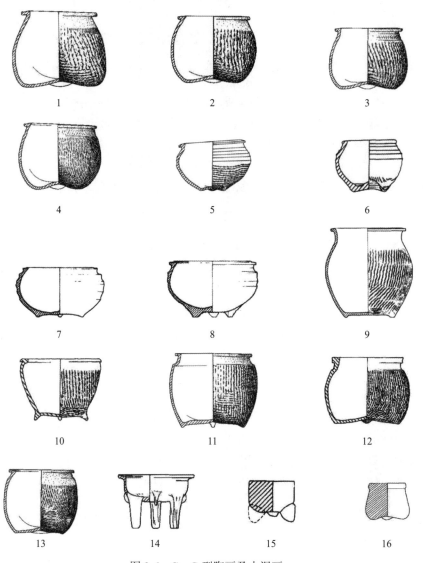

图 2-6　C—G 型陶鬲及小泥鬲

1. CI 式（兴弘 M1：4）　2. CII 式（兴弘 M140：2）　3. CIII 式（兴弘 M63：1）　4. CIV 式（热电 M24：4）
5. DI 式（铁岭 M429：13）　6. DII 式（铁岭 M550：10）　7. DIII 式（98 纺织 M30：2）　8. DIV 式（加气 M4：5）
9. EI 式（官庄 M37：3）　10. EII 式（布袋李 M12：1）　11. FI 式（热电 M15：3）　12. FII 式（布袋李 M19：3）
13. FIII 式（兴弘 M113：1）　14. G 型（热电 M51：5）　15、16. 小泥鬲（铁岭 M429：23、河李 M18：20）

二、陶　盂

盂，泥质灰陶居多，器表多磨光，下腹有刮削痕。共出土 306 件，标本 203 件。根据腹部特征不同，可分为两型。

A 型：折腹，或者腹部有一周凹槽以示折腹。共计 167 件，可分为九式。

I 式：宽折沿上仰，沿较薄。折腹上部多饰两道凹弦纹。热电 M51：1，口径 21.4 厘米，腹径 19 厘米，底径 10.2 厘米，高 12.5 厘米（图 2-7-1）。

Ⅱ式：折沿稍窄，或平或仰，沿略薄。折腹处有两周凹弦纹。兴弘 M31：4，通体磨光。口径 21.6 厘米，腹径 20.2 厘米，底径 12.4 厘米，高 14 厘米（图 2-7-2）。

Ⅲ式：多平折沿，折腹上部饰一周凹弦纹。兴弘 M51：4，口径 19 厘米，腹径 19 厘米，底径 10.6 厘米，高 12.4 厘米（图 2-7-3）。

Ⅳ式：折沿无规律，折腹处无凹弦纹。兴弘 M28：4，口径 17.9 厘米，腹径 17.6 厘米，底径 9 厘米，高 13.4 厘米（图 2-7-4）。

Ⅴ式：平折沿，折腹处无凹弦纹。防疫 M6：11，口径 20.4 厘米，底径 10.5 厘米，高 12.6 厘米（图 2-7-5）。

Ⅵ式：平折沿或折沿下斜，口沿外折夹角小，底部变小。铁岭 M458：4，口径 14 厘米，腹径 16.8 厘米，底径 7.2 厘米，高 9.2 厘米（图 2-7-6）。

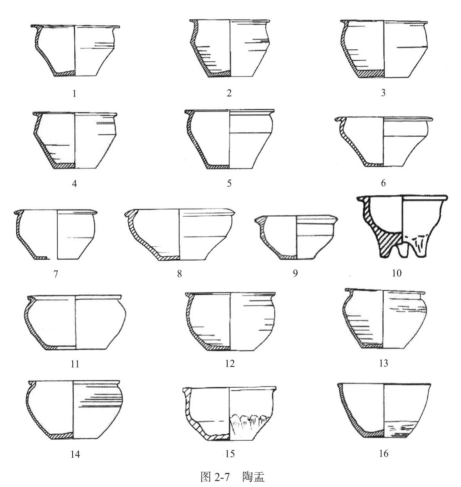

图 2-7　陶盂

1. AⅠ式（热电 M51：1）　2. AⅡ式（兴弘 M31：4）　3. AⅢ式（兴弘 M51：4）　4. AⅣ式（兴弘 M28：4）
5. AⅤ式（防疫 M6：11）　6. AⅥ式（铁岭 M458：4）　7. AⅦ式（西亚斯 M168：3）　8. AⅧ式（华信 M149：2）
9. AⅨ式（东城路 M8：4）　10. 三足盂（铁岭 M229：10）　11. BⅠ式（官庄 M37：1）　12. BⅡ式（兴弘 M60：4）
13. BⅢ式（热电 M48：2）　14. BⅣ式（西亚斯 M313：4）　15. BⅤ式（白庄 M43：3）　16. BⅥ式（家世界 M32：2）

Ⅶ式：折沿下斜，口沿外折夹角较小，折腹处低于器高的二分之一。西亚斯 M168：3，口径 17.2 厘米，腹径 15.8 厘米，底径 9 厘米，高 9.9 厘米（图 2-7-7）。

Ⅷ式：折沿下斜，口沿外折夹角很小，折腹处有凸棱，凸起如肩。华信[①] M149：2，口径 17.4 厘米，底径 7.3 厘米，高 8.8 厘米（图 2-7-8）。

Ⅸ式：底部明显变小。腹部偏上饰一周凸弦纹。东城路[②] M8：4，口径 17 厘米，高 7 厘米（图 2-7-9）。

此外，还有三足盂 3 件，上部盂的形制与 AⅥ式盂相似。铁岭 M229：10，口径 9.5 厘米，腹径 10.4 厘米，高 7.4 厘米（图 2-7-10）。

器型变化趋势：沿由宽变窄，折沿上仰发展为平折沿再至折沿无规律，自Ⅵ式开始多折沿下斜，口沿外折夹角逐渐变小。折腹处凹弦纹由两道减至一道最后变无。器腹由深变浅，底部由大变小，折腹部位逐渐下移。

B 型：腹部圆形或圆弧。共计 36 件，可分为六式。

Ⅰ式：折沿上仰，内口沿折棱凸出，最大径靠上，大平底。官庄 M37：1，口径 16.7 厘米，底径 11.3 厘米，高 10 厘米（图 2-7-11）。

Ⅱ式：折沿微上仰，鼓腹。兴弘 M60：4，口径 18 厘米，腹径 17.8 厘米，底径 9.2 厘米，高 11.4 厘米（图 2-7-12）。

Ⅲ式：平折沿，微束颈，圆肩。热电 M48：2，口径 17.7 厘米，腹径 18.6 厘米，底径 9.4 厘米，高 12.8 厘米（图 2-7-13）。

Ⅳ式：平折沿，沿变窄，短束颈。西亚斯 M313：4，口径 18 厘米，腹径 19 厘米，底径 9 厘米，高 11 厘米（图 2-7-14）。

Ⅴ式：最大径下移，位于器高的二分之一处。白庄[③] M43：3，折沿下斜，方唇。口径 13.2 厘米，高 10.2 厘米（图 2-7-15）。

Ⅵ式：大口微敛，口沿略凸出，腹近斜直，平底。家世界[④] M32：2，口径 21.5 厘米，底径 10.5 厘米，高 11.6 厘米（图 2-7-16）。

器型变化趋势：折沿上仰逐渐变为平折，沿部变短最后消失，前期最大径下移明显，最后敛口变为大口。

三、陶　　罐

罐多泥质，少量为夹砂，陶色以灰陶为主。共出土 399 件，标本 306 件。依据底部特

---

①　河南省文物考古研究院：《新郑华信学院新校区空心砖墓葬发掘简报》，《中原文物》2017 年第 6 期，第 18～31 页。下文选用的标本，凡墓号前加"华信"者均出自此简报，不再另注。

②　河南省文物研究所新郑工作站：《新郑县东城路古墓群发掘报告》，《中原文物》1988 年第 3 期，第 13～21 页。

③　郑州市文物考古研究院：《郑州市中原区白庄东周墓发掘简报》，《洛阳考古》2014 年第 3 期，郑州：中州古籍出版社，2014 年，第 3～17 页。下文选用的标本，凡墓号前加"白庄"者均出自此简报，不再另注。

④　此件陶盂简报中图与文中器物号不一致，以文中器号为准。郑州市文物考古研究所：《郑州市南阳路家世界购物广场战国墓葬发掘简报》，《华夏考古》2006 年第 2 期，第 3～32 页。下文选用的标本，凡墓号前加"家世界"者均出自此简报，不再另注。

征的不同可分为两大类。

甲类：平底。共计 203 件，约占陶罐标本总数的 66.3%。

乙类：圜底。共计 103 件，约占陶罐标本总数的 33.7%。

（一）甲类罐

根据肩部特征的不同，可分为两型。

A 型：折肩。共计 156 件，根据折肩位置不同，可分为四亚型。

Aa 型：折肩位置约在器高的五分之三处，器形整体呈长方体。共计 64 件，可分六式。

Ⅰ式：折沿下斜，肩部打磨规整，腹部有刮削痕。折肩处多饰两道凹弦纹。兴弘 M52∶3，口径 12 厘米，腹径 19.4 厘米，底径 12.6 厘米，高 17 厘米（图 2-8-1）。

Ⅱ式：多平折沿，折肩处饰一道凹弦纹。兴弘 M148∶1，口径 10.4 厘米，腹径 16.7 厘米，底径 10 厘米，高 14 厘米（图 2-8-2）。

Ⅲ式：折肩处的凹弦纹趋于消失，颈肩及上腹出现彩绘。官庄 M32∶2，器身涂白底黑彩。口径 11.4 厘米，底径 10.4 厘米，高 18.4 厘米（图 2-8-3）。

Ⅳ式：彩绘继续流行。官庄 M3∶3，器身涂白底黑彩，领部饰重环纹，肩部饰云雷纹。口径 14.4 厘米，底径 12.2 厘米，高 17.1 厘米（图 2-8-4）。

Ⅴ式：整体矮胖。西亚斯 M73∶2，肩部饰一周凹弦纹。器表磨光，施黑色陶衣。口径 12.3 厘米，腹径 18.2 厘米，底径 11.1 厘米，高 13.2 厘米（图 2-8-5）。

Ⅵ式：窄平沿，下腹斜收明显。家世界 M71∶2，口径 11.7 厘米，底径 10 厘米，高 14 厘米（图 2-8-6）。

器型变化趋势：折肩处由两道凹弦纹到无凹弦纹，整体器形向扁矮发展，最后近球形。Ⅴ、Ⅵ式之间有明显的缺环。

Ab 型：折肩位置约在器高的二分之一处，矮领或无领，器形整体呈正方体。共计 33 件，可分为五式。

Ⅰ式：平折沿，方唇，折肩处有两道凹弦纹。热电 M46∶1，口径 11.8 厘米，腹径 17.4 厘米，底径 11.2 厘米，高 13.4 厘米（图 2-8-7）。

Ⅱ式：方唇，折肩处有一道凹弦纹。兴弘 M51∶1，口径 11.4 厘米，腹径 18.5 厘米，底径 10.7 厘米，高 13.2 厘米（图 2-8-8）。

Ⅲ式：肩部无弦纹，折棱明显，腹斜直，整体矮扁。加气 M10∶1，口径 9.2 厘米，底径 7 厘米，高 9.6 厘米（图 2-8-9）。

Ⅳ式：平折沿，肩部折棱不明显。兴弘 M54∶1，肩部有暗纹。口径 10.6 厘米，腹径 17.4 厘米，底径 10.6 厘米，高 13 厘米（图 2-8-10）。

Ⅴ式：直口，有圆形器盖。中行 M861∶1，口径 7.3 厘米，高 8 厘米（图 2-8-11）。

器型变化趋势：折肩处由两道凹弦纹到无凹弦纹，整体器形向扁矮发展。

Ac 型：折肩处多在器高的二分之一处，折沿，高领，器身修长，器形较大。共计 36 件，可分为六式。

Ⅰ式：平折沿，短粗颈，肩部折棱不明显。华信 M209∶1，口径 15.4 厘米，底径 10.4 厘米，高 18.2 厘米（图 2-8-12）。

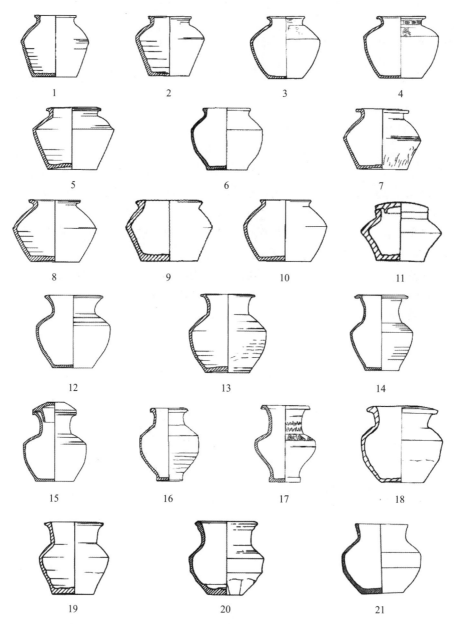

图 2-8 甲类 A 型陶罐

1. AaⅠ式（兴弘 M52：3） 2. AaⅡ式（兴弘 M148：1） 3. AaⅢ式（官庄 M32：2） 4. AaⅣ式（官庄 M3：3）
5. AaⅤ式（西亚斯 M73：2） 6. AaⅥ式（家世界 M71：2） 7. AbⅠ式（热电 M46：1） 8. AbⅡ式（兴弘 M51：1）
9. AbⅢ式（加气 M10：1） 10. AbⅣ式（兴弘 M54：1） 11. AbⅤ式（中行 M861：1） 12. AcⅠ式（华信 M209：1）
13. AcⅡ式（西亚斯 M168：1） 14. AcⅢ式（华信 M167：1） 15. AcⅣ式（西亚斯 M14：2） 16. AcⅤ式（市政
M36：1） 17. AcⅥ式（兴弘 M154：1） 18. AdⅠ式（白庄 M43：2） 19. AdⅡ式（西亚斯 M23：3）
20. AdⅢ式（98 纺织 M27：2） 21. AdⅣ式（二里冈 M303：3）

Ⅱ式：折沿略下斜，领稍长。西亚斯 M168：1，口径 12 厘米，底径 9.8 厘米，高 17 厘米（图 2-8-13）。

Ⅲ式：宽折沿下斜，长领，肩部有明显的折棱。华信 M167：1，口径 15.2 厘米，底径 9.6 厘米，高 20.8 厘米（图 2-8-14）。

Ⅳ式：折沿下斜，器形矮胖，下腹内收明显。西亚斯 M14：2，口径 12.9 厘米，底径 9.5 厘米，高 22.2 厘米（图 2-8-15）。

Ⅴ式：折沿下斜，下腹内收，假圈足。市政[①] M36：1，口径 12 厘米，底径 8.7 厘米，高 21.3 厘米（图 2-8-16）。

Ⅵ式：折沿平出至中部再折而向下，高束颈，曲腹，饼状假圈足。兴弘 M154：1，口径 13.6 厘米，底径 9.2 厘米，高 22 厘米（图 2-8-17）。

器型变化趋势：平折沿变折沿下斜，最后折沿平出再下斜，领变长，平底变为假圈足，弧腹变为曲腹。

Ad 型：折肩处约在器高的二分之一处，高领，器身修长，器形较小。共计 23 件，可分为四式。

Ⅰ式：宽折沿下斜，矮直领。白庄 M43：2，口径 9.6 厘米，高 12.4 厘米（图 2-8-18）。

Ⅱ式：平折沿，长领斜直。西亚斯 M23：3，口径 10 厘米，高 11.6 厘米（图 2-8-19）。

Ⅲ式：短折沿或无折沿，长领外翻。98 纺织 M27：2，口径 9 厘米，高 11 厘米（图 2-8-20）。

Ⅳ式：折沿消失，折腹不明显，颈部两侧各有一圆孔。二里冈[②] M303：3，未公布尺寸（图 2-8-21）。

器型变化趋势：宽折沿变窄趋于消失，领变长。

B 型，圆肩。共计 47 件，根据领的高度不同，可分为两亚型。

Ba 型：高领。共计 17 件，可分为四式。

Ⅰ式：短领外侈，圆鼓腹。白庄 M18：1，口径 7.5 厘米，高 9.6 厘米（图 2-9-1）。

Ⅱ式：高直领，鼓肩，斜弧腹。化工[③] M8：3，口径 9 厘米，底径 8.7 厘米，高 14 厘米（图 2-9-2）。

Ⅲ式：平折沿，球形腹。华信 M64：5，口径 10 厘米，底径 8.6 厘米，高 19.5 厘米（图 2-9-3）。

Ⅳ式：平折沿或折沿略下斜，鼓肩弧腹，假圈足。双楼 M45：3，口径 10.9 厘米，底径 10 厘米，高 17.5 厘米（图 2-9-4）。

器型变化趋势：领变长，平底变为假圈足，最大径上移，器形逐渐变大。

Bb 型：短领或无领。共计 30 件，可分为三式。

Ⅰ式：平折沿，侈口，圆唇，矮领，束颈。腹部饰绳纹。兴弘 M125：3，口径 11.9 厘米，腹径 14 厘米，底径 8 厘米，高 11.4 厘米（图 2-9-5）。

---

① 郑州市文物考古研究所：《郑州市市政工程总公司战国墓葬发掘简报》，《中原文物》2006 年第 3 期，第 13～22 页。下文选用的标本，凡墓号前加"市政"者均出自此简报，不再另注。

② 河南省文化局文物工作队：《郑州二里冈》，北京：科学出版社，1959 年。下文选用的标本，凡墓号前加"二里冈"者均出自此报告，不再另注。

③ 郑州市文物考古研究所：《郑州市两处战国墓发掘报告》，《中原文物》1997 年第 3 期，第 13～23 页。下文选用的标本，凡墓号前加"化工"和"邮电"者均出自此报告，不再另注。

Ⅱ式：直口，方唇，矮领，圆鼓肩。加气 M13：1，口径 11.4 厘米，底径 6.2 厘米，高 9.2 厘米（图 2-9-6）。

Ⅲ式：矮领，圆弧腹，假圈足，颈两侧有小圆孔。二里冈 M394：2，未公布尺寸（图 2-9-7）。

器型变化趋势：绳纹仅见于 BbⅠ式，以后各式为素面，平底变假圈足，最大径下移。Ⅱ、Ⅲ式之间有明显的缺环。

此外，河南禹县白沙战国墓地还出土两件带耳的平底罐。其中单耳罐 1 件，白沙[①] M127：1，侈口，沿下附单环耳，弧腹下内收，上腹有宽约 5 厘米的粗绳纹带（图 2-9-8）。双耳罐 1 件，白沙 M122：2，直口，折肩，肩部向上有凸棱，肩上附对称环形耳，肩腹饰绳纹（图 2-9-9）。

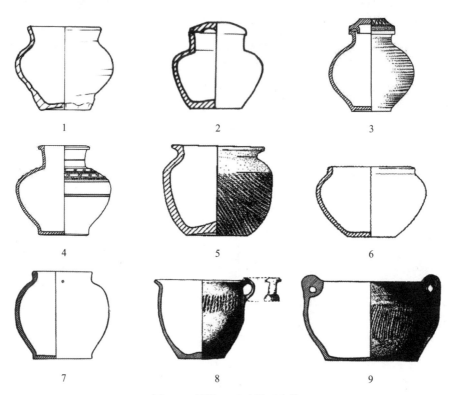

图 2-9 甲类 B 型及带耳陶罐

1. BaⅠ式（白庄 M18：1） 2. BaⅡ式（化工 M8：3） 3. BaⅢ式（华信 M64：5） 4. BaⅣ式（双楼 M45：3）
5. BbⅠ式（兴弘 M125：3） 6. BbⅡ式（加气 M13：1） 7. BbⅢ式（二里冈 M394：2） 8. 单耳罐（白沙 M127：1）
9. 双耳罐（白沙 M122：2）

---

① 陈公柔：《河南禹县白沙的战国墓葬》，《中国考古学报》第七册，第 87～101 页。下文选用的标本，凡墓号前加"白沙"者均出自此简报，不再另注。

（二）乙类罐

根据底部特征不同，可分为两型。

A 型：低领，小圜底，常被称为尊，大部分器表有彩绘，多为折肩。共计 49 件，可分为五式。

Ⅰ式：矮领外斜，肩部略鼓，腹部近直。兴弘 M22∶4，口径 12.6 厘米，腹径 20.6 厘米，底径 8.4 厘米，高 18.5 厘米（图 2-10-1）。

Ⅱ式：矮直领，卷沿下斜，肩部略鼓。官庄 M6∶1，口径 10.6 厘米，底径 6.4 厘米，高 20.4 厘米（图 2-10-2）。

Ⅲ式：卷沿下斜明显，肩部饰凹弦纹。热电 M43∶1，口径 15 厘米，腹径 23.4 厘米，底径 9.4 厘米，高 19.4 厘米（图 2-10-3）。

Ⅳ式：卷沿略下斜，短颈，广折肩。西亚斯 M2∶2，肩部饰彩绘，口径 15.4 厘米，腹径 26.4 厘米，底径 12 厘米，高 22 厘米（图 2-10-4）。

Ⅴ式：器形较小，平折沿，圜底近平。多磨光素面。化工 M5∶2，口径 11.6 厘米，底径 8 厘米，高 12.9 厘米（图 2-10-5）。

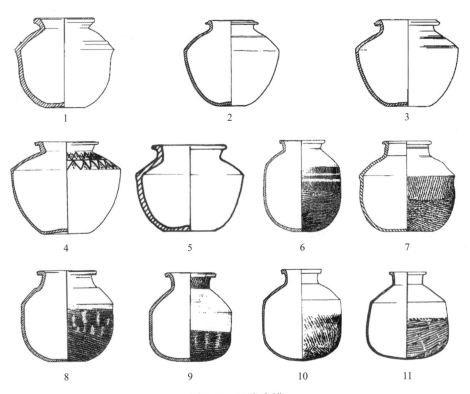

图 2-10　乙类陶罐

1. AⅠ式（兴弘 M22∶4）　2. AⅡ式（官庄 M6∶1）　3. AⅢ式（热电 M43∶1）　4. AⅣ式（西亚斯 M2∶2）　5. AⅤ式（化工 M5∶2）　6. BⅠ式（热电 M1∶1）　7. BⅡ式（布袋李 M10∶2）　8. BⅢ式（兴弘 M62∶1）　9. BⅣ式（兴弘 M46∶1）　10. BⅤ式（家世界 M21∶3）　11. BⅥ式（邮电 M6∶1）

器型变化趋势：下卷沿面逐渐加长再至平折沿，器形有变小的趋势。

B 型：高领，大圜底，也被称为尊、高领圜底罐等。共计 54 件，可分六式。

I 式：卷折沿，矮领，肩腹交接处不明显，直腹，器高大于腹径，呈长方体。热电 M1：1，口径 14.4 厘米，腹径 24.6 厘米，底径 6 厘米，高 28 厘米（图 2-10-6）。

II 式：卷沿，领稍高，肩腹交接处明显，器高与腹径相当，呈正方体，圜底近平。布袋李 M10：2，口径 13.8 厘米，高 24 厘米（图 2-10-7）。

III 式：卷沿，高领，圜底内凹。兴弘 M62：1，口径 17.4 厘米，腹径 26.6 厘米，底径 6 厘米，高 28 厘米（图 2-10-8）。

IV 式：领较高，大圜底，下腹饰绳纹。兴弘 M46：1，领部绳纹被抹，肩部有暗纹。口径 18.2 厘米，腹径 26 厘米，底径 8.2 厘米，高 10.4 厘米（图 2-10-9）。

V 式：高领，圜底较甚。家世界 M21：3，口径 12.8 厘米，高 27 厘米（图 2-10-10）。

VI 式：垂腹，下腹明显较宽。邮电 M6：1，口径 12.8 厘米，高 31 厘米（图 2-10-11）。

器型变化趋势：由卷折沿至卷沿再至平折沿，领变高，器腹由直腹到垂腹，器底由圜底近平至内凹再到圜底圆鼓，自 IV 式开始腹部绳纹带下移。整体由长圆到方圆。

四、陶　　豆

豆均为泥质，陶色以灰陶居多。由盘和柄两部分构成，为所有器类中出土数量最多的。共计 482 件，标本共计 344 件，根据豆盘深度不同，可分为两型。

A 型：深盘，豆盘深度与器高的比例大于五分之一。共计 244 件，根据盘壁特征差异，可分为两亚型。

Aa 型：折壁。共计 223 件，可分为九式。

I 式：方唇，上壁斜直，有一周凹弦纹，喇叭柄短大，盘深与柄高相当。柄常见饰一周凸弦纹，底座内凹明显。中行 M792：1，口径 18.6 厘米，高 13 厘米（图 2-11-1）。

II 式：方唇，上壁弧形内凹明显，折壁凸出似肩，柄部增高，无凸弦纹，盘深小于柄高，底座内凹。热电 M42：1，口径 17 厘米，足径 10.6 厘米，高 14.2 厘米（图 2-11-2）。

III 式：多圆唇，折壁位置明显下移，上壁弧形内凹，柄变细，底座略内凹。兴弘 M31：2，口径 19.1 厘米，足径 11 厘米，高 16.4 厘米（图 2-11-3）。

IV 式：多圆唇，上壁弧形微内凹，柄细高，底座内凹不明显。官庄 M4：1，口径 14.2 厘米，足径 9.4 厘米，高 15.2 厘米（图 2-11-4）。

V 式：尖圆唇，唇下外缘弧鼓，折壁上部内凹。上壁剖面略呈 S 形，少见底座内凹，柄高略低于前式。盘心常见有刻划符号。双楼 M239：5，口径 16.4 厘米，足径 9.7 厘米，高 14.5 厘米（图 2-11-5）。

VI 式：唇下外缘外鼓明显，上壁剖面明显呈 S 形。兴弘 M28：3，口径 19.1 厘米，足径 10.4 厘米，高 16.4 厘米（图 2-11-6）。

VII 式：盘变浅，上壁剖面呈 S 形，柄略细且短，足径略小于前式。双楼 M195：4，口径 14.4 厘米，足径 7.5 厘米，高 12 厘米（图 2-11-7）。

图 2-11　陶豆

1. AaⅠ式（中行 M792：1）　2. AaⅡ式（热电 M42：1）　3. AaⅢ式（兴弘 M31：2）　4. AaⅣ式（官庄 M4：1）
5. AaⅤ式（双楼 M239：5）　6. AaⅥ式（兴弘 M28：3）　7. AaⅦ式（双楼 M195：4）　8. Aa Ⅷ式（兴弘 M30：1）
9. Aa Ⅸ式（华信 M209：3）　10. AbⅠ式（热电 M25：1）　11. AbⅡ式（兴弘 M1：2）　12. AbⅢ式（兴弘 M112：1）
13. AbⅣ式（布袋李 M26：2）　14. 彩绘莲瓣陶豆（李家村 M1）　15. AbⅤ式（化工 M2：2）　16. AbⅥ式
（加气 M8：5）　17. AbⅦ式（西亚斯 M22：1）　18. BⅠ式（铁岭 M308：189）　19. BⅡ式（西亚斯 M232：8）
20. BⅢ式（西亚斯 M23：2）　21. BⅣ式（双楼 M110：2）　22. 带盖浅盘高柄豆（96 纺织 M6：3）

Ⅷ式：上壁剖面呈 S 形，柄近直。兴弘 M30：1，口径 15.6 厘米，足径 9 厘米，高 14 厘米（图 2-11-8）。

Ⅸ式：敞口，上壁斜直略内凹，折壁位于盘下部近柄处，短直柄，小喇叭底座。华信 M209：3，口径 13.7 厘米，足径 7.5 厘米，高 12.6 厘米（图 2-11-9）。

此外，李家村[①] M1 还出土 1 件彩绘莲瓣陶豆，宽平折沿上插有莲瓣（图 2-11-14）。

器型变化趋势：方唇变为圆唇或尖圆唇，盘逐渐变浅，折壁处下移。上壁由斜直变为弧内凹，再因唇下外鼓剖面变为 S 形，最后变为斜直略内凹。柄变短，喇叭口由大及小，柄由内弧趋直，底座凹槽消失。

Ab 型：弧壁。共计 21 件，可分为七式。

Ⅰ式：方唇，盘上部较直，大喇叭柄，底座内凹。热电 M25：1，口径 19.8 厘米，足径 12.5 厘米，高 16.3 厘米（图 2-11-10）。

Ⅱ式：圆唇，盘上部内弧，细高柄，底座内凹，足径变小。兴弘 M1：2，口径 17.2 厘米，足径 9.7 厘米，高 15 厘米（图 2-11-11）。

Ⅲ式：尖圆唇，弧壁圆鼓，底座略内凹。兴弘 M112：1，口径 17.8 厘米，足径 10.8 厘米，高 15.4 厘米（图 2-11-12）。

Ⅳ式：尖圆唇，盘上部近直，细高柄，底座内凹消失。布袋李 M26：2，口径 12 厘米，高 13.2 厘米（图 2-11-13）。

Ⅴ式：盘变浅，柄变短，足径变小，口径与足径的比例增大。化工 M2：2，口径 12.9 厘米，足径 6 厘米，高 13.2 厘米（图 2-11-15）。

Ⅵ式：盘较浅，口微敛。加气 M8：5，口径 12 厘米，足径 7 厘米，高 9.8 厘米（图 2-11-16）。

Ⅶ式：浅盘，短柄趋直。西亚斯 M22：1，口径 12.2 厘米，足径 6.8 厘米，高 11.4 厘米（图 2-11-17）。

器型变化趋势：盘由深至浅，底座内凹逐渐消失。豆柄逐渐变短并趋直。口径与足径的比例逐渐增大。

B 型：浅盘，细高柄，豆盘深度与器高的比例小于五分之一，盘壁多为外折内弧。共计 100 件，可分为四式。

Ⅰ式：盘稍深，外壁弧折，折棱不明显。铁岭[②] M308：189，口径 11 厘米，足径 5 厘米，高 13.8 厘米（图 2-11-18）。

Ⅱ式：外壁折棱凸出，直柄较高。盘及柄多饰暗纹。西亚斯 M232：8，口径 13.2 厘米，足径 10 厘米，高 20.1 厘米（图 2-11-19）。

Ⅲ式：整体变小，盘变浅，柄稍短，柄外壁略曲，底座变小。西亚斯 M23：2，口径 10.4 厘米，足径 6.2 厘米，高 12.4 厘米（图 2-11-20）。

---

① 河南省文物考古研究所新郑工作站：《河南新郑县李家村发现春秋墓》，《考古》1983 年第 8 期，第 703～706 页。下文选用的标本，凡墓号前加"李家村"者均出自此报告，不再另注。

② 郑州市文物考古研究院、河南省文物管理局南水北调办公室：《新郑铁岭墓地 M308 发掘简报》，《中原文物》2014 年第 2 期，第 4～17 页。凡下文选用铁岭 M308 的标本均出自此简报，不再另注。

Ⅳ式：盘更浅，内有一道凹槽，细柄，小喇叭足，足外沿内凹。双楼 M110∶2，口径 10 厘米，足径 5.7 厘米，高 12.3 厘米（图 2-11-21）。

器型变化趋势：盘由深变浅，足径逐渐变小。

另发现一件有盖的浅盘高柄豆，与乙类子母口带盖豆有很大的差异。96 纺织[①] M6∶3，口径 10 厘米，足径 6 厘米，高 15.2 厘米（图 2-11-22）。

五、陶　　釜

釜均为夹砂红陶，由上、下两部分拼合而成。共出土 90 件，标本 63 件，根据器形大小的不同，可分为两型。

A 型：大釜，器高在 20 厘米以上。共计 57 件，可分为三式。

Ⅰ式：窄沿，大圜底近平，三大乳状足，间距大。西亚斯 M105∶3，口径 28.8 厘米，高 28 厘米（图 2-12-1）。

Ⅱ式：宽折沿，厚方唇，圜底，三乳状足，间距小。双楼 M77∶1，口径 35.8 厘米，高 33.5 厘米（图 2-12-2）。

Ⅲ式：宽仰折沿，扁腹，圜底，无足。西亚斯 M107∶1，口径 38 厘米，高 34.4 厘米（图 2-12-3）。

器型变化趋势：口沿由窄变宽，三足间距变小并逐渐消失。

B 型：小釜，器高在 20 厘米以下。共 6 件，可分为两式。

Ⅰ式：三乳状足，间距较大。西亚斯 M165∶3，口径 16.9 厘米，高 11 厘米（图 2-12-4）。

Ⅱ式：圜底，无足。西亚斯 M197∶5，口径 13.4 厘米，高 14.8 厘米（图 2-12-5）。

器型变化趋势：三足逐渐消失。二式之间有明显的缺环。

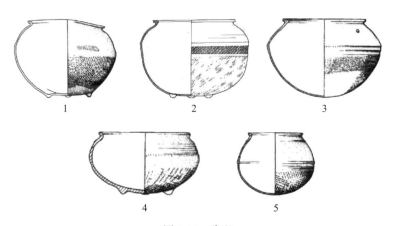

图 2-12　陶釜

1. AⅠ式（西亚斯 M105∶3）　2. AⅡ式（双楼 M77∶1）　3. AⅢ式（西亚斯 M107∶1）
4. BⅠ式（西亚斯 M165∶3）　5. BⅡ式（西亚斯 M197∶5）

[①] 郑州市文物考古研究所：《郑州纺织机械厂战国墓葬发掘简报》，《中原文物》1997 年第 3 期，第 24～29 页。下文选用的标本，凡墓号前加"96 纺织"者均出自此简报，不再另注。

六、陶　碗（钵）

碗多为平底或假圈足，出土时常两两相扣，又称"合碗"。钵与碗形制无明显的差异，两者均常与罐、壶、高领圜底罐同出，故不再细致区分。共出土 226 件，不分式。

合碗，标本 35 件，家世界 M19：1，口径 22.4 厘米，底径 9.4 厘米，高 19.2 厘米（图 2-13-1）。

单碗（钵），标本 191 件。家世界 M2：7，口径 17 厘米，底径 7 厘米，高 6.5 厘米（图 2-13-2）。兴弘 M154：2，口径 15.6 厘米，底径 6 厘米，高 6 厘米（图 2-13-3）。

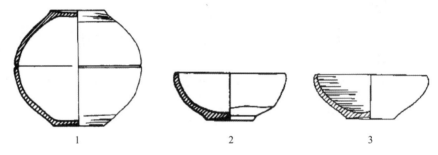

图 2-13　陶碗（钵）

1. 合碗（家世界 M19：1）　2、3. 单碗（钵）（家世界 M2：7、兴弘 M154：2）

七、陶　鼎

共出土 421 件，标本 304 件，根据鼎耳特征的不同，可分为两类[①]。

甲类：长折耳，耳上端外折处多有明显削痕。器壁略薄。共计 70 件，约占陶鼎总数的 16.63%。

乙类：短耳。整体厚重，器壁较厚。共计 233 件，约占陶鼎总数的 55.34%。

（一）甲类鼎

根据器物大小，可分为两型。

A 型：器形整体偏小，胎薄。泥质褐陶或泥质红褐陶，质地疏松，火候低，易碎。有盖，多数盖顶中部有喇叭形捉手，偶见圆饼状捉手、三个半圆实心钮或无装饰现象。多为圜底，兼有少量平底。足与器腹多以榫卯结构相接。共计 56 件，按照鼎足不同，可分为三亚型。

Aa 型：鼎足外侧有明显的削棱。共计 39 件，可分为六式。

Ⅰ式：深腹，圜底，耳下部外撇明显。双楼 M15：3，口径 20.2 厘米，腹径 23.6 厘米，高 26.6 厘米（图 2-14-1）。

Ⅱ式：腹部加深。双楼 M240：1，口径 16.6 厘米，腹径 20 厘米，高 20.6 厘米（图 2-14-2）。

---

① 仅有 1 件陶鼎无耳，为漯河固厢 M63：4，属于孤例，不纳入本研究陶鼎型式划分。

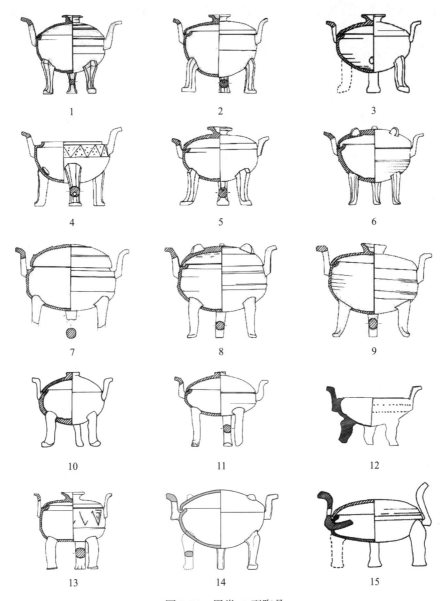

图 2-14 甲类 A 型陶鼎

1. AaⅠ式（双楼 M15：3） 2. AaⅡ式（双楼 M240：1） 3. AaⅢ式（赵庄 M84：1） 4. AaⅣ式（双楼 M3：1）
5. AaⅤ式（双楼 M253：3） 6. AaⅥ式（合兴 M56：3） 7. AbⅠ式（双楼 M267：1） 8. AbⅡ式（双楼 M21：8）
9. AbⅢ式（双楼 M68：5） 10. AbⅣ式（化工 M5：3） 11. AbⅤ式（双楼 M214：3） 12. AbⅥ式（二里冈
M145：1） 13. AcⅠ式（双楼 M42：3） 14. AcⅡ式（新禹 M10：4） 15. AcⅢ式（98 纺织 M7：4）

Ⅲ式：深腹，尖圜底。赵庄[①]M84：1，器外有彩绘，口径 18.4 厘米，高 19.4 厘米
（图 2-14-3）。

———————

① 郑州市文物考古研究院、河南省文物管理局南水北调文物保护办公室：《新郑市赵庄东周墓葬发掘简报》，《中原文物》2011 年第 3 期，第 9～16 页。下文选用的标本，凡墓号前加"赵庄"者均出此简报，不再另注。

Ⅳ式：腹部变浅，盖顶明显变低。双楼 M3：1，口径 13.4 厘米，腹径 16.8 厘米，高 18.9 厘米（图 2-14-4）。

Ⅴ式：腹部较前式更浅。双楼 M253：3，口径 15.8 厘米，腹径 18.4 厘米，高 18.8 厘米（图 2-14-5）。

Ⅵ式：器形略小，三足距离较近。合兴 M56：3，口径 14.8 厘米，高 16.9 厘米（图 2-14-6）。

器型变化趋势：腹部加深后再变浅，盖顶由高变低，器形逐渐变小。

Ab 型：条形足，不见削棱。共计 13 件，可分六式。

Ⅰ式：深腹，浅圜底，盖顶较高。双楼 M267：1，口径 22.3 厘米，腹径 26 厘米，残高 23 厘米（图 2-14-7）。

Ⅱ式：腹加深，盖顶变低。双楼 M21：8，口径 19 厘米，腹径 23.6 厘米，高 23 厘米（图 2-14-8）。

Ⅲ式：腹更深，圜底较甚，盖顶较低。双楼 M68：5，口径 17.6 厘米，腹径 20.7 厘米，高 20.5 厘米（图 2-14-9）。

Ⅳ式：深腹，尖圜底，盖顶变高，有圆饼状捉手。化工 M5：3，口径 15 厘米，高 20 厘米（图 2-14-10）。

Ⅴ式：浅腹，三足间距较小。双楼 M214：3，口径 14.2 厘米，腹径 16.4 厘米，高 17 厘米（图 2-14-11）。

Ⅵ式：腹很浅，耳无孔，三足靠近器底中心。二里冈[①] M145：1，未公布尺寸（图 2-14-12）。

器型变化趋势：腹部逐渐加深后又变浅，由浅圜底到尖圜底，盖顶由高到低再变高，器形逐渐变小。

Ac 型：柱状足。仅 4 件，可分为三式。

Ⅰ式：盖顶有喇叭状捉手，耳外撇，深腹，腹部微鼓，大平底，足尖略内敛。双楼 M42：3，口径 13.4 厘米，腹径 16.8 厘米，高 18.9 厘米（图 2-14-13）。

Ⅱ式：腹略浅，尖圜底，盖顶隆起，上附三个半圆形钮，耳下部竖直，上部外折，足近竖直。新禹[②] M10：4，口径 16 厘米，高 16.5 厘米（图 2-14-14）。

Ⅲ式：扁折腹较浅，方耳圆孔，盖顶较低。98 纺织 M7：4，盖面有三个圆孔，似为附三半圆饼耳所留。口径 14 厘米，高 16.2 厘米（图 2-14-15）。

器型变化趋势：腹部由深变浅，底部由平底变为圜底。

B 型：体型较大，器高在 45 厘米以上。共计 14 件，根据口部特征不同，可分为两亚型。

Ba 型：平折沿，腹部有扉棱。共 6 件，不分式。其中附耳者 5 件，铁岭[③] M1414：53，

① 此鼎在墓葬登记表中被列入 M144，随葬器物组合为鼎、盖豆、壶、盘、匜。

② 赵清、王文华、刘松根：《河南新郑新禹公路战国墓发掘简报》，《考古》1994 年第 5 期，第 397～404 页。下文选用的标本，凡墓号前加"新禹"者均出自此简报，不再另注。

③ 郑州市文物考古研究院、河南省文物管理局南水北调办公室：《新郑铁岭墓地 M1414 发掘简报》，《东方博物》第 49 辑，杭州：浙江大学出版社，2013 年，第 5～20 页。凡下文选用铁岭 M1414 的标本均出自此简报，不再另注。

口径 45.6 厘米，腹径 48 厘米，高约 53.8 厘米（图 2-15-1）。立耳者 1 件，铁岭 M308：168，口径 48 厘米，腹径 50 厘米，高 57 厘米（图 2-15-2）。

Bb 型：子母口，蹄足上部外侧附扉棱，内侧有纵向凹槽。共计 8 件，可分为二式。

I 式：耳上端向外弧折，下部有明显的凸棱，蹄形足截面为半圆形。一中[①] M15：1，口径 38.8 厘米，腹径 40 厘米，高 46.2 厘米（图 2-15-3）。

II 式：耳上端外撇，蹄足外侧刮削成棱柱状。铁岭 M308：169，口径 36.6 厘米，腹径 43 厘米，高 50 厘米（图 2-15-4）。

器型变化趋势：耳上端由外折变为外撇。

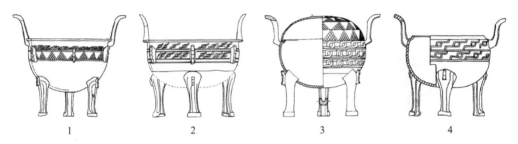

图 2-15　甲类 B 型陶鼎

1、2.Ba 型（铁岭 M1414：53、铁岭 M308：168）3.BbI 式（一中 M15：1）4.BbII 式（铁岭 M308：169）

（二）乙类鼎

根据耳、足及器底特征不同，可分为八型。

A 型，短耳，半圆形蹄足，内侧有纵向凹槽。泥质或夹细砂红褐陶，胎质疏松。大部分有盖，喇叭形捉手。器表常见彩绘。共计 21 件，可分四式。

I 式：深腹，圜底，近球形腹。热电 M40：4，口径 24 厘米，腹径 30.4 厘米，高 36.2 厘米（图 2-16-1）。

II 式：腹变浅，圜底趋平。兴弘 M16：4，口径 22.4 厘米，腹径 28.8 厘米，高 29.8 厘米（图 2-16-2）。

III 式：浅腹，平底。热电 M27：1，口径 20.2 厘米，腹径 23 厘米，高 28 厘米（图 2-16-3）。

IV 式：腹更浅，平底。西亚斯 M297：1，口径 20.4 厘米，腹径 23.8 厘米，高 25 厘米（图 2-16-4）。

器型变化趋势：圜底逐渐变为平底，腹逐渐变浅，器形略变小。

B 型：竖直短耳。多饰彩绘。共计 7 件，可分为三式。

I 式：腹很深，浅圜底。大喇叭状捉手。官庄 M3：2，口径 17.6 厘米，腹径 21.6 厘米，高 24 厘米（图 2-16-5）。

---

① 何扬：《河南新郑一中新校区墓地东周墓葬发掘简报》，郑州大学硕士学位论文，2015 年。下文选用的标本，凡墓号前加 "一中" 者均出自此简报，不再另注。

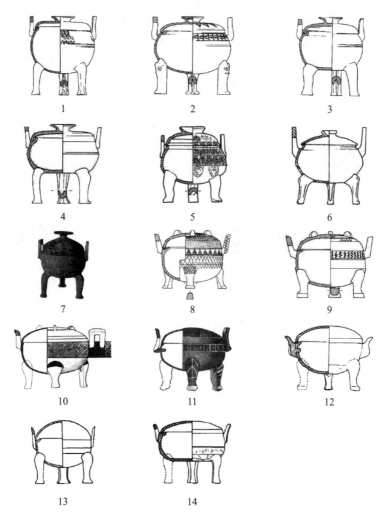

图 2-16　乙类 A—C 型陶鼎

1. AI式（热电 M40：4）　2. AII式（兴弘 M16：4）　3. AIII式（热电 M27：1）　4. AIV式（西亚斯 M297：1）
5. BI式（官庄 M3：2）　6. BII式（布袋李 M16：1）　7. BIII式（白沙 M137：1）　8. CaI式（一中 M20：9）
9. CaII式（双楼 M72：6）　10. CaIII式（二里冈 M427：1）　11. CaIV式（二里冈 M409：1）　12. CaV式
（家世界 M2：1）　13. CbI式（96 纺织 M7：1）　14. CbII式（家世界 M21：1）

II式：腹浅，圜底近平，捉手喇叭口变小。布袋李 M16：1，口径 18.4 厘米，高 25.6
厘米（图 2-16-6）。

III式：腹浅，底近平，粗壮圆蹄足，捉手为带柱圆饼状。白沙 M137：1，未公布尺寸
（图 2-16-7）。

器型变化趋势：腹由深变浅，圜底逐渐变平，三足越来越粗壮，捉手喇叭口变小最后
变为圆饼状。

C 型：短厚耳，足横截面半圆形。多为泥质灰陶，器形厚重，盖顶有三半圆钮或无装
饰。共计 96 件，根据足内侧的特征的不同，可分为两亚型。

Ca 型：足内侧削成平面。多为实心，少数中空。共计 71 件，可分为五式。

Ⅰ式：深腹，圜底，足较短，足尖蹄足明显。一中 M20：9，口径 17.6 厘米，腹径 22 厘米，高 20.6 厘米（图 2-16-8）。

Ⅱ式：腹略浅，浅圜底，足尖蹄足明显。双楼 M72：6，口径 21.2 厘米，腹径 22.4 厘米，高 20.2 厘米（图 2-16-9）。

Ⅲ式：浅腹，足尖蹄足不明显。二里冈 M427：1，未公布尺寸（图 2-16-10）。

Ⅳ式：浅腹，足较高，盖顶无装饰。二里冈 M409：1，未公布尺寸（图 2-16-11）。

Ⅴ式：耳、足相距较近，耳高低于盖顶。家世界 M2：1，口径 17 厘米，高 19 厘米（图 2-16-12）。

器型变化趋势：腹变浅，足、耳距离趋近，耳由高变低。

Cb 型：足内侧有纵向的凹槽。共计 25 件，可分为两式。

Ⅰ式：深腹，圜底，足跟较鼓，盖顶较高。96 纺织 M7：1，口径 17.6 厘米，高 21.6 厘米（图 2-16-13）。

Ⅱ式：浅腹，平底，足跟略鼓，盖顶较低。家世界 M21：1，口径 15.8 厘米，高 19.3 厘米（图 2-16-14）。

器型变化趋势：腹由深变浅，底由圜底变平，盖顶由高变低。

D 型：圆形蹄足中空，厚短耳。共计 55 件，根据底部特征差异，可分为两亚型。

Da 型：圜底，盖顶多三半圆形钮。共计 37 件，可分四式。

Ⅰ式：深腹，圜底较甚，球形腹，耳较厚，足跟鼓，足尖无蹄或蹄部不明显。二里冈 M125：2，未公布尺寸（图 2-17-1）。

Ⅱ式：腹略浅，足尖蹄足明显。一中 M43：6，口径 20 厘米，腹径 21.4 厘米，高 20.8 厘米（图 2-17-2）。

Ⅲ式：浅腹，足略高，足尖无蹄。西亚斯 M104：5，口径 20 厘米，腹径 20.8 厘米，高 20.8 厘米（图 2-17-3）。

Ⅳ式：矮足，足、耳距离较近，足尖无蹄。华信 M107：3，口径 20.1 厘米，腹径 21.2 厘米，高 19 厘米（图 2-17-4）。

器型变化趋势：腹变浅，足、耳距离趋近，足尖蹄足逐渐消失，耳高变低。

Db 型：大平底。共计 18 件，可分为五式。

Ⅰ式：深腹，足略短，足尖蹄足明显。铁岭[①] M709：2，口径 20 厘米，腹径 24.9 厘米，高 24.9 厘米（图 2-17-5）。

Ⅱ式：深腹，短足，足尖蹄足较高。一中 M24：1，口径 20 厘米，腹径 21.4 厘米，高 20.8 厘米（图 2-17-6）。

Ⅲ式：腹略浅，足增高，足尖无蹄。华信 M121：3，口径 19.2 厘米，腹径 20 厘米，高 20.4 厘米（图 2-17-7）。

Ⅳ式：浅腹，高足，足尖无蹄。家世界 M34：1，口径 20 厘米，腹径 23.5 厘米，高 21.7 厘米（图 2-17-8）。

---

① 郑州市文物考古研究院、河南省文物管理局南水北调办公室：《新郑铁岭墓地 M709、M722 发掘简报》，《文物春秋》2012 年第 1 期，第 34～40、71 页。凡下文选用铁岭 M709、M722 的标本均出自此简报，不再另注。

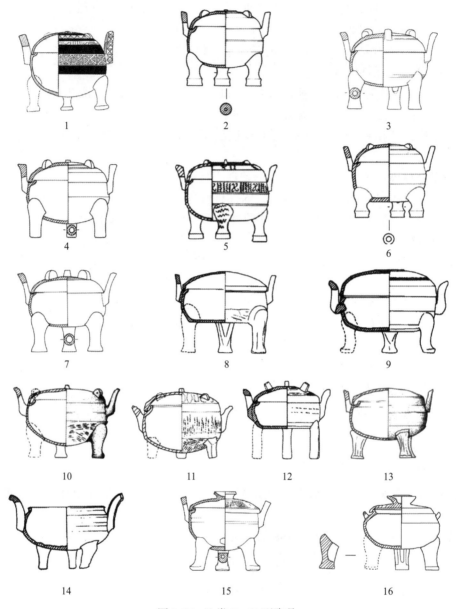

图 2-17　乙类 D—H 型陶鼎

1. DaⅠ式（二里冈 M125：2）　2. DaⅡ式（一中 M43：6）　3. DaⅢ式（西亚斯 M104：5）　4. DaⅣ式（华信
M107：3）　5. DbⅠ式（铁岭 M709：2）　6. DbⅡ式（一中 M24：1）　7. DbⅢ式（华信 M121：3）　8. DbⅣ式（家世界
M34：1）　9. DbⅤ式（家世界 M64：1）　10. EⅠ式（普罗 M126：20）　11. EⅡ式（白庄 M46：2）　12. FⅠ式（家世界
M24：1）　13. FⅡ式（普罗 M126：17）　14. FⅢ式（98 纺织 M42：1）　15. G 型（双楼 M4：2）　16. H 型（蔡庄 M23：1）

Ⅴ式：浅腹，厚曲耳侧面呈 S 形，耳、足距离较近，耳高低于盖顶，足尖外撇。家世界 M64：1，口径 21.8 厘米，高 18 厘米（图 2-17-9）。

器型变化趋势：腹变浅，足、耳距离趋近，耳高变低，足尖蹄足逐渐消失。

E 型：腹底饰绳纹。共计 28 件，可分为两式。

Ⅰ式：深腹，圜底。普罗 [1] M126：20，口径 20.4 厘米，高 21.9 厘米（图 2-17-10）。

Ⅱ式：浅腹，短耳，短足，耳高低于盖顶。白庄 M46：2，口径 17.5 厘米，高 17.9 厘米（图 2-17-11）。

器型变化趋势：腹变浅，耳高变低。

F 型：泥条状足，多有削痕。共计 21 件，可分为三式。

Ⅰ式：圜底，高足。家世界 M24：1，口径 17.2 厘米，高 23 厘米（图 2-17-12）。

Ⅱ式：短足，圜底。普罗 M126：17，口径 17.6 厘米，高 20.1 厘米（图 2-17-13）。

Ⅲ式：足很短。98 纺织 M42：1，口径 15 厘米，高 15 厘米（图 2-17-14）。

器型变化趋势：足变短。

G 型：短耳斜直，深腹圜底，盖顶有喇叭状捉手，足尖外撇。仅 2 件，未分式。双楼 M4：2，口径 16.6 厘米，腹径 19 厘米，高 20.3 厘米（图 2-17-15）。

H 型：鼓肩，弧腹，肩部附两对称的半圆饼状小耳，中部有一圆形穿孔，短束颈，三蹄形足截面为半圆形，内侧有纵向凹槽。共发现 3 件，原报告中均称为鼎。除蔡庄 [2] M23：1 有器盖外（图 2-17-16），河李 M16：4 与合兴 M10：1 均无盖。这种肩附小耳外张的造型与铁岭 M1405：4 铜甗下部的釜形制相同，且合兴 M10 还出土有甑一件，与 M10：1 可组成甗。

八、陶　盖　豆

盖豆多为泥质灰陶，器身为子母口。共出土 268 件，标本 216 件，根据盖顶捉手的有无，可分为两型。

A 型，盖顶中部有带柱的捉手。共计 102 件，根据器物柄的特征不同，可分为两亚型。

Aa 型：柄细长，柄高度明显大于器腹深度。多为弧腹。共计 22 件，可分为五式。

Ⅰ式：器腹弧折，近方形，盖为折壁弧顶。双楼 M1：4，口径 16 厘米，足径 10.2 厘米，高 22 厘米（图 2-18-1）。

Ⅱ式：折腹，柄较高，盖为折壁弧顶。双楼 M13：4，口径 14.9 厘米，足径 11.8 厘米，高 27.2 厘米（图 2-18-2）。

Ⅲ式：弧腹，柄更高更细，自此式开始，盖为弧壁弧顶。唐户 [3] M32：2，口径 14.5 厘米，高 24.5 厘米（图 2-18-3）。

Ⅳ式：柄变短，腹部有折棱，腹及盖饰暗纹。西亚斯 M174：3，口径 18 厘米，足径 10.4 厘米，高 26.4 厘米（图 2-18-4）。

---

① 郑州市文物考古研究院：《郑州信和置业普罗旺世住宅小区 M126 战国墓》，《中原文物》2009 年第 3 期，第 12～17 页。凡下文选用普罗 M126 的标本均出自此简报，不再另注。

② 河南省文物研究所新郑工作站：《新郑县蔡庄东周墓葬发掘简报》，《中原文物》1987 年第 4 期，第 49～55 页。

③ 开封地区文管会、新郑县文管会、郑州大学历史系考古专业：《河南省新郑县唐户两周墓葬发掘简报》，《文物资料丛刊（2）》，北京：文物出版社，1978 年，第 45～65 页。下文选用的标本，凡墓号前加"唐户"者均出自此简报，不再另注。

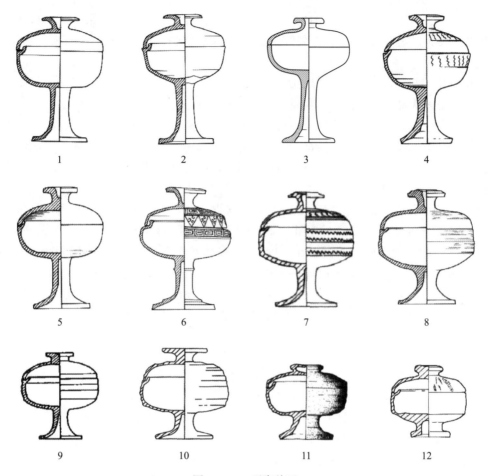

图 2-18　A 型陶盖豆

1. AaⅠ式（双楼 M1∶4）　2. AaⅡ式（双楼 M13∶4）　3. AaⅢ式（唐户 M32∶2）　4. AaⅣ式（西亚斯 M174∶3）
5. AaⅤ式（双楼 M184∶13）　6. 扁腹盖豆（双楼 M4∶1）　7. AbⅠ式（铁岭 M722∶9）　8. AbⅡ式（双楼 M40∶2）
9. AbⅢ式（96 纺织 M7∶2）　10. AbⅣ式（凤凰台 M8∶3）　11. AbⅤ式（普罗 M126∶27）　12. AbⅥ式（白庄 M46∶1）

Ⅴ式：柄较短，捉手明显变小。双楼 M184∶13，口径 14 厘米，足径 10.4 厘米，高 21.8 厘米（图 2-18-5）。

器型变化趋势：器腹由方形向扁圆形发展，柄先变高变细，再逐渐变短，盖由折壁弧顶变为弧壁弧顶。

此外，双楼墓地还发现 1 件腹部较扁的陶盖豆。双楼 M4∶1，盖面饰雷纹，器腹有一圈凸旋纹，凸旋纹和肩部之间饰一周重环纹，豆柄上半部有一道箍。口径 18 厘米，足径 16.2 厘米，高 30 厘米（图 2-18-6）。

Ab 型：柄矮粗，柄高度等于或小于器腹深度。多为折腹或弧折腹。共计 80 件，可分为六式。

Ⅰ式：折腹明显，腹较深，捉手弧面下垂，盖柱较高，大喇叭口底座。腹部饰数周瓦纹。铁岭 M722∶9，口径 16.4 厘米，足径 1.5 厘米，高 24.9 厘米（图 2-18-7）。

Ⅱ式：柄略短，折腹明显。双楼 M40：2，口径 17.2 厘米，底径 12.1 厘米，高 24 厘米（图 2-18-8）。

Ⅲ式：折腹不明显或弧折腹，腹略浅，捉手常见平顶微凹的圆饼状，盖柱略低，柄稍短。96 纺织 M7：2，口径 14.8 厘米，足径 9.6 厘米，高 20 厘米（图 2-18-9）。

Ⅳ式：腹变浅，柄较短。凤凰台[①] M8：3，腹径 20 厘米，足径 12.2 厘米，高 23.1 厘米（图 2-18-10）。

Ⅴ式：器形较小，柄较粗短，盖变浅，捉手顶面略凹，盖柱矮粗，腹平底。普罗 M126：27，口径 15 厘米，高 16.6 厘米（图 2-18-11）。

Ⅵ式：器形较小，直柄更粗短，似高圈足，折腹明显，呈长方形，平底。白庄 M46：1，口径 15 厘米，足径 9.3 厘米，高 16.8 厘米（图 2-18-12）。

此外，岗杜[②]M145 出土有 1 件陶豆，盖弧面镂空。

器型变化趋势：盖变浅，盖柱变矮，捉手顶面的凹槽逐渐消失，高喇叭柄变为矮粗直柄。

B 型：盖顶无捉手[③]。共计 114 件，根据盖顶形制不同，可分为两亚型。需要说明的是，出土此型陶豆数量最多的二里冈墓地，在报告中仅提到盖顶有圆顶和平顶两种，基本各占一半，但具体数据不详，因此不便再统计亚型的数量。

Ba 型：盖顶略平。可分为四式。

Ⅰ式：高柄，盖顶有矮假圈足，似捉手，盖弧壁，喇叭口柄。家世界 M1：2，口径 15.5 厘米，足径 10 厘米，高 19.5 厘米（图 2-19-1）。

Ⅱ式：盖顶似有假圈足，盖斜壁。直柄。家世界 M27：2，口径 14.7 厘米，足径 10.6 厘米，高 19.3 厘米（图 2-19-2）。

Ⅲ式：盖平顶略内凹，直柄稍短。白庄 M49：3，口径 14.7 厘米，底径 9.3 厘米，高 19.3 厘米（图 2-19-3）。

Ⅳ式：盖顶略鼓，斜壁，喇叭柄较短。家世界 M44：4，口径 16.2 厘米，足径 14.1 厘米，高 14.1 厘米（图 2-19-4）。

Bb 型：盖顶隆起。可分为四式。

Ⅰ式：盖顶隆起较高，盖较深。96 纺织 M5：2，口径 16 厘米，足径 12.4 厘米，高 20.8 厘米（图 2-19-5）。

Ⅱ式：盖顶隆起稍低，盖变浅。家世界 M61：2，口径 14 厘米，足径 9.2 厘米，高 16.5 厘米（图 2-19-6）。

Ⅲ式：盖顶隆起低，盖变浅，柄变短。凤凰台 M11：2，腹径 20.7 厘米，足径 11.8 厘

①　郑州市文物考古研究院、荥阳市文物保护管理所：《河南荥阳凤凰台遗址战国墓葬发掘简报》，《洛阳考古》2013 年第 3 期，郑州：中州古籍出版社，2013 年，第 3～15 页。下文选用的标本，凡墓号前加"凤凰台"者均出自此简报，不再另注。

②　河南省文物工作队第一队：《郑州岗杜附近古墓葬发掘简报》，《文物参考资料》1955 年第 10 期，第 3～24 页。下文选用的标本，凡墓号前加"岗杜"的均出自此简报，不再另注。

③　漯河固厢墓地出土有盖顶无捉手的盖豆，其盖上饰有三个矩尺状钮，出土数量不详，也可归为 B 型，不再单独讨论。

米，高 17.4 厘米（图 2-19-7）。

Ⅳ式：盖顶微隆起，斜直短柄，底部似为圈足。家世界 M58：2，口径 18.2 厘米，足径 9.5 厘米，高 13 厘米（图 2-19-8）。

器型变化趋势：两亚型的器物变化基本相似，盖由深变浅，柄由高变短。

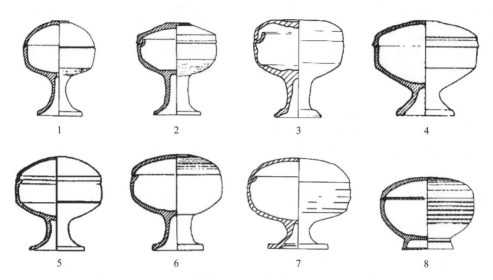

图 2-19　B 型陶盖豆

1. BaⅠ式（家世界 M1：2）　2. BaⅡ式（家世界 M27：2）　3. BaⅢ式（白庄 M49：3）　4. BaⅣ式（家世界 M44：4）

5. BbⅠ式（96 纺织 M5：2）　6. BbⅡ式（家世界 M61：2）　7. BbⅢ式（凤凰台 M11：2）　8. BbⅣ式（家世界 M58：2）

九、陶　壶

壶共出土 400 件，标本 281 件，根据口部及底部的特征不同，可分为五型。

A 型：敞口，圈足。共计 49 件，可分为四式。

Ⅰ式：高圈足，垂腹，最大径在下腹部。颈腹交接处附一对爬兽。铁岭 M1414：62，口径 13.3 厘米，底径 15.6 厘米，高 40.2 厘米（图 2-20-1）。

Ⅱ式：长颈，球形腹，圈足略矮。家世界 M40：3，口径 11.2 厘米，底径 12 厘米，高 28.8 厘米（图 2-20-2）。

Ⅲ式：圆鼓腹，矮圈足，最大径在器高的五分之二处。家世界 M22：3，口径 11.3 厘米，底径 11 厘米，高 29.1 厘米（图 2-20-3）。

Ⅳ式：矮圈足，最大径在肩部，近器高的二分之一处。家世界 M54：1，口径 11.4 厘米，底径 11 厘米，高 29.1 厘米（图 2-20-4）。

器型变化趋势：圈足变矮，最大径逐渐上移。

B 型：敞口，假圈足。共计 52 件，可分为四式。

Ⅰ式：圆腹，高假圈足，最大径在下腹部。华信 M138：5，口径 11.8 厘米，底径 11 厘米，高 29.9 厘米（图 2-20-5）。

Ⅱ式：矮假圈足，弧腹，最大径在腹中部略偏下。家世界 M53：3，口径 10.8 厘米，底径 12 厘米，高 29 厘米（图 2-20-6）。

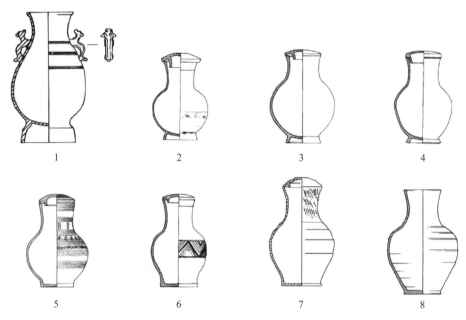

图 2-20　A、B 型陶壶

1. AI式（铁岭 M1414：62）　2. AII式（家世界 M40：3）　3. AIII式（家世界 M22：3）　4. AIV式（家世界 M54：1）
5. BI式（华信 M138：5）　6. BII式（家世界 M53：3）　7. BIII式（凤凰台 M11：1）　8. BIV式（西亚斯 M165：1）

　　III式：弧腹，最大径在腹中部。凤凰台 M11：1，口径 12.3 厘米，底径 12.4 厘米，高 33.9 厘米（图 2-20-7）。

　　IV式：最大径在肩部。西亚斯 M165：1，口径 11.6 厘米，底径 11.7 厘米，高 32.4 厘米（图 2-20-8）。

　　器型变化趋势：最大径上移，假圈足变矮。

　　C 型：敞口，平底。共计 142 件，可分为五式。

　　I式：细长颈，弧腹，大平底略内凹，最大径位于器高的五分之二处。华信 M64：10，口径 11.6 厘米，底径 12.2 厘米，高 39.8 厘米（图 2-21-1）。

　　II式：长颈，圆弧腹，最大径位于下腹部。家世界 M65：3，口径 11.7 厘米，底径 11 厘米，高 29.3 厘米（图 2-21-2）。

　　III式：鼓肩，下腹内收至底，最大径位于下腹部。一中 M38：3，口径 9.8 厘米，底径 9 厘米，高 24.7 厘米（图 2-21-3）。

　　IV式：短颈，溜肩，下腹内收明显，最大径位于上腹部。家世界 M66：1，口径 13.2 厘米，底径 10 厘米，高 25.6 厘米（图 2-21-4）。

　　V式：曲腹，下腹明显内弧，最大径位于肩部。邮电 M2：2，口径 12 厘米，底径 10 厘米，高 20.6 厘米（图 2-21-5）。

　　器型变化趋势：最大径上移，下腹内收逐渐明显。

　　D 型：盘口，假圈足。共计 24 件，可分为二式。

Ⅰ式：鼓肩。家世界 M11：1，口径 13.8 厘米，底径 10 厘米，高 26.8 厘米（图 2-21-6）。

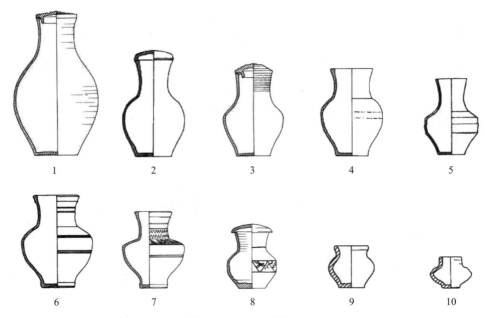

图 2-21　C—E 型陶壶

1. CⅠ式（华信 M64：10）　2. CⅡ式（家世界 M65：3）　3. CⅢ式（一中 M38：3）　4. CⅣ式（家世界 M66：1）
5. CⅤ式（邮电 M2：2）　6. DⅠ式（家世界 M11：1）　7. DⅡ式（华信 M52：2）　8. EⅠ式（98 纺织 M7：2）
9. EⅡ式（中行 M769：1）　10. EⅢ式（中行 M808：1）

Ⅱ式：广肩。华信 M52：2，口径 12.8 厘米，底径 9.4 厘米，高 24.8 厘米（图 2-21-7）。
器型变化趋势：肩部变广。
E 型：小壶。共计 14 件，可分为三式。
Ⅰ式：高领，曲腹。98 纺织 M7：2，口径 8.5 厘米，高 18 厘米（图 2-21-8）。
Ⅱ式：矮领，弧腹。器形略小。中行 M769：1，口径 8.4 厘米，高 10.5 厘米（图 2-21-9）。
Ⅲ式：矮直领，器形较小。中行 M808：1，口径 5 厘米，高 7.4 厘米（图 2-21-10）。
器型变化趋势：领变低，器形渐小。

十、陶　　盘

盘共出土 292 件，标本 221 件，根据口沿两侧附耳的有无，可分为两型。
A 型：口沿两侧有耳。共计 68 件，根据底部特征的不同，可分为三亚型。
Aa 型：圜底，附三足。共计 33 件，可分为四式。
Ⅰ式：器形较大，宽扁耳，呈简化兽首形，耳端彩绘纹饰复杂。双楼 M267：3，口径 33.4 厘米，高 12.2 厘米（图 2-22-1）。
Ⅱ式：器形略小，耳端彩绘纹饰简化。赵庄 M27：4，口径 26.4 厘米，高 10.4 厘米（图 2-22-2）。

Ⅲ式：器形继续变小，耳端形制简化。兴弘 M45：2，口径 21 厘米，高 8.4 厘米（图 2-22-3）。

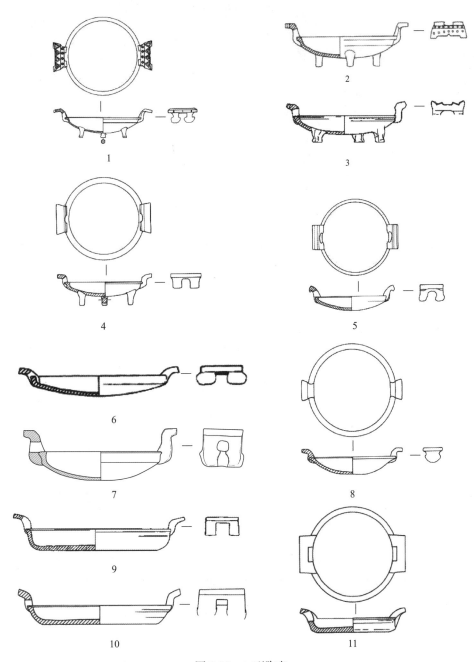

图 2-22　A 型陶盘

1. AaⅠ式（双楼 M267：3）　2. AaⅡ式（赵庄 M27：4）　3. AaⅢ式（兴弘 M45：2）　4. AaⅣ式（双楼 M27：4）
5. AbⅠ式（双楼 M240：4）　6. AbⅡ式（赵庄 M45：3）　7. AbⅢ式（新禹 M10：8）　8. AbⅣ式（双楼 M23：4）
9. AcⅠ式（热电 M40：2）　10. AcⅡ式（西亚斯 M261：1）　11. AcⅢ式（西亚斯 M305：6）

Ⅳ式：器形较小，耳端平直无装饰。双楼 M27：4，口径 19.2 厘米，高 7.1 厘米（图 2-22-4）。

器型变化趋势：器形由大变小，耳端装饰由复杂逐渐简化，最后无装饰。

Ab 型：圜底，无足。共计 23 件，可分为四式。

Ⅰ式：器形较大，圆角方形耳孔。双楼 M240：4，口径 21 厘米，高 6.8 厘米（图 2-22-5）。

Ⅱ式：器形较大，方形耳孔。赵庄 M45：3，口径 22.4 厘米，宽 26.4 厘米，高 4.8 厘米（图 2-22-6）。

Ⅲ式：器形略小，圆形小耳孔。新禹 M10：8，口径 18.6 厘米，高 7.5 厘米（图 2-22-7）。

Ⅳ式：器形较小，耳无穿孔。双楼 M23：4，口径 17.6 厘米，高 4.8 厘米（图 2-22-8）。

器型变化趋势：器形由大变小，耳孔变小并最后消失。

Ac 型：平底，无足。部分底部有三孔，似为附足所留，但未发现有三足平底盘，故仍视为平底器。共计 12 件，可分为三式。

Ⅰ式：器形较大，长耳，宽方形耳孔。热电 M40：2，口径 31.6 厘米，底径 26.8 厘米，高 8 厘米（图 2-22-9）。

Ⅱ式：器形较大，耳略短，窄方形耳孔。西亚斯 M261：1，口径 25.8 厘米，底径 20.6 厘米，高 6.4 厘米（图 2-22-10）。

Ⅲ式：器形较小，短耳，细长方形耳孔。西亚斯 M305：6，口径 20.8 厘米，底径 16.6 厘米，高 5.4 厘米（图 2-22-11）。

器型变化趋势：器形变小，耳变短。

B 型：口沿无耳。多有宽折沿，与盆形制相似，故常被称为盆。共计 153 件，根据腹部不同，可分为四亚型。

Ba 型：深折腹，多平底。共计 78 件，可分为五式。

Ⅰ式：器形较大，宽折沿，腹部折棱明显，矮圈足。华信 M64：1，口径 35.4 厘米，底径 13.7 厘米，高 9.3 厘米（图 2-23-1）。

Ⅱ式：器形略小，宽折沿，腹部无折棱，平底。西亚斯 M232：11，口径 34 厘米，底径 13 厘米，高 8 厘米（图 2-23-2）。

Ⅲ式：器形小，窄折沿。双楼 M40：5，口径 27.6 厘米，底径 12 厘米，高 6.7 厘米（图 2-23-3）。

Ⅳ式：器形较小，折沿较窄。西亚斯 M104：2，口径 22 厘米，底径 12 厘米，高 4 厘米（图 2-23-4）。

Ⅴ式：器形很小，折沿近消失，下腹有明显的刮削痕迹。市政 M40：1，口径 16.8 厘米，底径 5.7 厘米，高 4.5 厘米（图 2-23-5）。

器型变化趋势：器形逐渐变小，宽折沿变短并最后消失。

Bb 型：腹部弧壁或斜壁。共计 70 件，可分为三式。

Ⅰ式：深腹，腹壁斜直，大平底。普罗 M126：41，口径 29.8 厘米，底径 19 厘米，高 7.7 厘米（图 2-23-6）。

Ⅱ式：腹略浅，弧壁。凤凰台 M11：7，口径 20.8 厘米，底径 11 厘米，高 4.6 厘米（图 2-23-7）。

Ⅲ式：侈口，折沿，腹略弧近斜直，平底或圜底近平。家世界 M2：4，口径 17 厘米，底径 6.6 厘米，高 4.5 厘米（图 2-23-8）。

器型变化趋势：器形逐渐变小，腹由深及浅。

Bc 型：盘口较大，直壁，浅腹。仅 2 件，不分式。合兴 M10：2，底部有三孔，口径 38 厘米，高 6 厘米（图 2-23-9）。

Bd 型：中柱盘，仅 3 件，不分式。铁岭 M722：12，柱中空，口径 25.6 厘米，底径 13.8 厘米，盘高 7 厘米，柱高 11.2 厘米（图 2-23-10）。

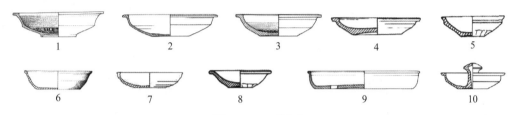

图 2-23　B 型陶盘

1. BaⅠ式（华信 M64：1）　2. BaⅡ式（西亚斯 M232：11）　3. BaⅢ式（双楼 M40：5）　4. BaⅣ式（西亚斯 M104：2）
5. BaⅤ式（市政 M40：1）　6. BbⅠ式（普罗 M126：41）　7. BbⅡ式（凤凰台 M11：7）　8. BbⅢ式（家世界 M2：4）
9. Bc 型（合兴 M10：2）　10. Bd 型（铁岭 M722：12）

十一、陶　匜

匜以泥质灰陶为主。共出土 293 件，标本 235 件。根据流的形制，可分为五型。

A 型：兽首形流，流口横截面呈椭圆形。有三足者均为两前一后。共计 55 件，根据尾部特征不同，分两亚型。

Aa 型：尾有鋬。多施有彩绘。共计 43 件，可分为五式。

Ⅰ式：器形较大，双角宽大，深腹，圜底，高足。兽首鋬，嘴、角清晰。赵庄 M27：3，施彩绘。长 26.6 厘米，宽 12.6 厘米，高 12.4 厘米（图 2-24-1）。

Ⅱ式：双角宽大，腹略浅，高足。鋬为简化兽形。西亚斯 M195：3，双圆目。长 20.2 厘米，宽 11 厘米，高 12.2 厘米（图 2-24-2）。

Ⅲ式：双尖角，浅腹，圜底近平，短足，简化兽形鋬。双楼 M11：6，长 18.2 厘米，宽 10 厘米，高 8.4 厘米（图 2-24-3）。

Ⅳ式：无角，浅腹，平底，短足，圆钮形鋬。西亚斯 M305：5，长 16.6 厘米，宽 10 厘米，高 8.4 厘米（图 2-24-4）。

Ⅴ式：无角，浅腹，圜底，无足，小圆鋬。双楼 M82：2，长 13.9 厘米，宽 7.6 厘米，高 5.1 厘米（图 2-24-5）。

器型变化趋势：器形由大到小，三足逐渐变短并最后消失，兽首双角由宽大逐步消失，尾由长变短，鋬由写实兽首变为圆点，底部由圜底变为平底最后再变为圜底。

Ab 型：尾部无鋬。共计 12 件，可分为五式。

Ⅰ式：两尖角，高足，深腹，圜底近平，尾部弧形外凸。布袋李 M28：5，长 21 厘米，高 10.2 厘米（图 2-24-6）。

Ⅱ式：无角，高足，深腹，平底，尾部近平直。双楼 M240：7，长 15 厘米，宽 10 厘米，高 9.2 厘米（图 2-24-7）。

Ⅲ式：无角，浅腹，足略短，平底，尾部近平直。一中 M13：3，长 14 厘米，宽 8.8 厘米，高 7.4 厘米（图 2-24-8）。

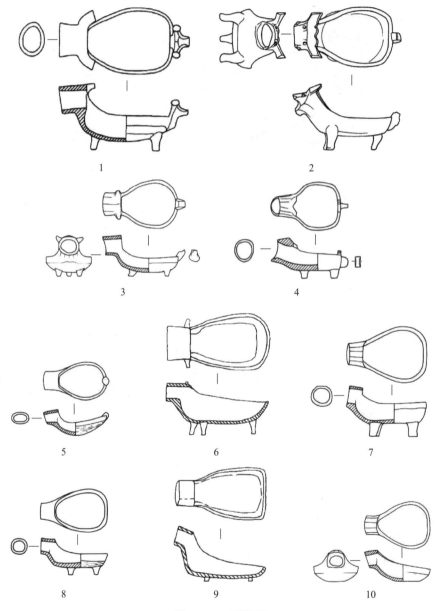

图 2-24　A 型陶匜

1. AaⅠ式（赵庄 M27：3）　2. AaⅡ式（西亚斯 M195：3）　3. AaⅢ式（双楼 M11：6）　4. AaⅣ式（西亚斯 M305：5）
5. AaⅤ式（双楼 M82：2）　6. AbⅠ式（布袋李 M28：5）　7. AbⅡ式（双楼 M240：7）　8. AbⅢ式（一中 M13：3）
9. AbⅣ式（布袋李 M7：2）　10. AbⅤ式（双楼 M237：3）

Ⅳ式：无角，腹更浅，矮足，尾部平直。布袋李 M7∶2，长 16.5 厘米，高 9.6 厘米（图 2-24-9）。

Ⅴ式：无角，浅腹，无足。双楼 M237∶3，长 14.6 厘米，宽 10 厘米，高 6.6 厘米（图 2-24-10）。

器型变化趋势：双角自第Ⅱ式消失，足由高变低最后消失，腹变浅，尾部由弧形变为平直，器形总体趋小。

B 型：管状流，流口横截面呈半圆形。整体呈瓢形。共计 33 件，根据底部特征不同，可分为三亚型。

Ba 型：平底。共计 29 件，可分为三式。

Ⅰ式：长流上仰，尾部近平直或略内凹，尾端较低。双楼 M72∶4，长 17.8 厘米，宽 16.5 厘米，高 6.7 厘米（图 2-25-1）。

Ⅱ式：长流上仰，尾部内凹，尾端较高。华信 M107∶5，长 15.6 厘米，宽 16.4 厘米，底径 8.4 厘米，高 7.6 厘米（图 2-25-2）。

Ⅲ式：短流上仰，尾部略内凹。双楼 M115∶2，长 15.6 厘米，宽 15.8 厘米，高 6 厘米（图 2-25-3）。

器型变化趋势：流由长变短。

Bb 型：圈足。共计 3 件，可分为两式。

Ⅰ式：长流，流口平直，圆形深腹，圈足。华信 M64∶4，外壁有暗纹，器表磨光。长 22 厘米，宽 17.6 厘米，底径 9 厘米，高 8 厘米（图 2-25-4）。

Ⅱ式：短流上仰，腹呈纵向椭圆形，假圈足，尾部为兽形。普罗 M126∶11，口径 21 厘米，底径 8 厘米，高 9 厘米（图 2-25-5）。

器型变化趋势：流由长变短。

Bc 型：三足，1 件。加气 M11∶6，残长 13.2 厘米，高 3.2 厘米（图 2-25-6）。

C 型：尖流，流与腹无明显分界。平面近桃形。共计 142 件，根据底部特征不同，可分为三亚型。

Ca 型：平底。共计 125 件，可分为三式。

Ⅰ式：流口上仰，浅腹呈纵向椭圆形，尾内凹。家世界 M40∶5，口径 13.8 厘米，底径 6.6 厘米，高 5.1 厘米（图 2-25-7）。

Ⅱ式：深腹，尾内凹。华信 M207∶3，长 12.3 厘米，宽 14.4 厘米，底径 6.8 厘米，高 6.8 厘米（图 2-25-8）。

Ⅲ式：深腹，短流，圆形腹，尾微内凹。家世界 M2∶5，口径 8 厘米，底径 4 厘米，高 3.8 厘米（图 2-25-9）。

器型变化趋势：腹由浅变深，由椭圆形变为圆形，流变短，尾内凹逐渐消失。

Cb 型：假圈足。共计 9 件，可分为两式。

Ⅰ式：浅腹，纵向椭圆形腹，假圈足，尾有圆钮。凤凰台 M7∶10，口径 17.2 厘米，底径 8.3 厘米，高 4 厘米（图 2-25-10）。

Ⅱ式：深腹，圆形腹，假圈足增高。家世界 M1∶5，口径 8.2 厘米，底径 5.4 厘米，高 4.3 厘米（图 2-25-11）。

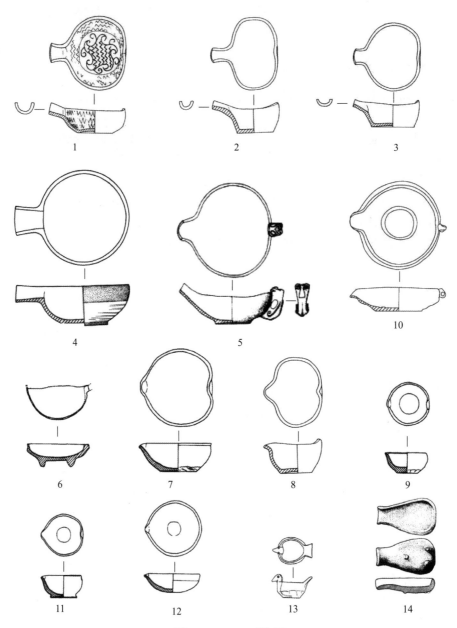

图 2-25　B—E 型陶匜

1. BaI 式（双楼 M72∶4）　2. BaII 式（华信 M107∶5）　3. BaIII 式（双楼 M115∶2）　4. BbI 式（华信 M64∶4）
5. BbII 式（普罗 M126∶11）　6. Bc 型（加气 M11∶6）　7. CaI 式（家世界 M40∶5）　8. CaII 式（华信 M207∶3）
9. CaIII 式（家世界 M2∶5）　10. CbI 式（凤凰台 M7∶10）　11. CbII 式（家世界 M1∶5）　12. Cc 型（家世界 M37∶4）
13. D 型（家世界 M26∶5）　14. E 型（白沙 M141∶4）

　　器型变化趋势：腹由浅变深，由椭圆形变为圆形，假圈足逐渐增高。

　　Cc 型：圜底。共计 8 件，不分式。家世界 M37∶4，口径 11.8 厘米，高 4.2 厘米（图 2-25-12）。

D 型：鸟首流。鸟形匜，尾上翘为鸟尾，平底，施有彩绘。共计 4 件，不分式。家世界 M26：5，口径 7 厘米，底径 5 厘米，高 6 厘米（图 2-25-13）。

E 型：箕形匜，仅 1 件。白沙 M141：4，流口呈半圆形，口沿略下仰，平底，附三乳状凸起，长 16.03 厘米，宽 9.88 厘米，高 4.20 厘米（图 2-25-14）。

十二、陶　敦

敦器表多施彩绘。共出土 80 件，标本 67 件。根据器腹的装饰不同，可分为五型。

A 型：器腹附兽形耳。共计 29 件，根据底部和腹部装饰的差异，可分为三亚型。

Aa 型：多附三足，偶见四足，如双楼 M32：2（图 2-26-1），器身两侧有兽形双耳。共计 17 件，可分为三式。

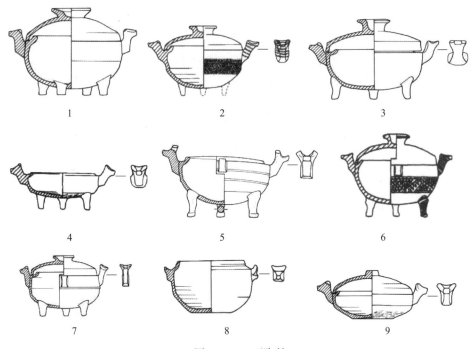

图 2-26　A 型陶敦

1.Aa 型（双楼 M32：2）　2.AaⅠ式（赵庄 M59：7）　3.AaⅡ式（双楼 M253：7）　4.AaⅢ式（赵庄 M58：5）
5.AbⅠ式（双楼 M1：3）　6.AbⅡ式（铁岭 M252：3）　7.AbⅢ式（双楼 M47：2）　8.AcⅠ式（双楼 M242：2）
9.AcⅡ式（双楼 M82：3）

Ⅰ式：深腹，圜底。赵庄 M59：7，口径 15.6 厘米，高 12.9 厘米（图 2-26-2）。

Ⅱ式：腹略浅，圜底近平。双楼 M253：7，口径 14 厘米，高 13.8 厘米（图 2-26-3）。

Ⅲ式：浅腹，底近平。赵庄 M58：5，口径 14 厘米，高 8.2 厘米（图 2-26-4）。

器型变化趋势：腹部由深变浅，圜底趋平。

Ab 型：附三足，器身两侧有对称的兽形双耳和一对半圆形实心钮。共计 9 件，可分为三式。

Ⅰ式：深腹，圜底，高足，兽耳外撇明显。双楼 M1：3，口径 17.2 厘米，腹径 20 厘米，高 12.6 厘米（图 2-26-5）。

Ⅱ式：深腹，浅圜底，足稍短。铁岭 M252：3，口径 13.4 厘米，腹径 16 厘米，高 14.4 厘米（图 2-26-6）。

Ⅲ式：腹略浅，圜底近平，短足，兽耳外撇不明显。双楼 M47：2，口径 13 厘米，腹径 16.2 厘米，高 13 厘米（图 2-26-7）。

器型变化趋势：腹由深变浅，足变短，兽耳外撇逐渐不明显。

Ac 型：平底，器身两侧有兽形双耳。仅 3 件。可分为两式。

Ⅰ式：深腹，无盖。双楼 M242：2，口径 12.4 厘米，腹径 15 厘米，底径 7.6 厘米，高 9.3 厘米（图 2-26-8）。

Ⅱ式：浅腹，弧顶盖，圆饼盖钮。双楼 M82：3，口径 12.8 厘米，腹径 14.9 厘米，底径 7.4 厘米，高 8.4 厘米（图 2-26-9）。

器型变化趋势：腹由深变浅。

B 型：腹部有对称的小半圆实心钮。共计 15 件，根据底部特征不同，可分为两亚型。

Ba 型：无附足，多为平底，有少量圜底。共计 14 件，可分为四式。

Ⅰ式：深腹，平底，钮较大。双楼 M240：6，口径 12.8 厘米，腹径 15.4 厘米，高 11 厘米（图 2-27-1）。

Ⅱ式：深腹，平底或圜底，钮变小。河李 M15：2，口径 15.6 厘米，底径 6.4 厘米，高 13.8 厘米（图 2-27-2）。

Ⅲ式：浅腹，平底，钮较小。双楼 M236：5，口径 14.8 厘米，底径 7.2 厘米，残高 10.1 厘米（图 2-27-3）。

Ⅳ式：腹更浅，平底，钮较小。双楼 M214：4，口径 14.8 厘米，底径 7.5 厘米，高 5.1 厘米（图 2-27-4）。

器型变化趋势：腹由深变浅，钮变小。

Bb 型：底附三足，仅 1 件。双楼 M49：7，口径 12.8 厘米，腹径 15.4 厘米，高 11 厘米（图 2-27-5）。

C 型：腹部饰对称的环耳，少数无穿。共计 11 件，根据底部特征不同，可分为两亚型。

Ca 型：有足。共计 6 件，可分为两式。

Ⅰ式：环耳，圜底，高足。双楼 M36：5，口径 13.6 厘米，腹径 16.3 厘米，高 14.6 厘米（图 2-27-6）。

Ⅱ式：环耳或无穿，平底，矮足。兴弘 M69：3，口径 17.8 厘米，腹径 2.8 厘米，高 17 厘米（图 2-27-7）。

器型变化趋势：圜底变平，足变矮。

Cb 型：无足，平底或略内凹。共计 5 件，可分为两式。

Ⅰ式：有盖，顶有喇叭形捉手，深腹。热电 M3：1，施彩绘。口径 19.1 厘米，腹径 24.6 厘米，底径 11.8 厘米，高 15.9 厘米（图 2-27-8）。

Ⅱ式：无盖，腹略浅。西亚斯 M297：2，口径 17.6 厘米，底径 9 厘米，高 9.4 厘米

（图 2-27-9）。

器型变化趋势：盖渐趋消失，腹变浅。

D 型：腹部无装饰。共计 9 件，根据底部特征，可分为两亚型。

Da 型：有三足。共计 7 件，不分式。双楼 M11：2，口径 13.1 厘米，腹径 16.2 厘米，高 13.2 厘米（图 2-27-10）。

Db 型：无足，平底。仅 2 件，可分为两式。

I 式：无盖，深弧腹，大平底。官庄 M3：5，口径 18.2 厘米，底径 11.2 厘米，高 11.4 厘米（图 2-27-11）。

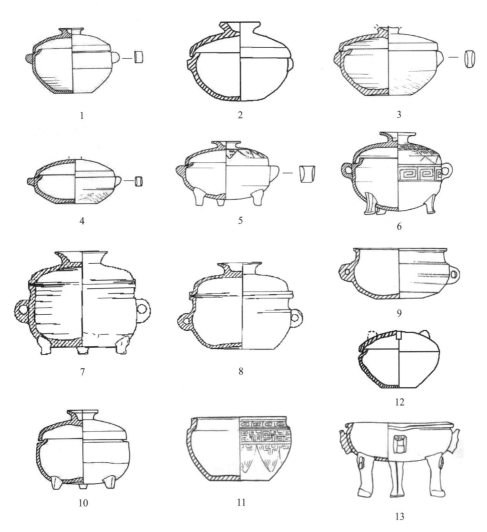

图 2-27　B—E 型陶敦

1. BaI式（双楼 M240：6）　2. BaII式（河李 M15：2）　3. BaIII式（双楼 M236：5）　4. BaIV式（双楼 M214：4）
5. Bb 型（双楼 M49：7）　6. CaI式（双楼 M36：5）　7. CaII式（兴弘 M69：3）　8. CbI式（热电 M3：1）
9. CbII式（西亚斯 M297：2）　10. Da 型（双楼 M11：2）　11. DbI式（官庄 M3：5）　12. DbII式（新禹 M10：5）
13. E 型（铁岭 M1414：60）

Ⅱ式：有盖，折腹，下腹斜直，小平底。新禹 M10：5，口径 15 厘米，高 10.5 厘米（图 2-27-12）。

器型变化趋势：弧腹变折腹，盖趋于消失。

E 型：腹部和足部有扉棱。仅 3 件，均出于铁岭 M1414，未分式。铁岭 M1414：60，口径 18 厘米，腹径 20.4 厘米，高 13.6 厘米（图 2-27-13）。

十三、陶　罍

罍共出土 134 件，标本 104 件，根据底部附足的有无，可分为两型。

A 型：无足。平底，肩部附两爬兽。共计 22 件，可分为五式。

Ⅰ式：侈口，束颈，短领，平底内凹，爬兽生动形象。热电 M40：3，口径 16.7 厘米，腹径 24.8 厘米，底径 12.2 厘米，高 21.6 厘米（图 2-28-1）。

Ⅱ式：侈口，束颈，短领，平底，爬兽生动形象。兴弘 M69：1，口径 16 厘米，腹径 30.2 厘米，底径 10.8 厘米，高 21.2 厘米（图 2-28-2）。

Ⅲ式：侈口，束颈，长领，爬兽简化明显。西亚斯 M6：4，口径 17 厘米，腹径 24.3 厘米，底径 12.6 厘米，高 19.2 厘米（图 2-28-3）。

Ⅳ式：爬兽无穿孔。双楼 M42：2，口径 15 厘米，腹径 19.9 厘米，底径 8.8 厘米，高 16.9 厘米（图 2-28-4）。

Ⅴ式：爬兽简化成半圆形钮。新禹 M10：3，口径 12.5 厘米，底径 11.2 厘米，高 19 厘米（图 2-28-5）。

器型变化趋势：爬兽逐步简化。

B 型：底附三足。共计 82 件，根据足部特征的不同，可分为两亚型。

Ba 型：三足上部凸出，正面有兽首或人面装饰。肩部多附有两对爬兽。共计 32 件，可分为四式。

Ⅰ式：器形较大，圆腹，三足较高。爬兽生动形象，面部清晰。一中 M15：2，口径 12.8 厘米，底径 12.8 厘米，腹径 24 厘米，高 27 厘米（图 2-28-6）。

Ⅱ式：器形略小，圆腹，三足外撇明显。爬兽生动，面部模糊。双楼 M233：4，口径 13.6 厘米，腹径 22.8 厘米，高 25.4 厘米（图 2-28-7）。

Ⅲ式：三足矮小，爬兽简化。合兴 M52：9，口径 14.3 厘米，腹径 21.3 厘米，底径 13.3 厘米，高 25 厘米（图 2-28-8）。

Ⅳ式：器形高大，弧腹，仅有一对爬兽。铁岭 M308：175，口径 18 厘米，腹径 37 厘米，底径 24 厘米，高 48 厘米（图 2-28-9）。

器型变化趋势：爬兽逐渐简化，两对爬兽减为一对，圆腹变为弧腹。

Bb 型：三蹄足或锥足。共计 50 件，可分为五式。

Ⅰ式：肩部两对爬兽，形象生动，三足较高。双楼 M13：1，口径 13.9 厘米，腹径 23.4 厘米，底径 13.8 厘米，高 25.4 厘米（图 2-28-10）。

Ⅱ式：肩部两对爬兽，简化模糊，三足略短。新禹 M2：7，口径 13 厘米，高 21.3 厘米（图 2-28-11）。

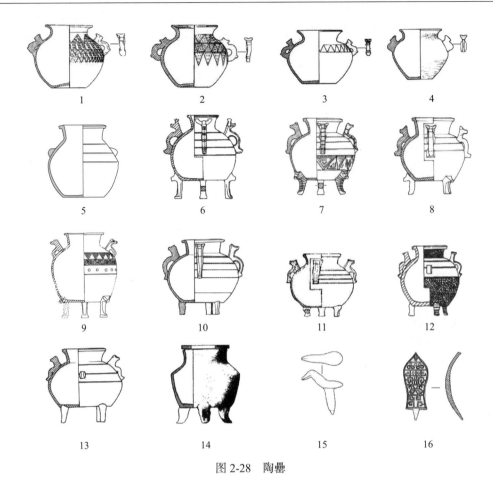

图 2-28　陶罍

1. A I 式（热电 M40：3）　2. A II 式（兴弘 M69：1）　3. A III 式（西亚斯 M6：4）　4. A IV 式（双楼 M42：2）
5. A V 式（新禹 M10：3）　6. Ba I 式（一中 M15：2）　7. Ba II 式（双楼 M233：4）　8. Ba III 式（合兴 M52：9）
9. Ba IV 式（铁岭 M308：175）　10. Bb I 式（双楼 M13：1）　11. Bb II 式（新禹 M2：7）　12. Bb III 式（铁岭 M252：1）
13. Bb IV 式（双楼 M96：3）　14. Bb V 式（白沙 M131：3）　15. 陶鸟（双楼 M209：7）　16. 陶叶形饰（双楼 M15：7）

III 式：肩部分别有一对爬兽和一对半圆形钮，爬兽形制简化。铁岭 M252：1，口径 9.4
厘米，腹径 20 厘米，底径 12 厘米，高 20 厘米（图 2-28-12）。

IV 式：肩部分别有一对爬兽和一对半圆形钮，爬兽形制非常简单。双楼 M96：3，口径
12 厘米，腹径 21.4 厘米，高 19 厘米（图 2-28-13）。

V 式：肩部无装饰。白沙 M131：3，未公布尺寸（图 2-28-14）。

器型变化趋势：爬兽逐渐减少且兽形简化，肩部装饰逐渐消失。

此外，部分罍还带有中心略外凸的圆饼形盖，盖上均匀分布 5 个或 7 个小圆孔，且常
伴出有陶鸟（图 2-28-15）和陶叶形饰[①]（图 2-28-16）。伴出的这两类器物的尾端均有一段较
细的短圆柱，恰好可插入罍盖的圆孔里，应是插在罍盖上使用的饰物，形态如李家村 M1

[①]　也有资料称之为"铲形器"，见赵清、王文华、刘松根：《河南新郑新禹公路战国墓发掘简报》，《考古》1994
年第 5 期，第 397～404 页。

出土陶豆上的莲瓣形装饰 ①。

十四、陶　舟

舟器口多为椭圆形，部分为圆形。共出土 63 件，标本 53 件，根据器表装饰的不同，可分为三型。

A 型：对称兽首耳。共计 35 件，根据底部特征差异，可分为三亚型。

Aa 型：有三足。共计 26 件，可分为四式。

Ⅰ式：深腹，高足，兽首写实性强。双楼 M15∶6，长径 16.6 厘米，短径 13.4 厘米，高 10.6 厘米（图 2-29-1）。

Ⅱ式：腹略浅，兽首略简化。铁岭 M252∶5，长径 12.7 厘米，短径 10.5 厘米，高 7.6 厘米（图 2-29-2）。

Ⅲ式：浅腹，兽首简化明显。赵庄 M59∶5，长径 13.6 厘米，短径 11.6 厘米，高 7.4 厘米（图 2-29-3）。

Ⅳ式：腹很浅，兽首形象模糊。双楼 M253∶5，长径 13 厘米，短径 11.8 厘米，高 5.7 厘米（图 2-29-4）。

器型变化趋势：腹部由深变浅，兽首形象由生动逐渐模糊。

Ab 型：有四足。共计 4 件，可分为两式。

Ⅰ式：深腹，高足，爬兽形象生动。双楼 M36∶7，口径 13.2 厘米，腹径 14 厘米，高 7.8 厘米（图 2-29-5）。

Ⅱ式：浅腹，短足，兽首简化模糊。化工 M5∶5，长 14.8 厘米，高 5 厘米（图 2-29-6）。

器型变化趋势：腹变浅，足变短，兽首逐渐简化。

Ac 型：无足。共计 5 件，可分为两式。

Ⅰ式：深腹，兽首写实性强。唐户 M30∶8，口径 11.5 厘米，高 6 厘米（图 2-29-7）。

Ⅱ式：浅腹，兽首简化。双楼 M236∶6，口径 11.6 厘米，腹径 12 厘米，高 5 厘米（图 2-29-8）。

器型变化趋势：腹变浅，兽首逐渐简化。

B 型：对称半圆形小钮耳，器口圆形。共计 11 件，根据足的有无，可分为两亚型。

Ba 型：无足。平底或圜底。共计 10 件，可分为两式。

Ⅰ式：敞口或直口，深腹，底部多饰有绳纹。赵庄 M45∶1，口径 12.8 厘米，高 4 厘米（图 2-29-9）。

Ⅱ式：敛口，浅腹。双楼 M214∶7，口径 13.3 厘米，高 3.7 厘米（图 2-29-10）。

器型变化趋势：腹由深变浅，口逐步内敛。

Bb 型：有三足。仅 1 件。双楼 M49∶5，口径 11.2 厘米，腹径 12 厘米，高 4 厘米（图 2-29-11）。

---

① 河南省文物考古研究所新郑工作站：《河南新郑县李家村发现春秋墓》，《考古》1983 年第 8 期，第 703~706 页。

C型：对称环耳，偶见耳无穿。器口呈椭圆形。共计7件，可分为三式。

Ⅰ式：深腹，大环耳，耳位于腹中部。官庄M3：4，长径11.4厘米，短径10.3厘米，底径6厘米，高6.6厘米（图2-29-12）。

Ⅱ式：深腹，平底。兴弘M139：1，长径13.4厘米，短径11.8厘米，底径6.3厘米，高6.1厘米（图2-29-13）。

Ⅲ式：浅腹，平底，耳无穿。河李M15：4，长径12厘米，短径9厘米，深1厘米（图2-29-14）。

器型变化趋势：腹变浅。

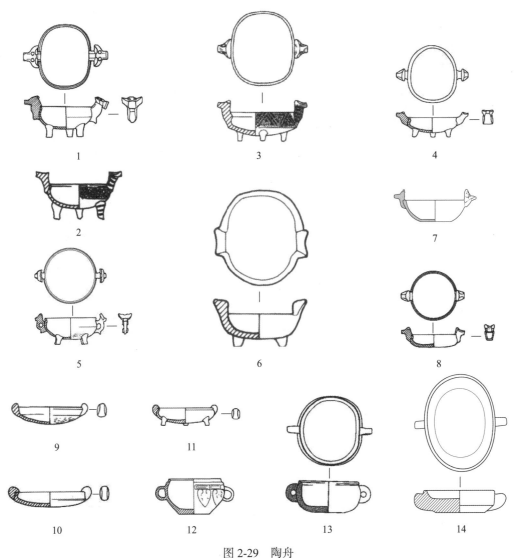

图2-29　陶舟

1. AaⅠ式（双楼M15：6）　2. AaⅡ式（铁岭M252：5）　3. AaⅢ式（赵庄M59：5）　4. AaⅣ式（双楼M253：5）
5. AbⅠ式（双楼M36：7）　6. AbⅡ式（化工M5：5）　7. AcⅠ式（唐户M30：8）　8. AcⅡ式（双楼M236：6）
9. BaⅠ式（赵庄M45：1）　10. BaⅡ式（双楼M214：7）　11. Bb型（双楼M49：5）　12. CⅠ式（官庄M3：4）
13. CⅡ式（兴弘M139：1）　14. CⅢ式（河李M15：4）

十五、陶高柄小壶

高柄小壶，均为泥质灰陶，器表常饰有弦纹或瓦棱纹，又被称为高足小壶、壶形豆等。共计34件，根据盖的有无，可分为两型。

A 型：有盖。共计31件，可分为五式。

I式：小口近直，圆鼓腹，最大径在腹中部，高柄，盖顶隆起。铁岭 M722：2，口径3.8厘米，腹径9.4厘米，足径7.5厘米，高15.9厘米（图2-30-1）。

II式：小口近直，腹略扁，高柄，最大径下移，盖顶隆起。双楼 M79：4，口径5厘米，腹径10.2厘米，足径7.5厘米，高18.8厘米（图2-30-2）。

III式：敞口，腹略垂，细高柄，盖顶近平。家世界 M15：7，口径7.6厘米，足径7.2厘米，高20厘米（图2-30-3）。

IV式：敞口，垂腹，最大径位于腹底部，短柄，大喇叭足，盖顶平，盖舌短。西亚斯 M232：5，口径4.8厘米，腹径9.2厘米，足径8.4厘米，高16厘米（图2-30-4）。

V式：敛口，上腹斜直，下腹折弧，最大径位于腹底部，矮直柄，盖舌消失。二里冈 M202：3，口径5厘米，足径6.5厘米，高16厘米（图2-30-5）。

器型变化趋势：腹部最大径下移，盖舌由长变短最后消失，柄变短。

B 型：无盖。仅3件，可分为两式。

I式：直口，圆鼓腹，细高柄。白沙 M125：3，未公布尺寸（图2-30-6）。

II式：敞口，高领，折腹，矮柄似假圈足。中行 M857：1，口径6.7厘米，高11.6厘米（图2-30-7）。

器型变化趋势：柄变短，颈变长。

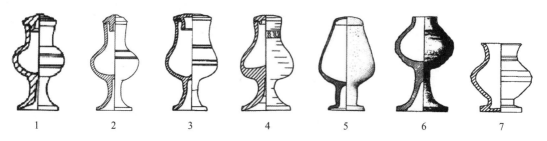

图 2-30　陶高柄小壶

1. AI式（铁岭 M722：2）　2. AII式（双楼 M79：4）　3. AIII式（家世界 M15：7）　4. AIV式（西亚斯 M232：5）
5. AV式（二里冈 M202：3）　6. BI式（白沙 M125：3）　7. BII式（中行 M857：1）

十六、陶　　盒

盒多为平底，有盖。共计41件，可分为三式。

I式：子母口，假圈足，盖顶有假圈足捉手，腹及盖饰瓦棱纹。西亚斯 M171：1，口径21厘米，底径10.4厘米，高15.6厘米（图2-31-1）。

Ⅱ式：子母口，平底，盖顶较低。二里冈 M151：3，未公布尺寸（图 2-31-2）。

Ⅲ式：敛口，平底，盖顶较高。市政 M3：2，口径 18.2 厘米，底径 8 厘米，高 15.7 厘米（图 2-31-3）。

器型变化趋势：子母口逐渐变为敛口，底部假圈足消失，盖顶由低变高。

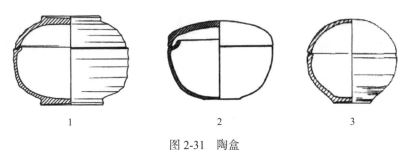

图 2-31 陶盒
1.Ⅰ式（西亚斯 M171：1） 2.Ⅱ式（二里冈 M151：3） 3.Ⅲ式（市政 M3：2）

第三节 典型陶器演变序列及特点

一、典型陶器演变序列

本研究主要利用地层学，即墓葬之间、墓葬与其他遗迹之间的叠压打破关系，确定郑州地区东周墓葬出土陶器形制的演变序列，并参照同时代文化遗址中的器物特点及演变趋势，利用链条两端的器物与西周晚期、西汉早期同类器进行对比[①]。

首先，墓葬与其他遗迹之间的层位关系无可用资料。存在打破关系的墓葬有十余组，但同组墓葬均出土有陶容器的极少，主要有以下四组。

第一组：碧沙岗 M247 打破 M248。两墓均保存完整，M247 出土壶，M248 出土鬲、盂、豆，但报告中无器物的线图或照片。此组打破关系仅能判断器物组合中单壶可能晚于鬲＋盂＋豆的组合形式。

第二组：合兴石业墓地 M6 打破 M10。M6 出土鬲 1 件，因保存较差，时代特征明显的底部未能修复。观察实物，其腹部弦纹密集，裆部平，三足间距较小，与双楼 M232：2 十分相似，属于本研究划分的 BⅥ式鬲。M10 被盗，出土陶器有罍、盘、釜、甑各 1 件，罍、盘分别相当于本研究划分的 AⅢ式罍和 Bc 型盘。通过这组打破关系可以看出，AⅢ式罍＋Bc 型盘＋釜＋甑的组合形式应不晚于 BⅥ式鬲。

第三组：双楼墓地 M89 打破 M94。M89 出土鬲 1 件，属于本研究划分的 BⅣ式鬲。M94 出土鼎、敦、舟、盘、匜各 1 件和罐 2 件，分别相当于本研究划分的乙 G 型鼎、BaⅡ式敦、BaⅠ式舟、AbⅡ式盘、AaⅢ式匜和乙 AⅢ式罐。因此，乙 G 型鼎 +BaⅡ式敦 +BaⅠ式舟 +AbⅡ式盘 +AaⅢ式匜 + 乙 AⅢ式罐的组合形式应不晚于 BⅣ式鬲。

---

① 张辛：《中原地区东周陶器墓葬研究》，北京：科学出版社，2002 年，第 131 页。

第四组：双楼墓地 M45 打破 M246。M45 出土罐和钵各 1 件，罐属于本研究划分的甲 BaIV式。M246 出土鼎、盖豆、壶、高柄小壶、盘、匜、釜各 1 件，分别相当于本研究划分的乙 DaII式鼎、AbI式盖豆、BI式壶、AI式高柄小壶、BaII式盘、BaI式匜和 A 型釜。可见，乙 DaII式鼎 +AbI式盖豆 +BI式壶 +AI式高柄小壶 +BaII式盘 +BaI式匜 1+A 型釜的组合应不晚于甲 BaIV式罐 + 钵的组合形式。

对于以上四组墓葬，未有同类器物之间的比较，仅能据打破关系推测出几组器物组合之间的相对早晚关系。可以初步判断出，BIV式鬲与甲 BaIV式罐的时代稍晚，分别属于鬲、罐中较晚的型式。

其次，郑州地区东周时期遗址资料相对较少，主要有新郑中行遗址、登封南洼遗址和郑州商城。其中登封南洼遗址中发现的东周遗存不多，时代主要集中在春秋中晚期，郑州商城东周文化遗存则以战国中晚期为主。仅有中行遗址东周时期的遗存丰富，延续时间长，发掘者对其主要的器类进行了分期，为确定随葬品中日用陶器演变链条的首尾提供了依据。中行遗址两周陶器共分为七期[1]，第一期的盂属于本研究划分的 AI式盂，第二期的鬲、豆、罐分别属于本研究划分的 AaII式鬲、AaI式豆和乙 BI式罐，第六期中的罐属于本研究划分的乙 BVI式罐，第七期前段的豆属于本研究划分的 BIV式豆，第七期后段的盂属于本研究划分的 A VIII式盂。通过与中行遗址同类器的对比可以看出，前文日用陶器演变链条的首尾基本可信。

再次，对于那些东周时期新出现的仿铜陶礼器，可通过追寻祖体的方法确定首尾[2]，即仿照铜器相似度高的器形一般早于仿铜效果较差的器形。从上文仿铜陶礼器的演变趋势看，A 型盘耳端装饰由繁及简，A 型舟和 A 型敦兽首形象由生动逐渐模糊，A、B 型罍肩部爬兽数量减少、形象简化，A 型匜流部的兽首形象也逐渐简化。陶鼎亦是如此，早期形制规范，晚期制作粗糙。此外，盒一般被认为是盖豆的替代品，那么与盒相似的 AbVI式和 BbIV式盖豆无疑是序列中最晚的。

二、典型陶器演变特点

通过典型陶器类型学分析可以发现，同一器类中不同类型的陶器，在器型演变规律中存在着共性，甚至不同器类中的某些类型也存在相似的演变规律。这些规律主要包括以下五个方面。

第一，口沿演变规律。如：A、B 型盂的口沿均由宽渐窄，由折沿上仰发展为平折沿再至折沿无规律；Aa 型鬲早期由仰沿变为平沿，自IV式折沿角度无规律；甲 Ad 型罐宽折沿变窄趋于消失。

第二，纹饰及装饰演变规律。如：A 型盂折腹处凹弦纹由两道减至一道最后消失；甲 Aa、Ab 型罐折肩处的两道凹弦纹逐渐消失；D 型鬲器腹的绳纹逐渐简化，有消失的倾向；A 型盘耳端装饰由繁及简，最后消失；A 型舟和 A 型敦兽首形象由生动逐渐模糊，B 型舟附钮变小；A、B 型罍肩部爬兽逐渐减少，形象简化，最后消失；A 型匜流部的兽首形象逐渐简化。

---

① 河南省文物考古研究所：《新郑郑国祭祀遗址》，郑州：大象出版社，2006 年，第 33～34 页。
② 张辛：《中原地区东周陶器墓葬研究》，北京：科学出版社，2002 年，第 135 页。

第三，器足演变规律。如：A、B、C 型鬲的三足均是由外张变内敛，足间距与口径的比例越来越小；B、F 型鬲的裆心均由高渐低；A、B 型釜三足间距变小并逐渐消失；A、B、C 型敦，F 型鬲和 A 型匜的足均由高变低；D 型鬲袋足经削底为足，再变为附足。

第四，器盖与柄的演变规律。如：Ab、B 型盖豆和甲 A 型鼎的器盖由深变浅，A、B 型盖豆与高柄小壶的器柄均由长变短。

第五，总体形态的演变规律。如：甲 A 型罐整体器形向扁矮发展；D 型鬲器形向扁圆方向发展；Aa 型盖豆器腹由方形向扁圆形发展；A、B 型豆的盘由深变浅；甲 A、乙 A、B、C、D、E 型鼎，A、B、C 型敦，A、B、C 型舟和 C 型匜的器腹均由深变浅；A、B、C 型壶最大径上移；A、B 型盘器形由大变小；B、C 型匜流部逐渐变短。

通过总结这些共性的演变规律，能够看出郑州地区东周墓葬出土陶器的总体变化趋势，即鬲、釜的三足逐渐内收；口沿由宽渐窄；器表纹饰和装饰由繁至简，并趋于消失；器柄由长及短；器盖由高至低；器腹由深变浅；器足多由高变低；整体器形向扁矮方向发展。

第四节　墓葬分期与年代推定

关于郑州地区东周墓葬分期，已有《郑州二里冈》《郑韩故城兴弘花园与热电厂墓地》《新郑西亚斯东周墓地》和《新郑双楼东周墓地》等报告对几处大型墓地进行分析，但由于墓葬资料的时代差异，对这几处墓地的分期仅限于东周某个时段。张辛较早地对郑州地区东周陶器墓葬进行了分期[①]，随着新资料的不断面世，陆续有学者对分期内容进行补充[②]。本研究在学界研究的基础上，依据典型陶器类型学分析对郑州地区东周墓葬进行分期，并结合共存的铜器、钱币等相关研究成果推定各期的年代。

一、墓　葬　分　期

根据典型陶器的型式划分以及演变特点，可将郑州地区东周墓葬分为六期。

第一期：共 16 座。典型陶器型式包括 AaI 式、CI 式、FI 式、G 型鬲，AI 式盂，甲 AaI 式、甲 AbI 式、乙 BI 式罐，AaI 式、AaII 式、AbI 式、AbII 式豆。

流行器类有鬲、罐、豆、盂 4 种。鬲在此期有 4 种型式，均为厚方唇，三足外张，平折沿或折沿上仰。其中 AaI 式裆部较低，近直腹，整体呈方形；CI 式袋足外张较甚，足距基本与口内径相当；G 型腹部有圆饼状扉棱。除 G 型外，其余 3 种型式鬲器表皆饰绳纹，近口沿处绳纹被抹去。盂有 1 种型式，AI 式盂为宽折沿，折腹处有两周凹弦纹。罐有 3 种型式，甲 AaI 式、甲 AbI 式折肩处多饰两道弦纹，乙 BI 式整体呈长方形，肩部交接不

---

① 张辛：《郑州地区的周秦墓研究》，《考古学研究（二）》，北京：北京大学出版社，1994 年，第 166～181 页；张辛：《中原地区东周陶器墓葬研究》，北京：科学出版社，2002 年。

② 王文嘉：《新郑地区东周墓葬出土陶器研究》，武汉大学硕士学位论文，2006 年；王震：《东周时期郑韩墓葬研究》，吉林大学硕士学位论文，2014 年。

明显。豆有 4 种型式，其中 AaⅠ和 AbⅠ式上壁斜直，短大喇叭柄，底座内凹明显；AaⅡ和 AbⅡ式上壁弧形内凹，柄略高。

第二期，共 51 座，分前后两段。

前段：典型陶器型式包括 AaⅡ式、CⅡ式鬲，AⅡ式盂，甲 AaⅠ式、甲 AaⅡ式、甲 AbⅡ式、乙 BⅡ式罐，AaⅢ式、AbⅢ式豆。

流行器类有鬲、盂、罐、豆 4 种。鬲型式减少至 2 种，仰折沿不见，均为平折沿，厚方唇，袋足略内敛，纹饰多中绳纹。盂有 1 种型式，AⅡ式沿部略窄。罐有 4 种型式，甲 AaⅡ式、甲 AbⅡ式折肩处弦纹逐渐变为一道；乙 BⅡ式领增高，圜底近平，整体呈方形。豆型式减少至 2 种，均多圆唇，底座略内凹。

后段：典型陶器型式包括 AaⅢ式、AbⅠ式、CⅢ式、EⅠ式鬲，AⅢ式、BⅠ式盂，甲 AaⅢ式、甲 AbⅢ式、乙 AⅠ式罐，AaⅣ式、AbⅣ式豆，甲 AaⅠ式、甲 AbⅠ式、乙 BⅠ式鼎，AaⅠ式盖豆，AaⅠ式盘，AaⅠ式、AbⅠ式匜，AbⅠ式、DbⅠ式敦，AⅠ式、BaⅠ式罍，AaⅠ式、CⅠ式舟。

流行器类有鬲、罐、豆、盂、鼎、盖豆、敦、罍、舟、盘、匜 11 种。鬲的型式有所增加，共 4 种，总体特征为薄短沿，沿部出现下折，折沿角度无规律，肩部或上腹饰凹弦纹的现象增多；新出现了肩腹交接明显的 Ab 型，AbⅠ式的肩腹交接位于器高的四分之三处；AaⅢ与 CⅢ式袋足内敛，裆心略高于前期。盂型式增至 2 种，AⅢ式多平折沿，折腹处凹弦纹减至一周；BⅠ式折沿上仰，鼓肩。罐有 3 种型式，甲 A 型折肩处弦纹基本消失，器外饰彩绘；乙 A 型肩部略鼓，腹部近直。豆有 2 种型式，皆多尖圆唇，底座内凹趋于消失。鼎有 3 种型式，总体特征为深腹，圜底。盖豆有 1 种型式，柄细长，器腹近方形。盘仅有 1 种型式，器形较大。匜有 2 种型式，兽首写实性较强。敦有 2 种型式，深腹。罍有 2 种型式，肩部的爬兽生动形象，面部清晰。舟有 2 种型式，A 型兽首生动，C 型环耳较大。

第三期，共 162 座，分前后两段。

前段：典型陶器型式包括 AaⅣ式、AbⅡ式、BⅠ式、CⅣ式、DⅠ式、FⅡ式鬲，AⅣ式、BⅡ式盂，甲 AaⅣ式、甲 AbⅢ式、乙 AⅡ式罐，AaⅤ式豆，甲 AaⅡ式、甲 AbⅡ式、甲 BbⅠ式、乙 AⅠ式、乙 BⅡ式鼎，AaⅡ式盖豆，AaⅡ式、AbⅠ式、AcⅠ式盘。AaⅡ式、AbⅡ式匜，AbⅠ式、BaⅠ式敦，AⅡ式、BaⅡ式、BbⅠ式罍，AaⅡ式、CⅠ式舟。

流行器类有鬲、盂、罐、豆、鼎、盖豆、敦、罍、舟、盘、匜 11 种。鬲型式继续增加，共 6 种，肩部或上腹流行饰数周凹弦纹。新出现了大型鬲和平弧裆鬲。其中 AaⅣ式多尖唇或尖圆唇，袋足内敛明显，裆心高；CⅣ式三足内敛较甚，足距明显小于口内径；AbⅡ式肩腹交接位于器高的三分之二处，足间距略小于前式，低裆；BⅠ式宽折沿，三足外撇，裆较高。盂有 2 种型式，AⅣ式折沿无规律，折腹处凹弦纹消失；BⅡ式折沿微上仰，圆肩，鼓腹。罐有 3 种型式，甲 AaⅣ式、AbⅢ式，与之前相比变化不明显；乙 AⅡ式卷沿下斜明显。豆型式减少至 1 种，盘上壁侧视略呈 S 形，底座内凹少见，盘心常见有刻划符号。鼎型式增至 5 种，甲 AaⅡ式、甲 AbⅡ式腹部均加深；乙 BⅡ式腹部变浅，圜底近平。盖豆仅有 1 种型式，柄变高。盘型式增至 3 种，器形均较大。匜有 2 种型式，AaⅡ式尾部兽首简化，AbⅡ式无角。敦有 2 种型式，AbⅠ式、BaⅠ式均为深腹。罍有 3 种型式，爬兽形象生动。舟有 2 种型式，装饰生动。

后段：典型陶器型式包括 AaⅤ式、AaⅥ式、AbⅢ式、AbⅣ式、BⅡ式、DⅡ式、EⅡ式、FⅢ式鬲，AⅤ式、BⅢ式盂，甲 AaⅣ式、甲 AbⅣ式、甲 BbⅠ式、乙 AⅢ式、乙 BⅢ式罐，AaⅥ式、AbⅤ式豆，甲 AaⅢ式、甲 AbⅢ式、乙 AⅡ式、乙 G 型鼎，AaⅢ式盖豆，AaⅢ式、AbⅡ式、AcⅡ式盘，AaⅢ式、AbⅢ式匜，AaⅠ式、AbⅡ式、AcⅠ式、BaⅡ式、CaⅠ式、CaⅡ式敦，AⅢ式、BaⅢ式、BbⅡ式、BbⅢ式罍，AaⅢ式、AbⅠ式、AcⅠ式、BaⅠ式、CⅡ式舟。

流行器类有鬲、罐、豆、盂、鼎、盖豆、敦、罍、舟、盘、匜 11 种。鬲型式复杂多样，共有 8 种：C 型消失；AaⅤ、AaⅥ式与 BⅡ式足间距变小；AbⅣ式肩腹交接于器高的二分之一处；DⅡ式削底为足。盂有 2 种型式，AⅤ式平折沿，无凹弦纹，BⅢ式微束颈。罐有 5 种型式，甲 AaⅣ式、甲 AbⅣ和乙 AⅢ式，与前段相比变化不大；乙 BⅢ式领部继续增高，圈底内凹，绳纹带开始下移。豆有 2 种型式，AaⅥ式上壁侧视明显呈 S 形；AbⅤ式盘变浅，柄变短，足径变小，口径与足径的比例增大。鼎有 4 种型式，甲 AaⅢ式圈底变尖，甲 AbⅢ式圈底更深，乙 AⅡ式腹部变浅。盖豆仅 1 种型式，柄更细更高。盘有 3 种型式，器形均略小。匜有 2 种型式，AaⅢ式尖角，短足，圈底近平；AbⅢ式浅腹，平底。敦增至 6 种型式，AbⅡ式浅圈底，BaⅡ式钮变小，Ca 型有对称的大饼状耳或贯耳，下附三足，圈底渐变为平底。罍增至 4 种型式，爬兽简化比较明显。舟型式增至 5 种，Ab、Ac 型为深腹，兽首写实性强，其余型式为浅腹，装饰明显简化。

第四期，共 184 座，分前后两段。

前段：典型陶器型式包括 AaⅥ式、AaⅦ式、AbⅣ式、AbⅤ式、BⅢ式、DⅢ式鬲，AⅥ式、BⅣ式盂，甲 AaⅤ式、甲 AbⅤ式、甲 AcⅠ式、甲 AdⅠ式、甲 BbⅡ式、乙 AⅣ式罐，AaⅦ式、AbⅥ式豆，甲 AaⅣ式、甲 AbⅣ式、甲 ACⅠ式、甲 Ba 型、甲 BbⅡ式、乙 AⅢ式、乙 BⅢ式鼎，AaⅣ式盖豆，AaⅣ式、AbⅢ式、AcⅡ式盘，AaⅣ式、AbⅣ式匜，AaⅡ式、AaⅢ式、AbⅢ式、BaⅢ式、Bb 型、CbⅠ式、Da 型敦，AⅣ式、BaⅣ式、BbⅢ式罍，AaⅣ式、AcⅡ式、BaⅡ式、Bb 型、CⅢ式舟。

流行器类有鬲、盂、罐、豆、鼎、盖豆、盘、匜、敦、罍、舟 11 种。鬲型式减少至 6 种：AaⅥ、AaⅦ式三足内敛较甚，高裆；AbⅤ式器形较小，明器化显著；BⅢ式足内敛明显，足间距与口径之比为 0.5 左右；DⅢ式袋足基本消失，削底为足。盂有 2 种型式，AⅥ式平折沿或折沿下斜，口沿外折夹角小；BⅣ式短束颈。罐有 6 种型式，甲 AaⅤ式、甲 AbⅤ式器形扁矮，甲 AbⅤ式有盖，甲 Ac 与甲 Ad 型均为高领，甲 BbⅡ式肩部圆鼓上耸，乙 AⅣ式卷沿略下斜。豆有 2 种型式，AaⅦ式与前期相比变化不明显，AbⅥ式口微敛，盘较浅。鼎型式增至 7 种，甲 AaⅣ式腹部变浅，盖顶变低；甲 AbⅣ式尖圈底，盖顶变高；甲 Ba 型体型较大；乙类均为浅腹，平底。盖豆型式为 1 种。盘有 3 种型式，器形均较小，耳端装饰简化明显。匜有 2 种型式，AaⅣ式无角，圆钮形短尾；AbⅣ式矮足，腹更浅，尾部平直。敦型式增至 7 种，AbⅢ式圈底近平，BaⅢ式浅腹，Da 型腹部无装饰，附三足。罍型式减少至 3 种，爬兽继续简化。舟有 5 种型式，总体特征为腹部变浅，装饰简化，其中 AaⅣ式兽首严重简化，CⅢ式耳无穿。此外，此段还有少量的簠和簋。

后段：典型陶器型式包括 Aa Ⅷ式、BⅣ式、DⅣ式鬲，AⅦ式、BⅤ式盂，甲 AaⅤ式、甲 AcⅡ式、甲 AcⅢ式、甲 AdⅡ式、甲 BaⅠ式、乙 AⅤ式罐，Aa Ⅷ式、Aa Ⅸ式、AbⅥ式、

BI 式、BII 式豆，AI 式釜，甲 AaV 式、甲 AaVI 式、甲 AbV 式、甲 AcII 式、甲 Ba 型、乙 AIV 式、乙 CaI 式、乙 DaI 式、乙 DbI 式、乙 H 型鼎，AaIV 式、AbI 式盖豆，AI 式、AII 式、BI 式、CI 式壶，AbIV 式、AcIII 式、BaI 式、BaII 式、Bc 型、C 型盘，AaV 式、AbV 式、BaI 式、BbI 式匜，AcII 式、BaIV 式、CbII 式、DbII 式、E 型敦，AV 式、BbIV 式、BbV 式罍，AbII 式、AcII 式、BaII 式舟，AI 式、BI 式高柄小壶。

　　流行器类有鬲、盂、罐、豆、釜、鼎、盖豆、敦、罍、舟、盘、匜、壶、高柄小壶 14 种。鬲型式急剧减少，仅存 3 种：Aa VIII 式器形较小，明器化显著；BIV 式足间距继续减小，足间距与口径之比为 0.4 左右，裆心较低；DIV 式附足，器形不规范，似鬲又似鼎。盂有 2 种型式，AVII 式折沿下斜，口沿外折夹角较小，折腹处低于器高的二分之一；BV 式最大径下移，约在器高的二分之一处。罐有 6 种型式，甲 AcII 式、甲 AcIII 式与甲 AdII 式领变长；甲 BaI 式高领，圆肩；乙 AV 式器形变小，平沿，圈底近平。豆有 5 种型式，Aa VIII 式柄趋直，盘上壁仍呈 S 形；Aa IX 式直柄，上壁斜直；B 型均为浅盘，柄较高。釜有 1 种型式，形体较大，三足间距也较大。鼎型式增至 10 种，甲 A 型腹部继续变浅；乙 AIV 式腹更浅，平底。盖豆有 2 种型式，AaIV 式柄变短，新出现的 Ab 型柄粗矮，腹部饰瓦棱纹。壶有 4 种型式，最大径均在下腹部。盘型式增至 6 种，A 型耳端装饰消失；B 型较大；出现中柱盘。匜有 4 种型式，A 型无足，新出现了 B 型。敦有 5 种型式，AcII 式浅腹；BaIV 式腹更浅；CbII 式无盖，腹较浅；DbII 式腹略浅，小平底；E 型腹与足饰有扉棱。罍有 3 种型式，爬兽极度简化，AV 式爬兽退化成半圆饼钮；BbV 式爬兽消失。舟型式减至 3 种，装饰简化明显。高柄小壶为新出现的器类，有 2 种型式，柄较长，最大径位于腹中部。

　　第五期，共 263 座，分前后两段。

　　前段：典型陶器型式包括 BV 式、BVI 式鬲，A VIII 式、BVI 式盂，甲 AcIII 式、甲 AdIII 式、甲 BaII 式、乙 BVI 式罐，Aa IX 式、AbVII 式、BII 式豆，AII 式釜，甲 AbVI 式、甲 AcIII 式、乙 CaII 式、乙 CbI 式、乙 DaII 式、乙 DbII 式、乙 EI 式、乙 FI 式型鼎，AaV 式、AbII 式、AbIII 式、BaI 式、BaII 式、BbI 式、BbII 式盖豆，AIII 式、BII 式、CII 式壶，BaIII 式、BbI 式、C 型盘，BaII 式、BbII 式、Bc 型、CaI 式、CbI 式、Cc 型、D 型匜，AII 式、III 式高柄小壶。

　　流行器类有鬲、盂、罐、豆、鼎、盖豆、壶、盘、匜、高柄小壶、釜 11 种。鬲型式继续减少，仅存 2 种型式，均为 B 型。其中 BV 式肩部弦纹增多至二十余道，足间距与口径之比为 0.3 左右，裆心高度多在 1 厘米以下；BVI 式袋足近消失，裆近平。盂有 2 种型式，A VIII 式口沿外折夹角很小；BVI 式腹近斜直，大口微敛。罐有 4 种型式，甲 AdIII 式短折沿，甲 BaII 式领变长，乙 BVI 式高领，大圈底。豆有 3 种型式，AbVII 式浅盘，短柄近直。釜有 1 种型式，AII 式三足间距变小。鼎有 8 种型式，甲 AbVI 式腹很浅，三足靠近器底中心；甲 AcIII 式与乙 CaII 式腹较浅；乙 CbI 式深腹，圈底；乙 D 型足尖蹄足较高。盖豆有 7 种型式，AaV 式短柄，捉手明显变小；AbIII 式盖柱略低，柄稍短；B 型柄由长变短。壶有 3 种型式，最大径多在下腹部。盘有 3 种型式，BaIII 式器形小，折沿窄。匜有 7 种型式，C、D 两型为新出现；BaII 式尾部内凹，尾端较高；BbII 式短流，假圈足；Bc 型附三足；C 型为桃形匜，其中 Cc 型为圈底。高柄小壶有 2 种型式，柄变短，最大径下移，盖舌变短。

　　后段：典型陶器型式包括 BVI 式鬲，A IX 式盂，甲 AcIV 式、甲 BaIII 式、乙 BVI 式罐，BIII 式豆，AII 式釜，乙 CaIII 式、乙 CaIV 式、乙 CbII 式、乙 DaIII 式、乙 DaIV 式、乙 DbIII 式、

乙 DbⅣ式、乙 EⅡ式、乙 FⅡ式、乙 FⅢ式鼎，AaⅤ式、AbⅣ式、AbⅤ式、BaⅢ式、BaⅣ式、BbⅢ式盖豆，AⅣ式、BⅢ式、CⅢ式壶，BaⅣ式、BbⅡ式盘，BaⅢ式、CaⅠ式、CaⅡ式、CbⅡ式、Cc 型、E 型匜，AⅢ式、AⅣ式、AⅤ式高柄小壶，Ⅰ式盒。

流行器类有鬲、盂、豆、釜、罐、鼎、盖豆、壶、盘、匜、高柄小壶、盒 12 种。鬲仅存 1 种型式。盂有 A Ⅸ式 1 种型式，器底明显变小。罐有 3 种型式，甲 AcⅥ式下腹内收明显；甲 BaⅢ式平折沿，球形腹。豆有 BⅢ式 1 种型式，器形整体变小，盘变浅，柄稍短，底座变小。鼎型式增至 10 种，均为乙类，均腹部较浅。其中 D 型足尖无蹄；F 型短足。盖豆有 6 种型式，盖较浅，柄粗且短。壶有 3 种型式，最大径约在器高的二分之一处。盘有 2 种型式，器形均较小。匜有 6 种型式，BaⅢ式短流，尾部略内凹；CaⅡ式深腹；CbⅡ式深腹，圈足高。高柄小壶有 3 种型式，最大径位于腹下部近柄处，盖舌趋于消失。盒为新出现的器类，有 1 种型式。

第六期，共 217 座，分前后两段。

前段：典型陶器型式包括 BⅥ式鬲，甲 AcⅤ式、甲 BaⅣ式、乙 BⅤ式罐，BⅢ式豆，AⅢ式、BⅠ式釜，乙 CaⅤ式、乙 DbⅤ式鼎，AbⅥ式、BbⅣ式盖豆，BⅣ式、CⅣ式、EⅠ式壶，BaⅤ式、BbⅢ式盘，CaⅢ式、CbⅡ式匜，BⅡ式高柄小壶，Ⅰ式、Ⅱ式盒。

流行器类有鬲、罐、鼎、豆、盖豆、盘、匜、壶、釜、盒、高柄小壶 11 种。鬲仅存 1 种型式。罐有 3 种型式，甲 AcⅤ式、甲 BaⅣ式均为假圈足；乙 BⅤ式圜底较甚，肩部常见刻划符号或戳印文字。豆有 1 种型式。釜有 2 种型式，圜底，无足。鼎型式骤然减少至 2 种，特征是耳、足相距较近，耳高低于盖顶。盖豆型式也减少至 2 种，形制与盒基本相近。壶有 3 种型式，B、C 型最大径在上腹部；E 型较小。盘有 2 种型式，均为浅腹。匜型式减少至 2 种，其中 CaⅢ式为深圆腹。高柄小壶仅有 1 种型式，柄极短，似假圈足。盒有 2 种型式，子母口逐渐变为敛口，底部假圈足消失，被合碗所代替。此外，碗也较为常见。

后段：典型陶器型式包括甲 AaⅥ式、甲 AcⅥ式、甲 AdⅣ式、甲 BaⅣ式、甲 BbⅢ式、乙 BⅤ式、乙 BⅥ式罐，BⅣ式豆，CⅤ式、DⅠ式、DⅡ式、EⅡ式、EⅢ式壶，AⅢ式、BⅡ式釜，Ⅲ式盒。

流行器类有罐、豆、壶、釜、盒 5 种。罐型式增至 7 种，甲 AaⅥ式窄平沿，下腹斜收明显，与前式之间有明显的缺环；甲 AcⅥ式折沿平出至中部再折而向下，曲腹；甲 AdⅣ式无折沿，颈部两侧各有一圆孔；甲 BbⅢ式为假圈足，颈部两侧有圆孔；乙 BⅥ式下腹略宽。豆有 1 种型式，盘更浅，短细柄。釜有 2 种型式，均为圜底。壶有 5 种型式，CⅤ式最大径在肩部；D 型为盘口，圈足；E 型器形较小。

从陶器组合来看，郑州地区东周墓葬中常见陶器组合有 16 种，出现次数从多到少依次为：鼎＋盖豆＋壶＋盘＋匜，鬲，鬲＋盂＋豆，鬲＋盂＋豆＋罐，釜，碗＋罐，罐，碗＋壶，壶，鼎＋盖豆＋壶，鬲＋盂，鼎＋敦＋罍＋舟＋盘＋匜，鼎＋盖豆＋壶＋盘＋匜＋豆＋釜，盂＋罐，鬲＋盂＋罐，鼎＋盒＋壶＋盘＋匜。

第一期流行鬲、鬲＋盂＋豆＋罐、鬲＋盂＋豆、盂＋罐的组合。

第二期前段流行的组合与第一期基本相同，新增加了鬲＋盂、鬲＋盂＋罐组合；后段在前段的基础上新增加了以鼎＋敦＋罍＋舟＋盘＋匜为核心的仿铜陶礼器组合，并常与盖豆和罐同出。

第三期流行的组合与第二期后段基本相同。

第四期前段流行的组合与第三期基本相同，但鬲＋盂＋豆＋罐的组合少见；后段的器物组合则发生了重要的变化，流行鼎＋盖豆＋壶、鼎＋盖豆＋壶＋盘＋匜、鬲、釜等组合。

第五期前段流行鼎＋盖豆＋壶＋盘＋匜、鼎＋盖豆＋壶＋盘＋匜＋豆＋釜、釜的组合，后段在前段的基础上新出现了以鼎＋盒＋壶＋盘＋匜为核心的组合形式。

第六期前段流行鼎＋盒＋壶＋盘＋匜、釜、碗＋罐、碗＋壶、罐、壶等组合，与前段相比，后段中鼎＋盒＋壶＋盘＋匜的组合基本不见，其余组合继续流行。

二、各期年代推定

前文根据典型陶器类型学分析，将郑州地区东周墓葬分为六期，其中二至五期又可分为前、后两段。鉴于学界已对东周时期青铜容器和金属货币的研究取得了较为一致的意见，本研究推定各期年代主要依据这两类遗存。

本研究第一期的热电 M1 出土的铜鼎（图 2-32-1）相当于《春秋青铜器年代综合研究》中的 EI 式 [①]，还相当于《中国青铜器综论》中的盆鼎 AeⅥ式 [②]，与山西芮城坛道村 M1 "Ⅱ铜鼎" [③]（图 2-32-2）、侯马上马 M4078：11 [④]（图 2-32-3）相似。朱凤瀚认为芮城 M1 和上马 M4078 的时代均为春秋早期，而热电 M1 的发掘整理者也推定其年代为春秋早期 [⑤]。据此，可将本研究第一期的年代推定为春秋早期。

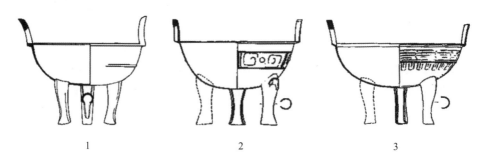

图 2-32　第一期铜鼎形态对比图

1. 热电 M1：2　2. 坛道村 M1Ⅱ　3. 上马 M4078：11

此外，中行遗址殉马坑中出土的陶器也可作为本期年代推定的补证。中行 MK4：8 为本研究划分的 AI 式盂，MK39：13 陶豆为本研究划分的 AaⅡ式豆，MK40：1 陶豆仅存豆

① 彭裕商：《春秋青铜器年代综合研究》，北京：中华书局，2011 年，第 42 页。
② 朱凤瀚：《中国青铜器综论》，上海：上海古籍出版社，2009 年，第 93 页。
③ 山西省考古研究所：《山西芮城东周墓》，《文物》1987 年第 12 期，第 38～46 页。
④ 山西省考古研究所：《上马墓地》，北京：文物出版社，1994 年，第 31 页。
⑤ 河南省文物考古研究所：《郑韩故城兴弘花园与热电厂墓地》，北京：文物出版社，2007 年，第 137 页。

盘部分，应属于本研究划分的 AbI 式豆[1]。这三个型式的陶器仅见于第一期，其时代应不晚于殉马坎的年代。发掘者认为，殉马坎与青铜礼乐器坎的时代基本相当，上限不会到春秋早期，下限不会过春秋晚期[2]。朱凤瀚认为青铜礼乐器坑的年代范围是春秋中期后段至春秋晚期初[3]。彭裕商认为 K2 的年代应为春秋中期早段[4]。将第一期的年代推定为春秋早期，与上述三种观点均无冲突。

本研究第二期前段的兴弘 M42 出土铜鼎、敦、舟各 1 件。其中铜鼎（兴弘 M42：1，图 2-33-1）与洛阳中州路 M2415：4[5]（图 2-33-2）相似，相当于《中国青铜器综论》中的盆鼎 AeⅥ式，流行于春秋早期至春秋中期偏早[6]。铜敦（兴弘 M42：3，图 2-33-3）与洛阳中州路 M2415：7[7]（图 2-33-4）、河南信阳平西 M5 出土铜敦[8]（图 2-33-5）相近，且与《春秋青铜器年代综合研究》中Ⅲ式平底盆形制相当，流行于春秋中期，上限为春秋早期后段或早中期之际，下限可到春秋晚期[9]。铜舟（兴弘 M42：2）为双环耳，相当于《中原地区东周时代青铜礼器研究》中的 I1 式，时代为春秋中期前段[10]。高明[11]和李学勤[12]两位学者均认为中州路 M2415 的年代应为春秋中期偏早，朱凤瀚亦持此说。兴弘 M42 时代与中州路 M2415 基本相当，因此可将本研究第二期前段的年代推定为春秋中期前段。本研究第二期后段的兴弘 M100 出土铜敦、舟各 1 件，形制略晚于兴弘 M42 出土的同类器，时代应为春秋中期后段。

本研究第三期出土铜容器的陶器墓较多，共计 10 座，铜器有鼎 + 敦 + 舟与鼎 + 敦 + 舟 + 盘 + 匜两种组合形式。以防疫站 M6 和李家村 M1 为例，朱凤瀚把二者分别归为春秋第二期Ⅱ段和Ⅲ段，时代均为春秋晚期[13]。因此，可将第三期的时代推定为春秋晚期。

关于防疫站 M6 的年代，发掘者在简报中将其推定为春秋晚期早段，后又更正为战国早期前段[14]。此墓出土铜鼎、敦、舟、盘、匜各 1 件。其中，铜鼎形制特异，盖饰 3 个卧牛形钮，圜底近平，属于《中原地区东周时代青铜礼器研究》中的联裆鼎[15]，在《中国青铜器综论》中被归为 Ba 型鬲鼎[16]。此类型的铜鼎在战国时期三晋墓葬中较为常见，在洛阳地区也有发现，还见于山西浑源李峪村[17]。铜敦相当于《春秋青铜器年代综合研究》中Ⅱ式，时代为

①　河南省文物考古研究所：《新郑郑国祭祀遗址》，郑州：大象出版社，2006 年，第 113 页。
②　河南省文物考古研究所：《新郑郑国祭祀遗址》，郑州：大象出版社，2006 年，第 919 页。
③　朱凤瀚：《中国青铜器综论》，上海：上海古籍出版社，2009 年，第 1592 页。
④　彭裕商：《春秋青铜器年代综合研究》，北京：中华书局，2011 年，第 29 页。
⑤　中国科学院考古研究所：《洛阳中州路（西工段）》，北京：科学出版社，1959 年，图版肆伍：3。
⑥　朱凤瀚：《中国青铜器综论》，上海：上海古籍出版社，2009 年，第 93 页。
⑦　中国科学院考古研究所：《洛阳中州路（西工段）》，北京：科学出版社，1959 年，图版肆伍：2。
⑧　信阳地区文管会、信阳市文管会：《河南信阳市平西五号春秋墓发掘简报》，《考古》1989 年第 1 期，第 9、20～25 页。
⑨　彭裕商：《春秋青铜器年代综合研究》，北京：中华书局，2011 年，第 79～80 页。
⑩　高明：《中原地区东周时代青铜礼器研究（中）》，《考古与文物》1981 年第 3 期，第 84～103 页。
⑪　高明：《中原地区东周时代青铜礼器研究（下）》，《考古与文物》1981 年第 4 期，第 82～91 页。
⑫　李学勤：《东周与秦代文明》，上海：上海人民出版社，2007 年，第 18 页。
⑬　朱凤瀚：《中国青铜器综论》，上海：上海古籍出版社，2009 年，第 1592～1635 页。
⑭　河南省文物考古研究所：《新郑西亚斯东周墓地》，郑州：大象出版社，2012 年，第 148 页。
⑮　高明：《中原地区东周时代青铜礼器研究（中）》，《考古与文物》1981 年第 3 期，第 84～103 页。
⑯　朱凤瀚：《中国青铜器综论》，上海：上海古籍出版社，2009 年，第 105 页。
⑰　山西省考古研究所：《山西浑源县李峪村东周墓》，《考古》1983 年第 8 期，第 695～700 页。

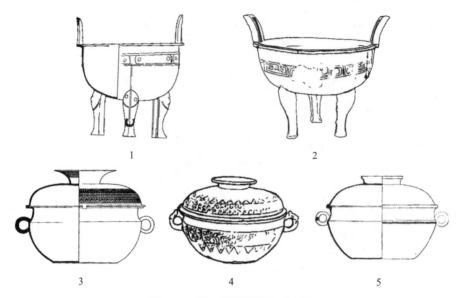

图 2-33　第二期铜器形态对比图

1. 兴弘 M42 : 1　2. 中州路 M2415 : 4　3. 兴弘 M42 : 3　4. 中州路 M2415 : 7　5. 平西 M5 出土敦

春秋晚期，下限可及战国[①]。铜舟相当于《中国青铜器综论》中的 A 型蹄足舟，流行时间为春秋中期后段至春秋晚期[②]。铜盘相当于《中国青铜器综论》中的 BII 式，流行时间为春秋中期后段至春秋晚期[③]。铜匜相当于《春秋青铜器年代综合研究》中的 BI 式，流行于春秋中期后段至春秋晚期前段[④]。高明把浑源李峪村铜器归为春秋晚期后段的第六组，朱凤瀚则认为绝大多数器物应为战国早期，少数可早至春秋晚期或春战之际[⑤]。综上可以看出，防疫站 M6 除铜鼎以外的铜器皆应为春秋晚期。再者，M6 出土有 4 件陶鬲，包括本研究的 AaV 式 3 件和 AbIII 式 1 件，均流行于第三期后段。因此，结合铜器和陶器的特征分析，防疫站 M6 的年代应为春秋晚期末或春战之际。

本研究第四期前段的铁岭 M308 被盗，出土铜器有鼎 3、敦 2、壶 2、甑 1、甗 1。其中，铜鼎（图 2-34-1）与山西长子羊圈沟 M2 : 2[⑥]（图 2-34-2）、芮城坛道村 M2 出土的 1 件铜鼎[⑦]（图 2-34-3）相似，后两墓的年代均为战国早期偏早。提链壶（图 2-34-4）与中州路 M2717 : 88[⑧]（图 2-34-5）相似，李学勤把中州路 M2717 时代定为战国前期偏晚[⑨]，朱凤

① 彭裕商：《春秋青铜器年代综合研究》，北京：中华书局，2011 年，第 84～85 页。
② 朱凤瀚：《中国青铜器综论》，上海：上海古籍出版社，2009 年，第 268 页。
③ 朱凤瀚：《中国青铜器综论》，上海：上海古籍出版社，2009 年，第 282～283 页。
④ 彭裕商：《春秋青铜器年代综合研究》，北京：中华书局，2011 年，第 97 页。
⑤ 朱凤瀚：《中国青铜器综论》，上海：上海古籍出版社，2009 年，第 2004 页。
⑥ 山西省考古研究所：《山西长子县东周墓》，《考古学报》1984 年第 4 期，第 503～529 页。
⑦ 山西省考古研究所：《山西芮城东周墓》，《文物》1987 年第 12 期，第 38～46 页。
⑧ 中国科学院考古研究所：《洛阳中州路（西工段）》，北京：科学出版社，1959 年，图版陆肆：2。
⑨ 李学勤：《东周与秦代文明》，上海：上海人民出版社，2007 年，第 19 页。

瀚也认同此说[①]。而铜敦（图2-34-6）相当于《中国青铜器综论》中的Aa型[②]，与山西长治分水岭M269：60[③]（图2-34-7）相似；铜扁壶（图2-34-8）应属于《中国青铜器综论》中的Bb型钫[④]，与尉氏河东周村出土铜壶（类21）[⑤]（图2-34-9）相似。这两种型式的铜器均流行于春秋晚期。因此，M308铜器时代应属战国早期，但又保留有春秋晚期流行的器形，故其年代可能为战国早期前段。那么，本研究第四期的年代可推定为战国早期。

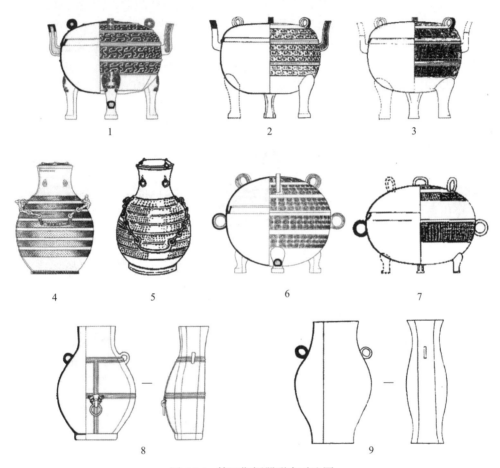

图2-34　第四期铜器形态对比图

1. 铁岭 M308：26　2. 羊圈沟 M2：2　3. 坛道村 M2 出土　4. 铁岭 M308：35　5. 中州路 M2717：88
6. 铁岭 M308：28　7. 分水岭 M269：60　8. 铁岭 M308：36　9. 尉氏河东周村类 21

① 朱凤瀚：《中国青铜器综论》，上海：上海古籍出版社，2009年，第1906页。
② 朱凤瀚：《中国青铜器综论》，上海：上海古籍出版社，2009年，第142～143页。
③ 山西省考古研究所、山西博物馆、长治市博物馆：《长治分水岭东周墓地》，北京：文物出版社，2010年，第339页。
④ 朱凤瀚：《中国青铜器综论》，上海：上海古籍出版社，2009年，第241页。
⑤ 郑州市博物馆：《尉氏出土一批春秋时期青铜器》，《中原文物》1982年第4期，第32～35页。

第五期与第六期的年代可根据出土的金属货币进行判定。市政 M44 出土有 10 枚方足小布，依钱文可知为三晋货币[①]。岗杜 M112 出土有中小型斜肩空首布 4 枚，面文为"武"，应属于韩国货币，另有燕弧背"明"刀币 1 枚[②]和方足小布 3 枚。岗杜 M139 出土方足小布 6 枚，面文有"安阳"等，也属于三晋货币。吴良宝认为，中小型斜肩空首布的铸造时间应在战国早期，不晚于战国中期前段；燕弧背"明"刀币的铸造时间应在战国中期至战国晚期前段；三晋方足小布的始铸年代在战国中期，至少是中期后段，铸造时间的下限为前 242 年左右[③]。结合陶器组合来看，市政 M44 的陶器组合为鼎＋盒＋壶＋盘＋匜，流行于第五期后段与第六期前段；岗杜 M112 的陶器组合为鼎＋壶＋盘＋匜，壶为 CII 式，流行于第五期；岗杜 M139 的陶器组合为罐＋碗，流行于第六期。综上，可把第五期与第六期的时代分别推定为战国中期和晚期。此外，属于第六期后段的肖家沟 M1 出土有流行于西汉初年的铜洗，而且此段盛行的 BII 式陶釜还多见于郑州地区的秦墓[④]，因此，第六期后段的下限可延至战国末期或秦代。

本研究在各期年代推定中主要依据的是铜容器和金属货币。相对于陶器较快的变化节奏，铜器的变化比较缓慢，形制较为稳定；货币则可提供铸造年代的上限和流行时代的信息。同时，器物的变化是持续连贯的过程，并不会因某一个时间节点而终止。因此，上述各期的年代均为推定的大概时期，而无绝对可言。

第五节　典型陶器文化因素分析及历时性变化考察

陶器型式的多样显示出不同的文化来源，或者说是正是由文化因素的不同造成的。本节在类型学基础上对出土陶器中的各种因素进行辨识，然后再对这些因素的文化属性进行判定，并根据文化因素量化统计，考察各类文化因素的主次地位，从而揭示郑州地区东周墓葬中的文化构成和消长变化。

一、典型陶器文化因素分析

下文的分析对象以文化因素比较明确的出土陶器为主，也包括出土数量较少但来源明确的器物。

（一）日用陶器

A 型陶鬲的特点是分裆小袋足，兴弘与热电墓地的整理者对比了豫中、豫北、洛阳以

---

① 信应君、张文霞：《郑州战国墓出土布币述略》，《中国历史文物》2006 年第 5 期，第 46～48 页。

② 资料中仅公布正面，不知背文详情。李学勤认定为燕弧背明刀，并认为陶器与中州路第六期相似，主要流行于战国中期，可从。见李学勤：《东周与秦代文明》，上海：上海人民出版社，2007 年，第 19 页。

③ 吴良宝：《中国东周时期金属货币研究》，北京：社会科学文献出版社，2005 年，第 81、100、204 页。

④ 郑州市文物考古研究所：《河南巩义站街秦墓发掘简报》，《文物》2006 年第 4 期，第 17～24、77 页；郑州市文物考古研究院：《郑州市金水区廊桥水岸战国晚期秦墓发掘简报》，《中原文物》2013 年第 4 期，第 14～25 页。

及冀中南地区出土的此类陶鬲，认为 A 型陶鬲是由殷式陶鬲发展而来的，属于殷商文化因素[①]。这种陶鬲在丰镐地区的西周墓葬中也有发现，滕铭予认为其属于商文化因素[②]。B 型为分裆小袋足大型陶鬲，肩部饰多道弦纹，出现于第三期前段。除器形较大外，其总体特征与 AaV 式相近，应是由 Aa 型发展演变而来的，属于本地区特有的一种全新类型。C 型为分裆大袋足陶鬲，兴弘与热电墓地的整理者认为其源头可追溯至商末周初，流行于豫北、冀中南地区[③]。这种风格的陶鬲在丰镐地区仅出土 2 件，见于陕西沣西张家坡墓地 M147[④]和新旺村制骨遗址[⑤]。丰镐地区的此类陶鬲应是受太行山东麓西周文化因素的影响而出现的，均来源于商文化[⑥]。D 型陶鬲器形较小，制作简单，是 A 型鬲退化到一定阶段的产物。E、F 和 G 型陶鬲出土数量极少，均不见于郑州地区的西周遗存。其中 E 型鬲在洛阳地区东周墓葬中常有发现，如中州路出土 17 件[⑦]，王城广场出土 5 件[⑧]，体育场路西 M8804 出土 1 件[⑨]，时代均为春秋中期前段。G 型则为通常所说的仿铜鬲，在丰镐地区西周墓葬中较为常见[⑩]。E、G 两型均可视作西周文化因素。F 型的特征是分裆袋足，小实足跟，应为商文化因素。

甲 A 型罐折腹，平底，甲 B 型罐圆肩，早期饰绳纹，二者均是丰镐地区西周墓葬中较为常见的陶器器形。研究者对其文化因素的认识基本相似，认为甲 A 型属于先周文化因素[⑪]，甲 B 型中的磨光弦纹罐属于周文化[⑫]，而饰绳纹者则属于商文化因素[⑬]。乙 A 型小圜底罐出现于春秋中期后段，器表多有彩绘，纹饰内容与铜器相似，这与甲 AaⅢ式中饰彩绘的现象相同，两者区别仅为底部，因此，乙 A 型应是由甲 Aa 型演变而来的，属于新出现的创新类型。关于乙 B 型大圜底罐的来源，张辛认为是由张家坡西周晚期遗址中的圜底绳纹器演变而来的，受当时资料的限制，他进一步认为这种罐是郑人东迁带来的，并结合金文字形把其称为郑之"国器"[⑭]。从新郑中行遗址的考古资料来看，此型罐从西周晚期一直沿用

① 河南省文物考古研究所：《郑韩故城兴弘花园与热电厂墓地》，北京：文物出版社，2007 年，第 150 页。

② 滕铭予：《丰镐地区西周墓葬的若干问题》，《考古学文化论集（三）》，北京：文物出版社，1993 年，第 204～229 页。

③ 河南省文物考古研究所：《郑韩故城兴弘花园与热电厂墓地》，北京：文物出版社，2007 年，第 151 页。

④ 中国科学院考古研究所编：《沣西发掘报告》，北京：文物出版社，1963 年，图八六。

⑤ 中国社会科学院考古研究所沣西工作队：《陕西长安县沣西新旺村西周制骨作坊遗址》，《考古》1992 年第 11 期，第 997～1002 页。

⑥ 张礼艳：《丰镐地区西周墓葬研究》，北京：社会科学文献出版社，2015 年，第 103 页。

⑦ 中国科学院考古研究所：《洛阳中州路（西工段）》，北京：科学出版社，1959 年，第 69 页。

⑧ 洛阳市文物工作队：《洛阳王城广场东周墓》，北京：文物出版社，2009 年，第 342 页。

⑨ 洛阳市文物工作队：《洛阳体育场路西东周墓发掘报告》，北京：文物出版社，2011 年，第 209 页。

⑩ 张礼艳：《丰镐地区西周墓葬研究》，北京：中国社会科学文献出版社，2015 年，第 41 页。

⑪ 张天恩：《关中商代文化研究》，北京：文物出版社，2004 年，第 60～62 页。

⑫ 滕铭予：《丰镐地区西周墓葬的若干问题》，《考古学文化论集（三）》，北京：文物出版社，1993 年，第 204～229 页。

⑬ 张礼艳：《丰镐地区西周墓葬研究》，北京：中国社会科学文献出版社，2015 年，第 99～104 页。

⑭ 张辛：《中原地区东周陶器墓葬研究》，北京：科学出版社，2002 年，第 125～126 页。

至战国晚期后段[1]，另在官庄遗址西周晚期遗存中也有发现[2]，并作为随葬品出现在兴弘与热电墓地的西周晚期墓葬中，可见此类罐于西周晚期已经在郑州地区出现，属于本地文化的一部分。

一般认为，盂是在西周中期偏早出现，并逐渐代替了簋，属于周文化因素[3]。A 型大陶釜与 B 型陶鬲的区别仅为底部，前者晚于后者出现，因此 A 型釜应是由 B 型鬲演化而来的，而 B 型釜则与 A 型秦釜[4]十分相似。缶也属于秦文化因素。A 型豆是由两种商文化因素的陶豆融合产生的，属于商文化因素[5]。B 型豆浅盘、高柄，与 A 型差距较大，较早出现于晋南地区春秋晚期后段墓葬中，属于三晋文化因素[6]。至于墓葬出土的单耳杯、带耳罐，滕铭予认为属于北方文化因素[7]；郑君雷认为肩双耳陶器的分布区域从内蒙古凉城经河北滦平，至内蒙古敖汉旗一线，大体邻近燕、赵边境[8]；也有学者认为双耳罐属于东周楚文化范畴内的地方文化因子，鄂西北地区为其分布的集中区[9]。但仔细观察可以发现，北方文化与楚文化双耳罐在耳的位置上有明显不同，北方因素的双耳靠近口部，而楚文化中的双耳位于束颈下的肩部。白沙 M122：2 的双耳位于口部，与前者相似，应属于北方文化因素。

（二）仿铜陶礼器

仿铜陶礼器于第二期后段出现，一般被视为模仿本地流行的铜器而制作的，也可归为创新文化因素。其中地区特色比较明显的是甲类鼎、敦和罍三类器物。有学者认为三足敦属于楚文化因素[10]，而三足铜敦在中原地区始现于春秋中期，早于楚墓中的同类器[11]，因此把其作为楚文化因素可能不确。仿铜陶礼器中的三足罍不见有同样形制的铜器，其上部所附兽首的形态与李家楼大墓出土的平底罍十分相似，虽然李家楼大墓青铜器中以兽为足、器身附首发达的风格可能受到了楚文化的影响[12]，但此类型的仿铜陶礼器仍应视为本地新出现的文化因素[13]。

① 河南省文物考古研究所：《新郑郑国祭祀遗址》，郑州：大象出版社，2006 年，第 33～34 页。

② 郑州大学历史学院考古系：《河南荥阳市官庄遗址西区发掘简报》，《考古》2013 年第 3 期，第 3～14 页；郑州大学历史学院考古系、河南省文物局南水北调文物保护办公室：《河南荥阳市官庄遗址西周遗存发掘简报》，《考古》2014 年第 8 期，第 20～37 页。

③ 张礼艳：《丰镐地区西周墓葬研究》，北京：中国社会科学文献出版社，2015 年，第 86 页。

④ 滕铭予：《论秦釜》，《考古》1995 年第 8 期，第 731～736 页。

⑤ 滕铭予：《丰镐地区西周墓葬的若干问题》，《考古学文化论集（三）》，北京：文物出版社，1993 年，第 204～229 页。

⑥ 柯萍萍：《晋南地区魏国墓葬研究》，吉林大学硕士学位论文，2014 年，第 82 页。

⑦ 滕铭予、王春斌：《东周时期三晋地区的北方文化因素》，《边疆考古研究》第 10 辑，北京：科学出版社，2011 年，第 108～140 页。

⑧ 郑君雷：《战国燕墓的非燕文化因素及其历史背景》，《文物》2005 年第 3 期，第 69～75 页。

⑨ 河南省南阳市文物考古研究所、武汉大学历史学院考古系：《南阳丰泰墓地》，北京：科学出版社，2011 年，第 234 页。

⑩ 张亮：《东周社会结构演变的考古学观察——以三晋两周地区墓葬为视角》，吉林大学博士学位论文，2014 年，第 76～77、108 页。

⑪ 朱凤瀚：《中国青铜器综论》，上海：上海古籍出版社，2009 年，第 142～143 页。

⑫ 杨文胜：《新郑李家楼大墓出土青铜器研究》，《华夏考古》2001 年第 3 期，第 73～79 页。

⑬ 张辛：《中原地区东周陶器墓葬研究》，北京：科学出版社，2002 年，第 126 页。

当然，也有部分仿铜陶礼器属于外来文化因素。如高柄小壶常被视为赵文化的典型器物[①]。张辛认为，该器应是受北方燕代系统文化影响而产生的[②]；郑君雷称其为“小口壶”，认为其属于典型的战国燕式陶器，始见于战国早期[③]。虽然高柄小壶可能来源于北方地区，但在三晋墓葬中较为流行，故本研究视其为三晋文化因素。中柱盘又可称为“中柱盂”，起源可追溯至河南杞县鹿台岗龙山文化[④]，在郑州商代遗存中也有发现[⑤]，但在战国时期三晋地区的墓葬中较为常见[⑥]。郑州地区东周中柱盘仅见于战国中晚期墓葬中，且均与高柄小壶同出，可视为三晋文化因素。Ab 型盖豆的早期器物多饰有繁缛的暗纹，且常与高柄小壶同出；B 型与 Ab 型形制相似，应是在 Ab 型的基础上简化而来的。这两个型式的盖豆均可视为三晋文化因素。乙类 C、D、E 型鼎，B 型盘，B、C 型匜，B、C、D、E 型壶均为战国早中期新出现的类型，特点是暗纹发达，并常与上述高柄小壶、Ab 型盖豆、B 型盖豆同出，均可视为三晋文化因素。

需要说明的是，有学者认为盒[⑦]与合碗[⑧]为秦文化因素，但从盒的形制来看，应是从 Bb 型盖豆演变而来的，而且滕铭予曾明确指出，战国晚期的有盖盒不见于此前秦式的仿铜陶礼器，明显是受到中原地区的影响[⑨]。合碗与盒形制相近，也不应视为秦文化因素，而是均源于三晋文化因素中的 Bb 型盖豆。

从上述分析可以看出，郑州地区东周墓葬出土陶器主要有以下几种文化因素：第一种为商文化因素，包括 A、C、D、F 型鬲，甲 B 型绳纹罐，A 型豆。第二种为先周或周文化因素，包括 E、G 型鬲，甲 A、甲 B 型磨光弦纹罐，盂。第三种为创新文化因素，包括 B 型鬲、A 型釜、乙 A 型罐、甲类鼎、敦、罍、舟、Aa 型盖豆、A 型盘、A 型匜、A 型壶等。第四种为外来文化因素，其中 B 型豆，高柄小壶，Ab 型、B 型盖豆，乙类 C、D、E 型鼎，B 型盘，B、C 型匜，中柱盂皆属于三晋文化因素，盒与合碗属于三晋文化因素的延续，B 型釜、缶为秦文化因素，单耳杯、带耳罐为北方文化因素。

若按照文化渊源和人群主体来划分，郑州地区东周墓葬出土陶器文化因素又可分为五类：第一类为本地文化因素，包括第一种和第二种文化因素，乙 B 型罐来源尚不清楚，暂可归为这一类；第二类为创新文化因素；第三类为三晋文化因素；第四类为秦文化因素；第五类为北方文化因素。

①　黄朝伟：《战国时期赵国墓葬研究》，吉林大学硕士学位论文，2009 年，第 25 页。

②　张辛：《中原地区东周陶器墓葬研究》，北京：科学出版社，2002 年，第 8 页。

③　郑君雷：《战国时期燕墓陶器的初步分析》，《考古学报》2001 年第 3 期，第 275～304 页。

④　魏兴涛：《河南杞县鹿台岗遗址出土陶中柱盂试释》，《华夏考古》1999 年第 3 期，第 84～86 页；郑州大学文博学院、开封市文物工作队：《豫东杞县发掘报告》，北京：科学出版社，2000 年，第 60 页。

⑤　河南省文物研究所、郑州市博物馆：《郑州新发现商代窖藏青铜器》，《文物》1983 年第 3 期，第 49～59 页；河南省文物考古研究所：《郑州小双桥：1990～2000 年考古发掘报告》，北京：科学出版社，2012 年，第 326 页。

⑥　刘长：《战国时期鸟柱盘与筒形器研究》，《华夏考古》2014 年第 2 期，第 44～59、125 页。

⑦　刘建安：《洛阳地区秦墓探析》，《华夏考古》2010 年第 1 期，第 86～94、120 页。

⑧　张辛：《中原地区东周陶器墓葬研究》，北京：科学出版社，2002 年，第 8 页。

⑨　滕铭予：《秦文化：从封国到帝国的考古学观察》，北京：学苑出版社，2003 年，第 138 页。

二、主要器类数量变化

虽然对文化因素分析的具体步骤和方法存在分歧[①]，但学界多认同在文化因素分析中尽可能地进行定量分析，通过对不同文化因素进行数量统计和比较来确定各种因素的地位和作用[②]。初步统计，目前能够确定类型的出土陶器共计 2968 件，但有相当一部分不能参与型式划分，如 B 型鬲和 A 型釜多数仅能复原上半部分，然而器物的演变又以底部特征为主要依据。因此，仅能根据现有的类型划分来探讨主要器类各型的数量比重，分期统计各器类的型式，并结合墓葬分期，判断各型式数量的消长变化，为研究东周时期陶器的演变趋势和各期的文化因素构成情况提供依据。

陶鬲流行时间较长，自第二期后段开始类型增多，在第三期后段达到顶峰，此后开始衰落。在所有的类型中，A、B 两型数量最多，较为常见，其次是 D 型和 C 型。A 型流行时间最长，从第一期至第六期均有出现，数量呈逐渐减少的趋势，第五期前段以后迅速变少。其中 Aa 型延续时间最长，器型变化连续，中间无缺环，始终在陶鬲类型中占重要地位。Ab 型在第二期后段开始出现，应是由 Aa 型发展而来的，并一直延续至第四期前段。D 型是 A 型发展到第三期的产物，袋足逐渐消失，制作粗糙，不再追求器形的规范，到第四期逐渐向似鬲又似鼎的三足器发展。与此同时，A 型陶鬲于第四期演变为模型化的明器小鬲。这些现象既是陶鬲普及的象征，也预示着其的衰落。B 型自第三期前段出现后，数量逐步增多并逐渐成为陶鬲的主要型式，其在第四期后段和第五期前段发现最多，第五期后段逐渐减少，第六期基本不见。在数量上，A 型和 B 型呈现此消彼长的现象，B 型有代替前者的趋势。C 型陶鬲分布范围较窄，出土数量也较少，以兴弘与热电墓地为主，碧沙岗和岗杜各仅见 1 件，河李村亦见有 1 件此型泥鬲，目前不见于东周遗址，可见使用此类器的人群比较单一，但其在第一、二期具有一定的地位，第二期以后基本不见，代之兴起的也是 B 型陶鬲。E、F、G 型陶鬲的数量均较少，出现的时代为第二、三期。总之，陶鬲在第一、二期型式多样，第三期发生了巨大的变化，即新旧型式交替并呈现出集中到 A、B 和 D 三种类型的趋势，其他型式则基本不见。

陶盂沿用时间较长，自第一期至第六期均有出土。A 型占绝大多数，器型发展基本无缺环。B 型自第二期后段出现，一直延续到第四期，到第五期后段基本不见。陶盂器型变化缓慢，具有较强的稳定性。

陶罐自第一期至第五期数量由多变少，至第六期又迅速增多。在所有的类型中，甲 A 型数量最多，其他三型数量基本相当。甲 Aa、Ab 型流行的时间为第一期至第四期后段，且第四期数量明显减少。甲 Ac 型在第四期后段出现并逐渐增多，到第六期数量较多。甲

---

① 袁永明：《考古学文化因素分析方法辨正》，《中国文物报》2001 年 9 月 14 日第 7 版；索德浩：《文化因素分析方法与历史时期考古学》，《华夏考古》2014 年第 1 期，第 134～141 页。

② 李伯谦：《论文化因素分析方法》，《中国文物报》1988 年 11 月 4 日第 3 版；栾丰实、方辉、靳桂云：《考古学理论·方法·技术》，北京：文物出版社，2002 年，第 89 页；种建荣：《关于考古学"文化因素分析方法"的几点思考》，《唐都学刊》2008 年第 3 期，第 86～89 页。

Ad 型在第四、五期较为常见，但分布范围较窄，在第五期逐渐演变为 E 型壶。甲 B 型从第三期前段一直延续至第六期，器型演变过程中有缺环，第六期数量较多。乙 A 型出现于第二期后段，一直沿用至第四期后段，器表多饰彩绘，形制比较稳定，最大径与高的比值保持在 1.1 左右。乙 B 型在第一期就有发现，但数量较少，能分期的标本共有 54 件，其中第一至第三期共 10 件，第四期不见，第五、六期共 44 件，以第六期居多。可见，在陶罐的型式中，甲 A 型与乙 A 型关系密切，乙 B 型的独立性较强。

陶豆数量整体呈减少趋势。其中 Aa 型在第一至第三期数量较多，第四期以后数量减少，至第五期后段很少见。Ab 型虽然延续时间和 Aa 型相当，但数量较少，总量仅为 Aa 型的十分之一。B 型于第四期后段出现，之后迅速流行，第五期数量最多，第六期逐渐减少。A 型与 B 型形制差别明显，二者相对独立发展。

釜有大、小两型。A 型大釜自第四期后段出现，除底部以外，与 B 型鬲基本相同，应源于 B 型鬲，到第五期数量迅速增多，与 B 型鬲较晚的型式并行，第六期数量减少。B 型小釜数量少，集中出现于第六期。

陶鼎最早出现于第二期后段，流行于第四、五期，乙类出土数量居多。甲 Aa 与乙 A 型数量均由少到多再变少，第三期和第四期前段数量较多，第四期后段数量少，此后基本不见。甲 Ab 型自第二期后段出现一直延续至第五期前段，每期的数量均较少。甲 Ac 型数量不多，集中出现在第四期。甲 B 型由少到多，第五期基本不见。乙 B 型鼎耳竖直，器形特征与洛阳中州路I式鼎[①]相似，早期的器物组合为鼎、盂、罐，即仿铜陶礼器＋日常生活器，这也应是仿铜陶礼器最初的形态，代表了郑州地区仿铜陶礼器的出现。根据器形特征与组合推断，乙 B 型应略早于甲 A 型出现。乙 Ca 与 Da 型集中出现在第五期，第六期基本不见。从总体上看，甲类与乙类并行发展，在第四期后段之前，甲类数量多于乙类，此后乙类盛行，数量居多。从各期陶鼎型式的数量来看，第四期后段和第五期后段均多达 10 种，属于陶鼎新旧型式的交替期。每型鼎的变化趋势都是早期做工精致，仿铜效果逼真，装饰比较考究，到了晚期做工粗糙，不再追求与同期铜鼎的相似度。

盖豆两型的主要差别在于盖顶捉手的有无。Aa 型自第二期后段出现后，一直延续至第五期前段，数量由少到多再逐渐消失，其中第三期和第四期数量最多，第五期及以后较为少见。Ab 型盖豆出现于第四期后段，第五期比较盛行，数量激增，第六期前段陡然减少，并被盒取代。Ab 型出现后迅速流行，并取代了 Aa 型的主导地位。B 型盖豆集中出现于第五期，第六期前段形制与盒接近。

壶以 C 型数量为多。A 型主要流行于第四期后段至第五期后段，此后基本不见。B 型壶在第四期后段出现，第五期数量最多，第六期迅速减少。C 型壶在第四、五期常见。D、E 两型主要流行于第六期。

盘以 B 型数量居多。A 型从第二期后段一直延续到第四期后段，第五期基本不见。B 型晚于 A 型出现，最早出现于第四期后段，此后逐渐取代了 A 型的地位。Bd 型数量较少，出现于第五期。

---

① 中国科学院考古研究所：《洛阳中州路（西工段）》，北京：科学出版社，1959 年，第 70 页。

匜以 C 型数量为多。A 型为兽形，流行时间较长，自第二期后段一直到第四期后段，第五期消失不见，数量从少到多再变少，主要集中在第三期和第四期前段。B 型为瓢形，最初出现于第四期后段，暗纹比较发达，其出现后取代了 A 型匜，主要流行于第五期，第六期基本不见。C 型为桃形，晚于 B 型出现，应是后者演变而来的，在第五期与第六期前段数量较多。

敦以 A 型数量居多。A、B 两型集中出现于第三期和第四期前段，第四期后段趋于消失。Ca 型流行于第三期后段，此后被 Cb 型取代，到第五期基本消失。D 型数量虽然少，但第二期后段就已经出现，器型演变中有明显的缺环。E 型仅见于铁岭 M1414 中，在洛阳王城广场 M29 [①] 中也出土有同类器。

罍以三足 B 型数量为多。A 型从第二期后段一直延续至第四期后段，第五期消失不见。Bb 型稍晚于 Ba 型出现，应是后者的简化形式，两亚型均于第五期不见。A 型罍在洛阳地区偶有发现，如体育场路西 M8762 出土 2 件 [②]，B 型罍则未见于其他地区，属于本地区的典型器物。

舟以 A 型居多。各类型的流行时间主要集中于第二期后段至第四期后段，到第五期消失不见。

高柄小壶与 B 型豆、Ab 型盖豆同时出现于第四期后段，第五期数量最多，第六期基本不见。

盒出现于第五期后段偏晚，流行于第六期前段。在所有的仿铜陶礼器组合中，不见其与盖豆同出，二者应是功能相同的器物。结合器物类型学分析，盒晚于盖豆出现，应是从盖豆发展演变而来的。从数量的差距上看，盒参与的组合有 16 种，出现 30 次，而盖豆参与的组合有 39 种，出现 221 次。无论是出土数量还是出现的次数，盒均明显低于盖豆，也说明盒流行的时段较短。

碗（钵）未进行型式划分，以第六期数量居多。缶仅见于第六期后段。此外，带耳罐和单耳杯的数量较少，出现于第三期后段和第四期前段。

综合不同时期典型陶器型式的统计和分析，可以绘制陶器型式数量的历时性变化图。从图 2-35 中可以看出，虽然不同陶器型式都随时间的推移发生着变化，但是变化的节奏快慢不一。陶鬲的变化节奏较快，第一、二期基本稳定，第三、四期之际新类型不断出现，新旧交替频繁，第三期至第四期前段达到鼎盛，第五期早段以后迅速衰落。陶盂虽延续时间长，但是类型较少，从早到晚变化节奏始终较慢，形制相对稳定。陶豆的变化节奏快但比较均匀，最突出的变化是第四期后段出现的 B 型豆。陶罐中的甲类型式多样，变化主要集中在第三期和第六期，而乙类则变化缓慢，稳定性较强。陶鼎自第二期后段出现后，型式迅速增多，在第四、五期成为主要器类，型式数量达到顶峰，变化节奏较快。盖豆中的 Aa 型变化缓慢，而 Ab 型和 B 型自第四期后段出现后型式明显增多。匜在第四期后段之前变化缓慢，自 B 型于第四期后段取代 A 型后，型式大幅增加，变化节奏加快。壶、盘、敦、罍、舟的变化节奏均较慢。

①　洛阳市文物工作队：《洛阳王城广场东周墓》，北京：文物出版社，2009 年，第 346 页。
②　洛阳市文物工作队：《洛阳体育场路西东周墓发掘报告》，北京：文物出版社，2011 年，第 201 页。

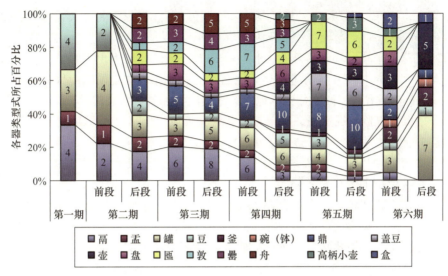

图 2-35　典型陶器型式数量分期变化图

根据图 2-35 中线条交叉疏密程度的不同，可以清楚地看出，郑州地区东周墓葬出土典型陶器经历了三次大变革：第一次发生在第二期后段，器类陡然增多，新出现了鼎、盖豆、敦、罍、舟、盘、匜等仿铜陶礼器；第二次发生在第五期前段，敦、罍、舟三类陶器基本消失，鼎、盖豆与匜的型式明显增多，鬲的地位显著下降；第三次发生在第六期后段，器类明显减少，前期流行的以鼎为核心的仿铜陶礼器组合基本不见，罐与壶的地位突出。就上述三次变革来说，第一次出现得比较突然，多种仿铜陶礼器集中出现而此前却无明显迹象，这可能与有限的墓葬资料密切相关，后两次在变革前已显示出某些征兆。在第四期后段，鬲、敦、罍、舟的型式数量明显减少，盘的型式增多，新出现了壶、釜和高柄小壶，盖豆也出现了新的型式，是由鼎＋敦＋罍＋舟＋盘＋匜组合演变为鼎＋盖豆＋壶＋盘＋匜组合的过渡阶段，也是以鬲为主导的日用陶器的衰退时期。而在第六期前段，鼎、盖豆、盘、匜、高柄小壶等仿铜陶礼器的型式锐减，合碗与碗（钵）的地位凸显，为第三次变革奠定了基础。

三、各类文化因素历时性变化

郑州地区东周墓葬出土陶器文化因素共有五类，从各文化因素所包含的陶器数量与种类来看，第一至第三类为主要文化因素，第四、五类为次要文化因素。但在不同的历史阶段，墓葬出土陶器表现出对诸多不同文化因素的融合，而各类文化因素所占的比重差异明显。

第一类本地文化因素在第一期和第二期前段占有优势，此后虽逐渐衰退，但仍延续至第六期。第二类创新文化因素在第二期后段集中出现，此后一直持续到第四期后段，多数型式于第五期基本消失，仅有 B 型鬲延续至第六期，并于第五期衍生出 A 型釜。第三类三晋文化因素于第四期后段少量出现，到第五期占据主体地位，第六期趋于衰落。第四类秦文化因素集中出现在第六期，并呈持续增多的趋势。第五类源于北方文化因素，仅在第三期后段和第四期前段有所发现，数量较少。

结合历史背景来看，郑州曾作为商代早期都城，虽然此后不再为都，但仍具有重要地位，如发现了丰富的人民公园期遗存和其他商代晚期遗存，这均说明商代后期郑州地区仍然具有重要的战略地位[1]，商文化在本地区的根基较为深厚。西周初年，周武王在郑州附近分封了多个诸侯国以监视殷遗民，其弟叔鲜就封在管地（今郑州地区）。因此，郑州地区东周墓葬陶器中有大量商文化因素合乎常理。

虽然郑桓公在西周末年已筹划迁徙之事，但灭郐、虢并迁都新郑是由郑武公完成的。郑国东迁后在统治初期政局并不稳定，周、郑不断交恶，还发生了叔段叛乱事件，本地文化在这一时期占有优势地位。郑人创新的文化因素发生在春秋中期后段，恰恰是在郑国经历了庄公小霸之后。创新文化因素自出现后，流行范围逐渐扩大，兴盛于春秋晚期后段至战国早期前段，与此同时本地文化的影响力趋于衰弱。北方文化因素出现于春秋、战国之际，似是经晋地传入的[2]，这与郑、晋之间交流频繁有关。春秋时期，郑国夹在晋、楚争霸之间，与晋多次结盟或争战[3]。春秋末年，郑国仍试图摆脱晋国而与齐、卫联盟，还参与了晋六卿之争，《左传·哀公二年》载："齐人输范氏粟，郑子姚、子般送之。"但北方文化因素的出现也有可能是郑与北戎直接交流的结果[4]。

战国早期后段三晋文化因素的出现与韩国的东渐扩展有密切关系。自"（郑）幽公元年，韩武子伐郑，杀幽公"，至"（郑君乙）二十一年，韩哀侯灭郑国，并其国"，郑韩之间的战争维系了近五十年，这期间郑国内乱不断，国力迅速衰落。这时期文化因素的比重发生了明显变化，郑人创新的文化因素削弱，韩人东渐带来的三晋文化因素占有一定比例，但仍处于弱势。韩代郑后，以甲类鼎、敦、壘、舟、A 型匜、A 型盘为代表的典型郑文化因素迅速衰退，而三晋文化因素则迅速兴起。但是作为创新文化因素的 B 型陶鬲非但没有消失，反而衍生出了新的器类，这主要是因为 B 型鬲本身是在商式鬲的基础上演变而来的，因此可视为本地文化的延续。战国晚期，随着秦国的不断扩张，秦文化因素在郑州地区出现并不断增强，但总体比重较弱。同时韩国的国力逐渐衰弱，三晋文化因素相继衍生出了新的器类，盒与合碗逐渐流行，尤其是合碗，流行于战国晚期，常与本地文化中的乙 B 型罐同时出现，占据较大比例。

郑州地区东周墓葬陶器的五类文化因素与人群有密切的关系：第一类为本地文化因素，第二类为郑人创新的文化因素，第三类为韩人东渐的三晋文化因素，第四、第五类为秦和北方文化因素，不同阶段各文化因素的比重差异明显。郑国统治期间，以商、周文化因素为代表的本地文化由盛至衰。春秋中期后段创新文化因素出现并迅速流行，成为郑文化的典型代表。其中，有少部分器型是在本地文化因素的基础上创新出来的，如 B 型陶鬲。而

①　张国硕：《郑州商都文化》，郑州：河南人民出版社，2008 年，第 125 页。

②　滕铭予、王春斌：《东周时期三晋地区的北方文化因素》，《边疆考古研究》第 10 辑，北京：科学出版社，2011年，第 108~140 页。

③　童书业撰，童教英导读：《春秋史》，上海：上海古籍出版社，2003 年，第 218~224 页。

④　《左传·隐公九年》载："北戎侵郑。……郑人大败戎师。"另《左传·桓公六年》载："北戎伐齐，齐侯使乞师于郑。郑大子忽帅师救齐。六月，大败戎师，获其二帅大良、少良，甲首三百，以献于齐。"

除了前述的典型器类之外，兼有仿铜陶礼器与日用陶器的器物组合形式也属于创新文化因素。战国早期后段，郑韩争战期间，三晋文化因素出现，创新文化因素虽受到冲击但仍居于主导地位。韩灭郑迁都后，创新文化因素迅速衰退，大部分型式快速消失，仅有的 B 型陶鬲也是本地文化因素延续的代表，三晋文化因素于战国中期占据优势地位。战国晚期，本地文化因素中的一些器类重新兴起，如乙 B 型罐等，而三晋文化因素急剧退化，并衍生出新的器类。同时，秦文化因素也传入郑州地区，但影响较小。

此外，在本地文化因素中，乙 B 型罐表现较为突出。此类罐常见于本地区西周晚期的遗存中，郑国东迁后继续沿用，但未占主流。战国晚期，乙 B 型罐数量增多、分布广泛，成为韩文化的主体因素，并影响了周边地区，如在南阳丰泰墓地中也有发现[1]。韩国灭亡后，此类器物并未随之消失，而是继续出现在郑州地区的秦墓中，如人民公园秦墓出土 8 件[2]、廊桥水岸秦墓出土 10 件[3]，数量未有明显减少。可见，乙 B 型罐作为战国晚期韩文化的典型器物影响深远。

①　河南省南阳市文物考古研究所、武汉大学历史学院考古系：《南阳丰泰墓地》，北京：科学出版社，2011 年，第 234 页。

②　王彦民、汪旭、张文霞，等：《郑州人民公园秦、汉墓发掘简报》，《郑州文物考古与研究（一）》，北京：科学出版社，2003 年，第 745～769 页。

③　郑州市文物考古研究院：《郑州市金水区廊桥水岸战国晚期秦墓发掘简报》，《中原文物》2013 年第 4 期，第 14～25 页。

第三章 郑州地区东周墓葬等级与社会结构演变

郑州地区东周墓葬在墓室规模上有大小之分，在随葬品种类和数量上存在多寡之别，体现出等级差异，一定程度上反映了东周社会的层级之分。

第一节 墓葬等级划分

一、学界以往墓葬等级划分标准

墓葬的形制、规模、葬式及随葬品等往往受埋入人群构成和墓主人的生平活动、所属社会阶层、拥有的文化传统、埋葬习俗等多方面因素的影响[1]。因此，墓葬中具有等级意义的参数很多，分类标准和方法众说纷纭。目前主要的分类标准有三种：第一种以墓葬规模为主要依据，包括墓室大小、墓道有无及多寡、葬具尺寸与棺椁重数；第二种以随葬品种类与数量为主要依据；第三种综合考虑墓葬中各种因素。

墓葬规模能反映墓主人生前所支配劳动力的多寡程度，其主要参数为墓葬的坑长或面积。叶小燕依据坑口长度把墓葬分为三类：4.6 米以上为大型墓，3～4.6 米为中型墓，3 米以下为小型墓[2]。印群结合墓室面积和墓道情况两方面的因素，将黄河中下游地区东周墓葬分为四类：第一类是双墓道的"中"字形大墓，以及墓坑面积在 100 平方米以上的单墓道墓；第二类是墓圹面积在 10 平方米以上、100 平方米以下的单墓道大墓和竖穴土坑墓；第三类是墓坑面积在 4～10 平方米的竖穴土坑墓；第四类是墓坑面积在 4 平方米以下的小型竖穴土坑墓[3]。

据文献记载，周人葬具的棺椁重数与墓主身份有密切关系，但学界对其的具体认识存在分歧。俞伟超认为天子五层棺，诸公四层棺，侯、伯、子、男之爵三层棺，大夫二层棺，士一层棺[4]。史为认为棺椁使用的等级应是天子二椁五棺，大夫一椁二棺，士一椁一棺[5]。赵化成则认为天子三椁四棺，诸侯二椁三棺，大夫一椁二棺，士一椁一棺，并考证周代棺椁多重制度的滥觞期是西周至春秋早期，形成期是春秋中期至战国早期，僭越与破坏是在战

① 滕铭予：《秦文化：从封国到帝国的考古学观察》，北京：学苑出版社，2003 年，第 9 页。
② 叶小燕：《中原地区战国墓初探》，《考古》1985 年第 2 期，第 161～172 页。
③ 印群：《黄河中下游地区的东周墓葬制度》，北京：社会科学文献出版社，2001 年，第 124 页。
④ 俞伟超：《马王堆一号汉墓棺制的推定》，《先秦两汉考古学论集》，北京：文物出版社，1985 年，第 126 页。
⑤ 史为：《长沙马王堆一号汉墓的棺椁制度》，《考古》1972 年第 6 期，第 24、48～52 页。

国中晚期，损益与衰亡于西汉时期[1]。印群认为，文献记载的棺椁制不属于西周时期，其雏形出现在春秋时期，到战国时期才基本形成与文献一致的棺椁等级制度[2]。宋玲平着重分析晋系墓葬中多重棺椁制度的发展演变过程，认为西周早期至西周中期为滥觞阶段，西周晚期至春秋中期为形成阶段，春秋晚期至战国中晚期为破坏阶段，并提出：春秋晚期，晋系平民阶层的陶器墓出现了分化趋势，日用陶器墓继续以单棺为主体，而陶礼器墓则升为一椁一棺；进入战国以后，平民阶层墓也出现了流行一椁一棺的趋势[3]。虽然上述观点略有差异，但是都认同周代存在棺椁多重制度的事实，战国时期一椁一棺主要流行于士和部分平民阶层。

随葬品种类与多寡也能反映墓主生前的社会地位，尤其是具有明确等级标志的青铜礼器。俞伟超提倡"周代鼎制三分法"[4]。虽然林沄认为依据用鼎数量对铜器墓进行分类的做法值得商榷[5]，但不可否认的是，多数学者仍以鼎作为判断铜器墓主身份的主要标准，并注意到了用鼎制度的变化[6]。

综合墓葬各种要素进行分类是目前最常见的方式。滕铭予在《中原地区东周铜器墓分类新论》[7]（下简称《新论》）中认为，在对铜器墓进行分类时，要综合考虑墓葬各方面因素，在以鼎的状况和组合作为主要标准时，既要考虑到列鼎数量，又要兼顾非列鼎的象征意义，同时还要充分考虑到东周时期用鼎制度的发展变化过程，对不同时期的墓葬分别进行分类研究。

二、本研究墓葬等级划分标准

由于郑州地区东周墓葬尤其是高等级墓葬被盗严重，随葬品组合遭到破坏，仅通过随葬品种类和数量不能准确划分墓葬的等级，但残存的随葬品对于区分不同等级仍具有重要参考价值。同时，虽然北方地区的木质棺椁保存状况不如南方地区，诸多墓葬棺椁数量不明，但也有部分可根据残存痕迹判断出棺椁数量。郑州地区东周墓葬绝大多数为竖穴土坑墓，有部分空心砖墓和瓮（瓦）棺葬，另有极少数洞室墓。在此主要对竖穴土坑墓进行等级划分。本研究主要依据墓葬形制、墓室规模（均以墓口面积为准）、棺椁重数，并结合随葬品种类与数量将郑州地区东周竖穴土坑墓划分为五个等级，详情如下。

第一等级：带两条墓道的墓葬。墓室面积在 100 平方米以上，以胡庄 M2 面积最大，近 1000 平方米。葬具有三椁单棺、二椁三棺或二椁二棺。

此等级墓葬数量较少。在新郑金城路西段南侧的后端湾发现"中"字形大墓（M12），南北总长 45 米，墓室南北长 13.9 米，东西宽 10.6 米，填土经夯打。南北向斜坡墓道，南

① 赵化成：《周代棺椁多重制度研究》，《国学研究》第 5 卷，北京：北京大学出版社，1998 年，第 27～60 页。
② 印群：《黄河中下游地区的东周墓葬制度》，北京：社会科学文献出版社，2001 年，第 180 页。
③ 宋玲平：《晋系墓葬棺椁多重制度的考察》，《考古与文物》2008 年第 3 期，第 53～57 页。
④ 俞伟超：《周代用鼎制度研究》，《先秦两汉考古学论集》，北京：文物出版社，1985 年，第 62～114 页。
⑤ 林沄：《周代用鼎制度商榷》，《史学集刊》1990 年第 3 期，第 12～23 页。
⑥ 张闻捷：《周代用鼎制度疏证》，《考古学报》2012 年第 2 期，第 131～161 页。
⑦ 滕铭予、张亮：《中原地区东周铜器墓分类新论》，《考古》2013 年第 2 期，第 76～85 页。

墓道长 21 米，宽 6.6～7.5 米，葬车 40 辆；北墓道长 10 米，宽 4.7～5.6 米，葬车 5 辆。车辆均拆卸下葬。葬具为三椁单棺（或重棺）。该墓多次被盗，仅出土鼎、簋、鬲、方壶等青铜器残片，还有玉器、蚌器和骨器等①。

目前发现的战国时期韩国的最高等级墓葬均为双墓道，平面呈"中"字形或舟形，其中许岗与胡庄墓地情况较为清楚。许岗墓地共发现 4 座"中"字形大墓，M3 与 M4 均积石积炭，棺椁重数不明②。M3 总长 168 米，墓室长约 20 米，宽约 21 米，被盗严重。M4 总长 121.5 米，发现 98 件排列有序的带孔长方形青玉片，下部衬有纺织物。另据许岗墓地早年的勘探可知，M1 总长 141 米，南墓道长 77.5 米，宽 10～11 米；北墓道长 42 米，宽 10 米左右；墓上原有封土高约 3 米。M2 总长 117.5 米，南墓道长 66.5 米，宽 7～10 米；北墓道长 35.5 米，宽 8 米左右；墓室平面呈长方形，南北长 15.5 米，东西宽 9.5 米。M3 封土存高约 8 米，周长 50 米，原封土可能呈覆斗状。墓区内发现的建筑材料表明这些墓葬原应有墓上建筑③。胡庄墓地发现两座"中"字形大墓，东西并列分布。均为南北向竖穴土坑，积石积炭，葬具为二椁二棺。M1 总长 75 米，封土残高 7 米，墓室平面呈不规则长方形，南北长 18.45～26 米，东西宽 18.4～21.3 米，深约 8 米。M2 总长 78 米，封土残高约 10 米，墓室平面呈长方形，南北长 26 米，东西宽 36.5 米，深 11.5 米，东部被 M1 打破。两墓均被盗，M1 被盗空，M2 出土青铜礼器、乐器、兵器、车马器、杂器、玉器、陶器、骨器等遗物 500 余件④。

此外，李家楼大墓也可视作第一等级墓葬，但其在形制和规模上与前述墓葬有很大差异，为竖穴土坑墓，未发现有墓道。墓室平面呈南北向长方形，长 6 米，宽 5 米，深 6 米。西、南、北三面直壁上有似半个方井的遗迹⑤，应与铁岭墓地墓壁上发现的洞穴功用相同，可能和建墓出土有关⑥。墓底铺有朱砂。墓主可能为男性。该墓面积仅为 30 平方米，且无墓道，从形制上看，等级应低于前述的双墓道大墓，但却出土有大量青铜，共计 102 件，其中容器、乐器共 96 件，包括鼎 22、鬲 9、方甗 1、簠 8、簋 6、敦 3、方壶 4、圆壶 2、罍 3、舟 5、盘 3、匜 4、鉴 2、兽尊 1、甬钟 18、镈 4、方炉 1⑦。根据出土器物组合，学界一般认为李家楼大墓的墓主为郑国国君。至于其规模为何相对较小，且远离后端湾公墓区，有学者认为是墓主非正常死亡所致⑧，可备一说。但要注意的是，并非所有的周代诸侯墓都

① 张志清主编：《中原文化大典·文物典·陵寝墓葬》，郑州：中州古籍出版社，2008 年，第 230～231 页；新郑市文物管理局：《新郑市文物志》，北京：中国文史出版社，2005 年，第 87～88 页。

② 张志清主编：《中原文化大典·文物典·陵寝墓葬》，郑州：中州古籍出版社，2008 年，第 237～238 页。

③ 河南省文物研究所新郑工作站、新郑县文物保管所：《新郑县辛店许岗东周墓调查简报》，《中原文物》1987 年第 4 期，第 62～68 页。

④ 河南省文物考古研究所：《河南新郑胡庄韩王陵考古发现概述》，《华夏考古》2009 年第 3 期，第 14～18 页。

⑤ 蔡全法：《新郑李家楼青铜器钩沉》，《蔡全法考古文集》，北京：科学出版社，2012 年，第 158 页。

⑥ 郑州市文物考古研究院、河南省文物管理局南水北调办公室：《新郑铁岭墓地 M709、M722 发掘简报》，《文物春秋》2012 年第 1 期，第 34～40、71 页。

⑦ 河南博物院、台北历史博物馆编：《新郑郑公大墓青铜器》，郑州：大象出版社，2001 年。

⑧ 杨文胜：《新郑李家楼大墓出土青铜器研究》，《华夏考古》2001 年第 3 期，第 73～79 页；蔡全法：《新郑李家楼青铜器钩沉》，《蔡全法考古文集》，北京：科学出版社，2012 年，第 157～168 页。

带墓道，如上村岭虢季墓就未设置墓道 [①]。

第一等级墓主身份当为郑韩两国的最高统治者。后端湾 M12 与李家楼大墓均可视为郑公之墓。发掘者根据胡庄墓地 M2 铜鼎和银箍扣上发现的"王后""王后宫""太后"刻铭，认为该墓地应是一组战国晚期韩国王陵。许岗墓区 4 座墓葬的形制、规模与胡庄墓地相似，墓主也很可能是韩王（后）。

第二等级：大型长方形竖穴土坑墓。墓室面积约为 20～40 平方米，不见墓道，葬具为二椁一棺或一椁二棺，且随葬有青铜礼器。随葬品有青铜礼器、乐器、兵器、车马器、带钩、陶器、玉器、骨器、金器、棺饰、贝、铜璜等。

属于第二等级的铜器墓葬主要有告成袁窑 M1、M2 和 M3，唐户 M9，铁岭 M308，郏县太仆乡墓，尉氏河东周村 M1。在《新论》中，袁窑 M3、唐户 M9 为乙类中等级铜器墓，袁窑 M2 为丙类低等级铜器墓。其中袁窑 M3 未被盗，出土 5 鼎 4 簋，墓主身份应相当于大夫一级的贵族，第二等级墓主身份大概与此相当。

第三等级：中型长方形竖穴土坑墓。葬具为一椁二棺或一椁一棺，墓室面积在 10～20 平方米之间。葬具为一椁一棺，墓室面积不足 10 平方米，但随葬有铜礼器的墓葬亦属此等级。随葬品有青铜礼器、兵器、车马器、陶器、玉器、骨器、贝、铜璜等。

第三等级墓葬主要有兴弘 M35、M42、M100、M121，热电 M1、M40，防疫 M6，唐户 M1，加气 M14，新禹 M2、M13，铁岭 M429、M458、M1404、M1405 等。在《新论》中，第三等级铜器墓均被列为丙类低等级铜器墓。未被盗扰的墓葬所出铜鼎均为 1 件，墓主身份大概属于级别稍高的士或没落的大夫阶层。

第四等级：小型长方形竖穴土坑墓。墓室面积在 4～10 平方米之间，葬具大多为一椁一棺或仅有一棺，少量为一椁二棺或二椁一棺，无铜礼器随葬。随葬品主要有陶器、玉器、石器、蚌器、骨器、铜带钩、铜璜等，极个别出土有兵器。

第四等级墓主身份大概是略低于第三等级的士级别或与士相当的阶层。

第五等级：小型长方形竖穴土坑墓。墓室面积不足 4 平方米，葬具为一椁一棺、一棺或无葬具，抑或葬具不存。随葬品有陶器、金属带钩、骨簪、铜环，仅 1 座墓出土有兵器。

第五等级墓主身份略低于第四等级，大概相当于一般平民阶层。

空心砖墓等级划分可参考上述标准，包括第三等级 1 座，第四等级 81 座，第五等级 100 座。土洞墓仅有 18 座，具备分级条件的墓葬不足一半，且无法参考上述分级标准，故本研究不再单独对其进行等级划分。瓮棺葬的墓主多为未成年人，无等级划分意义，故不在等级讨论之列。

总的来看，郑州地区东周墓葬可进行等级划分的有 1655 座，分别为第一等级 4 座，第二等级 8 座，第三等级 119 座，第四等级 833 座，第五等级 691 座。墓主人群主体为士或与之相当的阶层，其次为平民阶层，人群构成并未完全呈现出金字塔式的统治序列。造成这一现象的原因，除了考古发现、资料公布情况以及等级划分标准等因素外，与东周时期社会阶层发生了明显变化和流动有密切的关系，即上层贵族的下降，特别是下层庶民的大

---

① 河南省文物考古研究所、三门峡市文物工作队：《三门峡虢国墓（第一卷）》，北京：文物出版社，1999 年，第 15 页。

量上升，导致了士的人数激增，阶层扩大。这也是墓葬器用制度与棺椁等级制度遭到破坏所致。仿铜陶礼器自春秋中期后段在此地区出现，逐渐取代了铜礼器，并迅速流行。仿铜陶礼器的使用一般包括两种情况：一是没落的士或大夫阶层因经济地位下降而用其代替部分或者全部铜器，努力维护往日的尊严；二是某些士或庶人想上升到更高的阶层从而用其随葬 [1]。然而，当随葬仿铜陶礼器成为一种社会风气时，第二等级墓葬也开始出土仿铜陶礼器，制作相当复杂精细，如铁岭 M308、M1414，在这些同时出有整套青铜器的高级墓葬中，仿铜陶礼器失去了最初的意义，既无身份标志也无替代铜器的作用，仅属于随葬品的一类。战国中晚期，许多平民阶层也开始使用一椁一棺的葬具，战国晚期又出现洞室墓，并流行空心砖墓，这些均对棺椁等级制度造成很大的冲击。

此外，墓葬规模作为等级划分的重要因素，除了与墓主生前地位和财富有密切关系外，还受到建造工具的影响。春秋时期中原地区铁器初步发展，到了战国时期得到迅速发展，应用领域不断扩展，应用程度不断提高，到战国中晚期，土木建筑普遍使用铁制生产工具 [2]。郑州地区出土铁器的墓葬时代均为战国中晚期，以二里冈墓地出土数量最多，共计 69 件，除了铁带钩外，还出现镢、锸和锄等工具，发掘者推测其应为修墓工具 [3]。这类铁制工具的陶范在登封阳城 [4]、新郑仓城村 [5] 和中行 [6] 的战国铸造遗址中均有发现，足见当时郑州地区铁器已得到大规模使用。与春秋时期相比，战国时期铁器应用更加广泛，在建筑同等级墓葬时规模可能更大。因此，在墓葬等级划分时还应重视不同时期生产技术的差异。

第二节　墓葬形制、结构与方向

一、墓　葬　形　制

按照建筑材料，郑州地区东周墓葬可分为四类：竖穴土坑墓、空心砖墓、土洞墓和瓮（瓦）棺葬。

（一）竖穴土坑墓

竖穴土坑墓是郑州地区东周墓葬的主要形制，共计 1905 座，约占墓葬总数的 76.2%。根据平面形状差异，可分为有墓道和无墓道两种。

有墓道的墓葬数量较少，从已有材料来看，分布于新郑后端湾、许岗（图 3-1）和胡庄等

---

① 韩建业：《墓葬的考古学研究——理论与方法论探讨》，《东南文化》1992 年第 3、4 期合刊，第 32～39 页。

② 白云翔：《先秦两汉铁器的考古学研究》，北京：科学出版社，2005 年，第 148 页。

③ 河南省文化局文物工作队：《郑州二里冈》，北京：科学出版社，1959 年，第 71～74 页。

④ 河南省文物研究所、中国历史博物馆考古部：《登封王城岗与阳城》，北京：文物出版社，1992 年，第 267 页。

⑤ 河南省博物馆新郑工作站、新郑县文化馆：《河南新郑郑韩故城的钻探和试掘》，《文物资料丛刊（3）》，北京：文物出版社，1980 年，第 56～65 页。

⑥ 河南省文物考古研究所：《新郑郑国祭祀遗址》，郑州：大象出版社，2006 年，第 770 页、第 827～828 页。

地，均为南北两条斜坡墓道，平面呈"中"字形，南墓道较长为主墓道。墓室均为南北向长方形，墓口面积在 145 平方米以上，最大的胡庄 M2 近 1000 平方米。后端湾 M12 填土经夯打，南、北墓道中均有葬车，南墓道葬车数量较多。在许岗和胡庄墓地，墓上均发现有高大的"中"字形封土冢，最大者残高 10 米；墓室内积石积炭。关于坡形墓道的性质和作用，韩国河认为：一是为了筑墓人取土容易，上下方便；二是作为墓主灵魂出走的通道；三是权力的象征，主要指四面坡道，两面或一面的坡道则反映了墓主生前的居住情况[①]。胡庄大墓的墓道底部经夯打处理，还发现多道车辙，可能为修墓或下葬留下的痕迹，也证明了其有较强的实用性。东周时期对墓道的使用有严格限制，其可作为划分墓葬等级的

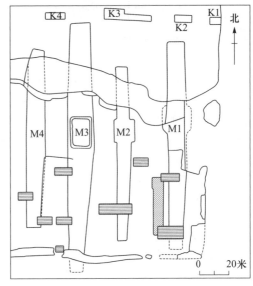

图 3-1　许岗墓地墓葬分布图

重要参考，那么，郑州地区设置双墓道的墓主应为郑韩国君或其配偶。

无墓道的墓葬占绝大多数。墓室平面形状多为长方形，个别为两端宽度不一的梯形，宽度差距均不超过 10 厘米，如兴弘 M53（图 3-2-1）。墓壁以直壁和口大底小的斜壁为主，口小底大的墓例较为少见，如兴弘 M56（图 3-2-2）。从目前资料来看，这种墓葬形制未随着时间发生明显变化。在墓口面积大于 10 平方米的墓壁上常发现有脚窝。铁岭墓地[②]

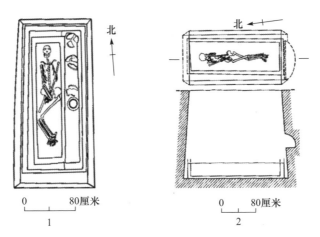

图 3-2　竖穴土坑墓

1. 兴弘 M53　2. 兴弘 M56

---

① 韩国河：《简论坡形墓道》，《郑州大学学报（社会科学版）》2000 年第 5 期，第 101～111 页。

② 郑州市文物考古研究院、河南省文物管理局南水北调办公室：《新郑铁岭墓地 M709、M722 发掘简报》，《文物春秋》2012 年第 1 期，第 34～40、71 页。

和李家楼大墓[①]还发现有遗留在墓壁上的洞穴，可插入木板，应是方便建墓时出土。

（二）空心砖墓

空心砖墓是郑州地区最具特色的一类墓葬，墓室由数十块空心砖搭建，常被视为具有椁室的功用。此类墓葬常见的建造方法为：在竖穴土坑底部横向平铺数块空心砖，两端挡墙和两边侧墙也由空心砖筑成。盖顶一般保存较差，有砖顶和木顶两种。砖顶为两端各横向平铺一砖，中间再用砖横向侧铺，如西亚斯 M192（图 3-3-1）；在二里冈、岗杜、中行遗址均发现有木质椁盖，如岗杜 M125（图 3-3-2）。还有一类仅见于禹州新峰墓地，即在墓室底部一端修建器物室，如新峰 M5（图 3-3-3）。空心砖墓共计 255 座，可以分期的有 71 座，

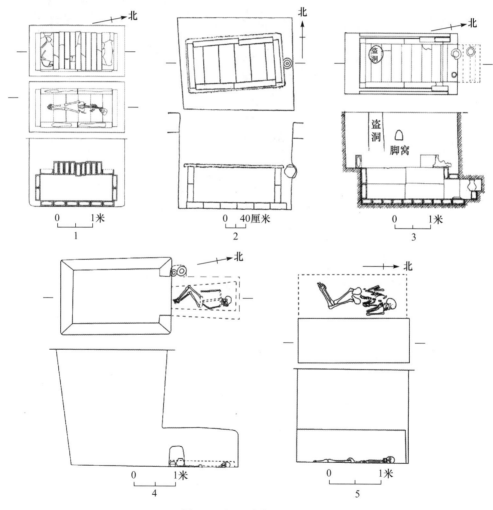

图 3-3　空心砖墓、土洞墓

1. 西亚斯 M192　2. 岗杜 M125　3. 新峰 M5　4. 凤凰台 M20　5. 凤凰台 M9

---

① 蔡全法：《新郑李家楼青铜器钩沉》，《蔡全法考古文集》，北京：科学出版社，2012 年，第 158 页。

包括第五期后段 1 座，第六期前段 9 座，第六期后段 61 座。总的来看，空心砖墓自第五期后段出现，主要流行于第六期。详见第四章第三节关于空心砖墓的考察。

（三）土洞墓

土洞墓是由竖穴土坑和土坑底部一侧掏挖的土洞组成，前者作为墓道，后者放置棺椁和随葬品。共发现 18 座，其中正洞室墓 14 座（如凤凰台 M20，图 3-3-4），偏洞室墓 4 座（如凤凰台 M9，图 3-3-5）。正洞室墓的墓道均宽于墓室。根据出土遗物判断，有 9 座正洞室墓时代为第六期后段，其余未能分期。偏洞室墓应是受到秦文化影响而出现的。

（四）瓮（瓦）棺葬

瓮（瓦）棺葬，共 36 座，集中出现在中行遗址，与竖穴土坑墓混杂在一起，主要用于埋葬幼儿。墓穴一般较浅，墓口长度集中在 0.8～1.4 米之间，宽度约为 0.4～0.8 米，以日常生活中的陶器或瓦作为葬具，铺地或者覆盖尸骨，如中行 W16、W31（图 3-4）。陶器常见有瓮、罐、盆、甑等，瓦有筒瓦和板瓦。随葬品少见，有陶钵、碗等。葬式多为仰身直肢。在已知方向的 31 座墓葬中，东向 4 座，西向 5 座，北向 22 座。受材料限制，这类墓葬未能进行分期。关于瓮棺葬的埋葬地有两种情况：一种是埋葬在生活区的附近，如南洼遗址；另一种是与其他类型的墓葬埋葬在同一墓地，如中行遗址。

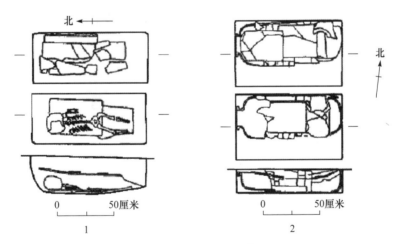

图 3-4　瓮（瓦）棺葬
1. 中行 W16　2. 中行 W31

二、墓　葬　结　构

墓葬结构指墓葬内部土结构的设置[1]。郑州地区东周墓葬内部构造包括腰坑、二层台与壁龛。腰坑在第四章第一节有专文论述，此处仅对二层台和壁龛进行考察。

---

[1]　郜向平：《商系墓葬研究》，北京：科学出版社，2011 年，第 69 页。

（一）二层台

二层台有生土和熟土之分，本研究仅对生土二层台进行考察。熟土二层台的形成多与棺椁外的填土有关[1]，多数情况下并非有意而为，但如果在二层台上发现有遗物，不论是生土还是熟土，都表示这类二层台为有意设置的[2]，可视为墓葬结构的一部分。

目前，郑州地区已发现设置生土二层台的东周墓葬有50座[3]，其中兴弘与热电共19座，禹州新峰10座，双楼与家世界各5座，西亚斯4座，华信、固厢各2座，合兴、市政、邮电各1座。从墓向来看，北向42座，占绝大多数，东向5座，南向3座。

二层台上部多为斜壁或直壁，下部均为直壁，有单面、双面、三面和四面四种，其中四面28座，单面中北壁8座、南壁4座，双面中东西两壁4座、南北两壁3座，三面均为东西北三壁3座。在可分期的墓葬中，二层台从春秋中期前段一直延续到战国晚期后段，无集中流行的时期，但二层台有明显加宽的趋势。从墓葬规模来看，设置二层台的墓葬墓口长度均不超过4米（图3-5），墓葬面积集中在4平方米以下，共有30座，面积为4~10平方米的有8座。随葬品中无铜容器，仅1座墓葬出土有铜戈1件。葬具中一椁一棺者5座，空心砖墓13座，其余均为一棺或葬具不存。

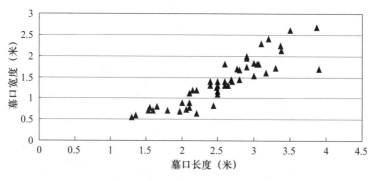

图3-5　二层台墓葬规模散点图

在设置二层台的墓葬中，等级明确的有50座。其中第四等级20座，约占此等级墓葬总数的2.4%；第五等级30座，约占此等级墓葬总数的4.3%。总的来看，第一、二、三等级墓葬不设置二层台，第四、五等级墓葬中有二层台，但并不流行。使用二层台的墓主人群以平民阶层为主，还有等级稍低的士阶层。从墓主性别与年龄来看，未成年墓7座，女性墓12座，男性墓9座，无明显性别差异。

生土二层台的设置可能有两个作用：一是加固墓壁，防止墓葬坍塌，兼有便于修墓之意，如禹州新峰墓地见有双级二层台；二是作为置物台，放置随葬品或殉祭遗存，如兴弘

① 胡继根：《浙江汉墓中"熟土二层台"现象分析》，《东南文化》1989年第2期，第164~165页。

② 谢肃：《商文化墓葬二层台上放置动物腿骨现象与"奠竁"礼比较研究》，《华夏考古》2009年第2期，第109~117、129页。

③ 有些发掘报告对二层台数量语焉不详，如家世界墓地列举的7座墓葬中5座有生土二层台，但墓葬登记表中无二层台信息，因此，此统计数据与实际有一定的出入。

M96 的二层台上置有随葬器物（图 3-6）。此外，设置四面二层台的墓葬，可能还有增加一重葬具的用意。

（二）壁龛

壁龛是在墓壁上掏挖而成，常用以放置随葬器物或殉祭遗存。郑州地区东周壁龛墓共 336 座[①]，分布于 18 个地点，以二里冈遗址数量最多，共计 148 座，另有家世界 43 座，兴弘与热电 38 座，仓库路 25 座，华信 19 座，市政 19 座，等等。

壁龛以一墓一龛为主，设置 2 个及以上壁龛的墓葬仅有 6 座[②]，位于华信新校区、二里冈和仓库路遗址。其中二里冈 M271 为双人合葬墓，每个墓主头端对应一个壁龛。根据壁龛位置的不同，可将壁龛墓分为四类：第一类，壁龛位于墓主头端的墓壁上；第二类，壁龛位于墓主脚端的墓壁上；第三类，壁龛位于墓室一侧的墓壁上；第四类，壁龛位于墓室一角的墓壁上。在壁龛位置明确的 303 座单个壁龛墓中，第一类有 284 座（如邮电 M4，图 3-7-1），第二类有 10 座（如布袋李 M4，图 3-7-2），第三类有 8 座（如西亚斯 M104，图 3-7-3），第四类仅 1 座（如兴弘 M63，图 3-7-4）；设多个壁龛的 6 座墓中，第一类有 2 座，第三类仅 1 座，第一类＋第三类有 3 座。可见，壁龛的设置中第一类占绝大多数，第二、三类较少，第四类较少见。

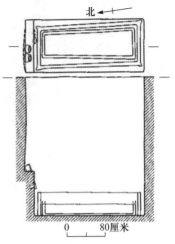

图 3-6　兴弘 M96 平面图

在可以分期的 293 座壁龛墓中，第一期 3 座，皆位于兴弘与热电；第二期 20 座，集中在兴弘与热电；第三期 11 座，集中在兴弘与热电、布袋李；第四期 16 座，集中在兴弘与热电、双楼；第五期 184 座，集中在家世界、二里冈和仓库路；第六期 59 座，集中在二里冈、家世界。壁龛类型未见有明显的时代差异，设置多个壁龛的墓葬时代均为第五期。

从图 3-8 可以看出，除第一期壁龛数量较少外，第二期至第四期数量均未超过 20 座，第三期数量略少，但变化不明显；第五期数量激增；第六期数量虽然明显减少，但数值仍保持在高位。

壁龛墓的方向以南北向为主，其中北向 273 座，南向 15 座，东向 9 座，西向 11 座。第二类壁龛多见于南向墓，第三类壁龛多见于北向墓的东壁。

壁龛墓的规模均不大，仅二里冈 M271 墓口面积超过 10 平方米，此墓为双人合葬墓，若将其视为无效的统计数据，则墓口面积在 4～10 平方米的有 214 座，4 平方米以下的有 56 座。如图 3-9 所示，墓口长度均在 4 米以下，宽度也未有超过 3 米者。

从随葬品来看，仅 1 座壁龛墓出土有铜容器，计为鼎、敦、舟、盘、匜各 1 件，还有 3 座墓葬出土有铜兵器，其余皆随葬陶器和小件器物。在已知葬具的 272 座墓中，一椁一棺者有 23 座，一棺者有 234 座，另有空心砖墓 15 座。根据本研究等级划分的标准，可进行

---

① 有些发掘报告对壁龛墓的数量描述不详，且无详细的墓葬登记表，故统计数量与实际有一定的差距。

② 多个壁龛的设置在胡庄墓地也有发现，见河南省文物考古研究所：《河南新郑胡庄韩王陵考古发现概述》，《华夏考古》2009 年第 3 期，第 14～18 页。

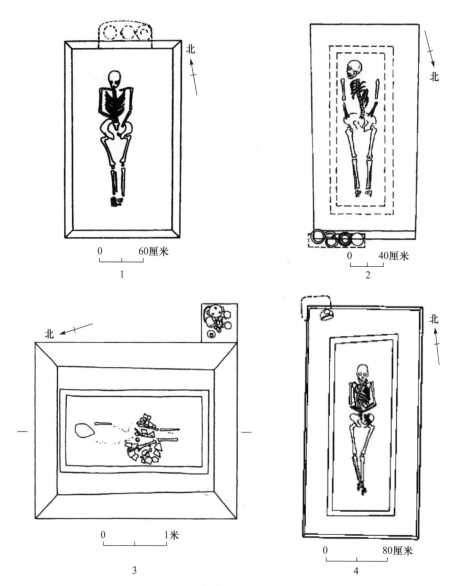

图 3-7　各类型壁龛平面图

1. 邮电 M4　2. 布袋李 M4　3. 西亚斯 M104　4. 兴弘 M63

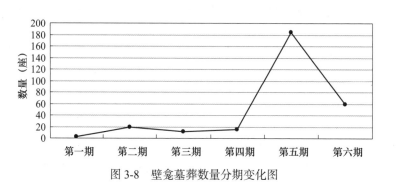

图 3-8　壁龛墓葬数量分期变化图

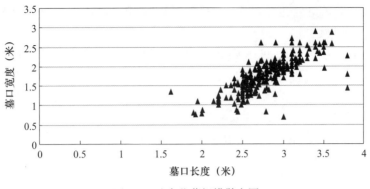

图 3-9　壁龛墓葬规模散点图

等级划分的有 306 座，其中第三等级 2 座，约占此等级总数的 1.6%，包括第一类 1 座，第二类 1 座；第四等级 227 座，约占此等级总数的 27.3%，包括第一类 210 座，第二类 2 座，第三类 9 座，第四类 1 座，以及 5 座设置 2 个及以上壁龛的墓；第五等级 77 座，约占此等级总数的 11.0%，包括第一类 68 座，第二类 7 座，第三类 2 座。

　　这些统计数据表明，第一、二等级墓葬均不使用壁龛，第三等级墓葬壁龛较为少见，壁龛流行于第四等级且形式多样，第五等级墓葬亦不流行壁龛，均以头龛为主。由此可知，设置壁龛的墓主人群以等级稍低的士及平民阶层为主。从墓主性别来看，男性墓 42 座，女性墓 30 座，具有明显的性别差异。

　　总之，在郑州地区东周墓葬中，虽从第二期前段至第六期后段，生土二层台均有出现，但数量不多，并未大范围流行。壁龛墓自第一期至第四期均有少量发现，且集中见于兴弘与热电墓地，可能与此墓地墓主人群的身份有关；第五期壁龛墓数量急剧增多，还出现了设置多个壁龛的墓葬，属于壁龛的盛行时期；第六期壁龛墓的数量有所减少，但仍较为流行。壁龛的位置常见于墓主头端的墓壁上。设置生土二层台的墓葬等级以第五等级为主，部分属于第四等级；壁龛墓的等级以第四等级为主，第五等级次之。壁龛墓的墓主性别差异明显，以男性较多。生土二层台兼有保护墓壁和方便筑墓两种功用，有时也作为置物台。壁龛应为置物而设，若墓中设有多个壁龛，则每个壁龛内的物品会各不相同。在商代房址中也发现有壁龛，这可能与墓葬中设置壁龛有某种关系[①]。设置两种或以上结构的墓葬数量不多，其中 12 座墓设置有二层台与壁龛，2 座墓设置壁龛和腰坑，1 座墓设置有二层台、壁龛和腰坑。

三、墓　葬　方　向

　　墓葬方向一般是指墓主头向[②]。在郑州地区东周墓葬中，方向明确的有 1685 座，向北、

　　① 郜向平：《商系墓葬研究》，北京：科学出版社，2011 年，第 82 页。
　　② 王仁湘：《我国新石器时代的墓葬方向研究》，《中国原始文化论集》，北京：文物出版社，1989 年，第 259 页；印群：《黄河中下游地区的东周墓葬制度》，北京：社会科学文献出版社，2001 年，第 58 页。

东、南、西①的墓葬数量分别占 87.1%、4.0%、4.5% 和 4.4%，以北向占绝大多数，南向与西向占比相当，东向最少。

从图 3-10 可以看出，北向墓以 0°～20° 最为集中，并以 10° 为峰值；东向墓以 90°～110° 最为集中，以 100° 为峰值；南向墓以 180°～210° 最为集中，以 190° 左右为峰值；西向墓以 268°～295° 最为集中，以 280° 为峰值。总之，郑州地区东周墓葬在北、东、南、西四方向上的度数值分别向 10°、100°、190° 和 280° 聚集，而这四个数值恰好是在地磁正方向基础上顺时针旋转了 10°。由此看来，当时在墓葬定向时，应是以现在的地磁正方向顺时针偏转了 10° 左右为基准，与商墓的定向方式极为相似②。据《考工记》载，周人确定正方向的方式为"昼参诸日中之景，夜考之极星，以正朝夕"③，采用的是地理正方向坐标轴，多数学者认为，利用磁性确定方向应始于战国晚期，且并未普及④。文中统计采用的角度均为磁感应罗盘测量所得，地磁正方向与地理正方向之间略有差异，因此，这种角度偏转的现象应是由磁偏角引起的⑤。但是，郜向平根据二里头文化中角度的逆时针偏转现象，对从测量手段角度来解释夏、商出现截然相反的角度偏转提出质疑⑥。夏、商时期两种不同的角度偏转，可能与夏、商两族所参考的星宿不同有关⑦。

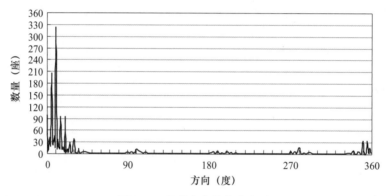

图 3-10   墓葬方向数值分布图

通过对已知墓向墓葬的数量超过 10 座的墓地进行统计分析（图 3-11），可以看出不同墓地的墓向略有差异。兴弘与热电墓地 199 座墓葬中，北、东、南、西向的分别占 68.4%、5.3%、21.5%、4.8%，以北向为主，南向次之且占有相当的比例，西向、东向均较少。其中东、西向的墓葬集中分布在两个墓区的中部偏南，相互之间应有很近的关

①　本研究以 0～45 度、316～359 度为北向，46～135 度为东向，136～225 度为南向，226～315 度为西向。

②　郜向平：《商系墓葬研究》，北京：科学出版社，2011 年，第 90 页。

③　闻人军译注：《考工记译注》，上海：上海古籍出版社，2008 年，第 110 页。

④　王振铎：《司南指南针与罗经盘（上）》，《中国考古学报》第三册，上海：商务印书馆，1948 年，第 119～259 页；刘秉正：《我国古代关于磁现象的发现》，《物理通报》1956 年第 8 期，第 458～462 页。

⑤　尚杰、姚金隆：《考古测量的误区——磁偏角》，《江汉考古》2010 年第 2 期，第 103～107 页。

⑥　郜向平：《商系墓葬研究》，北京：科学出版社，2011 年，第 91 页。

⑦　陈来认为，参宿是夏族主要祭祀的星，大火则是商族主要祭祀的星。详见陈来：《古代思想文化的世界：春秋时代的宗教、伦理与社会思想》，北京：生活·读书·新知三联书店，2009 年，第 56 页。

系；而南向墓则零散分布于北向墓之间。中行墓地 126 座墓葬中，北、东、南、西向的分别占 73.1%、7.1%、7.1%、12.7%，以北向占大多数，西向次之，东、南向较少。其中东、西向的墓主以未成年居多，南向墓主则皆为成年，可见，在中行墓地中，成年墓主与未成年墓主的墓向有一定的差异。在西亚斯墓地的 303 座墓葬中，北、东、南、西向的分别占 94.4%、1.6%、0.3%、3.7%，以北向占绝大多数，虽然东、西向的墓葬数量不多，却集中分布在 8 号教学楼北侧的区域，反映出相互之间的密切关系。华信新校区墓地清理了 176 座墓葬，已知墓向的有 35 座，包括北向 33 座，东向 2 座，不见南向与西向墓。合兴石业墓地 64 座墓葬中，北、东、南、西向的分别占 93.8%、3.0%、1.6%、1.6%。一中新校区 44 座墓葬中，北、东、西向的分别占 86.4%、2.3%、11.3%，不见南向墓。双楼墓地 265 座墓葬中，北、东、南、西向的分别占 94.7%、1.5%、1.9%、1.9%。铁岭墓地 14 座墓葬中，北、南、西向的分别占 28.6%、7.1%、64.3%，以西向为主，不见东向。唐户墓地 22 座墓葬中，北、南、西向的分别占 90.0%、5.0%、5.0%，以北向为主，不见东向。家世界墓地 68 座墓葬中，北、东、西向的分别占 88.2%、7.4%、4.4%，不见南向。布袋李墓地 36 座墓葬中，均为南北向，北向 34 座，南向 2 座。二里冈墓地 212 座墓葬中，北、东、西向的分别占 95.3%、1.9%、2.8%，不见南向。白庄墓地 30 座墓葬中，北、东、南、西向的分别占 83.4%、3.3%、3.3%、10.0%。荥阳凤凰台墓地的 13 座墓葬中，北、南、西向分别占 61.5%、30.8%、7.7%，南向墓占一定比例，主要是由于正洞室墓的墓道多朝南。官庄墓地 12 座墓葬中，北、东、南向分别占 25.0%、66.7%、8.3%，以东向为主，北向次之。加气混凝土厂墓地的 14 座墓葬与纺织机械厂墓地的 26 座墓葬均为北向。四方墓地 28 座墓葬中，北、东向分别占 85.7%、14.3%。禹州白沙墓地 43 座墓葬中，北、东、西向分别占 90.7%、7.0%、2.3%。禹州新峰墓地 27 座墓葬中，北、东、南向分别占 77.8%、11.1%、11.1%。许昌仓库路墓地 25 座墓葬中，北、东、西向分别占 76.0%、4.0%、20.0%。漯河固厢墓地 102 座墓葬中，北、东、南、西向分别占 86.3%、7.8%、1.0%、4.9%。此外，碧沙岗墓地 145 座墓葬中，详细的墓向度数虽不知，但可知南北向占 90%，东西向占 10%。

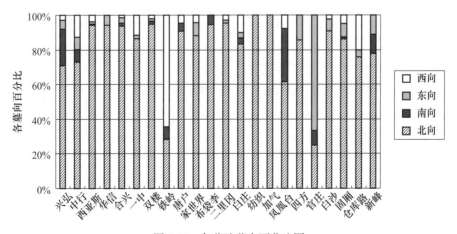

图 3-11　各墓地墓向百分比图

从上述统计可以看出，大部分墓地中的墓葬均以北向为主要墓向，仅铁岭与官庄墓地较为异常，分别以西向和东向居多。而在北向居多的墓地中，以兴弘与热电、中行两处墓地的墓向较为复杂，一中、家世界和白庄墓地次之，其他墓地北向较为集中。一般来说，墓葬方向的差异应与人群的不同有密切关系，则墓向的多样反映了墓葬人群的复杂性。从墓向复杂程度来看，最为复杂的两处墓地均位于都城内，可见，都城居民的人群构成较为复杂。而那些墓向较为单纯或高度一致的墓地，则意味着墓主的族群构成可能比较单纯。

从不同方向的墓葬在墓地中的分布来看，东、西向墓葬常集中出现，显示出二者关系较为亲近。东、西向的墓葬共 132 座，以中行墓地发现最多，共计 25 座，占比约为 19.5%，这可能与此墓地中约 70% 的墓主未成年有关。南向墓共计 71 座，以兴弘与热电墓地发现的 45 座为最多，从分布图可以看出，其零散分布于北向墓之间，两墓向之间的关系并不疏远。

不同等级之间的墓向略有差异。第一等级墓葬均为南北向；第二等级中已知墓向的 6 座墓葬均为北向；第三等级中墓向明确的墓葬有 112 座，北、东、南、西向分别占 82.3%、3.5%、4.5%、9.7%；第四等级墓向明确的墓葬有 830 座，北、东、南、西向分别占 91.1%、3.3%、2.5%、3.1%；第五等级墓向明确的墓葬有 687 座，北、东、南、西向分别占 84.7%、3.9%、6.1%、5.3%。第一等级墓葬因被盗严重，头向不明，但依然能反映出倾向选择南北向，而且一般墓主头向与墓道方向相反，均以南墓道为主墓道。据此推测，第一等级墓主头向为北向的可能性较大，而第二等级亦均为北向，说明高等级贵族对墓向的选择比较集中。第三至第五等级虽皆以北向为主，但其他三向也占有 10%～15% 的比例，墓向呈现出一定的多样性。

值得注意的是，在不同类型墓葬中，墓葬方向有明显差异。在 1456 座竖穴土坑墓葬中，北向 1262 座，东向 60 座，南向 67 座，西向 67 座，南北向占 91.3%，东西向占 8.7%。在 186 座空心砖墓中，北向 178 座，东向 5 座，西向 2 座，南向 1 座，南北向占 96.2%，东西向占 3.8%。在 10 座洞室墓中，3 座偏洞室墓皆为北向，正洞室墓一般以墓道的方向为准，而在 7 座正洞室墓中，北向 1 座，南向 5 座，西向 1 座；南北向占 90%，东西向占 10%。在 35 座瓮（瓦）棺葬中，北向 23 座，东向 5 座，南向 1 座，西向 6 座，南北向占 68.6%，东西向占 31.4%（图 3-12）。从四种不同类型墓葬的墓向统计来看，南北向墓葬在竖穴土坑、空心砖以及洞室墓中占绝大多数，东西向比例较少。而在瓮（瓦）棺葬中，东、西向的墓葬约占三分之一左右，比例明显较高，这可能与埋葬对象的特殊性有关。

总之，郑州地区东周墓葬以北向为主，未发现墓向随时间而变化的情况，仅铁岭与官庄两墓地分别以东向和西向为主，可能与墓主人群有关。不同等级墓葬之间墓向略有差异：第一、第二等级墓向比较单纯，皆为南北向；第三至第五等级墓向多样化，但仍以北向为大多数。这表明该地区的主体人群是崇尚北向的，尤其是随葬铜礼器的贵族。从考古资料来看，周人墓向以北为主，而同一墓地中墓向存在差别也反映出人群杂居融合的事实[①]。《礼记·檀弓下》载："葬于北方北首，三代之达礼也，之幽之故也。"《孔子家语·问

① 谢尧亭：《〈士丧礼〉、〈既夕礼〉的考古学举例》，《山西省考古学会论文集（四）》，太原：山西人民出版社，2006 年，第 124～133 页。

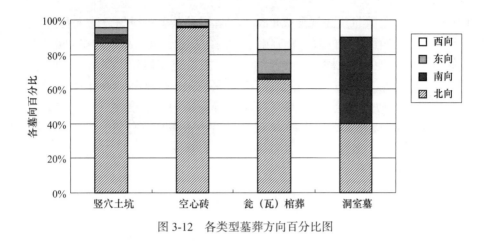

图 3-12　各类型墓葬方向百分比图

礼》曰："生者南向，死者北首，皆从其初也。"[1]可见，墓向多为北向，既是三代相沿的葬俗，也可能与当时参考极星确定正方向有关，反映出当时人们已经可以完整思考从出生到死亡的人生过程，并由之延伸出了思辨性的丧葬观[2]。

第三节　葬具与葬式

郑州地区东周墓葬的葬具主要是木质棺椁。空心砖也被视为葬具的一种，但其出现和流行时间集中于东周末期，文中第四章第三节有专门论述。本节讨论的对象主要是葬具，兼对墓葬出土的棺饰及墓主葬式进行分析探讨。

一、葬　具

（一）木质葬具

采用木质葬具且棺椁数量明确的墓葬有 1298 座，可分为六种情况：三椁一棺，1 座；二椁二棺，2 座；二椁一棺，6 座，其中 1 座有头箱；一椁二棺，7 座；一椁一棺，287 座，其中 7 座有头箱，2 座有边箱，1 座有足箱；一棺[3]，995 座，其中 10 座有头箱，1 座有边箱。若按棺椁的重数区分，可分为四种情况：四重，3 座，三重，13 座，二重，287 座，单棺，995 座。此外，葬具不详的墓葬约有 600 余座。

从上述统计数据可以看出，墓葬中以单棺使用数量最多，占比为 76.7%；其次为一椁一棺，占比为 22.1%；其余四种棺椁形式数量均较少。

①　（魏）王素注：《孔子家语》（影印本），上海：上海启新书局，1924 年。

②　戴春阳：《秦墓屈肢葬管窥》，《考古》1992 年第 8 期，第 751~756 页。

③　兴弘与热电墓地的发掘者认为，宽度 1 米及以上的单体葬具为一椁，宽度 1 米以下的单体葬具为一棺，这对于判断墓主的等级和棺椁的发展演变有很大的帮助。但是，多数墓葬资料中对葬具的尺寸描述不详，因此，本研究把所有的单体葬具统称为一棺。

　　一般来说，棺椁重数与墓葬规模成正比，二者均是墓葬等级划分的主要依据。郑州地区东周墓葬中，使用四重葬具的墓葬皆有南、北两条墓道，墓口面积均在 140 平方米以上，为此地区墓主等级最高的。使用三重葬具的墓葬常见有铜容器和兵器出土，但墓葬规模差距较大，最大的面积为 39 平方米，最小的不足 5 平方米，可见墓主身份地位有所不同。

　　如图 3-13 所示，使用一椁一棺的墓葬规模较为集中，长度多在 2～4 米，宽度多为 1～3 米。墓口面积在 12 平方米以上的有 42 座，约占该类墓葬总数的 15.0%，常见有铜容器和兵器出土，其中有 1 座墓葬出土 3 件铜鼎。也有墓口面积不足 3 平方米的墓葬使用一椁一棺，但数量较少，仅有 12 座。

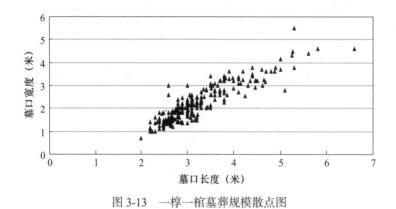

图 3-13　一椁一棺墓葬规模散点图

　　如图 3-14 所示，单棺墓葬的规模较为集中，长度在 2～3.5 米之间，宽度多为 1～2 米。墓口面积不足 7 平方米的有 774 座，占该类墓葬总数的 77.8%，少有铜容器或兵器出土；有些墓葬面积甚至不足 1 平方米。也有 8 座墓口面积超过 15 平方米的墓葬使用一棺，时代均为战国中晚期。

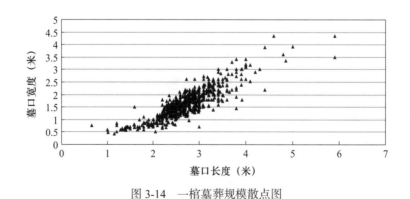

图 3-14　一棺墓葬规模散点图

　　少数墓葬在葬具内部或者外侧用木板构建出独立的空间，共发现 22 座，集中在兴弘与热电墓地。空间分割形式主要有以下两种：第一种是在葬具内部采用横向或纵向的分割方式，将椁室或棺室分为两部分，分别放置墓主和随葬品。横向分割的位置均位于墓主头前，作为头箱，其底部常低于墓底，如兴弘 M123（图 3-15-1）；纵向分割位于墓主两侧，作为边箱，如西亚斯 M131（图 3-15-2）。第二种是在葬具外的一端或两侧设置木结构的箱体，平面呈长方形或梯形。根据位置的不同可分为：头箱，如兴弘 M42（图 3-15-3）；足箱，如兴弘 M100（图 3-15-6）；边箱，如西亚斯 M123（图 3-15-4）。内多放置随葬品[①]。也见有箱体底部低于墓底的现象，如赵庄 M32。在上述两种葬具空间改造形式中，第一种墓葬共 16座，多见于两重及以上的葬具；第二种墓葬共 6 座，以一棺为主。两种分箱方式共形成头箱 18 座，边箱 3 座，足箱 1 座。在 19 座可以分期的使用分箱的墓葬中，第一期 1 座，第二期 5 座，第三期 8 座，第四期 5 座，此后未有发现。从时代上看，第一种分割形式早于第二种出现。这些使用分箱墓葬的规模均不大，墓口面积皆在 8 平方米以下，其中 4 座墓葬出土有铜容器，墓葬等级为第三等级 4 座，第四等级 13 座，第五等级 5 座，墓主身份以士阶层为主。在已知性别的墓葬中，男性与女性均为 7 座。此外，在 3 座设置头箱的墓葬中，还发现有腰坑，2 座坑内殉狗，1 座坑内放置随葬品。

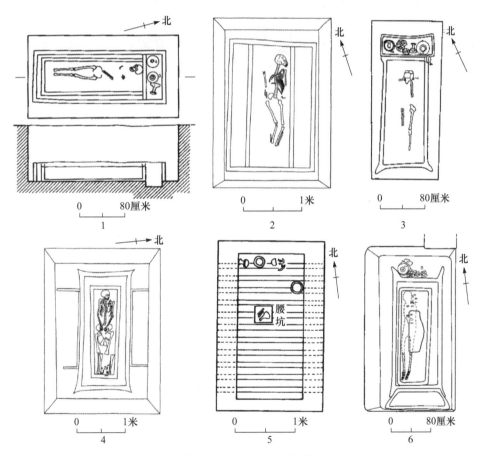

图 3-15 葬具分箱及墓底垫木墓葬平面图

1. 兴弘 M123　2. 西亚斯 M131　3. 兴弘 M42　4. 西亚斯 M123　5. 98 纺织 M43　6. 兴弘 M100

---

① 也有少数例外，如兴弘 M100 随葬品置于头前椁室外，而非足箱内。

此外，还有9座墓葬在葬具下发现有垫木[1]，其中横向5座、纵向3座、纵横组成方形的1座，分别为纺织机械厂墓地3座，河李村墓地2座，兴弘墓地1座，铁岭墓地1座，新峰墓地2座。墓底置垫木应是用于支撑椁（棺）室，垫木数量多寡不一，最少的2根，最多的有11根，见于98纺织M43（图3-15-5）。在纺织机械厂墓地中还发现有将器物置于垫木之间的现象，如98纺织M27。在西周墓葬中，使用垫木的现象较为常见[2]，但在郑州地区东周墓葬中较为少见。

综上，在郑州地区东周墓葬中，一棺和一椁一棺的葬具形式较为流行，使用四重棺椁的墓主等级最高。在葬具内部或外侧发现有分箱，葬具底部还见有垫木，兴弘M35二者兼有，但使用分箱或垫木的墓葬数量较少。一般认为，葬具中的边箱制度属于东周楚制的特征之一[3]。郑州地区东周墓中的分箱以头箱为主，且有设于葬具外侧的现象，这有别于楚墓，而且在本地区的西周晚期墓葬中已有出现，应是一种未能流行的葬具形式。至于垫木，陈公柔[4]和沈文倬[5]两位对其能否归为"茵"有争议，但均认为垫木一般为两横。在郑州地区发现的存有2根以上垫木的墓葬中，3座墓葬垫木为纵向，1座垫木纵横交错，明显与文献记载有差异。

探讨葬具的使用情况，除了可以帮助确定墓葬等级，还有助于理解东周时期棺椁制度的演变轨迹。在郑州地区东周墓葬中，有两种现象值得关注：一是规模较小的墓葬使用三重葬具，如布袋李M8墓口面积仅为4.6平方米，使用的葬具却是一椁二棺；另一种是规模较大的墓葬使用一棺，如一中M44墓口面积达25.7平方米。这两种现象明显属于葬具的使用与墓葬等级不对称，出现于春秋、战国之际，属于周代棺椁多重制度形成期的后段。诚如赵化成所言，这种棺椁多重制度是逐步形成的，存在发展的不平衡性，而且是伴随着礼崩乐坏的时代背景出现的，使用较为紊乱自然难以避免[6]。

（二）棺饰

周代丧车上有各种装饰物，用来掩蔽棺木带来的凶丧，"诸饰之所聚也，以此障柩"，并以此表达对死者的尊崇。《礼记·丧大记》把这种行为称为"饰棺"，郑玄注："饰棺者，以华道路及圹中，不欲众恶其亲也。"关于周人棺饰的使用物品，《礼记·丧大记》载："君龙帷，三池，振容，黼荒，火三列，黻三列，素锦褚，加伪荒，纁纽六，齐五采，五贝，黼翣二，黻翣二，画翣二，皆戴圭，鱼跃拂池。君纁戴六，纁披六。大夫画帷，二池，不振容，画荒火三列，黻三列，素锦褚，纁纽二，玄纽二，齐三采，三贝，黻翣二，画翣二，皆戴绥，鱼跃拂池。大夫戴前纁后玄，披亦如之。士布帷，布荒，一池，揄绞，纁纽二，缁纽二，齐三采，一贝，画翣二，皆戴绥。士戴前纁后缁，二披用纁。"可见，棺饰的等级

① 1998年郑州纺织机械厂清理的24座东周墓，多有垫木，但墓号明确的仅有3座。
② 张明东：《商周墓葬比较研究》，北京大学博士学位论文，2005年，第90页。
③ 韩国河：《秦汉魏晋丧葬制度研究》，西安：陕西人民出版社，1999年，第17页。
④ 陈公柔：《士丧礼、既夕礼中所记载的丧葬制度》，《考古学报》1956年第4期，第67～84页。
⑤ 沈文倬：《对"士丧礼、既夕礼中所记载的丧葬制度"几点意见》，《考古学报》1958年第2期，第29～38页。
⑥ 赵化成：《周代棺椁多重制度研究》，《国学研究》第5卷，北京：北京大学出版社，1998年，第27～74页。

差异明显，其上为柳，下为墙，柳有荒，而墙有帷①。在郑州地区东周墓葬中，发现有少量的翣、铜鱼等棺饰，下文逐一进行分析。此外，虽然墓葬出土的贝也用于饰棺，但其种类多样，又不全属于棺饰，因此本研究将贝置于"器用制度"部分进行讨论。

1. 铜翣。仅发现 4 件，均出土于告成袁窑 M2②，位于棺灰的表层，偏南、偏北各 2 件，由薄铜片构成。标本 M2：27，整体呈半圆形，上部齐边，向上伸出 3 个直条，呈"山"字形，顶端残断，饰浅压印纹。

这类"山"字形薄片铜器先被认为是椁饰，后逐渐被学界重新认识，作为铜翣进行研究③。铜翣底部应接有木柄，流行于西周晚期至春秋早期，此后日趋衰退。周代用翣有严格制度，《礼记·礼器》载："天子崩，七月而葬，五重八翣；诸侯五月而葬，三重六翣；大夫三月而葬，再重四翣。"王龙正认为，周人用翣与文献记载多有相符，但也存在紊乱的现象④。张天恩则认为，虽然铜翣多寡与墓主身份有密切关系，但具体数量并不特别严格，可能存在一定浮动范围⑤。就袁窑 M2 来说，出土 4 件铜翣，符合大夫用翣之制；葬具为一椁二棺，墓口面积近 20 平方米，另出土有铜鱼与骨钉，均与大夫的身份基本相符；唯有随葬铜礼器级别较低，为一鼎，可能与墓主性别有关。M2 中未发现有兵器和车马器等男性墓中常见的随葬品，结合其与七鼎墓 M1 距离仅 2 米推断，M2 的墓主可能是女性，身份应是M1 的配偶，铜礼器级别低可能是减配所致。

2. 铜鱼。郑州地区出土铜鱼的东周墓葬有 4 座，位于告成袁窑⑥和新郑唐户⑦两地。袁窑 3 座墓葬中均出土有铜鱼，其中 M1 出土 140 件，M2 出土 117 件，M3 出土数量不详。这些铜鱼形制基本相同，均为长扁平体，背有一鳍，腹有二鳍，尾分双叉。头部有扁圆形孔，浇口多在头部。尺寸一般长 6.8～8.6 厘米，宽 1.6～2.3 厘米，厚约 0.2 厘米。铜鱼出土位置均在棺椁之间。在唐户墓地中，仅 M12 出土 12 件铜鱼，形制、尺寸与袁窑墓葬所出相似。

铜鱼最早被认为是货币的一种，鲍鼎认为铜鱼有面有背，应为"鱼币"⑧。此后，关于铜鱼是否属于金属货币，学者们争议不断。有学者支持铜鱼为货币，论据主要为铜鱼有明显的磨损和使用痕迹，鱼头部有孔可以贯穿，铜鱼的大小、轻重、长短与东周时期的金属货

① 张长寿：《墙柳与荒帷——1983～1986 年沣西发掘资料之五》，《文物》1992 年第 4 期，第 49～52 页。

② 郑州市文物考古研究院、登封市文物管理局：《河南登封告成春秋墓发掘简报》，《文物》2009 年第 9 期，第 21～42 页。

③ 孙庆伟详细论述了铜翣被认识的过程，见孙庆伟：《周代用玉制度研究》，上海：上海古籍出版社，2008 年，第 205～210 页。此外，也有学者认为这种山字形铜片并非翣，可能是羽扇的铜羽座，见胡健、王米佳：《周代丧葬礼器"翣"的再探讨——关于"山"字形薄铜片的考证》，《中原文化研究》2015 年第 5 期，第 51～59 页。

④ 王龙正、倪爱武、张方涛：《周代丧葬礼器铜翣考》，《考古》2006 年第 9 期，第 61～71 页。

⑤ 张天恩：《周代棺饰与铜翣浅识》，《考古学研究（八）：邹衡先生逝世五周年纪念论文集》，北京：科学出版社，2011 年，第 293～304 页。

⑥ 郑州市文物考古研究所、登封市文物局：《河南登封告成东周墓地三号墓》，《文物》2006 年第 4 期，第 4～16 页；郑州市文物考古研究院、登封市文物管理局：《河南登封告成春秋墓发掘简报》，《文物》2009 年第 9 期，第 21～42 页。

⑦ 开封地区文管会、新郑县文管会、郑州大学历史系考古专业：《河南省新郑县唐户两周墓葬发掘简报》，《文物资料丛刊（2）》，北京：文物出版社，1978 年，第 45～65 页。

⑧ 鲍鼎：《鱼币之我见》，《泉币》第一期，上海：医学书局，1940 年，第 11～21 页。

币相似等^①。也有不少学者认为，铜鱼非货币，如丁福保所编《古钱大辞典》中虽收录有铜鱼，但作者在《例言》中明确指出，"带鱼币、三鱼币等皆非币也"^②。王毓铨也认为铜鱼不能称得上是真正的货币^③。较早提出周代墓葬中置于棺椁之间的铜鱼属于棺饰的为张长寿^④，此后这种观点基本得到学界的认可。

　　根据前引《礼记·丧大记》的记载，使用铜鱼作为棺饰仅限于君与大夫阶层，士及以下阶层不用铜鱼。铜鱼应是棺饰池下的悬缀之物，而包括悬鱼在内的饰棺之制在西周中期偏晚形成，后延续到春秋早中期，在春秋中期以后的墓葬中基本不见悬鱼现象^⑤。在郑州地区出土铜鱼的 4 座东周墓葬中，袁窑的 3 座墓葬时代均为春秋早期，墓主身份与大夫相当，与文献记载基本相符；唐户 M12 墓口面积不足 10 平方米，葬具为一椁一棺，无铜礼器出土，身份应为士阶层，与"士去鱼"的礼制明显不符，类似现象在上村岭虢国墓地^⑥也有发现。由此可见，周人在棺饰的使用中，虽有一定的等级差异，但并不如文献记载得那么严格。

　　至于棺饰为何悬鱼，闻一多认为，鱼为卵生，繁殖力强大，是当时人们生殖崇拜的一种表现形式^⑦。墓葬出土的鱼形器可能隐喻着多子多孙、多福多禄等吉祥之意^⑧。孙华则认为是仿自生人的宫室而设，是基于"防火"观念产生的^⑨。陶思炎则全面总结了鱼在中国古代被人们赋予的多种含义和功能，包括图腾崇拜物、生殖信仰、对丰稔物阜的祈望、辟邪消灾的守护神、星精兽体、沟通天地生死的神使、阴阳两仪的象征、幻想中世界的载体、通灵善化的神物、巫妖及占验的法具、祭祀与祝贺的礼物、游乐与赏玩的对象等，涵盖了社会组织、人伦观念、神话构想、宗教情感、哲学思考、巫术信仰等多方面，为探讨悬鱼现象提供了多元的角度^⑩。

　　还有一种现象值得关注，郑州地区出土铜鱼的东周墓葬均设有腰坑，这类现象在其他地区西周墓葬中也有发现。如北京琉璃河 M54 出土有 5 件铜鱼和 4 件玉鱼，葬具为一椁一棺，随葬铜鼎、簋、盘各 1 件，有 2 件玉鱼出于墓主口中，铜鱼位于殉葬奴隶的膝部，还出土有贝和串珠，墓底有腰坑，墓葬时代为西周早期^⑪。上村岭西周晚期 M2010 墓底腰坑内有两段兽骨和一块陶片，椁盖板上有少量的铜鱼、石贝、陶珠和圆蚌饰等，棺罩东西向横

　　① 持铜鱼为货币观点的学者较多，此仅列举一二。如郑家相：《贝化概说》，丁福保《古钱大辞典》，北京：中华书局，1982 年；王桂枝：《浅谈鱼国墓地出土的货币》，《中国钱币》1993 年第 2 期，第 54、66～67 页；蒋五宝、高全福：《谈先秦铜质鱼饰的属性》，《陕西金融》1994 年第 6 期，第 65～66 页。

　　② 丁福保：《古钱大辞典》，北京：中华书局，1982 年，第 29 页。

　　③ 王毓铨：《中国古代货币的起源和发展·序》，北京：中国社会科学出版社，1990 年，第 4 页。

　　④ 张长寿：《墙柳与荒帷——1983～1986 年沣西发掘资料之五》，《文物》1992 年第 4 期，第 49～52 页。

　　⑤ 孙华：《关于晋侯稣组的几个问题》，《文物》1995 年第 9 期，第 50～57 页。

　　⑥ 中国科学院考古研究所：《上村岭虢国墓地》，北京：科学出版社，1959 年。

　　⑦ 闻一多：《神话与诗》，武汉：武汉大学出版社，2009 年，第 120 页。

　　⑧ 廖群：《考古释"鱼"——"文学考古"与〈诗经〉礼俗诗研究之一》，《第六届诗经国际学术研讨会论文集》，北京：学苑出版社，2005 年，第 610～624 页。

　　⑨ 孙华：《悬鱼与振容》，《中国典籍与文化》2000 年第 1 期，第 90～96 页。

　　⑩ 陶思炎：《中国鱼文化》，南京：东南大学出版社，2008 年，第 14～17 页。

　　⑪ 中国科学院考古研究所、北京市文物管理所、房山县文教局琉璃河考古工作队：《北京附近发现的西周奴隶殉葬墓》，《考古》1974 年第 5 期，第 309～321 页。

木两侧及下面发现许多铜鱼、石贝和陶珠等。该墓共出土铜鱼 310 件，常 2 件放在一起，头向一致，相互平行、叠压或者交叉，随葬五鼎四簋，墓主应为虢国大夫[1]。洛阳东郊西周墓 C5M1136 出土铜鱼 3 件，墓底有腰坑，被盗严重，仅存一椁[2]。1995 年清理的陕西扶风黄堆老堡子西周墓，共出土铜鱼 49 件，有 2 座腰坑墓，其中 1 座出土有蚌鱼[3]。在晋南地区，铜鱼流行于中型及以上规模的西周晚期墓葬中[4]，个别墓葬设有腰坑，如新绛县冯古庄墓地、稷山县三交墓地[5]、75 闻喜上郭 M1[6] 等。这些墓葬出土的铜鱼中，除琉璃河 M54 出土铜鱼外，其余均应属于棺饰。而这些使用铜鱼作为棺饰的墓葬时代均为西周晚期，也印证了周代的饰棺之制在西周中期偏晚基本形成之说。一般认为，西周腰坑墓与殷遗民有密切关系，那么腰坑墓使用周人饰棺之制可以说明，殷遗民在保留本族丧葬习俗的同时，也逐渐接受了周文化的丧葬礼仪。

从上述对棺饰器物的分析可以看出，郑州地区东周墓葬出土的棺饰有铜翣、铜鱼等，年代均为春秋早期，而且墓葬仅有 4 座，这说明虽然周代的饰棺制度从西周中期偏晚形成并一直延续到春秋中期，但郑州地区东周墓葬中仅有部分饰棺现象与文献记载相符。因此，相对于其他丧葬礼仪制度，周代的饰棺之制虽能体现墓主等级身份，但约束力不强。

二、葬　式

郑州地区东周墓葬中葬式可辨的有 1108 座，其中有 24 座仅存下肢[7]。依据墓主腹部朝向不同，可分为仰身、侧身和俯身 3 种葬式，其中以仰身葬为主，共 1023 座，占 94.4%；侧身葬次之，共 58 座；俯身葬数量较少，仅有 3 座。若单以墓主下肢而论，直肢葬 925 座，占 83.5%；屈肢葬 183 座，占 16.5%。不同的报告对屈肢的描述不尽一致，《郑州二里冈》依据下肢弯曲程度将其分为五类（图 3-16），但多数报告未细致区分。墓主上肢也有不同放置方式，如伸直于身体两侧，双手交叉置于胸部、腹部或盆骨处[8] 等。

依据墓主腹部朝向和下肢情况，郑州地区东周墓葬共有 6 种葬式，包括仰身直肢葬 902 座，仰身屈肢 121 座，侧身直肢 5 座，侧身屈肢 53 座，俯身直肢 2 座，俯身屈肢 1 座，以仰身直肢、仰身屈肢和侧身屈肢较为常见，分别占比为 83.2%、11.2%、4.9%，其他三种葬式数量均较少，而且侧身葬中多见有屈肢。在对葬式的分期考察中，仰身直肢葬始

① 河南省文物考古研究所、三门峡市文物工作队：《三门峡虢国墓地 M2010 的清理》，《文物》2000 年第 12 期，第 4～22 页。

② 洛阳市文物工作队：《洛阳东郊西周墓》，《文物》1999 年第 9 期，第 19～28 页。

③ 周原博物馆：《1995 年扶风黄堆老堡子西周墓清理简报》，《文物》2005 年第 4 期，第 5～25 页。

④ 张素琳：《晋南地区西周墓葬初探》，《中国历史博物馆馆刊》1998 年第 1 期，第 36～43 页。

⑤ 谢尧亭：《晋南地区西周墓葬研究》（博士学位论文），吉林大学，2010 年，第 130～136 页。

⑥ 山西省考古研究所：《1976 年闻喜上郭村周代墓葬清理记》，《三晋考古》第 1 辑，太原：山西人民出版社，1994 年，第 123～138 页。

⑦ 二里冈 M271、M421 均为双棺合葬，发现两副人骨，其中 M271 均为仰身直肢，而 M421 仰身直肢与屈肢各 1 具。鉴于情况特殊，这两墓未在统计之列，除此之外，均为单人葬。

⑧ 白沙墓地中两手相握的葬式，可能是双手被绑造成的，见陈公柔：《士丧礼、既夕礼中所记载的丧葬制度》，《考古学报》1956 年第 4 期，第 67～84 页。

终占据着重要地位，仰身屈肢与侧身屈肢自战国中期开始明显增多，虽有人骨保存差异的因素，但也能反映出墓主人群的多样性。

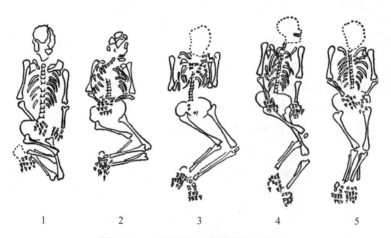

图 3-16　二里冈墓地屈肢葬式分类图

1.M140 人骨　　2.M180 人骨　　3.M389 人骨　　4.M143 人骨　　5.M341 人骨

在 572 座可分期的葬式中，第一期仰身直肢 5 座；第二期仰身直肢 32 座，仰身屈肢 6 座，分别占 84.2%、15.8%；第三期仰身直肢 96 座，仰身屈肢 4 座，侧身直肢 1 座，侧身屈肢 7 座，分别占 88.9%、3.7%、0.9%、6.5%；第四期仰身直肢 95 座，仰身屈肢 6 座，侧身直肢 2 座，侧身屈肢 7 座，分别占 86.4%、5.5%、1.7%、6.4%；第五期仰身直肢 156 座，仰身屈肢 43 座，侧身直肢 1 座，侧身屈肢 10 座，分别占 74.3%、20.5%、0.5%、4.7%；第六期仰身直肢 83 座，仰身屈肢 16 座，侧身屈肢 2 座，分别占 82.2%、15.8%、2.0%。

从图 3-17 可以看出，葬式有明显的分期差异。第一期葬式比较单纯，仅发现有仰身直肢；第二期均为仰身葬式，以直肢为主，出现少量的屈肢葬；第三期、第四期葬式开始多样化，屈肢葬稍有增多，并出现了侧身葬，但仍以仰身直肢占绝大多数；第五期、第六期延续了前期葬式的多样性，虽以仰身直肢为主，但屈肢葬数量明显增多，约占总数的 20% 左右。

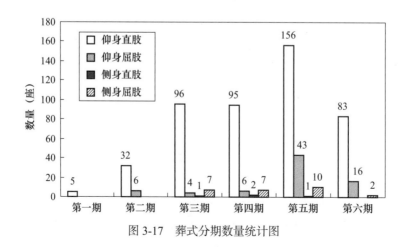

图 3-17　葬式分期数量统计图

不同等级墓葬的葬式有差异。墓葬等级和葬式均明确的墓葬有 965 座，其中第二等级已知葬式的 3 座墓葬均为仰身直肢；第三等级已知葬式的墓葬有 34 座，包括仰身直肢 31 座，仰身屈肢 2 座，侧身直肢 1 座；第四等级已知葬式的墓葬有 496 座，直肢与屈肢葬分别占 81.6%、18.4%，其中仰身直肢 400 座，仰身屈肢 65 座，侧身屈肢 26 座，侧身直肢 3 座，俯身直肢 2 座；第五等级已知葬式的墓葬有 432 座，直肢与屈肢葬分别占 84.5%、15.5%，其中仰身直肢 364 座，仰身屈肢 46 座，侧身屈肢 20 座，侧身直肢 1 座，俯身屈肢 1 座。如图 3-18 所示，第二、三等级葬式相对集中，第四、五等级葬式多样化，这也反映出高等级人群葬式比较单一，低等级人群葬式相对复杂。

虽然葬式可能受到下葬活动、墓室积水或葬具坍塌等因素的影响[①]，但一般来说，葬式多是有意而为，反映了一定的丧葬观念[②]。如图 3-16 所示，二里冈墓地中第一类屈肢葬式蜷曲十分严重，已有很多学者对这种特殊的葬式进行过探讨[③]，在其起因和意义上多有分歧。滕铭予认为，不管起因如何，这种特殊的葬式应是在墓主死后对尸体立即进行捆绑而形成的，是一种特定族群的埋葬习俗，也是东周时期以后关中地区秦人墓的最重要标志[④]。目前仅在 3 座墓葬中发现有此葬式，墓葬等级皆为第五等级，均位于二里冈墓地，其中 2 座时代为第六期，另 1 座时代不明。结合相关学者观点，在郑州地区东周墓葬中，蜷曲严重的屈肢葬式应是受到秦文化的影响，抑或墓主就是秦人。

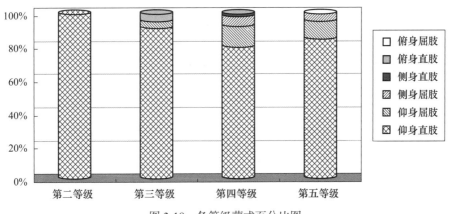

图 3-18　各等级葬式百分比图

此外，还发现俯身葬 3 座，分布于中行、双楼和四方三地，时代均不明确。墓葬规模均不大，墓口长度在 3 米以下，宽度不超过 2 米，可辨葬具为一棺。其中以中行 M848 规模

① 谢尧亭：《〈上马墓地〉葬式补正及其它》，《史志学刊》2015 年第 3 期，第 102～111 页。
② 宋公文：《楚墓的头向与葬式》，《考古》1994 年第 9 期，第 837～841、845 页。
③ 韩伟：《试论战国秦的屈肢葬仪渊源及其意义》，《中国考古学会第一次年会论文集》，北京：文物出版社，1980 年；容观夐：《我国古代屈肢葬俗研究》，《中南民族学院学报》1983 年第 2 期，第 40～49 页；王子今：《秦人屈肢葬仿象"窗卧"说》，《考古》1987 年第 12 期，第 1105～1106、1144 页；戴春阳：《秦墓屈肢葬管窥》，《考古》1992 年第 8 期，第 751～756 页；陈洪、李宇、武丽娜，等：《再谈秦墓屈肢葬渊源及其相关问题》，《文博》2014 年第 1 期，第 33～37 页。
④ 滕铭予：《秦文化：从封国到帝国的考古学观察》，北京：学苑出版社，2003 年，第 53 页。

最小，长、宽均不足 1 米，且未发现葬具，墓主可能是未成年人。2 座北向直肢的墓葬为第四等级，1 座南向屈肢的墓葬为第五等级，墓主身份等级均不高。这种特殊的葬式在商墓中占有一定的比重，其中包括郑州人民公园商墓。郜向平认为，关于商代俯身葬含义的说法，如"奴隶说""性姿说""非正常死亡说"等，均有不合理之处，但不可否认的是，可将俯身葬视为特定民族或族群的葬俗[①]。丰镐地区西周墓葬中发现有 76 座俯身葬，其中殷遗民的比例较高，而且俯身葬的数量与墓葬等级成反比[②]；在洛阳地区西周墓葬中也发现有少量的俯身葬，墓主身份和殷遗民也有密切关系[③]。因此，郑州地区东周时期俯身葬很可能是受到前代的影响，其中四方 M63 墓主为中年女性，也为进一步探讨俯身葬的含义提供了新的资料。

第四节　器用制度考察

前文对郑州地区东周墓葬出土陶器进行了详细考察，现对陶器以外的其他各类随葬品进行探讨，以期全面了解各类器物使用的规律。

一、青 铜 容 器

（一）器类与组合

郑州地区出土铜容器的东周墓葬（下简称铜器墓）共有 45 座，共出土铜容器 274 件[④]，器类共 18 种，分别为鼎、敦、舟、盘、匜、壶[⑤]、甗、瓬、鬲、簋、簠、罍、鉴、盆、盉、杯、兽尊、洗。

在 18 种青铜容器中，鼎的数量最多，共 71 件，约占总数的 25.9%。其次是敦和舟，皆为 32 件，各占总数的 11.7%。再次为盘、簋、壶、匜，分别占总数的 9.1%、8.0%、7.7% 和 7.3%。其中鼎、敦、舟三器的数量占总数的 49.3%，为常见的器类（图 3-19）。

郑州地区共有 23 座铜器墓保存完好，另外 22 座被盗扰，个别墓葬仅存铜器部件或铜片。因此，考察铜容器的组合情况主要以保存较好的 23 座墓葬为标准，被盗扰的墓葬组合仅供参考。

在保存较好的墓葬中，完整的铜容器组合主要有以下 11 种。

一种铜容器：鼎，2 座；舟，2 座；洗，1 座。

二种铜容器：敦 + 舟，2 座。

三种铜容器：鼎 + 敦 + 舟，5 座；敦 + 舟 + 盘，1 座。

---

① 郜向平：《商系墓葬研究》，北京：科学出版社，2011 年，第 104～111 页。
② 张礼艳：《丰镐地区西周墓葬研究》，北京：社会科学文献出版社，2015 年，第 231 页。
③ 郜向平：《洛阳地区西周墓葬研究》（硕士学位论文），吉林大学，2003 年，第 19～22 页。
④ 未辨器形的残片不在统计之列。
⑤ 朱凤瀚认为部分壶形器应为钫，但鉴于钫与壶的形制与用途相近，本研究统称为壶。

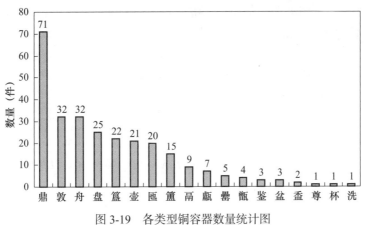

图 3-19　各类型铜容器数量统计图

五种铜容器：鼎＋敦＋舟＋盘＋匜，6 座；鼎＋簠＋壶＋盘＋匜，1 座；鼎＋盘＋簠＋盂＋杯，1 座。

七种铜容器：鼎＋敦＋盘＋舟＋匜＋甗＋壶，1 座；鼎＋簠＋壶＋盘＋盂＋甗＋盆，1 座。

在被盗扰的铜容器墓葬中，仅有 15 座所出器形可辨，器物组合有以下 12 种。

一种铜容器：鼎，1 座。

二种铜容器：鼎＋盘，1 座。

三种铜容器：鼎＋敦＋舟，2 座；鼎＋敦＋盘，1 座；鼎＋壶＋甗，1 座；敦＋舟＋盘，1 座。

五种铜容器：鼎＋敦＋舟＋盘＋匜，3 座；鼎＋敦＋壶＋甑＋甗，1 座。

七种及以上铜容器：鼎＋簠＋壶＋盘＋盆＋簋＋甗，1 座；鼎＋敦＋盘＋匜＋舟＋簋＋甑＋壶，1 座；鼎＋甗＋簋＋簠＋方壶＋罍＋盘＋匜＋鉴，1 座；鼎＋鬲＋甗＋簠＋簋＋敦＋壶＋罍＋舟＋盘＋匜＋鉴＋兽尊，1 座。

综上，在所有器物组合中，以鼎＋敦＋舟为组合的墓葬有 7 座，以鼎＋敦＋舟＋盘＋匜为组合的墓葬有 9 座，这两种铜容器的组合形式在郑州地区较为流行。

（二）各期差异

在 45 座铜器墓中，可以进行分期的有 39 座（表 3-1）。

第一期墓葬 6 座，出土铜容器 72 件，器类有 12 种，分别为鼎 22 件，盘 5 件，匜 2 件，壶 10 件，甗 3 件，簋 14 件，簠 7 件，罍 2 件，鉴 1 件，盆 3 件，盂 2 件，杯 1 件。完整器物组合有鼎、鼎＋簠＋壶＋盘＋匜、鼎＋盘＋簠＋盂＋杯、鼎＋簠＋壶＋盘＋盂＋甗＋盆四种，被盗扰后的器物组合有鼎＋簠＋壶＋盘＋盆＋簋＋甗、鼎＋甗＋簋＋簠＋方壶＋罍＋盘＋匜＋鉴两种。

第二期墓葬 9 座，出土铜容器 112 件，器类有 14 种。其中属于前段的墓葬 2 座，出土铜容器 4 件，器类有 3 种，分别是鼎 2 件，敦 1 件，舟 1 件，完整器物组合有鼎和鼎＋敦＋舟两种；属于后段的墓葬 7 座，出土铜容器 108 件，器类有 14 种，分别为鼎 26 件，敦 12

件，舟 14 件，盘 6 件，匜 8 件，壶 7 件，甎 3 件，瓺 1 件，鬲 9 件，簋 8 件，簠 8 件，罍 3 件，鉴 2 件，兽尊 1 件，完整器物组合有鼎+敦+舟、敦+舟、盘+敦+舟三种，被盗扰后的器物组合有鼎+敦+舟、鼎+簠+敦+盘+匜+舟+甎+壶、鼎+鬲+瓺+簋+簠+敦+壶+罍+舟+盘+匜+鉴+兽尊三种。

表 3-1　铜容器墓葬统计表

墓号	分期	面积	铜容器种类及数量	盗扰
告成 M1	第一期	20.3	鼎 7、簋 2、壶 2、盘 1、盆 2、簠 1、瓺 1	是
告成 M2	第一期	19.9	鼎 1、盘 1、簋 2、盂 1、杯 1	否
告成 M3	第一期	19.9	鼎 5、簋 4、壶 3、盘 1、盂 1、瓺 1、盆 1	否
唐户 M9	第一期	14.3	鼎 3、簋 4、壶 2、盘 1、匜 1	否
热电 M1	第一期	5.0	鼎 1	否
郏县太仆乡墓	第一期	—	鼎 5、瓺 1、簋 4、簠 4、壶 3、罍 2、盘 1、匜 1、鉴 1	是
兴弘 M42	第二期前段	4.1	鼎 1、敦 1、舟 1	否
官庄 M1	第二期前段	8.5	鼎 1	否
兴弘 M100	第二期后段	7.0	敦 1、舟 1	否
李家楼大墓	第二期后段	30.0	鼎 22、鬲 9、瓺 1、簋 8、簠 6、敦 3、壶 6、罍 3、舟 5、盘 3、匜 4、鉴 2、兽尊 1	是
唐户 M1	第二期后段	6.4	盘 1、敦 1、舟 2	否
热电 M40	第二期后段	4.5	敦 1、舟耳 1	否
官庄 M6	第二期后段	4.0	鼎 1、敦 1、舟 1	否
兴弘 M121	第二期后段	3.3	鼎 1、敦 1、舟 1	是
河东周村墓	第二期后段	—	鼎 2、簋 2、敦 4、盘 2、匜 4、舟 3、甎 3、壶 1	是
铁岭 M429	第三期前段	12.7	鼎 1、敦 1、盘 1、舟 1、匜 1	否
铁岭 M458	第三期前段	13.5	鼎 1、敦 1、舟 1	否
官庄 M24	第三期前段	3.8	鼎 1、敦 1、舟 1	否
铁岭 M1405	第三期后段	20.1	鼎 1、敦 1、盘 1、舟 1、匜 1、瓺 1、壶 1	否
铁岭 M550	第三期后段	18.6	鼎 1、敦 1、盘 1、舟 1、匜 1	否
铁岭 M1404	第三期后段	13.9	鼎 1、敦 1、舟 1、盘 1、匜 1	否
防疫站 M6	第三期后段	10.9	鼎 1、敦 1、舟 1、盘 1、匜 1	否
兴弘 M35	第三期后段	6.4	鼎 1、敦 1、舟 1	否
李家村 M1	第三期后段	—	鼎 1、敦 1、舟 1、盘 1、匜 1	是
铁岭 M308	第四期前段	39.0	鼎 3、敦 2、壶 2、甎 1、瓺 1	是
西亚斯 M247	第四期前段	24.6	舟 1、盘 1、敦 1	是
新禹 M2	第四期前段	7.8	鼎 1、敦 1、舟 1、盘 1、匜 1	否
大高庄 M10	第四期前段	7.2	壶 1、瓺 1、鼎 1	是

墓号	分期	面积	铜容器种类及数量	盗扰
热电 M6	第四期前段	7.0	器耳1	是
西亚斯 M152	第四期前段	6.2	器耳1	是
双楼 M147	第四期前段	6.0	鼎1、敦1、盘1、舟1、匜1	否
加气 M14	第四期前段	5.7	舟1	否
新禹 M1	第四期前段	—	鼎1、敦1、舟1、盘2、匜1	是
铁岭 M1414	第四期后段	26.7	鼎1、盘1	是
新禹 M13	第四期后段	10.1	鼎1、敦1、舟1、盘1、匜1	是
双楼 M81	第四期后段	5.8	舟1	否
蔡庄 M37	第四期后段	—	鼎1、敦1、舟1	是
新郑烟厂墓	第五期后段	2.4	鼎1、敦2、盘1	是
肖家沟 M1	第六期后段	3.9	洗1	否
兴弘 M17	春秋	2.9	铜片	是
兴弘 M34	春秋	7.7	器足1	是
西亚斯 M4	—	20.7	器耳1	是
西亚斯 M310	—	11.5	器耳1	是
西亚斯 M325	—	11.2	鼎足1	是
兴弘 M138	—	4.6	铜片	是

注：面积为墓口面积，单位为平方米。

　　第三期墓葬9座，出土铜容器41件，器类有7种。其中属于前段的墓葬3座，出土铜容器11件，器类有5种，分别为鼎3件，敦3件，舟3件，盘1件，匜1件，完整器物组合有鼎＋敦＋舟、鼎＋敦＋舟＋盘＋匜两种；属于后段的墓葬6座，出土铜容器30件，器类有7种，分别是鼎6件，敦6件，舟6件，盘5件，匜5件，壶1件，瓶1件，完整器物组合为鼎＋敦＋舟、鼎＋敦＋舟＋盘＋匜、鼎＋敦＋舟＋盘＋匜＋瓶＋壶三种。

　　第四期墓葬13座，出土铜容器43件，器类有8种。其中属于前段的墓葬有9座，出土铜容器32件，器类有8种，分别为鼎7件，敦6件，舟5件，盘5件，匜3件，壶3件，瓶1件，瓶2件，完整器物组合有鼎＋敦＋舟＋盘＋匜、舟两种，被盗扰后的器物组合有鼎＋壶＋瓶、敦＋舟＋盘、鼎＋敦＋舟＋盘＋匜、鼎＋敦＋壶＋瓶＋瓶四种；属于后段的墓葬有4座，出土铜容器11件，器类有5种，分别是鼎3件，敦2件，舟3件，盘2件，匜1件，完整器物组合为舟一种，被盗扰后的器物组合有鼎＋盘、鼎＋敦＋舟、鼎＋敦＋舟＋盘＋匜三种。

　　第五期墓葬1座，属于后段，出土铜容器4件，器类有3种，分别为鼎1件，敦2件，盘1件。

　　第六期墓葬1座，属于后段，出土洗1件。

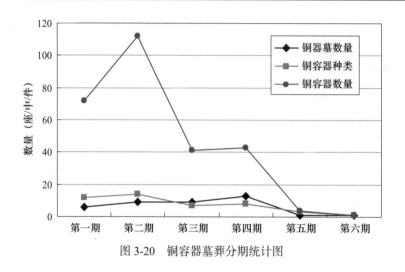

图 3-20　铜容器墓葬分期统计图

从图 3-20 可以看出，郑州地区东周铜器墓在墓葬数量、容器数量和种类上有明显变化[①]。

首先，在铜器墓数量上，从第一期至第四期呈逐渐增多的趋势，至第四期数量达到顶峰，有 13 座墓葬。此后，墓葬数量急剧减少，第五期与第六期各发现 1 座。

其次，在出土铜容器数量上，第一期铜容器数量为 72 件；第二期数量激增至 112 件，主要是因为李家楼大墓等级较高，出土铜容器较多；第三期与第四期数量基本相当，为 40 件左右；第五期铜容器数量骤减至 4 件；第六期继续减少，铜容器仅见 1 件。

最后，在出土铜容器种类上，第一期铜容器种类处于较高的位置，有 12 种；第二期铜容器种类最多，为 14 种，这与本期的李家楼墓有密切关系；第三期铜容器种类减少，有 7 种；第四期与前期种类基本相当，有 8 种；第五期铜容器种类明显减少，有 3 种；第六期继续减少，仅存 1 种。

如果把李家楼大墓视为无效统计数据，那么铜容器数量与种类基本呈现三个数值阶段，即第一期数量最多，第二、三、四期数量基本相当，第五、六期数量较少。

综上可以看出，郑州地区东周时期铜器墓有以下几个特点。

（1）第一、二期虽然铜器墓数量不是最多，但铜容器的种类和数量却最多，尤其是第二期，基本囊括了所有的器类，这说明新的器形和风格正在形成。其中李家楼大墓中的同类器物中有两种或两种以上风格相异的器形，不排除是由周围小墓铜器混入所致，但仍可反映铜器处于新旧风格变革的时期[②]。

（2）第三期与第五期是发生明显变化的时期。第三期铜器墓的数量虽与第二期同样多，但是铜容器的种类仅有前期的一半，数量仅为前期的三分之一左右。这种现象在第四期持续发生，虽然铜器墓数量达到最多，但铜容器的种类和数量与第三期相当。其原因主要有

①　由于铜器墓半数被盗扰，容器的种类和数量存在一定的偏差，而且铜器墓数量与考古发现、资料公布有关，但基本能反映出各期的差异。

②　杨文胜：《新郑李家楼大墓出土青铜器研究》，《华夏考古》2001 年第 3 期，第 73～79 页。

两方面：一，器物组合基本稳定，一些传统的器类如簋、鬲等基本消失不见；二，仿铜陶礼器流行，取代了铜容器的地位。在墓葬中随葬仿铜陶礼器出现于第二期后段，到第三、四期迅速流行，在同一座墓葬中，部分铜容器由仿铜陶礼器所替代，出现仿铜陶礼器＋铜容器的礼器组合形式。第五期铜器墓数量、铜容器的数量和种类急剧减少，表明使用铜容器随葬的人明显减少，可视为仿铜陶礼器的盛行基本取代了铜容器。第六期则延续了第五期的形势。

（3）虽约有一半的铜器墓遭到盗扰，但铜容器组合变化的轨迹依然较为明确。在现有的20种组合中，鼎参与的有15种，盘参与的有13种，敦参与的有10种，舟参与的有9种，这是较为常见的四种器类，其中鼎和盘从第一期至第五期均有出现。第一期6座墓葬有六种组合，可见组合形式不稳定，鼎、簋是此期较为常见的两种器类。第二期新出现了敦和舟，簋仅见于李家楼大墓，敦与簋形制有相似之处且不同出，应是由簋演变而来的，自此期开始，鼎、敦、舟组成了相对稳定的组合形式。第三期与第四期的铜器则以鼎、敦、舟或再加上盘、匜为核心的组合形式。第五期的墓葬仅1座，且被盗，残存组合为鼎、敦、盘。

（三）铜容器墓其他特征的考察

上文对铜器墓中的铜容器进行了详细的论述，现对铜器墓结构、其他类别随葬品、葬式、葬具、墓主性别等要素进行考察。

在38座方向明确的墓葬中，北向26座，南向5座，东向2座，西向5座。铜器墓中仅1座墓北壁带有壁龛，为双楼M147，时代为第四期前段。墓底置腰坑的墓葬有10座，均为春秋时期，坑内殉狗者7座，殉兽者1座，2座坑内未发现遗物。

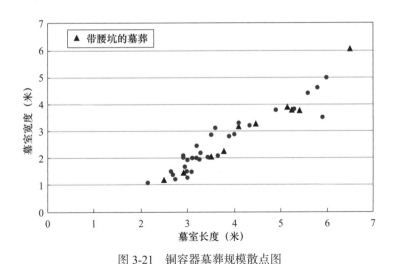

图 3-21　铜容器墓葬规模散点图

从图3-21来看，墓室长度集中在3～4米，宽度集中在1～3米，面积集中在5～15平方米。腰坑墓的分布较为均匀。

铜器的摆放位置以头前棺椁之间较为常见，3座置于头箱内，其中兴弘M100虽有足箱，但铜器仍置于头前。其他类别随葬品情况如下：同出兵器的有 12 座，除告成 M1、M3 各出土玉戈 1 件外，其余皆为铜兵器；同出陶器的墓葬有 23 座；同出铜车马器的有 10 座；同出青铜乐器的有 2 座；同出玉圭的有 10 座。

在 38 座可辨葬具的墓葬中，二椁一棺 3 座，一椁二棺 3 座，一椁一棺 17 座，空心砖 2 座，一椁或一棺 13 座。在 23 座可辨葬式的墓葬中，仰身直肢 21 座，侧身直肢 1 座，侧身屈肢 1 座。

在墓主性别和年龄方面，男性墓 8 座，女性墓 3 座，另有 7 座出土兵器的墓葬性别不明，疑似男性墓；已知年龄的 9 座墓均为成人。殉牲墓有 4 座，时代均为春秋晚期，3 座位于铁岭墓地，另 1 座为防疫站 M6。

可见，铜器墓中不流行生土二层台及壁龛等附属设施，墓底置腰坑的墓葬约占总数的 22.2%，比例较高，但腰坑墓的设置与墓葬规模无直接关系，其设置与否无明显的等级身份特征。铜器墓中其他类别的随葬品也较为丰富，显示出墓主对物质资源有一定的占有能力。葬具以一棺和一椁一棺为主，有 4 座墓葬还置有头（足）箱。墓主的性别有一定的差异，在能够使用铜器随葬的人群中，男性的比例明显大于女性，这也反映了当时两性社会地位的差距。

通过分析铜器墓数量、铜容器种类与数量的消长变化可以发现，第三期与第五期是明显变化的两个时期。第三期在墓葬数量不变的情况下，铜容器种类与数量明显减少；第五期铜器墓则较为少见。这是由仿铜陶礼器的出现所致，其取代铜容器是一个渐进的过程，第三、四期的墓葬中常见有两者同时出现构成的组合，第五期则是仿铜陶礼器非常流行的时期。由此可以看出，这些原本可以使用铜容器随葬的人群逐渐选择使用仿铜陶礼器。究其原因及墓主身份，学界尚有争议。俞伟超认为，自西周晚期出现随葬仿铜陶礼器的现象，至春秋中期以后逐渐增加，是等级制度遭到破坏的反映，尤以春秋中期和战国中期的破坏程度较甚，这与郑州地区第三期、第五期的情况基本相合，而春秋中期以后使用仿铜陶礼器随葬的人群主要有没落的大夫与士，以及新获得可用士礼之权的庶人[1]。滕铭予认为，在秦文化墓葬中，仅使用仿铜陶礼器的墓主是处于统治集团与普通平民之间的中间阶层，与前者更为接近[2]。林沄则认为这种非实用随葬器物的逐渐盛行，除了出于经济的考虑外，主要还是由于民智的开化，从而对丧葬采取越来越唯物的态度，并无区别身份等级的意义，至东周后期发展成为一种全社会的习俗或社会意识[3]。郑州地区战国中晚期铜器墓较少，可能与这种习俗或意识有关。

在器物组合方面，第一期组合形式多样，呈现出不稳定现象。其中郑县太仆乡出土的铜器群应属于郑国[4]，但器型风格复杂，纹饰不一，与商器有一定的渊源[5]，一鼎铭为"江小中母生自乍用鼎"，可能是江国的媵器[6]。贾洪波将其归为两个不同时期的墓葬所出[7]。唐兰则

① 俞伟超：《周代用鼎制度研究》，《先秦两汉考古学论集》，北京：文物出版社，1985 年，第 62～114 页。

② 滕铭予：《秦文化：从封国到帝国的考古学观察》，北京：学苑出版社，2003 年，第 28 页。

③ 林沄：《周代用鼎制度商榷》，《史学集刊》1990 年第 3 期，第 12～23 页。

④ 朱凤瀚：《中国青铜器综论》，上海：上海古籍出版社，2009 年，第 1578 页。

⑤ 杨文胜：《郑县太仆乡出土青铜器研究》，《考古与文物》2002 年第 5 期，第 46～48 页。

⑥ 俞伟超：《周代用鼎制度研究》，《先秦两汉考古学论集》，北京：文物出版社，1985 年，第 89 页。

⑦ 贾洪波：《中原地区东周时期青铜鼎形态学研究及相关问题》，南开大学硕士学位论文，1994 年。

认为，这批铜器应属于当地文化范畴，反映出春秋早期郑国对所辖地域尤其是边境地区控制力较弱①，非常有道理。从第二期开始，铜器组合开始稳定，以鼎＋敦＋舟和鼎＋敦＋舟＋盘＋匜为主，一直沿用至第四期，这是郑国的国力逐渐强盛、统治力加强的结果。

此外，在铜器种类方面，有些特殊现象需要注意。郑州地区东周铜器墓中未发现盛行于春秋晚期至战国的铜豆（盖豆），仅在中行遗址青铜礼器坑②中有少量发现，这应该不是偶然现象。究其原因，应与敦的出现和流行有关。敦自第二期出现后，持续在铜器组合中占有稳定的地位，并一直延续至第五期后段。就器物功用来说，敦与豆均为盛食器③，两种器类在组合中的功能基本相同，其他地区东周铜器墓中未见两者同出的现象，而且三足敦还兼有烹煮、温食的功能，其地位相对稳固也就不难理解了。

二、兵　器

郑州地区共计有 33 座东周墓葬中随葬有兵器，共出土兵器 145 件，除 4 件玉（石）戈外，均为青铜质地。包括：戈 32 件，出土于 23 座墓中；矛 9 件，出土于 5 座墓中；戟 1 件，出土于 1 座墓中；剑 8 件，出土于 8 座墓中；镞 82 件，出土于 12 座墓中；钜 3 件，出土于 2 座墓中；铍 6 件，出土于 3 座墓中。单座墓葬出土兵器最多的为铁岭 M308，共 49 件。

可以分期的兵器墓有 20 座，计第一期 3 座，第二期 5 座，第三期 3 座，第四期 6 座，第五期 3 座。除第四期、第二期数量稍多外，其余各期数量相当。从器类上看，戈始终是兵器中最主要的器类。从图 3-22 中可以清楚地看出，兵器墓的墓葬规模差异明显，最大的墓口面积近 40 平方米，最小的不足 3 平方米。在葬具使用方面，一椁一棺者 17 座，其中 2 座设有头（足）箱；一棺者 8 座，一椁二棺者 3 座，二椁一棺者 1 座。可辨葬式的墓葬有 16 座，其中仰身直肢 14 座，侧身直肢与屈肢各 1 座。在墓向明确的 28 座墓葬中，西向 3 座，北向 25 座。从墓葬结构看，2 座墓设有壁龛，10 座墓设有腰坑，1 座兼有壁龛、腰坑和生土二层台。有 31 座兵器墓可以进行等级划分，其中第一等级 1 座，第二等级 6 座，第三等级 12 座，第四等级 11 座，第五等级 1 座。除墓葬数量外，不同等级墓葬之间的兵器种类也有差异。第一等级墓葬的器类有 3 种，为铜戈、矛、镈；第二等级的器类有 7 种，为铜戈、矛、剑、镞、戟、钜和玉戈；第三等级的器类有 5 种，为铜戈、矛、剑、镞、钜和石戈；第四等级的器类有 4 种，为铜戈、剑、镞、钜和石戈；第五等级的器类仅 1 种，为铜镞。第一等级仅有 1 座墓葬且被盗，情况较特殊，若把其排除在外，则第四、第五等级随葬兵器的种类相对于第二、第三等级略少，并逐渐趋于单一。

郑州地区出土兵器的东周墓均为竖穴土坑墓，其中第一等级共 4 座墓葬，除去被盗空者，均发现有兵器；第二等级共 8 座墓葬，有 6 座随葬兵器，约占总数的 75%；第三等级共 119 座墓葬，有 12 座随葬兵器，约占总数的 10.1%；第四等级共 833 座墓葬，有 11 座

①　唐兰：《郑县出土的铜器群》，《文物参考资料》1954 年第 5 期，第 38～40 页。

②　河南省文物考古研究所：《新郑郑国祭祀遗址》，郑州：大象出版社，2006 年，第 117～215 页。

③　朱凤瀚：《中国青铜器综论》，上海：上海古籍出版社，2009 年，第 142～147 页。

随葬兵器，约占总数的 1.3%；第五等级共 691 座墓葬，仅有 1 座随葬兵器，约占总数的 0.1%。这些数据说明，从第二至第五等级墓葬随葬兵器的比例呈递减趋势，其中第二等级比例较高，与第三等级相差很大。可以说，墓葬等级越高，随葬兵器的比例就越高，同时使用玉质兵器的墓葬等级较高，兵器具有明显的等级意义。

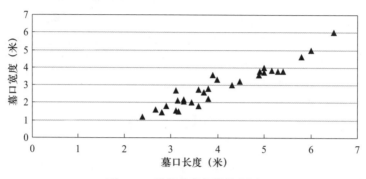

图 3-22　兵器墓葬规模散点图

由上可见，兵器墓规模有悬殊，葬式多为仰身直肢，墓向以北向为主，葬具常采用一椁一棺。从兵器墓等级分析看，墓葬中是否随葬兵器具有明显等级意义。此外，已知墓主性别的 9 座墓葬均为男性墓，性别特征明显，而且在 15 座兵器墓中见有毁兵现象。

三、车　马　器

郑州地区东周墓葬中共有 17 座出土有车马器，共 137 件，包括：铜车軎 29 件，出于 10 座墓中；铜车辖 13 件，出于 5 座墓中；马镳 40 件，出于 11 座墓中，其中 27 件铜质，13 件为角质；铜马衔 29 件，出于 11 座墓中；铜节约 4 件，出于 2 座墓中；铜盖弓帽 22 件，出于 2 座墓中。车马器种类以马镳、马衔和车軎较为常见。

出土车马器的墓葬主要分布在唐户、铁岭和西亚斯三个墓地。共有 11 座墓葬可以分期，其中第一期 3 座，第二期 2 座，第三期 2 座，第四期 3 座，第五期 1 座。在墓向明确的 16 座墓葬中，北向有 13 座，西向有 3 座。从随葬品来看，有 11 座墓葬随葬有铜容器，13 座随葬有兵器。从葬具来看，三重的墓葬 4 座，两重的 11 座，单棺的 1 座，另有 1 座葬具不明。葬式均为直肢，包括仰身直肢 7 座，侧身直肢 1 座。墓底设置有腰坑的墓葬有 7 座，已知性别的 4 座均为男性。从图 3-23 中可以看出，墓葬规模均较大，墓口长度均在 3 米以上，宽度也不低于 2 米。根据本研究等级划分的标准，随葬车马器墓葬中，第二等级有 6 座，第三等级有 9 座，第四等级有 2 座。

从上述分析可以看出，车马器有铜质和角质两类材质，以铜质为主，常见器类有镳、马衔和车軎三种。出土车马器的墓葬从第一期至第五期都有，但数量均较少，已知性别均为男性。车马器等级特征非常明显，集中出现于第二等级以及第三等级规模较大的墓葬中。需要注意的是，7 座车马器墓设有腰坑，其墓主生前应具有一定的社会地位。

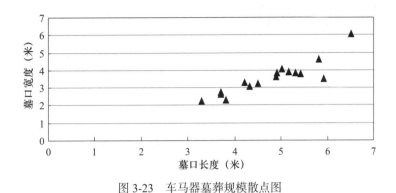

图 3-23　车马器墓葬规模散点图

四、玉　　器

郑州地区随葬玉器的东周墓葬共计 189 座，玉器种类主要有圭、玦、环、璜（珩）、璧、琮、佩、瑗等，还包括各类玉片、玉珠、玉贝和小玉柱等，按照用途可分为瑞玉、服饰用玉和丧葬用玉三大类 [①]。下文先考察总体用玉的概况，然后对其中出土数量较多的玉圭和玉玦分别进行详细的讨论。

（一）用玉概况

郑州地区随葬玉器的墓葬集中在三个地点：双楼墓地 45 座，西亚斯墓地 40 座，兴弘与热电墓地 32 座，分别占相应墓地墓葬总数的 16.9%、12.5% 与 15.9%。

在可以分期的 113 座墓葬中，第一期有 6 座，占此期墓葬总数的 37.5%；第二期 7 座，占此期墓葬总数的 13.7%；第三期 22 座，占此期墓葬总数的 13.5%；第四期 40 座，占此期墓葬总数的 21.7%；第五期 28 座，占此期墓葬总数的 10.7%；第六期 8 座，占此期墓葬总数的 3.7%。从图 3-24 中可以看出，除了第一期的墓葬数量与百分比有明显的偏离外，其余各期的玉器墓数量与占比的变化基本吻合，这可能与第一期墓葬发现数量较少有关。从第一期至第四期玉器墓数量呈逐期增加的趋势，在第四期达到峰值，随后第五期开始减少，第六期趋于消失。

从图 3-25 可见，玉器墓规模较为分散，悬殊较大，最大的面积近 40 平方米，最小的仅有 1 平方米左右。在葬具使用方面，一椁二棺墓与二椁一棺墓各有 4 座，一椁一棺墓 56 座，一棺墓 102 座，空心砖墓 5 座。在随葬品方面，随葬铜容器墓 17 座，随葬兵器墓 11 座，随葬铜容器兼兵器的墓 7 座。根据本研究的等级划分标准，第二等级墓 6 座，占此等级总数的 75%；第三等级 40 座，占此等级总数的 33.6%；第四等级 100 座，占此等级总数的 12.0%；第五等级 34 座，占此等级总数的 4.9%。虽然从第二到第五等级墓葬中均发现有玉器，但明显呈现出等级越高随葬玉器的比例越高的趋势，墓葬等级与玉器数量、质量成正比。在不同的时期各等级占比有差异：第一期与第二期时，第二、第三等级比重较大，从第三期开始，第四、第五等级比重明显增加，尤以第四期最为明显，此期中第四、第五

---

① 孙庆伟：《周代用玉制度研究》，上海：上海古籍出版社，2008 年，第 8 页。

等级占总数的 72.5%。这说明具有等级意义的用玉制度从第三期开始崩坏，到第四期时约束力更小。

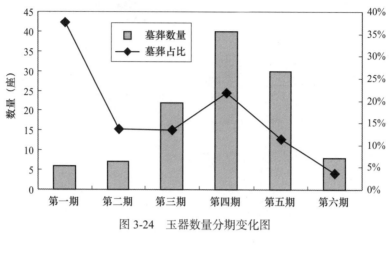

图 3-24　玉器数量分期变化图

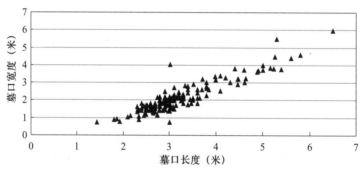

图 3-25　玉器墓葬规模散点图

再来分析一下玉器墓其他方面的特征。在墓向明确的 178 座墓葬中，北向 162 座，西向 4 座，南向 10 座，东向 2 座，南北向占比 96.6%，东西向占比 3.4%，墓向具有高度的一致性。在葬式方面，均为仰身葬，其中直肢葬占 92.2%，屈肢葬占 7.8%。在墓葬结构中，设壁龛的墓 22 座，带腰坑的墓 17 座。从墓主性别来看，男性墓 31 座，女性墓 25 座，分别占各自总数的 13.7% 和 16.2%。可见，虽然男性墓的数量略多，但比例却低于女性，这也说明用玉的性别差异不明显。

综上所述，郑州地区东周墓葬中用玉有明显等级差异，等级越高随葬玉器的概率越高，数量与质量也与等级成正比。玉器墓在墓向和葬式方面具有较高的一致性，这说明偏好玉器的人群关系较近。用玉无明显的性别差异，呈现出名义上的男女地位平等的态势[①]。用玉现象的显著变化发生在第四期，除了墓葬数量达到峰值外，低等级墓葬随葬玉器的比重明显增加，用玉的等级制度和等级观念遭到严重破坏，这主要是因为旧贵族的沦落使得玉器

① 瞿同祖：《中国法律与中国社会》，北京：中华书局，1981 年，第 102 页。

的礼制含义减弱，约束力大不如从前，而新兴贵族尤其是士民阶层的崛起又促使了用玉的扩大化。战国中期以后，用玉现象减少，所谓的用玉制度也随之退化。

需要注意的是，以往认为制玉遗址位于郑韩故城东城东北部的张龙庄东，地表散落有零星碎玉石料片，当地群众称之为"玉石岗"[①]。但近年通过对该地的发掘可以确定，其仅是一处普通生活遗址，与制玉无关，而地表散落的玉石片，可能与紧邻遗址的郑国贵族墓葬被盗扰有关[②]。因此，制玉遗址的确定仍需要进一步的考古工作。至于玉器的质地，经检测，西亚斯墓地的玉器以单一矿物为主，有少量的多种矿物组合玉器，其中透闪石—阳起石型玉器占比约为21%[③]，这是此地区玉质的缩影，也为探寻玉器原料的来源提供了线索。

（二）玉圭[④]

郑州地区东周墓葬出土玉圭均为尖首圭，与玉戈形制相近，二者主要区别在于戈有明显的内部，而圭无内[⑤]。告成袁窑墓地出土2件尖首玉器，其中M1∶157短内上侧有2个小凹槽，应为玉戈，本研究把这两件器物归为兵器讨论。

随葬玉圭的墓葬共85座，分布于11个地点：双楼34座，西亚斯17座，兴弘与热电15座，合兴8座，蔡庄、赵庄、新禹、唐户各2座，大高庄、华信、南洼各1座。共出土玉圭109件，其中69座墓葬随葬1件，13座墓葬随葬2件，其余3座墓分别随葬3件、4件、7件。玉圭多出土于墓主身旁，以头部及上身附近较为常见，另有少部分位于棺椁之间、棺外或壁龛内（表3-2）。

表3-2　玉圭墓葬统计表

墓号	分期	方向	等级	玉圭数量	玉圭位置	性别
热电 M1	第一期	202°	3	1	—	—
兴弘 M42	第二期	23°	3	1	—	—
兴弘 M100	第二期	5°	3	1	胸部	—
热电 M48	第三期	210°	5	1	—	女
赵庄 M45	第三期	177°	4	1	头骨附近	—
双楼 M94	第三期	10°	4	1	棺内东侧	女
双楼 M233	第三期	10°	4	1	棺外北侧	男
双楼 M21	第三期	10°	4	1	棺椁之间	—
双楼 M247	第三期	10°	4	1	棺椁之间	—
赵庄 M84	第三期	10°	4	1	头骨右侧	—

---

① 新郑市文物管理局：《新郑市文物志》，北京：中国文史出版社，2005年，第70页。
② 河南省文物考古研究院新郑工作站内部资料。
③ 河南省文物考古研究所：《新郑西亚斯东周墓地》，郑州：大象出版社，2012年，第217页。
④ 南洼04M15出土石圭1件，本研究统称为玉圭。
⑤ 多数学者认为尖首圭源自玉戈，详见孙庆伟：《西周玉圭及相关问题的初步研究》，《文物世界》2000年第2期，第76~80页。

墓号	分期	方向	等级	玉圭数量	玉圭位置	性别
兴弘 M139	第三期	6°	4	1	—	—
双楼 M68	第三期	5°	4	1	棺内	—
兴弘 M35	第三期	190°	3	1	盆骨左侧	女
大高庄 M11	第三期	4°	3	2	棺内	—
唐户 M7	第三期	344°	3	1	—	—
热电 M27	第四期	25°	5	2	胸部	女
兴弘 M3	第四期	275°	5	1	—	女
合兴 M9	第四期	12°	5	1	—	—
双楼 M248	第四期	10°	5	1	头部	男
双楼 M89	第四期	10°	5	1	—	男
双楼 M23	第四期	3°	5	1	棺外	女
双楼 M82	第四期	350°	4	1	头骨右侧	女
双楼 M3	第四期	350°	4	1	棺椁之间	男
双楼 M9	第四期	85°	4	1	—	—
合兴 M56	第四期	35°	4	1	脊椎骨上	—
合兴 M52	第四期	30°	4	1	—	—
热电 M34	第四期	28°	4	3	—	—
双楼 M226	第四期	20°	4	1	左肩	男
西亚斯 M105	第四期	20°	4	1	盆骨下	—
兴弘 M13	第四期	20°	4	1	—	—
双楼 M214	第四期	10°	4	1	棺外	女
西亚斯 M237	第四期	10°	4	1	腹部	女
双楼 M253	第四期	10°	4	1	棺外	男
西亚斯 M2	第四期	10°	4	1	—	男
双楼 M209	第四期	10°	4	1	头骨附近	—
双楼 M237	第四期	10°	4	1	头骨附近	—
双楼 M49	第四期	5°	4	1	左臂东侧	女
双楼 M27	第四期	5°	4	1	棺内	—
新禹 M2	第四期	19°	3	2	棺椁之间	—
新禹 M13	第四期	16°	3	1	棺椁之间	—
西亚斯 M152	第四期	7°	3	1	—	—
蔡庄 M37	第四期	—	3	1	—	—
合兴 M20	第五期	20°	5	1	—	—
西亚斯 M69	第五期	287°	4	1	盆骨	男

续表

墓号	分期	方向	等级	玉圭数量	玉圭位置	性别
合兴 M34	第五期	30°	4	1	胸部	—
西亚斯 M23	第五期	26°	4	1	左胸处	—
西亚斯 M108	第五期	10°	4	1	棺内北端	—
双楼 M184	第五期	10°	4	2	腹部东侧	—
双楼 M232	第五期	10°	4	1	—	—
双楼 M178	第五期	0°	4	1	壁龛	—
蔡庄 M8	—	—	—	1	—	—
热电 M65	—	—	—	1	—	—
热电 M17	—	30°	5	1	—	—
西亚斯 M205	—	20°	5	1	左肩侧	男
合兴 M3	—	15°	5	1	—	—
南洼 04M15	—	10°	5	1	—	女
双楼 M258	—	10°	5	2	胸部	—
双楼 M224	—	10°	5	1	头骨西侧	—
双楼 M33	—	5°	5	2	—	男
西亚斯 M3	—	350°	4	1	头骨附近	女
热电 M21	—	203°	4	1	—	男
合兴 M22	—	20°	4	1	头部	—
兴弘 M17	—	15°	4	1	—	男
西亚斯 M248	—	13°	4	2	—	—
双楼 M218	—	10°	4	1	头骨附近	女
双楼 M261	—	10°	4	2	头骨东侧	女
双楼 M231	—	10°	4	1	头骨西侧	男
双楼 M70	—	10°	4	2	脚端	男
双楼 M192	—	10°	4	1	胸部	—
西亚斯 M241	—	10°	4	1	—	—
华信 M191	—	10°	4	1	—	—
西亚斯 M153	—	8°	4	4	头骨右侧	—
双楼 M99	—	5°	4	2	头骨左上	男
双楼 M260	—	5°	4	1	头骨西侧	男
双楼 M250	—	5°	4	1	肩部	—
双楼 M69	—	5°	4	2	—	—
双楼 M204	—	0°	4	1	—	—
合兴 M59	—	30°	3	1	—	—

墓号	分期	方向	等级	玉圭数量	玉圭位置	性别
西亚斯 M250	—	20°	3	1	—	—
西亚斯 M140	—	15°	3	1	胸部	男
兴弘 M138	—	12°	3	1	—	—
西亚斯 M251	—	10°	3	7	棺内北部	—
西亚斯 M267	—	5°	3	2	—	—
西亚斯 M173	—	20°	4	2	棺内北部	—
唐户 M12	—	325°	4	1	—	—

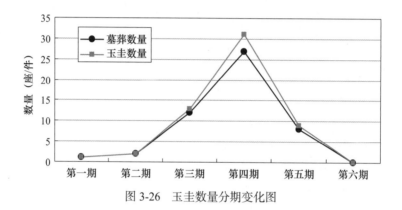

图 3-26　玉圭数量分期变化图

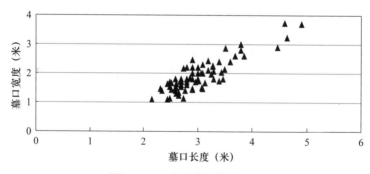

图 3-27　玉圭墓葬规模散点图

　　在可以分期的 50 座墓葬中，第一期 1 座，出土玉圭 1 件；第二期 2 座，出土玉圭 2 件；第三期 12 座，出土玉圭 13 件；第四期 27 座，出土玉圭 31 件；第五期 8 座，出土玉圭 9 件。从图 3-26 可以看出，从第一期至第四期随葬玉圭的墓葬及玉圭数量呈逐期增长的趋势，至第四期达到最高峰值，此后开始迅速减少，第六期消失。

　　随葬玉圭墓葬结构相对简单，其中 3 座设有壁龛，5 座墓底设有腰坑。在葬具使用方面，三重的 3 座，两重的 26 座，单棺的 52 座；采用分箱的墓葬共有 6 座，其中头箱 5 座，足箱 1 座。在墓向明确的 81 座墓中，北向 73 座，南向 5 座，东向 1 座，西向 2 座。从葬式来看，仰身直肢葬 59 座，仰身屈肢葬 2 座。从随葬品来看，出土铜容器的墓葬有 2

座，随葬兵器的墓葬有 1 座。在已知性别的 30 座墓葬中，男性墓 17 座，女性墓 14 座。从图 3-27 可以看出，墓葬规模有一定差距，但多数墓口长度在 2~4 米之间，宽度在 1~3 米之间。根据本研究等级划分标准，随葬玉圭的墓葬中第三等级有 16 座，第四等级有 52 座，第五等级有 14 座。

一般认为，圭是周代礼仪用玉的一种，功能主要是礼天地四方、祭祀祖先鬼神或作为盟誓之质，最常见的是作为身份地位的象征[①]。这种瑞圭的特点是器形较大，用料考究，打磨精细，圭的尺寸与拥有者身份等级成正比。按照孙庆伟的观点，玉戈与圭是同一类器物，圭就是简化了内部的戈[②]，那么告成袁窑 2 座第二等级墓葬出土的 2 件玉戈器形较大，制作精细，应属于象征墓主身份地位的瑞玉。

至于《礼记·丧大记》中"饰棺……（君）皆戴圭"中的"圭"为何种材质，学界有明显的分歧：孙华认为晋侯夫人墓（M2）出土的石圭可视为"翣"上戴的圭[③]。孙庆伟认为翣首上的圭可为铜铸，抑或为玉圭[④]，张天恩亦持此说[⑤]。王龙正认为翣戴圭是指铜翣上方竖于中间或两侧的圭形铜片，绝不可能是较重的玉圭[⑥]。还有学者认为，所谓的"戴圭"是玉圭，属于棺饰，并非置于翣首[⑦]。以上诸说均有各自的论据，但"戴圭"属于"君"之礼，郑州地区出土有玉圭的东周墓葬未见有第一等级，也不见同出有翣，因此，这些玉圭应不属于"戴圭"。

虽然圭是周人用以区分社会阶层的标志性器物，但从墓葬等级的数量上看，郑州地区东周墓葬中的玉圭无明显等级特征。目前所见，第一、二期随葬玉圭的墓均为第三等级，保存较好的玉圭热电 M1∶4 长达 25.7 厘米，可视为作为等级标志的瑞玉。从第三期开始，第三至第五等级墓葬中均发现有玉圭，且以第四等级为主。从玉圭特征来看，器形较小，器身多见有圆形穿孔，用料多为边角废料，制作不甚规整精细，且大多保存状况不佳，有残缺。这种残缺是否属有意而为，尚不确定。显然这些玉圭是对高等级墓葬中大型玉圭的模仿，不能归入瑞玉系统，可视为葬玉的一种，性质类似于仿铜陶礼器，属于专为随葬制作的明器[⑧]。从出土位置来看，玉圭常被置于墓主身旁，基本符合"借玉气护尸"的葬玉初衷[⑨]。

综上所述，郑州地区随葬玉圭的东周墓葬数量不多，且使用情况不稳定。第一、第二期数量很少，第三期开始增多，第四期最多，此后葬圭墓葬急剧减少，第六期则戛然而止。在第一、二期，用圭仍有明显的等级特征；从第三期开始，圭在第五等级墓葬中出现，还存在一墓多件的现象，圭基本丧失了等级标志的意义，用圭制度已经严重紊乱。同时晋国

① 孙庆伟：《西周玉圭及相关问题的初步研究》，《文物世界》2000 年第 2 期，第 76~80 页。
② 孙庆伟：《周代用玉制度研究》，上海：上海古籍出版社，2008 年，第 197 页。
③ 孙华：《关于晋侯甗组的几个问题》，《文物》1995 年第 9 期，第 50~57 页。
④ 孙庆伟：《周代用玉制度研究》，上海：上海古籍出版社，2008 年，第 209 页。
⑤ 张天恩：《周代棺饰与铜翣浅识》，《考古学研究（八）：邹衡先生逝世五周年纪念论文集》，北京：科学出版社，2011 年，第 293~304 页。
⑥ 王龙正、倪爱武、张方涛：《周代丧葬礼器铜翣考》，《考古》2006 年第 9 期，第 61~71 页。
⑦ 胡健、王米佳：《周代丧葬礼器"翣"的再探讨——关于"山"字形薄铜片的考证》，《中原文化研究》2015 年第 5 期，第 51~59 页。
⑧ 梁云：《战国时代的东西差别——考古学的视野》，北京：文物出版社，2008 年，第 66 页。
⑨ 孙庆伟：《周代用玉制度研究》，上海：上海古籍出版社，2008 年，第 225~229 页。

石圭作坊[①]的发现也证明了圭已经作为普通商品大量生产，其在墓葬中的性质基本与仿铜陶礼器相似，属于礼制遭到破坏的表现。此外，第四等级的热电 M39 出土蚌圭 1 件，材质的多样也反映出用圭制度已遭到破坏。

需要注意的是，中原地区的许多东周墓地持续盛行葬圭之风，用圭制度的破坏是连续性的，但郑州地区东周墓不流行葬圭，其演进轨迹可谓是跳跃式的，与秦墓用圭现象消失的轨迹极为相似，即墓葬用圭比例在战国中期锐减，战国晚期以后绝迹。梁云认为秦墓葬圭现象急剧衰退与商鞅变法带来的社会大变革有关，秦人已经彻底抛弃周礼价值观及符号系统[②]。虽然用圭的后半程轨迹相似，但与西周和春秋秦墓普遍葬圭不同的是，郑州地区墓葬中随葬圭的比例一直比较小，如在兴弘与热电墓地的 13 座西周晚期墓葬中，仅 1 座随葬有玉圭。由此可见，用圭制度在郑州地区并非主流的礼仪价值观，至少可以说，其约束力很弱。

（三）玉玦

郑州地区有 51 座东周墓葬出土玉玦，共计 78 件，分布于 11 个地点：其中以兴弘与热电墓地出土数量最多，18 座墓葬出土玉玦 33 件；其次是西亚斯墓地，12 座墓葬出土 17 件[③]；再次为二里冈墓地，9 座墓葬出土 9 件。墓葬中随葬玉玦的数量比较有规律，其中 26 座墓葬随葬 2 件，25 座墓葬随葬 1 件，可见出土数量奇数与偶数的墓葬基本相当。

在可以分期的 37 座墓葬中，第一期 5 座，出土玉玦 10 件；第二期 3 座，出土玉玦 6 件；第三期 7 座，出土玉玦 10 件；第四期 12 座，出土玉玦 18 件；第五期 8 座，出土玉玦 9 件；第六期 2 座，出土玉玦 2 件。从图 3-28 可以看出，随葬玉玦的墓葬及器物数量均呈波浪式的变化，第一期有一定数量，第二、三期变化不明显，第四期数量明显增多，达到峰值，第五期数量减少明显，第六期数量继续减少，趋于消失。

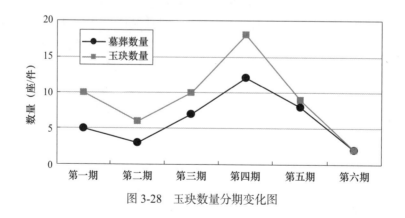

图 3-28　玉玦数量分期变化图

---

① 山西省考古研究所侯马工作站：《晋国石圭作坊遗址发掘简报》，《文物》1987 年第 6 期，第 73～81 页。

② 据梁云对中原地区 6 处东周墓地的统计，葬圭比例均较高，详见梁云：《周代用圭制度的流变》，《中国历史文物》2005 年第 3 期，第 18～26 页。

③ 发掘报告正文中介绍玉玦共 13 件，但墓葬登记表中的数量与之不符，如 M47 出土玉玦 16（残），若把其算为 1 件，那么结合正文与登记表的统计数字，玉玦总数为 17 件。

从图 3-29 可见，随葬玉玦的墓葬规模差距较大，最大的墓口面积近 30 平方米，最小的不足 2 平方米。在葬具使用方面，一椁二棺墓 2 座，一椁一棺墓 15 座，一棺墓 29 座；采用分箱的墓有 4 座，其中 3 座有头箱，1 座有足箱。从随葬品看，随葬有铜容器的墓葬有 8 座，出土兵器的墓葬有 4 座，3 座随葬有铜容器与兵器。根据本研究等级划分标准，第二等级墓葬 3 座，占此等级墓葬总数的 37.5%；第三等级墓葬 13 座，占此等级墓葬总数的 10.9%；第四等级墓葬 22 座，占此等级墓葬总数的 2.6%；第五等级墓葬 11 座，占此等级墓葬总数的 1.6%。可见，玉玦是第二至第五等级墓葬均采用的一种装饰用品，是否随葬玉玦无明显的等级意义，但从各等级墓葬的比例上看，墓葬等级越高，出土玉玦的概率越大。

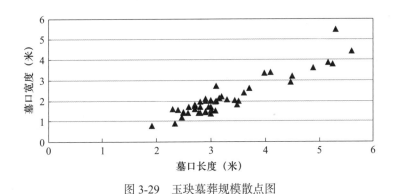

图 3-29　玉玦墓葬规模散点图

在出土玉玦的墓葬中，设有壁龛的有 11 座，墓底有腰坑的 9 座，其中 8 座坑内殉牲，1 座无物。葬式中仰身直肢葬有 28 座，仰身屈肢葬 2 座，侧身屈肢葬 1 座。在已知性别的 12 座墓葬中，女性墓 9 座，男性墓 3 座，分别占对应性别墓葬总数的 5.7% 和 1.3%，性别差异比较明显，女性墓中随葬玉玦的数量和比例均高于男性。女性墓中有 3 座仅随葬 1 件玉玦，有 6 座出土有 2 件玉玦；而 3 座男性墓出土玉玦的数量均为 2 件。鉴于资料有限，这能否说明两性佩玦存在差异，尚不明确。需要注意的是，除 1 座墓葬方向不明外，其余的 50 座墓葬均为南北向，且以北向为大多数，足见随葬玉玦的人群对墓向具有高度的认同感。

郑州地区东周墓葬中玉玦的出土位置多在墓主头骨附近，保存较好的墓葬中见有位于两耳处，如兴弘 M42。谢尧亭认为这些出于耳旁的玉玦是《仪礼》所载充耳的瑱[1]。《仪礼·士丧礼》："瑱，用白纩。"郑玄注："瑱，充耳。"[2]《仪礼·既夕礼》："瑱塞耳。"但孙庆伟认为，这类环形玦应为耳饰，而非文献中的充耳或瑱，称为"耳饰玦"较为妥当[3]，此说可从。从出土位置明确的西亚斯 M64 和 M237 来看，玉玦均位于耳旁，而且同出的还有 2 件小玉柱，长度在 2 厘米左右，直径约为 1 厘米，也置于两耳处。类似现象还见于合兴

①　谢尧亭：《〈士丧礼〉、〈既夕礼〉的考古学举例》，《山西省考古学会论文集（四）》，太原：山西人民出版社，2006 年，第 124~133 页。

②　杨天宇：《仪礼译注》，上海：上海古籍出版社，2004 年，第 348 页。

③　孙庆伟：《周代用玉制度研究》，上海：上海古籍出版社，2008 年，第 151~152 页。

M52。可见，这种小玉柱应是文献中的瑱，而玦当为耳饰。

综上所述，在郑州地区东周墓葬中，随葬玉玦的墓葬数量所占比例较小，是否随葬玉玦与墓主身份地位无直接的对应关系，但是从墓葬等级数量的比例来看，出土玉玦的概率与墓葬等级成正比。通过分期可知，在第四期随葬玉玦的墓葬数量最多，这与多数地区战国时期玉玦急剧衰退的变化节奏并不一致，却与秦国十分相似，在服饰用玉的变革上存在一定的滞后性。墓葬中的玉玦具有明显的性别意义，女性墓出土的数量及比例显著较高。而就玉玦的用途来看，其应为耳饰，与其同出于耳旁的小玉柱（或可称为玉塞）应为文献中所载的瑱。在山西侯马地区的东周墓葬中，还发现有置于墓主口中作为口含之用的玉玦[1]，这种现象不见于郑州地区。一般来说，玉玦作为耳饰应为左右耳各佩戴 1 件，但有半数的墓葬仅随葬 1 件，除了盗扰的因素外，可能与其仅作为随葬品种类的一项而无实际的使用意义有关，并不能真实反映出其在现实生活中的使用状况。

五、其 他 器 类

上述四类器物在墓葬等级划分中均占有重要地位，下文对带钩、铜璜和贝这三类小件器物进行考察。

（一）带钩

郑州地区 212 座东周墓葬出土带钩 237 件，质地有玉、铜、铁三种，其中玉带钩 5 件，约占总数的 2.1%；铜带钩 135 件，约占总数的 57.0%；铁带钩 97 件，约占总数的 40.9%。在 212 座带钩墓葬中，随葬铜带钩者 115 座，随葬铁带钩者 89 座，随葬玉带钩者 1 座，随葬铜带钩与铁带钩者 6 座，随葬玉带钩与铜带钩者 1 座。随葬 1 件带钩的墓葬共有 194 座，其中随葬铁带钩者 87 座，随葬铜带钩者 111 座；随葬 2 件的墓葬有 12 座，其中 5 座仅随葬铜带钩，1 座随葬铁带钩，6 座随葬铜带钩和铁带钩各 1 件；随葬 3 件的墓葬有 4 座，其中三种质地的带钩各 1 座，还有 1 座随葬 1 件铜带钩及 2 件玉带钩。从墓葬分布来看，出土带钩的墓葬位于 20 个地点，出土数量最多的为二里冈墓地，117 座墓葬出土 122 件[2]；其次是家世界墓地，26 座墓葬出土 29 件。

就墓葬形制而言，带钩墓葬包括竖穴土坑墓 202 座，空心砖墓 36 座；土洞墓 3 座，其中偏洞室 1 座，正洞室 1 座；瓮棺葬 1 座。在墓葬方向清楚的 195 座墓葬中，北向墓 185 座，东向墓 5 座，西向墓 3 座，南向墓 2 座。葬式明确的墓葬共有 164 座，其中仰身直肢葬 118 座，仰身屈肢葬 37 座，侧身屈肢葬 9 座，屈肢葬所占比例约为 28.0%，大于此地区的平均水平。在墓葬结构中，设壁龛的墓葬共有 98 座，占总数的 46.2%；设有生土二层台的墓葬共有 9 座，墓底置腰坑的墓葬仅有 2 座。

在能够进行分期的 151 座墓葬中，第三期墓葬为 2 座，出土带钩 2 件；第四期墓葬为

---

① 刘绪：《晋文化》，北京：文物出版社，2007 年，第 35 页。

② 发掘报告中带钩共计 114 件，其中铜带钩 62 件，铁带钩 52 件。但根据文中描述并结合墓葬登记表计算，共计出土带钩 122 件，铜带钩 63 件，铁带钩 59 件。

3 座，出土带钩 7 件，其中玉带钩 5 件；第五期墓葬为 68 座，出土带钩 71 件；第六期墓葬为 78 座，出土带钩 85 件。从图 3-30 可以看出，第三、四期带钩墓数量均不多，其中第三期墓葬出土的皆为铜带钩，第四期墓葬出土带钩的数量有所增加，而且出现了玉质带钩，其中铁岭 M308 同时随葬铜、玉两种质地的带钩。从第五期开始，随葬带钩的墓葬数量急剧增加，玉带钩不见，铁带钩开始出现，并与铜带钩数量基本相当。第六期延续流行随葬带钩的风气，而且数量略有增加。

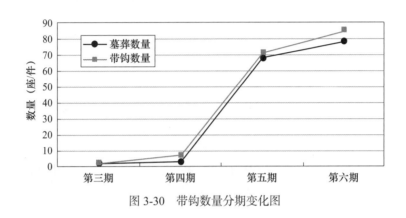

图 3-30 带钩数量分期变化图

从图 3-31 可以看出，随葬带钩墓葬的规模[①]有很大差异，墓口面积最大的长 6.5 米，宽 6 米；最小的长度不足 2 米，宽度不足 1 米。多数墓葬的规模长度为 2～4 米，宽度为 1～3 米。根据本研究等级划分标准，第二等级墓葬有 2 座，均随葬有玉带钩；第三等级墓葬有 4 座，第四等级墓葬有 115 座，第五等级墓葬有 67 座。需要注意的是，随葬玉带钩的铁岭 M1414 虽被盗，但出土铜鼎 1 件及铜兵器、铜编钟、铜编磬等器物，故根据墓口面积和随葬品将其归为第二等级。由上述可见，玉带钩具有明显的等级特征，主要为高等级贵族所用，士与平民阶层则多使用铜带钩或铁带钩。这主要是因为玉料比铜、铁更贵重，而且玉带钩的制作工序复杂，比浇铸金属带钩耗费工时要长[②]。不同等级墓葬的带钩之间除了存在材质的差异外，还存在着质量的差别：等级较高的墓葬出土带钩一般器形较大，装饰复杂，甚至有包金或者镶嵌工艺；而等级略低的墓葬随葬的带钩器形较小，制作简单。这说明，对于同样材质的带钩，制作精致程度的不同也反映了价值的高低，各等级之间存在明显差别。

在已知性别的 29 座墓葬中，女性墓有 8 座，占女性墓葬总数的 5.1%；男性墓有 21 座，占男性墓葬总数的 9.1%。从在考古发掘中，男性墓葬与女性墓葬出现概率均等的原则来看，随葬带钩的性别差异比较明显，男性墓的绝对数量是女性墓的 2 倍之多，相应性别墓葬数量的比例也以男性墓较高。同时，二里冈的两座同穴合葬墓（M271、M421）均仅随葬 1 件铁带钩，但就带钩的位置而言，明显属于其中一人的随葬品。一般来说，这种合葬墓的墓主身份应为夫妻，那么也证明了是否随葬带钩具有明显的性别差异。此外，随葬玉带钩的两座墓墓主均为男性。

---

① 二里冈墓地的两座合葬墓的规模明显大于单人葬的墓葬，应视为无效的数据。
② 孙庆伟：《周代用玉制度研究》，上海：上海古籍出版社，2008 年，第 186～187 页。

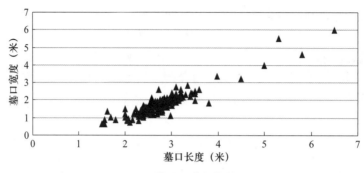

图 3-31　带钩墓葬规模散点图

"带钩"之称可能始于《史记·齐太公世家》[①]。郑州地区东周墓葬出土的带钩均为钩、钮连体，一般认为，这类带钩的主要功能为束带。革带钩的用法主要有单钩法、并钩法和环钩法。并钩法主要是指两个或以上带钩的用法，环钩法则是与铜、骨、玉等质地的环配合使用。在郑州地区东周墓葬中，出土两个及以上带钩的墓葬有 13 座，采用的可能为并钩法；同出有环的墓葬有 31 座，采用的可能为环钩法，其中有 5 座出土两件及以上的带钩，其使用可能兼有并钩、环钩两种方法。但大多数墓葬仅随葬 1 件带钩，单钩法应该较为常见。

很多学者已经注意到带钩的用途应根据其出土位置与共存物来判断[②]。在郑州地区东周墓葬中，带钩出土位置以墓主腰部为主；也有少部分位于墓主头前或脚端，如二里冈墓地出土的铜带钩大多位于墓主盆骨附近，少数位于头或足两侧；抑或与其他随葬品放置在一起，如家世界 M71 出土的铜带钩与陶器并列置于棺内北端。置于墓主盆骨附近的带钩主要用于勾系束腰的革带，而少部分带钩放置在其他位置的现象，似乎表明它失去了单纯作为腰带构件的意义[③]，要区别对待。王仁湘认为，这部分带钩可能作为佩器、佩物或佩饰之用，当然也有可能仍为革带钩，但由于丧葬习俗，钩与带并未系于墓主腰部，而是解开置于一旁[④]。《荀子·礼论》记载敛尸过程中"设亵衣，袭三称，缙绅而无钩带"，说明当时有些墓主不束腰钩带。清代学者王先谦解释说："钩之所用弛张也，今不复解脱，故不设钩也。"[⑤]那么在带钩流行时期，起码有两组人群的丧葬观念存在明显差异，一组是那些有能力而不随葬带钩的人群，另一组是热衷随葬带钩的人群。还有一种现象值得注意，在 45 座墓葬中有带钩与铜璜共存的现象，二者是否配合使用尚不清楚。

不同材质的带钩出土状况有差别，玉带钩均保存完好；铁带钩多锈蚀严重，部分已成残块；铜带钩保存相对较好，但也常见有残断的现象，如二里冈墓地中有一半铜带钩的钩

①　王仁湘对带钩的名称进行了翔实的考证，详见王仁湘：《带钩概论》，《考古学报》1985 年第 3 期，第 267～312 页。

②　高去寻：《战国墓内带钩用途的推测》，《历史语言研究所集刊》第 23 本下，1952 年，第 489～510 页；王仁湘：《古代带钩用途考实》，《文物》1982 年第 10 期，第 75～81、94 页。

③　刘绪：《晋文化》，北京：文物出版社，2007 年，第 195 页。

④　王仁湘：《带钩概论》，《考古学报》1985 年第 3 期，第 267～312 页。

⑤　（清）王先谦撰，沈啸寰、王星贤点校：《荀子集解》，北京：中华书局，1988 年，第 367 页。

头残缺。带钩缺损的现象是否与毁物葬俗[①]有关，尚不明确，需要在考古工作中多关注带钩残缺部分的去向。

至于带钩在早期墓葬中发现较少，可能是由当时的系带方式所决定的。孙机曾指出，在带钩和带扣出现之前，革带的两端多为短绦带系结；而带钩在战国中晚期的盛行是受到胡服的影响，武士们多着齐膝的上衣和长裤，腰部束有装钩的革带[②]。王仁湘则认为带钩最早可追溯至春秋初年，其广泛使用不迟于春秋中叶，与"胡服骑射"无直接的联系[③]。不管是何种原因所致，郑州地区在战国中晚期比较流行随葬带钩，属于带钩发展的鼎盛期，与其他地区基本同步。

综上所述，郑州地区东周墓葬出土的带钩有玉、铜、铁三种材质，其中玉带钩数量较少，仅出现于第四期，且只见于第二等级墓葬中，具有明显的等级特征。同等材质之间的等级差异则表现在带钩的大小与质量上。带钩的分期差别很大，第三、第四期数量很少，第五期数量急剧增加，第六期继续增多，而且随葬带钩的覆盖范围和人群较广，包含了所有的墓葬类型，甚至瓮棺葬中也葬有铁带钩。而铁带钩在战国中晚期的大量出现，与战国时期铁器铸造工艺的发展及陶铸模或范的广泛应用有密切的关系，如在登封阳城战国冶铁遗址出土有带钩的陶模和陶范[④]，新郑仓城村战国冶铁遗址出土有带钩的陶范[⑤]，等等。这也是战国时期铁器应用领域急速扩展的直接反映[⑥]。随葬带钩的墓葬中壁龛较为常见，所占比例近二分之一，可辨葬式墓葬中屈肢葬的比例也高于平均水平，这些特殊的现象可能与墓主所属人群有密切关系。虽然第二至第五等级墓葬中都有随葬带钩的现象，但男性墓出土带钩的比例和数量皆高于女性墓，说明带钩还具有明显的性别差异。从大多数墓葬出土单件带钩且多置于墓主盆骨或腰部推测，其主要功能应为束带，还有部分墓葬同出有不同质地的环，可能存在着环、钩配合使用的方法。对于未经扰乱而位于其他位置的带钩，其用途应依情况而定。不管带钩使用方法和具体用途如何，随葬带钩均体现了"事死如事生"的丧葬思想。此外，带钩可以辟邪驱祟或可能被视为祥瑞之物的观点[⑦]也值得关注。

（二）铜璜

郑州地区 122 座东周墓葬共出土铜璜 893 件[⑧]，分布于 19 个地点，集中在二里冈、西亚斯、家世界和双楼墓地。其中二里冈 59 座墓葬出土 466 件，西亚斯 17 座墓葬出土 79 件，家世界 14 座墓葬出土 65 件[⑨]，双楼 8 座墓葬出土 39 件。此外，还有墓葬数量不详而出土

---

① 苏军强：《三晋两周地区东周带钩研究》，吉林大学硕士学位论文，2012 年，第 14 页。

② 孙机：《我国古代的革带》，《文物与考古论集》，北京：文物出版社，1986 年，第 297～321 页。

③ 王仁湘：《古代带钩用途考实》，《文物》1982 年第 10 期，第 75～81、94 页。

④ 河南省文物研究所、中国历史博物馆考古部：《登封王城岗与阳城》，北京：文物出版社，1992 年，第 272、294、305 页。

⑤ 河南省博物馆新郑工作站、新郑县文化馆：《河南新郑郑韩故城的钻探和试掘》，《文物资料丛刊（3）》，北京：文物出版社，1980 年，第 56～65 页。

⑥ 白云翔：《先秦两汉铁器的考古学研究》，北京：科学出版社，2005 年，第 148 页。

⑦ 王仁湘：《古代带钩用途考实》，《文物》1982 年第 10 期，第 75～81、94 页。

⑧ 有些墓地仅公布铜璜的数量，但对出土墓葬描述不详，如邮电、华信等，因此墓葬数量应多于此数值。

⑨ 文中介绍为 55 件，根据墓葬统计表计算为 65 件。

铜璜较多的地点，如华信墓地57件、市政墓地50件、邮电墓地46件等（图3-32）。各墓中随葬铜璜的数量多寡不一，其中有2座出土37件，均位于二里冈墓地；2座出土20件（含）以上；17座出土10~20件；17座出土6~9件；84座出土1~5件。可见，墓葬中随葬5件及以下铜璜的现象较为常见。

在可以分期的89座墓葬中，第三期墓葬有3座，出土铜璜7件；第四期墓葬有2座，出土铜璜7件；第五期墓葬有52座，出土铜璜339件；第六期墓葬有32座，出土铜璜224件。第三期至第六期随葬铜璜的墓葬数量分别占各期总数的1.9%、1.1%、19.8%和14.7%。从图3-33可以看出，第三、四期不流行随葬铜璜，每墓出土的数量不超过5件；第五期开始流行随葬铜璜，并达到峰值，出现随葬20件以上的墓葬；第六期随葬铜璜数量虽有减少但仍居于高位，属于铜璜继续流行的时期。

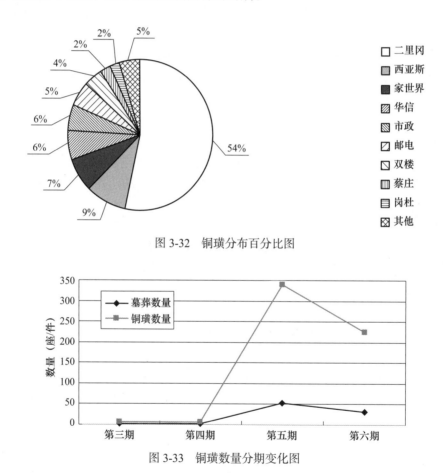

图3-32　铜璜分布百分比图

图3-33　铜璜数量分期变化图

铜璜的形制可分为甲、乙两大类。甲类造型简单，拱形两末端平齐，多素面（图3-34-1、2）；乙类造型复杂，拱形末端为圆形或兽首形，多有纹饰（图3-34-3、4、5）。在可以分类的835件铜璜中，甲类687件，占总数的82.3%；乙类148件，占总数的17.7%。第三期出土的铜璜均为甲类，第四期乙类开始出现。甲类虽早于乙类出现，但二者没有明显演化关系，而且在第五和第六期的墓葬中，有两类同出的现象，如双楼M67、家世界M20、合兴 M55、新峰 M455 等。

就墓葬形制而言，铜璜主要见于竖穴土坑墓，共计 100 座，另有空心砖墓 21 座，正洞室墓 1 座。从墓葬结构看，设有壁龛的墓葬有 61 座，其中 3 座有生土二层台；墓底置腰坑者 2 座，1 座坑内葬物，另 1 座无物。在 88 座可辨葬式墓葬中，仰身直肢葬 68 座，仰身屈肢葬 18 座，侧身直肢葬与屈肢葬各 1 座。墓向明确的 120 座墓葬中，北向者 113 座，西向者 4 座，东向者 2 座，南向者 1 座。从图 3-35 中可以看出，仅少数墓葬规模较大，多数墓葬的墓口长度在 2～4 米之间，宽度在 1～3 米之间。根据本研究等级划分标准，第二等级墓葬有 1 座，第三等级墓葬有 5 座，第四等级墓葬有 86 座，第五等级墓葬有 25 座。第二、三等级墓葬集中在不流行随葬铜璜的第三和第四期。

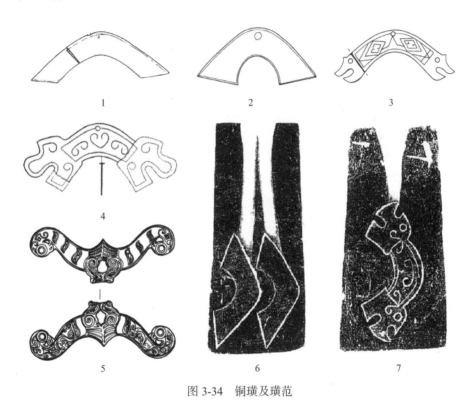

图 3-34　铜璜及璜范

1、2. 甲类铜璜（大高庄 M1：26、西亚斯 M186：3-1）　3—5. 乙类铜璜（西亚斯 M140：6-1、二里冈 M182：1、西亚斯 M47：16-1）　6. 甲类璜范（中行 H2170：25）　7. 乙类璜范（中行 H2170：108）

关于铜璜的称谓问题，有不同学者提出自己的看法：岳洪彬虽认同铜璜源于玉璜，但又认为"璜"专指玉石器，且以圆为雏形制作的，然把这类铜质椭圆弧或圆折状的器物称为"铜璜"则不妥，应根据其形状与用途称之为"铜桥形饰"[①]。孙庆伟认为，铜璜的顶部大多有一个穿孔，使用时应是拱面在上、凹面在下，与组玉佩中玉珩的形制和使用方法相同，

①　岳洪彬：《我国古代铜桥形饰及相关问题》，《考古求知集：'96 考古研究所中青年学术讨论会文集》，北京：中国社会科学出版社，1997 年，第 387～405 页；岳洪彬：《铜桥形饰的性质和用途再考》，《华夏考古》2002 年第 3 期，第 60～72 页。

有别于玉璜凹面朝上、凸面朝下的使用方式,应称为"铜珩"①。但是学界对于玉珩与玉璜的形制、命名仍有争论,且孙氏还认为,春秋早期开始玉珩逐渐替代了玉璜。应该注意的是,"铜璜"一名由来已久,在许多考古资料中也长期使用,既然这种定名已约定俗成,也就没有更改的必要了。

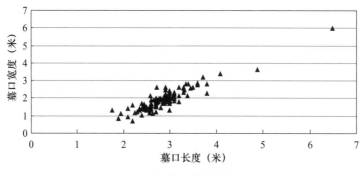

图 3-35　铜璜墓葬规模散点图

对于铜璜的性质和功用,学界主要有货币和装饰物两种观点,在前引岳洪彬的两篇文章中对这两种观点有详细探讨,于此不再赘述。随着考古资料的丰富与研究的深入,一般认为铜璜是一种装饰品。

岳洪彬把中国古代的铜璜发展演变分为三个阶段:春秋晚期至战国中期为形成和发展期,战国晚期为成熟期,秦汉之际至西汉初年为衰落期②。但在郑州地区东周墓葬中,春秋晚期开始出现铜璜,属于肇始期;战国早期乙类铜璜出现,高等级墓葬中也发现有铜璜,属于发展阶段;战国中期铜璜墓葬数量大幅增加,且单座墓葬常见出土有 10 余件铜璜,甲类与乙类也有同出现象,表明随葬铜璜处于鼎盛时期;战国晚期,铜璜墓葬数量有所减少,但还保持在较高的数值,墓葬占比在 15% 左右,是铜璜继续流行的阶段。

战国中晚期铜璜极为流行,与冶铸技术的进步密切相关。铜璜的铸造工艺与铸钱极为相似。据蔡全法、马俊才两位学者考证,战国时期韩国的铸钱工艺较为先进,主要表现在铸范采用模制的新工艺,使用半倒焰窑烧制陶范,还使用薄壁竖式熔铜炉等③。而在中行战国铸造遗址出土的陶制璜范中④,甲、乙两类均有发现(图 3-34-6、7),形制与钱范基本相同,这也证明在战国中晚期铜璜已经批量生产。

在郑州地区 122 座出土铜璜墓葬中,单独出土铜璜的有 66 座,与其他玉质或骨质小装饰品同出的有 56 座,其中与铜铃同时出现的有 14 座。由此推测,铜璜作为装饰物,组合方式主要有两种:第一种,用一个或数个铜璜穿连在一起,相互碰撞,发出清脆悦耳的

①　孙庆伟:《两周"佩玉"考》,《文物》1996 年第 9 期,第 87～92 页;孙庆伟:《周代用玉制度研究》,上海:上海古籍出版社,2008 年,第 180 页。
②　岳洪彬:《我国古代铜桥形饰及相关问题》,《考古求知集:'96 考古研究所中青年学术讨论会文集》,北京:中国社会科学出版社,1997 年,第 387～405 页。
③　蔡全法、马俊才:《战国时代韩国钱范及其铸币技术研究》,《中原文物》1996 年第 2 期,第 77～86 页。
④　河南省文物考古研究所:《新郑郑国祭祀遗址》,郑州:大象出版社,2006 年,第 770、828 页。

声音；第二种，铜璜与其他小装饰品搭配使用，或者与铜铃共同使用[1]。以第一种组合使用略多。

从出土位置来看，铜璜常见于墓主腰部、头端、脚端或棺椁之间，在二里冈墓地出土铜璜的顶端穿孔中遗留有绳子的痕迹[2]，应是作为佩饰而用的。二里冈与岗杜常发现铜璜叠置现象，可能是其重叠串联的佩带方式造成的。另外，还有铜璜出于葬具四角的现象，主要见于二里冈[3]、赵庄、家世界和双楼等处墓地，但数量不多，可能是模仿现实生活而挂于葬具四角的装饰物，也可能是缀连盖棺四角的器具，但其是否可作为棺饰的一种，类似铜鱼而悬于池下，需要进一步考古资料的支持。需要强调的是，赵庄 M8 出土有 4 件铜璜，1件位于墓主腰部，另 3 件置于棺的东北、西北和东南三角，两种摆放方式明显代表了铜璜的不同用途，即作为服装佩饰、葬具挂饰或连缀使用。此墓时代为春秋晚期，也是目前已知出现铜璜最早的时期，可见从一开始，铜璜的功能就呈现出多样性。

周代组玉佩具有明显等级特征，而铜璜常被视为玉佩组件的替代品。这种器物大量出现于第四、第五等级墓葬中，质地较薄，出土时多已破碎，制作粗糙。因此，春秋晚期开始出现的铜璜可以视作周代佩玉制度走向衰亡的标志，这种器物属于组玉佩的廉价仿制品，其性质、功用与仿铜陶礼器相似，均为专门制作用于陪葬的明器。换言之，亦可视为礼制组玉佩的世俗化。但也有个别墓葬中出现玉璜与铜璜并存的现象，如铁岭 M308，这与该墓中既出土铜礼器又出土仿铜陶礼器性质相仿。

需要注意的是，有学者提出璜形器在性别考古学研究中具有重要意义[4]，这在周代高等级墓葬中有明显反映，女性墓随葬此类器物的数量和比例高于男性墓[5]。而在郑州地区随葬铜璜的 18 座已知性别墓葬中，女性墓 10 座，占女性墓葬总数的 6.3%；男性墓 8 座，占男性墓葬总数的 3.5%，随葬铜璜的女性墓比例略高，但性别差异不明显。这可能与目前资料有限相关，需要在以后的考古工作与研究中加强关注。

（三）贝

郑州地区随葬贝的东周墓葬共 37 座，主要分布在西亚斯、铁岭、唐户与河李村四处墓地。依据材质不同，可分铜贝、骨贝、蚌贝、海贝与玉贝五种，各墓中出土数量多寡不一，少者几件，多者数百件。虽然墓葬数量不多，但延续时间较长，在可以分期的 18 座墓葬中，第一期有 2 座，第二期有 2 座，第三期有 6 座，第四期有 6 座，第五期有 2 座，从第一期到第五期均有发现，第三、第四期随葬贝的墓葬明显较多。

从图 3-36 可以看出，葬贝的墓葬规模虽然悬殊较大，但多具有一定的规模。墓口长度集中在 3～6 米之间，宽度在 2～4 米之间。在葬具使用方面，二椁一棺墓有 2 座，一椁二棺墓有 3 座，一椁一棺墓有 23 座，一棺墓有 8 座，以两重及以上的葬具为主。随葬品方

① 岳洪彬：《我国古代铜桥形饰及相关问题》，《考古求知集：'96 考古研究所中青年学术讨论会文集》，北京：中国社会科学出版社，1997 年，第 387～405 页。

② 河南省文化局文物工作队：《郑州二里冈》，北京：科学出版社，1959 年，第 71 页。

③ 《郑州二里冈》未提及，仅见于史树青：《关于"桥形币"》，《文物参考资料》1956 年第 7 期，第 60～62 页。

④ 陈淳、孔德贞：《性别考古与玉璜的社会学观察》，《考古与文物》2006 年第 4 期，第 31～37 页。

⑤ 孙庆伟：《周代用玉制度研究》，上海：上海古籍出版社，2008 年，第 183 页。

面，出土铜容器的墓葬有 12 座，随葬兵器的墓葬有 12 座。可见，这些墓葬的等级不低。根据本研究的划分标准，第二等级墓葬有 4 座，第三等级墓葬有 23 座，第四等级墓葬有 6 座，第五等级墓葬有 1 座。此外，可辨葬式均为仰身直肢。墓葬结构方面，1 座设有壁龛，10 座墓底有腰坑。墓主性别方面，男性墓 5 座，女性墓 1 座。

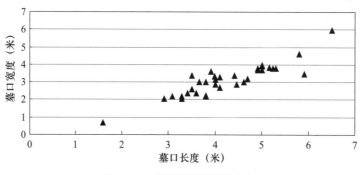

图 3-36　葬贝墓葬规模散点图

这些贝类的质地、形状及出土位置有明显的差异，表明其功用也有差别。常见用途的有作为口琀、手握、装饰等。而据前引《礼记·丧大记》，饰棺池架上还常系贝为饰，君、大夫、士分别用五贝、三贝、一贝，可知贝还用于饰棺，可能与铜鱼一样悬于池下。

从出土贝的质地来看，单纯出土海贝的墓葬有 7 座，占比 18.9%；出土仿制贝的墓葬有 25 座，占比 67.6%；出土海贝及仿制贝的墓葬有 5 座，占比 13.5%。可见，海贝的出现频率低于仿制贝。

从贝出土位置来看，铁岭 M285 发现的 8 枚海贝均出于墓主口中；铁岭 M550 出土的海贝 52 枚、骨贝 478 枚，铁岭 M458 出土海贝 7 枚，铁岭 M308 出土骨贝与海贝若干，均位于头前棺椁之间；铁岭 M229 出土 21 枚海贝，均位于棺内，其中墓主口含 12 枚，左手握 3 枚，脖子两边各 3 枚；铁岭 M1405 出土海贝 6 枚，置于墓主口中，另有骨贝 88 件，位于一侧棺椁之间；河李村 M12、M13、M18 出土海贝均置于墓主口中；西亚斯 M310 中 36 枚蚌贝出于棺灰痕迹内；普罗 M126 出土骨贝 80 枚、海贝 36 枚，位于一侧内外棺之间；官庄 M1 出土 9 枚骨贝，均位于一侧棺椁之间；袁窑 M2 出土玉贝 88 枚、骨贝 3 枚、蚌贝 164 枚，均位于棺椁之间；袁窑 M3 出土海贝 271 枚，似原本连缀在一起；双楼 M147 出土的 20 枚骨贝均置于壁龛内。

从出土位置可以看出，海贝常被置于墓主口中，用于敛尸饭含仪式，《仪礼·士丧礼》载："贝三，实于笄。……（主人）实一贝，左中亦如宣。"郑玄注："贝，水物。古者以为货，江水出焉。"所指应为海贝。陈公柔认为，贝在经过清洗后才置于死者口中[1]。此外，郑州地区东周墓中还见有以海贝作为手握的现象。海贝在商[2]和西周[3]墓葬中较为多见，常被

① 陈公柔：《士丧礼、既夕礼中所记载的丧葬制度》，《考古学报》1956 年第 4 期，第 67～84 页。

② 郜向平：《商系墓葬研究》，北京：科学出版社，2011 年，第 246 页。

③ 谢尧亭：《〈士丧礼〉、〈既夕礼〉的考古学举例》，《山西省考古学会论文集（四）》，太原：山西人民出版社，2006 年，第 124～133 页。

用于口琀和手握，但自西周开始所含之物明显多样化，尤其是在春秋以后，含海贝的现象少见，多以玉石器代之。刘绪认为，海贝作为随葬品由盛到衰的变化节点在西周中期，似与金文中"赐贝"内容的有无变化同步，东周时期葬海贝的现象相对较少①。郑州地区东周墓葬中海贝的使用频率不如仿制贝高，用海贝作为口琀和手握的习俗应为沿袭前代。

骨贝、蚌贝和玉贝常见于棺外，可视为装饰或棺饰，但也不排除作为财富象征的可能②，如双楼 M147 置骨贝于壁龛中。从形制上看，海贝和铜贝多无穿孔，而骨贝、蚌贝和玉贝多有穿孔，有孔的贝类更适合作为棺饰系于池架上或悬于池下，但海贝有时也可能作为棺饰，如袁窑 M3。

综上所述，郑州地区随葬贝的墓葬等级多较高，葬贝的等级意义比较明显，其出现的概率与墓葬等级成正比，低等级墓葬少有葬贝的行为。有学者已经注意到这种现象，认为西亚斯墓地中用贝随葬的墓葬规格比较高③。在墓葬结构方面，仅有 1 座葬贝墓设置有壁龛，说明壁龛在具有一定等级身份的葬贝墓葬中不流行；还有 10 座葬贝墓设置有腰坑，其墓主在当时具有一定的社会地位。在性别比例上，男性明显具有性别优势。

第五节　墓葬等级历时性变化与社会结构演变

社会结构指具有各种社会身份的人及其群体之间联结在一起的组织状态④。它是一个很复杂的概念，广义地讲，可以指政治、经济、文化等各个领域多方面的结构状况⑤；狭义地讲，主要是指社会阶层结构⑥。本研究所讨论的社会结构仅为狭义概念，即社会阶层结构。墓葬研究可以再现当时的社会关系，在研究社会结构时最易发挥作用⑦，但由于社会结构的变迁属于长时段的过程，本研究在观察墓葬等级的历时性变化时，不再分段而是仅进行分期考察。

一、第　一　期

共计 16 座墓葬，可以进行等级划分的有 14 座，包括第二等级 5 座，第三等级 1 座，第四等级 2 座，第五等级 6 座。

第二等级墓葬规模较大，墓口面积在 14～20 平方米左右。均随葬有多件青铜容器，器类较多，还出土有兵器、车马器、玉器等，不见有陶器出土。葬具方面，包括一椁二棺墓3 座，一椁一棺墓 1 座。4 座墓底有腰坑且均殉狗。

---

① 刘绪：《晋文化》，北京：文物出版社，2007 年，第 194 页。
② 张天恩：《东周列国贝化的考察》，《中国钱币》1991 年第 2 期，第 27～33、37 页。
③ 河南省文物考古研究所：《新郑西亚斯东周墓地》，郑州：大象出版社，2012 年，第 152 页。
④ 冯文康：《中国社会结构的演变》，郑州：河南人民出版社，1994 年，第 11 页。
⑤ 曹锡仁：《试论中国古代社会结构及其功能》，《云南社会科学》1987 年第 1 期，第 67～72、92 页。
⑥ 孙立平：《中国社会结构的变迁及其分析模式的转换》，《南京社会科学》2009 年第 5 期，第 93～97 页。
⑦ 韩建业：《墓葬的考古学研究——理论与方法论探讨》，《东南文化》1992 年第 3、4 期合刊，第 32～39 页。

　　第三等级墓葬的墓口面积与第二等级差距较大，仅约为 5 平方米；仅随葬一件铜容器，未见兵器和车马器，出土陶器 2 件，有少量玉器出土；葬具为一棺。

　　第四、第五等级墓葬规模较小，墓口面积在 2～4.6 平方米之间。均未发现铜容器，仅在一座第五等级墓葬中发现玉玦 2 件；墓中均有日用陶器出土，数量不超过 5 件。葬具以一棺为主，另第四等级有一椁一棺 1 座，第五等级有一椁一棺 2 座。第五等级有 3 座设壁龛，占比 50%；有 1 座设腰坑，内殉狗。

　　第一期墓葬等级构成极不协调，第二与第五等级墓葬占比较多，这应与此期的墓葬数量较少有关，并非真实情况的反映。不同等级墓葬在器用制度和墓葬规模上具有明显的差别，而在葬具和墓葬结构方面却有交错重叠的现象，如第二与第五等级墓葬中均有一椁一棺的葬具和设置腰坑的现象，但壁龛仅见于第五等级墓葬中。总的来说，第一期墓葬具有严格、分明的层次结构。

　　从各等级人群构成来看，第二等级墓葬中设置腰坑的比例较大，占总数的 80%。这一时期的高等级墓葬具有明显商文化的传统，墓主应与殷遗民有密切的关系。虽然腰坑墓出现的概率与墓葬等级成正比，但在第五等级中也有发现，因此是否设置腰坑并不具有明显的等级意义。在其他墓葬特征方面，这一时期可辨墓向的 13 座墓中，北向 8 座，西向 2 座，南向 3 座，分别占比为 61.5%、15.4% 和 23.1%；可辨葬式均为仰身直肢；第四等级墓葬中有 1 座葬具设有头箱；第五等级墓葬中 3 座设有壁龛。可见，总体人群的构成相对复杂，既有东迁的郑人，也应包括殷商旧族和土著居民，反映出的文化面貌以商文化的传统较为突出，但陶器的组合形式则是西周文化的延续。因此，第一期可视为墓葬的继承阶段，文化的复杂性是商、西周与土著文化不同程度结合的产物。

二、第　二　期

　　共计 51 座墓葬，可以进行等级划分的有 46 座，包括第一等级 1 座，第二等级 1 座，第三等级 8 座，第四等级 8 座，第五等级 28 座。

　　第一等级墓葬墓口面积为 30 平方米，出土有 100 余件青铜器，包括铜容器和乐器 96 件，还有铜兵器 7 件。墓向为南北向，其他墓葬特征不明。墓主为男性。

　　第二等级墓葬规模不详，怀疑墓上原有封土，出土铜器 28 件，包括铜容器、兵器和车马器；其他信息不明。

　　第三等级墓葬规模均不大，墓口面积在 3.2～11 平方米之间。大多随葬有铜容器，数量为 1～4 件不等，有 2 座墓共出铜戈 3 件，1 座出土有车马器，5 座出土玉器，6 座墓葬中随葬有陶器，包括日用陶器与仿铜陶礼器组合各 3 座。葬具中，使用一椁一棺和一棺的各有 4 座，其中 3 座设有分箱。葬式中，仅 1 座为仰身屈肢，余均为仰身直肢。3 座墓底有腰坑，内殉狗。墓向中北向 6 座，南向与东向各 1 座。

　　第四等级墓葬墓口面积在 4～6.2 平方米之间。随葬品中无铜容器，仅 1 座墓出土铜戈 1 件；均出土有陶器，其中仿铜陶礼器组合 3 座，日用陶器组合 5 座；2 座墓葬出土有玉饰和玉片各 1 件。葬具中采用一椁一棺的 2 座，采用一棺的 6 座。墓葬结构中，2 座墓设有壁龛，1 座墓兼有壁龛、生土二层台和腰坑殉狗。葬式均为仰身直肢。墓向中北向 6 座，南向与东向各 1 座。

第五等级墓葬墓口面积在 1.1～4 平方米之间。出土陶器皆为日用陶器组合，数量多不超过 5 件；仅 1 座墓出土玉料 1 件；不见铜器出土。葬具方面，一椁一棺的墓葬有 9 座，一棺的墓葬有 19 座，其中 2 座有分箱。葬式中，仰身直肢葬 19 座，仰身屈肢葬 5 座。墓葬结构中，设生土二层台墓 2 座，设壁龛墓 14 座，腰坑墓 1 座，3 座墓兼有壁龛和生土二层台。墓向中北向 20 座，南向 5 座，东向 3 座。

第二期墓葬等级构成相对合理，等级之间的差异主要表现在墓葬规模、随葬品和墓葬结构三个方面。在墓葬规模中，第二等级墓口面积不详，第一与第三等级之间差距很大，第三至第五等级墓口面积呈逐级递减的态势，但是差别不大。不同等级墓葬的随葬品差别较大：第一、第二等级均出土有大量青铜器，以铜礼器和兵器居多，以第一等级的数量与种类较多，且有乐器，这两个等级墓葬均未见陶器；第三等级虽也随葬有铜容器，但数量与种类大幅减少，兵器和车马器出土概率较低，出土陶器的比例较高，有一半为仿铜陶礼器组合；第四、第五等级均无铜容器出土，仅 1 座第四等级墓葬出土有 1 件铜戈，随葬陶器比较普遍，第四等级中少部分为仿铜陶礼器组合，第五等级则均为日用陶器组合，极个别墓葬中出土有玉器，但质量较差。在墓葬结构方面，第一、第二等级未见有附属设施，第三等级中有腰坑墓 3 座，占总数的 37.5%，不见有壁龛和生土二层台；第四等级与第五等级各有腰坑墓 1 座，占比较低，两等级墓葬中均见设置壁龛和生土二层台的现象，其中第五等级设置壁龛的比例高达 60.7%。葬具使用方面则较为混乱，第一、第二等级葬具使用情况不明，第三至第五等级墓葬均有使用一椁一棺和一棺的现象，但一椁一棺的占比以第三等级明显较高。

可见，第二期高等级与低等级墓葬之间的差距依旧明显，等级秩序虽然严格，但阶层结构出现了松动的迹象。虽然第三至第五等级之间有多项因素交错，等级区分相对模糊，但在某些方面也有严格的等级界限，如第五等级墓葬不见有仿铜陶礼器，第三等级墓葬中不见有壁龛和生土二层台。从不同等级的人群流动来看，第三、第四等级墓葬中开始出现仿铜陶礼器，这两个等级的人群流动较为明显；第五等级墓葬均随葬日用陶器，且延续前期高比例设置壁龛的习俗，人群构成较为稳定。此期墓葬中仍见有腰坑墓，表明商文化的典型葬俗依然占有一定的比例。在本期的性别等级差异上，第一等级 1 座墓葬墓主为男性，第三等级 1 座墓葬墓主为男性，第四等级男女性别比例为 3∶1，第五等级比例为 11∶8，可见等级越高，男性墓葬出现的概率也就越高，第五等级中男女性别差异已不突出。

三、第　三　期

共计 162 座墓葬，可以进行等级划分的有 159 座，包括第三等级 17 座，第四等级 87 座，第五等级 55 座。

第三等级墓葬规模有较大的差距，墓口面积在 3.7～20.2 平方米之间，但 90% 的墓葬在 10 平方米以上。约有一半的墓葬随葬有铜容器，其中有 2 座出土有铜兵器；16 座出土有陶器，包括仿铜陶礼器组合 4 座，日用陶器组合 12 座；还随葬有车马、玉器、铜璜和贝类等。葬具方面，二椁一棺墓 2 座，一椁一棺墓 11 座，一棺墓 2 座，其中 1 座采用分箱且葬具底部有横向垫木。可辨葬式皆为仰身直肢。墓底置腰坑的墓葬有 2 座。

第四等级墓葬的墓口面积集中在 4～9.5 平方米之间。随葬品中不见铜容器，兵器中仅出土铜戈 1 件；随葬日用陶器的有 38 座，仿铜陶礼器的有 48 座；部分墓葬中还出土有玉圭、玉饰等。葬具方面，一椁二棺墓 1 座，一椁一棺墓 26 座，一棺墓 59 座，其中 6 座设有头箱。葬式中仅 1 座为仰身屈肢，58 座为仰身直肢。墓底设有腰坑的有 6 座。男性墓 12 座，女性墓 5 座。

第五等级墓葬的墓口面积为 1.1～4 平方米。随葬品中不见铜容器和兵器；54 座陶器墓中出土仿铜陶礼器的有 14 座，占比 25.9%；少数墓葬出土有玉或骨质饰品。葬具中一椁一棺墓 12 座，一棺墓 37 座，其中 1 座置有头箱。葬式中仰身直肢 38 座，侧身屈肢 5 座，仰身屈肢 1 座。墓葬结构中，设壁龛的墓葬有 11 座，占比 20%，墓底置腰坑的墓葬 1 座。男性墓 7 座，女性墓 12 座。

第三期墓葬等级结构不协调，第四等级墓葬数量占比略高于 50%，表明此阶层人群范围的迅速扩大。各等级之间的差异主要表现随葬品上：第三等级多数墓葬随葬青铜容器和兵器，第四、第五等级均不见有铜容器。仿铜陶礼器的使用范围扩展至第五等级，以第四等级使用比例最高，约占 55.8%，第三与第五等级仿铜陶礼器墓均占 25% 左右。墓葬规模逐级略有差异，葬具的使用虽混乱，但和前期基本一致，即多重葬具出现的比例与墓葬等级成正比。葬式中，第三、第四等级较集中于仰身直肢，而第五等级则略显复杂。第三至第五等级墓葬中均有设置腰坑的现象，比例依次为 11.8%、6.9% 和 1.8%，可见腰坑出现的概率与墓葬等级依然成正比。壁龛的设置仅见于第五等级，但较前期比例减小。由此可见，第三期社会等级秩序不再严格，墓葬层次结构明显松动，第三至第五等级人群之间流动频繁，第四等级数量有较大幅度的增长。同时，性别之间虽然依然存在等级差异，较高等级墓葬中男性的比例较大，但没有第二期那么凸显。

四、第　四　期

共计 184 座墓葬，可以进行等级划分的有 179 座，包括第二等级 2 座，第三等级 16 座，第四等级 104 座，第五等级 57 座。

第二等级墓葬均位于铁岭墓地，规模较大，墓口面积分别为 26.6 平方米和 39 平方米。均出土有青铜容器、兵器和车马器等，规模稍小的 M1414 还出土有铜编钟和编磬，另随葬有大量玉质和骨质饰品，陶器中有仿铜陶礼器和生活用器。其他墓葬特征中，保存较好的 M308 为二椁一棺，葬式为仰身直肢，墓底腰坑置物，墓主为男性；M1414 仅存一椁，墓主性别不明。

第三等级墓葬规模悬殊，墓口面积在 5.7～24.5 平方米之间。随葬品中，随葬铜容器的墓葬有 10 座，随葬兵器的墓葬有 1 座，仅 1 座见有车马器，还有 1 座既有铜容器又有兵器；随葬陶器的有 9 座，其中 5 座有仿铜陶礼器，占比 55.6%；出土小件随葬品的墓葬有 12 座，多为玉圭、玉玦、铜带钩等。葬具中，一椁一棺墓 9 座，一棺墓 5 座。葬式均为仰身直肢。墓葬结构中，1 座墓有壁龛，1 座墓底置腰坑，内殉牲。

第四等级墓葬的墓口面积在 4～9.2 平方米之间。随葬品中不见铜容器，仅有 2 座墓出土有铜兵器，分别为铜戈与铜镞各 1 件；陶器墓中出土仿铜陶礼器的墓有 40 座，占比 38.5%；还有 25 座墓出土有玉圭、玉玦等小件。葬具中，一椁二棺墓 1 座，一椁一棺墓 39 座，一椁墓 60 座，另有 3 座墓设分箱，3 座墓葬具下置垫木。葬式中，仰身直肢葬 66 座，仰身屈肢葬 3 座，侧身直肢葬 1 座，侧身屈肢葬 4 座。墓葬结构中，设壁龛的墓有 8 座，墓底置腰坑的墓有 3 座。女性墓 14 座，男性墓 19 座。

第五等级墓葬的墓口面积在 0.9～4 平方米之间。陶器墓中见仿铜陶礼器的有 9 座，占比 15.8%，不见铜容器和兵器；8 座墓出土有小件器物，包括玉圭、玉玦、玉片等。葬具中，一椁一棺墓 14 座，一棺墓 38 座，另有 2 座墓设头箱，1 座墓葬具下置垫木。葬式中，仰身直肢葬 35 座，仰身屈肢葬 5 座，侧身屈肢葬 3 座。墓葬结构中，7 座墓设有壁龛，4 座墓底置腰坑。女性墓 11 座，男性墓 13 座。

第四期墓葬等级结构与第三期基本相似，第四等级墓葬数量占比约为 57%，此阶层的人群继续扩大。除随葬品外，相邻两等级墓葬之间的差异越来越不明显。第二等级墓葬皆随葬有铜容器、兵器，而且数量和种类较多，还见有车马器和乐器；第三等级部分墓葬中见有铜容器和兵器，数量和种类均不多；第四、第五等级墓葬不见铜容器，仅 2 座第四等级墓葬出土 2 件铜兵器。此外，小件器物的数量、种类和质量也与等级密切相关，但界限相当模糊。从第二至第五等级均见有仿铜陶礼器，若从各等级分布的情况来看，等级差异不明显，但是不同等级之间的占比有明显的规律性，第二等级 2 座墓葬均随葬有仿铜陶礼器，第三至第五等级的比例依次降低，第五等级仅占陶器墓的 15.8%，可见仿铜陶礼器的使用仍有一定的局限性。

在葬具的使用方面，第二等级铁岭 M308 为三重葬具；第三等级墓葬中一椁一棺、一棺分别占 62.3% 与 7.7%；第四等级墓葬中有 1 座为三重葬具，一椁一棺、一棺分别占 39% 与 60%；第五等级墓葬中一椁一棺、一棺分别占 26.9% 与 73.1%。可见，虽然从第三至第五等级均有一椁一棺和一棺的葬具类型，但是显然等级越高，一椁一棺的占比也就越大。在墓葬结构中，每个等级中均见有少量的腰坑，第四、第五等级的绝对数量较多，但占比不超过 8%；壁龛的设置不再局限于第五等级，第三和第四等级墓葬中也有发现，第五等级的占比达到 12.3%，明显高于新出现的两个等级。各等级中均有已知墓主性别的墓葬，其中第二等级男性 1 座；第三等级男性 1 座、女性 2 座；第四等级男性 19 座、女性 14 座；第五等级男性 13 座、女性 11 座。虽然高等级墓葬仅见于男性，但第四与第五等级中两性差别不明显。从数据统计来看，第四期的女性地位有所上升，但这仅限于少数已知性别且可以进行等级划分的墓葬，结论的准确性尚待更多资料的验证。

从上述分析可以看出，第四期墓葬层次结构有松动加剧的趋势，相邻两个等级之间人员流动频繁，第四等级逐步扩大形成新的阶层。此外，商文化的腰坑葬俗在这一时期仍有发现，而且随葬陶器仍以日用陶器组合为主，可见这部分人群有很强的守旧观念。

五、第 五 期

共计 263 座墓葬，可以进行等级划分的有 254 座，包括第三等级 8 座，第四等级 205 座，第五等级 41 座。

第三等级墓葬的墓口面积在 10～20 平方米之间。随葬品中不见有铜容器，仅 1 座墓葬出土有铜兵器和车马器；均随葬仿铜陶礼器；出土小件器物有铜璜、带钩、玉器等。墓向全部为北向。葬具中，一椁二棺墓 1 座，一椁一棺墓 2 座，一棺墓 4 座。葬式中，仰身直肢葬 3 座，仰身屈肢葬 1 座。墓葬结构中，1 座墓设有壁龛。

第四等级墓葬规模相对集中，除 1 座合葬墓的墓口面积超过 10 平方米、1 座空心砖墓为 2.3 平方米外，其余墓葬墓口面积均在 4～10 平方米之间。随葬品中，仅 1 座空心砖墓出土有铜容器，另有 1 座墓出土铜剑 1 件，其余均随葬陶器。203 座陶器墓中，出土仿铜陶礼器的墓葬有 177 座，占比 87.1%。出土小件器物的墓葬有 27 座，以铜璜、带钩最为常见。葬具中，一椁一棺墓 17 座，一棺墓 153 座，空心砖墓 2 座。葬式中，仰身直肢葬 128 座，仰身屈肢葬 36 座，侧身直肢葬 1 座，侧身屈肢葬 8 座。墓葬结构中，设有壁龛的墓葬 163 座，还有部分墓葬设有多个壁龛，2 座墓葬底部置腰坑葬物。

第五等级墓葬的墓口面积集中在 1～4 平方米。随葬品中不见铜容器和兵器；40 座陶器墓中有 20 座出土有仿铜陶礼器，占比 50.0%；10 座墓中出土有小件器物，多为铜璜和带钩。葬具中一椁一棺墓 1 座，一棺墓 32 座。葬式中，仰身直肢葬 25 座，仰身屈肢葬 6 座，侧身屈肢葬 2 座。墓葬结构中，设有壁龛的墓葬 20 座，置腰坑的墓葬 1 座。

可见，第五期三个等级墓葬之间最明显的差别就是墓葬规模，除去合葬墓和空心砖墓两个特例，其余墓葬等级与墓口面积成正比。当然，这也与本研究的等级划分标准有关。但从随葬品和葬具中，很难找到有明显等级差异的关键数据点。第三等级也仅有 1 座墓出土有铜容器、兵器和车马器；第四等级中 1 座空心砖墓出土有铜容器，还见有 1 座兵器墓；其余均随葬陶器。葬具中，除第三等级 1 座墓葬采用一椁二棺外，其余常见一椁一棺和一棺，第四等级还新出现了 2 座空心砖墓。但是依据现在的等级划分，依然能反映出随葬品与葬具的等级差距。虽然三个等级皆随葬仿铜陶礼器，但所占比例有明显差异，第三等级为 100%，第四等级为 87.1%，第五等级为 50%，这种现象与第四期相似，也反映出第五等级人群的保守性较强。

综上所述，第五期墓葬等级结构比较混乱，层次结构不明晰，第四等级墓葬已经占到总数的 77.9%。此期流行设置壁龛，占比为 79.5%。壁龛原本常见于第五等级墓葬，说明有部分第五等级的人群已经流动到了第四等级。但是，在第三、第四期中，第五等级的壁龛占比不超过 20%，因此，第四等级多数墓葬设置壁龛，除等级之间人群流动的因素外，还应受到外力的影响。此外，在墓主性别差异上，第四、第五等级男女比例均约为 2：1，这是偶然现象，还是该期墓葬人群真实性别的反映，尚不明确。

六、第 六 期

共计 217 座墓葬，可以进行等级划分的有 144 座，包括第一等级 2 座，第三等级 2 座，第四等级 76 座，第五等级 64 座。

第一等级 2 座墓葬规模较大，均为南北双墓道，墓室坑口面积分别为 553.8 平方米和 949 平方米，深度在 10 米左右。胡庄 M2 虽被盗仍出土遗物 500 余件，包括铜容器、兵器、车马器、乐器、玉器、杂器、陶器、骨器等。葬具为二椁二棺。

第三等级 2 座墓葬的墓口面积分别为 11.7 平方米和 12.2 平方米。随葬品均为日用陶器。葬具为一棺。葬式为仰身直肢。1 座墓底置腰坑，内葬物。

第四等级墓葬规模集中，除二里冈 M271 合葬墓的墓口面积为 15.3 平方米外，其余均在 3.8～10 平方米之间。随葬品中仅出土铜洗 1 件；76 座陶器墓葬出土仿铜陶礼器的有 24 座，占比 31.6%；出土小件器物的墓葬有 40 座，占比 52.6%，以铜璜、金属带钩居多。葬具中一椁一棺墓 6 座，一棺墓 39 座，空心砖墓 25 座。葬式中，仰身直肢葬 32 座，仰身屈肢葬 10 座，侧身屈肢葬 1 座。墓葬结构中，有 38 座墓设有壁龛，占比 50%。

第五等级墓葬的墓口面积在 1～4 平方米之间。64 座陶器墓中有 12 座出土仿铜陶礼器，占比 18.8%；出土小件器物的有 41 座，占比 64.1%，以铜璜、金属带钩居多。葬具中一椁一棺墓 2 座，一棺墓 23 座，空心砖墓 24 座。葬式中，仰身直肢葬 38 座，仰身屈肢葬 5 座，侧身屈肢葬 1 座。18 座墓葬设有壁龛，占比 28.1%。

第六期墓葬等级结构与前期最大的不同在于，第四等级占比降低，约为 52.8%，但仍处于较高的数值。第一等级与其他三个等级墓葬的差距明显，在墓葬形制、规模、葬具和随葬品方面优势明显。第三至第五等级墓葬除墓口面积有差距外，其他各项因素均较为相似，无实质性区别。尤其是第四、第五等级，表现出相似的墓葬特征，均为流行随葬小件器物，仿铜陶礼器出现的概率较低，多数墓葬设置有壁龛，且空心砖墓占有很大的比重。

可见，在第六期中，第一等级墓葬在各方面远高于其他三个等级，是权力高度集中的反映。而低等级之间差距较小，墓葬特征趋于一致，反映出开放性的墓葬等级结构，丧葬礼制基本处于崩溃的边缘。若对照本研究等级划分标准，本期出现的洞室墓应为第五等级，那么在低等级墓葬中，空心砖墓开始流行，加之洞室墓和以蜷曲较甚屈肢葬为代表的秦文化因素的出现，都表明了人群构成比较复杂。在性别比例中，男性依然在高等级墓葬中占有重要地位。

七、社会结构演变

通过对郑州地区各等级东周墓葬的历时性观察，可以看出此地区东周社会结构的演变过程可分为四个阶段。

第一阶段为第一期。此期发现的墓葬较少，以第二等级与第五等级数量稍多。各等级墓葬在器用制度和墓葬规模上具有明显的差别，尤其是在铜礼器的使用方面有严格的等级界限；但在葬具和墓葬结构方面，却有交错重叠的现象，如第二与第五等级墓葬中均有一椁一棺的葬具和设置腰坑的现象。这说明社会结构等级森严，各等级之间人群基本无流动，卿大夫阶层力量比较强大。

第二阶段为第二期。墓葬等级之间的差距依然明显，各等级仍然奉行严格的铜礼器使用制度。但在本期后段，第三、第四等级墓葬中出现了仿铜陶礼器。可见，在社会结构秩序表面合理的掩盖下，等级结构出现了松动，中间阶层之间人群开始互相流动。

第三阶段包括第三期和第四期。墓葬等级的明显变化是第四等级墓葬占比大幅提高。在仿铜陶礼器的冲击下，铜礼器使用范围减小，器用制度约束力降低，而且第五等级也开始使用仿铜陶礼器。中下层相邻两个等级之间的差异越发模糊，而且第三等级内部也有明显的分化。此时期的社会结构打破了以往井然有序的面貌，中下阶层人群流动频繁，并逐渐冲破礼制的禁锢，以第四等级为代表的新兴阶层迅速壮大，成为主要的社会力量。

第四阶段包括第五期和第六期。第六期墓葬等级序列呈现出两极分化的特点，社会结构上下悬隔明显。此阶段第三至五等级的差异仅限于墓葬规模的细小差别上，与它们和第一等级的巨大反差相比，显得微不足道，甚至可以把这三个等级合并为一个大的阶层。这种社会结构呈现出极为开放的态势，但其是在集权制的基础上建立的，仅限于中下层人群之间的流动，也反映出传统礼制受到毁灭性打击。

这四个阶段与社会结构变化的对应关系分别为：第一、二阶段为宗法等级结构的继承、松动，第三阶段为社会结构的分化与重组，第四阶段是开放性社会结构的建立。但我们还应注意到，在第一至第三阶段，从墓葬等级的各项特征来看，相邻等级墓葬的墓口面积差距不大，且常有交错的现象，墓葬规模自上而下呈递减的连续状态，社会结构状况的特点为多阶层、小间隔。而且在第三、第四阶段，虽然仿铜陶礼器成为各阶层热衷的随葬品，但墓葬等级之间仍存在使用的差别，这是文化保守的反映，也说明丧葬礼制观念在本地区仍有余存。这可能与郑国最早实施成文法有关。《左传·昭公六年》载："三月，郑人铸刑书。"杜预注："铸刑书于鼎，以为国之常法。"郑国成文法即把法律条文公布出来，让普通民众皆知法律的内容和惩戒措施。"铸刑书"其实主要是为郑国的专制统治服务，维护社会上层的利益，也在很大程度上维护了礼制①。虽然此后邓析欲改"刑书"旧制，另作《竹刑》来反对政府的统治秩序，但没有成功反而招致杀身之祸②。而在春秋之前，中国古代主要是习惯法时代，即"礼治"时代，郑国成文法或者《竹刑》看似是"法制"与"礼治"之争，实际上是对礼治的一种补充，并没有因法律的制定而对礼治产生太多不利影响，当时主张法制的领袖人物实际上都是礼治的维护者③。由于礼治观念和影响深入民心，部分中低阶层人群在"礼崩乐坏"的大背景下，更倾向于遵循礼制和墨守成规。

第一至第三阶段是郑国统治时期，这一时期社会结构呈现出自上而下的有序状态，主要是因为当时社会政治生活中宗室贵族势力很强大。从春秋早期开始，郑国世族就一直活跃在政治舞台上。叔段是最早见于文献的郑国公族成员，其叛乱被庄公镇压。此后，不断有世族见于《左传》，如太子华言"洩氏、孔氏、子人氏三族实违君命"，还有"郑有叔詹、堵叔、师叔三良为政"等。但郑国世族中影响最大的是由七穆组成的世卿集团，其特点是集团性世袭相承④。七穆集团兴起后，其他强族开始衰落，但集团内部斗争产生的离心力也

---

① 李玉洁：《春秋时期郑国的成文法与"悬书"》，《中州学刊》2007年第1期，第187～191页。

② 《左传·定公九年》载："郑驷歂杀邓析，而用其《竹刑》。"杜预注："邓析，郑大夫，欲改郑所铸旧制，不受君命，而私造刑法，书之于竹简，故云《竹刑》。"

③ 杨师群：《东周秦汉社会转型研究》，上海：上海古籍出版社，2003年，第73页。

④ 房占红：《论郑国七穆世卿政治的内部秩序及其特点》，《厦门大学学报（哲学社会科学版）》2008年第6期，第115～121页。

导致其逐渐衰落[1]。这种宗族血缘政治在郑国延续的时间较长，在墓葬等级上的反映就是卿大夫势力强大，第三等级流入第二等级现象基本不见，第三及更高等级墓葬保持着明显的优势。

---

[1] 苏勇：《周代郑国史研究》，吉林大学博士学位论文，2010年，第137页。

第四章　郑州地区东周墓葬"守旧"
与"创新"的考古学观察

东周时期社会发生了巨大变革，整个社会基础结构乃至上层统治格局都发生了变化，且是持续演进变化的过程。而墓葬所包含的信息除了涉及当时社会的政治、经济、文化及社会生活之外，还全面地反映了人的精神思想、宗教思想以及社会上层建筑等方方面面[1]。因此，东周社会变革在郑州地区东周墓葬中有明显反映。

现就郑州地区东周墓葬的典型丧葬习俗和墓葬形制进行考察，其具体表现就是"守旧"与"创新"。"守旧"顾名思义就是沿袭以往的文化传统，主要是指腰坑和毁物葬，这两种葬俗持续时间较长，且关系密切。"创新"则是指新出现的空心砖墓。

第一节　腰坑墓历时性变化与墓主人群考察

腰坑是指在墓室底部开挖的小坑，多位于墓底中央、墓主腰部附近，坑内多见殉牲或葬器。目前学界已对腰坑葬俗的含义、起源、传播等相关问题进行了深入细致研究[2]。一般认为，东周时期为腰坑葬的衰亡时期[3]。随着考古资料的不断公布，郑州地区东周腰坑墓一直有丰富的发现，由此凸显出东周时期郑州地区葬俗的特殊性，但学界的相关研究仍比较薄弱。基于此，本节尝试从腰坑墓的历时性变化和墓主人群族属两个方面，对郑州地区东周腰坑墓进行探讨。

一、腰坑墓的考古发现

郑州地区共有 57 座东周墓葬[4]设置腰坑，形制明确的有 44 座，其中可进行分期的有 35 座，包括第一期 5 座，第二期 5 座，第三期 12 座，第四期 9 座，第五期 3 座，第六期 1 座（表 4-1）。

从图 4-1 可以看出，腰坑葬俗从第一期一直延续至第六期。从墓葬数量上看，第一期

---

① 韩国河、柴怡：《有关墓葬考古学研究的思考——以两汉墓葬为例》，《西部考古》第 1 辑，西安：三秦出版社，2006 年，第 331 页。
② 张庆久：《腰坑墓葬的研究现状及相关问题》，《殷墟与商文化：殷墟科学发掘 80 周年纪念文集》，北京：科学出版社，2011 年，第 164～170 页。
③ 郭志委：《先秦腰坑葬俗研究》，中国社会科学院博士学位论文，2010 年。
④ 关于腰坑墓的数量，资料中有文字与墓葬登记表不一致现象，如白庄墓地，文中介绍腰坑墓有 4 座，后附的统计表仅见 2 座。本研究腰坑墓数量的统计主要依据报告正文。

至第五期的数量基本稳定，仅第三期数量较多，第六期与前期相比明显减少。这说明郑州地区东周墓葬中不流行设置腰坑，且有趋于消失的迹象。

表 4-1 腰坑墓葬统计表

墓号	分期	方向	等级	坑内殉物	腰坑形状	性别
告成 M1	第一期	6°	2	狗	长方形	—
告成 M2	第一期	352°	2	狗	长方形	—
告成 M3	第一期	344°	2	狗	长方形	—
热电 M42	第一期	10°	5	狗	—	—
唐户 M9	第一期	349°	2	狗	—	—
官庄 M1	第二期	0°	3	狗	椭圆形	—
兴弘 M100	第二期	5°	3	狗	长方形	—
兴弘 M11	第二期	20°	4	狗	—	—
兴弘 M41	第二期	355°	5	狗	椭圆形	男
兴弘 M42	第二期	23°	3	狗	长方形	—
布袋李 M33	第三期	5°	5	陶器	方形	—
蔡庄 M11	第三期	—	—	狗		—
官庄 M3	第三期	90°	5	狗	圆形	—
合兴 M10	第三期	20°	4	无物	圆形	—
河李 M16	第三期	—		狗	不规则	—
唐户 M19	第三期	14°	4	狗	—	—
唐户 M2	第三期	30°	4	狗	—	—
唐户 M7	第三期	344°	3	狗	—	—
铁岭 M285	第三期	298°	4	零星狗骨	—	女
铁岭 M429	第三期	262°	3	3块碎骨	长方形	—
赵庄 M32	第三期	0°	4	鬲	方形	—
赵庄 M8	第三期	4°	4	鬲	长方形	—
98纺织 M43	第四期	10°	4	猪骨	方形	—
白庄 M16	第四期	10°	4	罐	方形	—
大高庄 M9	第四期	7°	3	兽骨	长方形	—
河李 M13	第四期	—	5	狗	不规则	—
四方 M46	第四期	36°	5	陶器	长方形	女
四方 M51	第四期	350°	5	陶器	—	男
四方 M72	第四期	84°	4	陶器	—	男
铁岭 M308	第四期	35°	2	无物	—	男
兴弘 M27	第四期	180°	5	狗	—	—

续表

墓号	分期	方向	等级	坑内殉物	腰坑形状	性别
96 纺织 M8	第五期	343°	4	陶器	长方形	—
白庄 M46	第五期	10°	4	陶器	长方形	—
双楼 M86	第五期	355°	5	鬲	椭圆形	男
西亚斯 M165	第六期	110°	3	陶器	—	男
双楼 M8	—	20°	5	鬲	圆形	女
河李 M12	—	—		狗	不规则	—
唐户 M10	—	240°	3	狗	—	—
唐户 M12	—	325°	4	狗	—	—
唐户 M25	—	—	3	狗	—	—
兴弘 M17	—	15°	4	狗	—	男
兴弘 M33	—	25°	4	狗	椭圆形	—
兴弘 M50	—	5°	5	狗	—	男
兴弘 M7	—	20°	5	狗	—	女

　　郑州地区东周腰坑墓分布较为零散，57 座腰坑墓分布于 17 个地点（图 4-2）。从分布图上可以看出，以兴弘与热电、碧沙岗两个墓地发现最多，均为 10 座，分别占墓葬总数的 5.0% 和 6.9%；其次是唐户墓地，发现 7 座，占墓葬总数的 36.8%；其他地点均不超过 5 座。在已知腰坑形状的 36 座墓葬中，不规则形 14 座，长方形 11 座，方形 4 座，椭圆形 4 座，圆形 3 座。腰坑的长（径）多在 0.3～0.6 米之间，长度在 1 米以上的腰坑对应的墓口面积在 20 平方米左右。在方向明确的 52 座腰坑墓葬中，南北向墓有 44 座，东西向墓有 8 座。在葬式明确的 29 座墓中，仅 2 座为仰身屈肢，余均为仰身直肢。在墓主性别明确的 13 座墓中，男性 8 座，女性 4 座。在墓葬结构中，2 座墓设有壁龛。

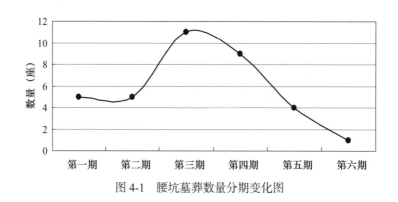

图 4-1　腰坑墓葬数量分期变化图

　　由上可知，郑州地区东周腰坑墓的特点是：分布零散，无集中分布现象，更无专门墓地或墓区。腰坑形状多样，以不规则形和长方形为主，其规模与墓口面积成正比。南北向的墓葬占大多数，葬式多为仰身直肢。在已知墓葬性别的墓葬中，男性墓的比例明显大于女性。壁龛、二层台等附属设施不多见。这些特征与陕西地区东周腰坑墓^①基本相同，但与郑州地区西周时期的腰坑相比，变化比较明显。

郑州地区已公布的 14 座西周腰坑墓时代均为西周晚期，分布相对集中，如荥阳娘娘寨发现的 8 座腰坑墓均集中在 I 区^②。腰坑形状比较规整，有长方形和椭圆形两种。墓葬方向中南北向 11 座，东西向 3 座。其中有 2 座墓葬设有壁龛。东周腰坑墓与前代相比，主要的变化在于墓葬分布由集中到分散，腰坑形状由规整到不规整。

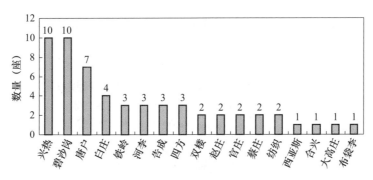

图 4-2　腰坑墓葬分布统计图

二、腰坑内殉物的变化

郑州地区东周腰坑内的殉物呈多元化面貌，其中殉牲 41 座，葬器 14 座，未发现物品 2 座。春秋与战国腰坑内殉物有明显区别：春秋墓腰坑大多殉牲，仅 1 座葬器；战国墓腰坑大都葬器，仅 2 座殉牲。这种多元殉物现象在郑州地区西周晚期时已经出现，在 14 座西周晚期腰坑墓中，殉狗 10 座，空坑 3 座，葬器 1 座。需要说明的是，禹县吴湾 M3 腰坑中出土有玉片 26 件，发掘者认为这些玉片是在棺朽后从棺内落入腰坑中的^③。但根据所有随葬的玉片均出自腰坑推测，应是下葬时有意置于腰坑内的。

在 41 座东周殉牲墓中，殉狗者 38 座，殉猪者 1 座，另有 2 座动物不明。这与晚商时期腰坑内殉物相似，东周时期殉物虽不限于狗，但狗仍是坑内最主要的殉牲。除了坑内殉狗外，在墓室的其他部位也发现有殉狗情况，如铁岭 M285 的棺椁之间西南角发现有狗骨，可能和腰坑内的零星狗骨为同一个体。碧沙岗还发现有狗骨压在人骨下面，应是直接把狗放在棺下形成的。

郑州地区春秋时期腰坑葬俗与商代保持着一致性，坑内多殉牲，并以狗为主。许多研究者已经注意到殉狗头向与墓主头向的关系。彭文认为这可能涉及一个民族的信仰^④。据部向平考察，在商墓中，早、中期腰坑内殉狗头向多与墓主一致，殷墟晚商墓葬腰坑内殉狗

① 郭亮：《陕西地区腰坑葬俗研究》，《东南文化》2007 年第 5 期，第 24～32 页。
② 郑州市文物考古研究院：《河南荥阳娘娘寨城址西周墓葬发掘简报》，《文物》2009 年第 9 期，第 4～20 页。
③ 河南省文物研究所、禹县文管会：《禹县吴湾西周晚期墓葬清理简报》，《中原文物》1988 年第 3 期，第 5～7 页。
④ 彭文：《从蜀墓腰坑的设置看巴蜀文化与关中文化的交流》，《考古与文物》1996 年第 6 期，第 45～52 页。

头向大多与墓主头向相反，只有少数保持一致，这可能与丧葬观念的转变有关①。郑州地区春秋腰坑墓中殉狗头向与墓主头向一致的有 3 座，垂直的 1 座，相反的 1 座。这表明，春秋时期虽然继承了晚商的腰坑葬俗，但殉狗头向多与墓主一致，反映出丧葬观念的转变。

郑州地区战国时期腰坑多葬器，常见器物为鬲和罐，以殉牲为主的传统埋葬方式发生了显著变化，殉牲坑演变成了器物坑，重新回到江汉地区史前墓葬腰坑内放置器物的最初形态②，从一种信仰习俗演变为普通的随葬品，反映了丧葬观念的明显转变。战国时期腰坑内葬器现象在其他地区也较为常见，如山东地区腰坑常葬豆③，陕西塔儿坡墓地墓底的边坑或角坑内常置有釜、壶等日常生活陶器④，蜀墓则直接演变为了器物坑⑤，两广地区战国中晚期则流行腰坑内放置一件陶器⑥。虽然郑州地区战国腰坑也是在前代腰坑的基础上发展而来的，但已与此前腰坑性质有明显不同。有学者认为，四川新都战国木椁墓底部腰坑出土大量青铜器，更似一种防盗措施⑦。葬器彻底取代了殉牲，昭示着腰坑趋于消失的倾向。郑州地区战国墓葬形制的变化也推动了腰坑的消亡，尤其是战国中期以后，壁龛兴起与流行，逐渐取代了腰坑葬器，这也和山东⑧、陕西⑨地区腰坑葬俗的演变基本同步。

一般认为，墓底置腰坑有"事死如生"、建墓奠基以祭祀土地之神两种含义⑩。郑州地区春秋时期腰坑内多殉狗，虽然对于腰坑内殉狗的功用，学界有守卫、驱邪、陪伴等不同的观点⑪，但是春秋腰坑的功能应侧重于祭祀。郑州地区战国时期腰坑由殉狗变为以葬器为主，且多为生活用品，与商代葬器以兵器为主不同。而腰坑内殉物的变化不是一蹴而就的，早在西周时期已经出现了明显的变化。根据丰镐地区西周墓葬资料，腰坑殉狗的现象从早到晚是逐渐减少的⑫。郑州地区战国腰坑墓常出土 1 件器物且置于腰坑内，若根据随葬品位置不同，把腰坑内器物认定为祭祀鬼神之用，另把其他位置器物视为死者的随葬品⑬，则郑州战国腰坑墓的这件器物就兼有祭祀鬼神和墓主随葬两种功能。由上可知，人们的思想观念在战国时期发生了明显变化，腰坑的祭祀功能弱化，而追求死后生活的意愿较为强烈。

① 邰向平：《商系墓葬研究》，北京：科学出版社，2011 年，第 78 页。

② 郭志委：《史前时期腰坑葬俗试析》，《考古》2014 年第 6 期，第 56～63 页。

③ 张庆久、杨华：《山东地区周代腰坑墓葬考古研究》，《中国历史文物》2008 年第 2 期，第 43～51 页。

④ 咸阳市文物考古研究所：《塔儿坡秦墓》，西安：三秦出版社，1998 年，第 41～72 页。

⑤ 彭文：《从蜀墓腰坑的设置看巴蜀文化与关中文化的交流》，《考古与文物》1996 年第 6 期，第 45～52 页。

⑥ 谢日万：《论两广战国汉代墓的腰坑习俗》，《广西民族研究》2001 年第 2 期，第 103～107 页。

⑦ 孙智彬：《新都战国木椁墓文化因素剖析》，《江汉考古》1986 年第 1 期，第 58～62 页。

⑧ 张庆久、杨华：《山东地区周代腰坑墓葬考古研究》，《中国历史文物》2008 年第 2 期，第 43～51 页。

⑨ 郭亮：《陕西地区腰坑葬俗研究》，《东南文化》2007 年第 5 期，第 24～32 页。

⑩ 张庆久、杨华：《山东地区周代腰坑墓葬考古研究》，《中国历史文物》2008 年第 2 期，第 43～51 页；杨华：《论中国西南地区腰坑墓葬俗文化的起源与发展——兼论中国腰坑墓葬俗文化的起源》，《重庆师范大学学报（哲学社会科学版）》2004 年第 5 期，第 44～53、66 页。

⑪ 刘丁辉：《商代殉狗习俗研究》，郑州大学硕士学位论文，2011 年，第 63～66 页。

⑫ 张礼艳：《丰镐地区西周墓葬研究》，北京：社会科学文献出版社，2015 年，第 158 页。

⑬ 谢日万：《论两广战国汉代墓的腰坑习俗》，《广西民族研究》2001 年第 2 期，第 103～107 页。

三、墓主人群与等级身份

东周时期，郑州地区相继为郑、韩两国的统治核心区域，加之紧邻东周王畿之地，使得该区域的文化因素比较复杂。而中原地区腰坑葬俗主要流行于商代晚期，常被视为商文化的特征因素之一[①]。但关于腰坑葬俗在周代的传播与演变，学界尚无定论。彭文认为，周克商后，腰坑葬俗被周继承并流传下来，从西周到春秋战国时期，墓葬中设置腰坑打破了贵族所特有的局限，在河南及其附近地区，高等级贵族墓葬很少设置腰坑，使用腰坑的人群以下大夫、士和一般平民为主，这可视为对殷商文化的简单继承与传播[②]。井上聪认为，周代墓葬中出现的腰坑是殷人的葬俗，其并非简单地由殷人传至周人，而是仅在庶殷或旧殷商同盟集团内部进行传播的，周代腰坑墓主身份变低，腰坑墓很少在贵族墓中出现，春秋时期是腰坑葬俗消失的过渡时期[③]。郭志委认为，西周时期墓底设置腰坑的影响因素不明，可能与墓主族属有关，而东周时期墓底腰坑的有无应与墓主社会地位有关[④]。

对周代腰坑墓主身份与等级的研究多集中在西周时期，常关注周人墓与殷遗民墓的区别及特点。以洛阳和丰镐地区为例，洛阳地区西周墓可分为甲、乙、丙三组，其中甲组与周人、乙组与殷遗民的关系密切。甲组墓的特点有：墓室长度在3米以上，面积在5平方米以上的大中型墓占绝大多数；绝大多数墓葬无腰坑；殉狗现象很少见，不见殉人；随葬品中陶器所占比重相对较小，青铜礼器出土较多；多出有数量不等的铜车马器，较多的墓中出有铜兵器，以铜戈数量最多；北窑墓地出土有大量的原始瓷器，并且有毁兵器的葬俗。乙组墓的特点则是：墓室长度多在2.5～4米间，面积多在10平方米以下；墓葬底部设腰坑的现象较为普遍，殉狗现象也较为多见，个别大墓中还有殉人；随葬陶器种类较多，以鬲、簋、豆、罐或鬲、簋、罐为基本组合；随葬品中不见铜车马器，兵器较为少见，出土的戈多为曲内，许多是非实用器；基本不见原始瓷器[⑤]。沣西地区的西周墓葬可分为六区，其中A区与C区墓葬所代表的人群有明显的差别：A区墓葬与洛阳地区甲组墓特点相似，为周人墓葬；C、D、E区墓葬与商墓有很多相似之处，如墓底流行腰坑，坑内殉狗，随葬铜容器种类重酒器等，人群主体应为殷遗民[⑥]。可见，西周腰坑墓的主体人群应为殷遗民。

关于西周时期殷遗民的地位问题，学者也多有探讨[⑦]。从考古材料看，殷遗民的社会地位还是相当高的。洛阳地区10座较高等级腰坑墓均有一条或两条墓道，多数墓中随葬有青

① 郭宝钧、林寿晋：《一九五二年秋季洛阳东郊发掘报告》，《中国考古学报》第九册，北京：中国科学院考古研究所，1955年，第91～116页。

② 彭文：《从蜀墓腰坑的设置看巴蜀文化与关中文化的交流》，《考古与文物》1996年第6期，第45～52页。

③ 井上聪：《再论腰坑葬俗的文化意义》，《纪念殷墟甲骨文发现一百周年国际学术研讨会论文集》，北京：社会科学文献出版社，2003年，第642～646页。

④ 郭志委：《先秦腰坑葬俗研究》，中国社会科学院博士学位论文，2010年。

⑤ 郜向平：《洛阳地区西周墓葬研究》，吉林大学硕士学位论文，2003年，第21～22页。

⑥ 张礼艳：《丰镐地区西周墓葬研究》，北京：社会科学文献出版社，2015年，第210～212页。

⑦ 杨朝明：《试论西周时期鲁国"殷民六族"的社会地位》，《烟台大学学报（哲学社会科学版）》1996年第3期，第76～79页；任伟：《从考古发现看西周燕国殷遗民之社会状况》，《中原文物》2001年第2期，第55～59页。

铜礼器，个别有殉人 ①。彭裕商认为，周初迁往洛邑的殷遗民均为商代贵族，其中多数还是与商王有血缘关系的同姓贵族 ②。丰镐地区腰坑殉狗墓中，有相当于大夫级别的墓葬 4 座，士阶层墓葬 70 座，平民墓葬 3 座 ③。这表明殷人固有的习俗在西周时期得到了宽容和默许。西周时期腰坑墓不流行随葬车马器，这也被视为接近商系墓葬的特征之一。

还有学者从腰坑平面形状来讨论墓主族属：郭亮根据先周地区商代腰坑多呈圆形和椭圆形判断其是周族特有的腰坑形状 ④。郜向平在分析商墓腰坑形状时，虽强调平面多为规整的长方形，但也注意到各阶段中仍有部分为椭圆形和不规则形 ⑤。但从考古资料来看，腰坑深度多在 20 厘米左右，棺椁重压非常容易导致坑口变形，因此，不宜通过腰坑平面形状判断墓主人群。

郑州地区东周时期墓葬是否设置腰坑与哪些因素有关呢？现从墓葬规模、随葬品种类、葬具等方面对腰坑墓进行考察。

首先，规模比较明确的腰坑墓有 40 座，如图 4-3 所见，墓口长度集中在 2～4 米之间，宽度集中在 1～3 米之间。坑口面积在 4 平方米以下的 12 座，4～10 平方米的 17 座，10～15 平方米的 7 座，15 平方米以上的 4 座，其中面积最大的铁岭 M308 达 39 平方米。

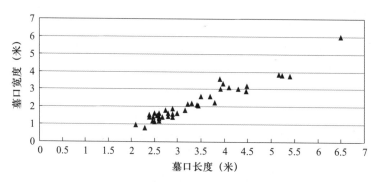

图 4-3　腰坑墓葬规模散点图

其次，从腰坑墓随葬品种类与数量来看（图 4-4），随葬青铜容器的有 10 座，分别为告成袁窑与兴弘墓地各 3 座，铁岭墓地 2 座，唐户与官庄墓地各 1 座。其中七鼎墓 1 座，五鼎墓 1 座，三鼎墓 2 座，一鼎墓 4 座，另有 1 座出土敦、舟各 1 件，1 座仅存铜片。随葬兵器的墓葬有 11 座，其中铜兵器墓 10 座，分别为唐户墓地 3 座，告成袁窑墓地 2 座，兴弘墓地 2 座，铁岭、官庄与大高庄墓地各 1 座，以铜戈较为常见；告成袁窑 M1 仅出土玉戈 1 件，M3 也见有 1 件玉戈，唐户 M9 和 M12 各出土石戈 1 件。随葬车马器的墓葬有 7 座，其中唐户墓地 3 座，告成袁窑墓地 2 座，铁岭与官庄墓地各 1 座。随葬陶器的墓葬有 30 座，以鬲＋盂＋罐＋豆为基本组合的有 22 座，以仿铜陶礼器为主的组合有 8 座。随葬

①　李帅：《西安地区与洛阳地区西周时期腰坑墓比较研究》，西北大学硕士学位论文，2013 年，第 14 页。

②　彭裕商：《周初的殷代遗民》，《四川大学学报（哲学社会科学版）》2002 年第 6 期，第 112～114 页。

③　张礼艳：《丰镐地区西周墓葬研究》，北京：社会科学文献出版社，2015 年，第 242 页。

④　郭亮：《陕西地区腰坑葬俗研究》，《东南文化》2007 年第 5 期，第 24～32 页。

⑤　郜向平：《商系墓葬研究》，北京：科学出版社，2011 年，第 69～79 页。

玉器的墓葬有 17 座，种类有覆面、玦、圭、璜等，分别为兴弘与唐户墓地各 4 座，告成袁窑墓地 3 座，赵庄墓地 2 座，铁岭、官庄、大高庄、河李墓地各 1 座。

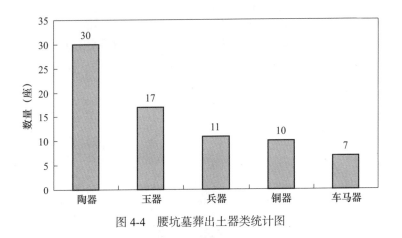

图 4-4 腰坑墓葬出土器类统计图

再次，在葬具明确的 52 座墓葬中，有二椁一棺墓 1 座，位于铁岭墓地；一椁二棺墓 3 座，均位于告成袁窑墓地；一椁一棺墓 16 座，单棺墓 32 座。此外，3 座墓中设有头（足）箱。

根据以上分析，并参照本研究等级划分标准，在郑州地区东周腰坑墓中，可以进行等级划分的墓葬有 41 座，包括：第二等级墓葬 5 座，约占总数的 12.2%，其中 4 座时代为春秋早期，集中于告成袁窑墓地；第三等级墓葬有 9 座，约占总数的 22.0%；第四等级墓葬有 15 座，约占总数的 36.5%；第五等级墓葬有 12 座，约占总数的 29.3%，集中于兴弘与热电墓地。如图 4-5 所示，腰坑墓分布于第二至第五等级墓葬中，第四等级数量较多，第二等级较少。虽然不同等级之间的墓葬数量有明显差别，但腰坑的设置并非某个阶层所特有的权利。腰坑墓主身份以士和平民阶层为主，也有少数高等级阶层。

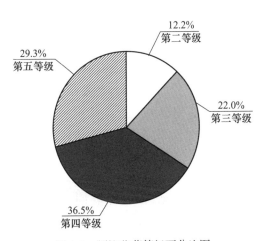

图 4-5 腰坑墓葬等级百分比图

腰坑墓等级差异依然存在。若在等级内部进行数据分析，则第二至第五等级腰坑墓数量分别占相应等级墓葬总数的 62.5%、7.6%、1.9%、1.8%，第二等级与第三等级相差悬殊，呈现出腰坑墓占比随等级降低而递减的趋势，即等级越高的墓葬，设置腰坑的比例相应较高。但如果从不同时期的墓葬等级分布情况进行考察，则发现事实并非如此。腰坑墓共有 35 座可以分期：第一期 5 座，其中第二等级 4 座，第五等级 1 座；第二期 5 座，其中第三等级 3 座，第四、第五等级各 1 座；第三期 11 座，其中第三等级 2 座，第四等级 6 座，第五等级 2 座，未分级 1 座；第四期 9 座，其中第二、第三等级各 1 座，第四等级 3 座，第五等级 4

座；第五期4座，其中第四等级2座，第五等级1座，未分级1座；第六期1座，为第三等
级。如图4-6所示，第五等级腰坑墓出现于第一至第五期，第四等级腰坑墓出现于第二至第
五期。如果说腰坑的设置具有等级意义，那么仅在第一期与第二期有所体现，尤以第一期表
现得较为突出，但不排除考古发现与资料公布等因素的影响。从腰坑墓数量较多的第三期开
始，腰坑的设置完全与等级无关。因此，根据目前的资料，在郑州地区东周墓葬中，腰坑使
用是否具有等级差异不能一概而论，仅第一期等级特征明显，其余各期均不显著。

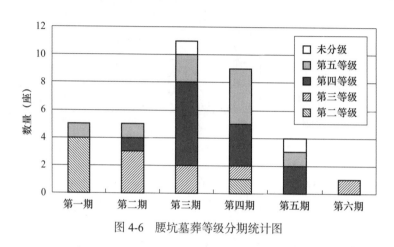

图4-6　腰坑墓葬等级分期统计图

从腰坑内殉物种类来看，第二等级墓葬殉牲4座，无物1座；第三等级墓葬殉牲8座，
葬器1座；第四等级墓葬殉牲8座，葬器6座，无物1座；第五等级墓葬殉牲7座，葬器
5座。可见，第二、第三等级墓葬的腰坑以殉牲占大多数，第四、第五等级虽以殉牲为主，
但葬器数量明显增多。

虽然时代不同，但是郑州地区东周腰坑墓总体特征与洛阳地区西周乙组墓较为相似，
因此，墓主人群可能仍以殷遗民为主。而郑州地区东周腰坑墓中随葬的兵器以戈为主，中
胡或长胡，长方形内，多为实用器，且有少数随葬铜车马器，这足以反映东周时期殷遗民
地位的变化。东周时期，在同一阶层中，殷遗民社会地位与周人基本相当，其中部分殷遗
民已成为重要的政治力量。《左传·定公六年》载："阳虎又盟公及三桓于周社，盟国人于
亳社，诅于五父之衢。"亳社为商人之社，证明殷遗民在春秋末年已成为鲁国的国人，殷之
社稷在鲁国很受重视[1]。东周时期，周人不再敌视和刻意控制殷遗民，虽然部分殷遗民仍保
持着腰坑葬俗，但已深受周文化的影响和同化。殷遗民拥有青铜兵器和车马器，证明其自
身武装力量的存在，但是这种分散的、小规模的武装力量并不足以威胁周人的统治，相反
可以成为周人武装力量的补充，为周人所用[2]。在郑州地区东周腰坑墓中有4座兵器墓发现
有毁兵现象，毁兵葬一般被认为是周人的习俗，这种现象似可视为殷遗民受到影响也采用

①　何兹全：《汉魏之际封建说》，《读史集》，上海：上海人民出版社，1982年，第3页；杨朝明：《试论西周时期
鲁国"殷民六族"的社会地位》，《烟台大学学报（哲学社会科学版）》1996年第3期，第76～79页。
②　印群：《由墓葬制度看殷遗民文化特色嬗变之不平衡性》，《中国历史文物》2004年第4期，第62～69页。

相同葬俗^①，而非针对殷遗民的武器管制。

郑州地区东周殷遗民地位的变化可能与郑人东迁有密切关系。周克商后，商王族子奠之后迁于陕，陕右之郑当是商旧地郑人的西迁，西周中期后封于桓公，乃有“郑虢”和“郑井”之分称^②，可见郑国的始封地有相当一部分殷遗民存在。而《左传·昭公十六年》载郑子产曰：“昔我先君桓公与商人皆出自周，庸次比耦，以艾杀此地，斩之蓬、蒿、藜、藋，而共处之。世有盟誓，以相信也。”杜预注：“桓公东迁，并与商人俱。”杨文胜认为，商人多为殷遗民，故名之商人，在郑人东迁立都新郑的过程中，殷遗民扮演了重要的角色，其在郑国初年有着特殊的地位^③。苏勇也认为，最早东迁的郑人中就有一部分殷商后裔，在虢郐的荒芜之地进行初期开发，为郑国东迁做前期准备^④。那么在郑桓公“东徙其民洛东”的人群中，应有相当一部分为始封地的殷遗民。西周晚期至春秋时期的唐户墓地，腰坑墓比例较高，且有等级较高的腰坑墓。马世之认为其属于郐人及其遗民的墓葬^⑤，有一定的道理；陈隆文则认为此墓地与郑国东迁有密切关系^⑥，可备一说。

由上可知，郑州地区东周腰坑墓主人群应以殷遗民为主，可能有部分是随郑东迁而来的。东周时期周人在统治过程中优待殷遗民，实行开放式的统治方式，加速了殷遗民放弃本族传统葬俗的进程。此地区腰坑葬俗的逐渐消失，正是殷遗民逐渐融入周文化的一种表现。

四、登封告成春秋贵族墓的身份及相关问题

郑州地区东周腰坑墓葬墓主涉及不同等级，但由于文献阙载及考古资料限制，难以对墓主人身份进行全面探讨。难得的是，登封告成墓地的 3 座春秋早期腰坑墓考古资料完备，其中出土的铭文为我们讨论墓主人身份、族属提供了可能。笔者以此为契机探讨郑州地区高等级东周腰坑墓的墓主身份及相关问题，旨在完善本研究的研究内容。

登封告成镇袁窑北共发现 5 座墓葬，其中 3 座墓底设有腰坑。墓地位于颍河南岸的长葛岭上，南靠箕山，东南距告成镇约 1 千米。其中 4 座墓葬位于长葛岭顶部东北侧，呈东西向排列，另一座墓位于长葛岭北侧坡下的台地上^⑦。这些墓葬规模大，随葬品丰富，等级较高，时代为春秋早期，应为郑国的贵族墓地。

M1、M4、M5 均遭到盗扰，M2 和 M3 保存较好。其中坡顶 4 座墓葬，M1（7 鼎）、

① 张明东：《略论商周墓葬的毁兵葬俗》，《中国历史文物》2005 年第 4 期，第 72～79 页；井中伟：《西周墓中“毁兵”葬俗的考古学观察》，《考古与文物》2006 年第 4 期，第 47～59 页。

② 李宏、孙英民：《从周初青铜器看殷商遗民的流迁》，《史学月刊》1999 年第 6 期，第 17～22 页。

③ 杨文胜：《郏县太仆乡出土青铜器研究》，《考古与文物》2002 年第 5 期，第 46～48 页。

④ 苏勇：《周代郑国史研究》，吉林大学博士学位论文，2010 年，第 63 页。

⑤ 马世之：《郐国史迹初探》，《史学月刊》1984 年第 5 期，第 30～34 页。

⑥ 陈隆文：《郑州历史地理研究》，北京：中国社会科学出版社，2011 年，第 94 页。

⑦ 张莉：《登封告成春秋郑国贵族墓研究》，《中国历史文物》2007 年第 5 期，第 74～80 页。

M2（1鼎）居中，M3（5鼎）居左，M4居右。M1、M2、M3资料较为详细[①]。三墓形制基本相同，墓口面积在20平方米左右，M1面积最大，葬具均为一椁二棺。墓主皆头向北，棺内底部铺有朱砂。坑底皆设腰坑，坑长约1米，内殉狗1只，其中M2殉狗头向与墓主头向垂直，M3则与墓主一致。三墓均随葬较为完整的青铜礼器组合，M1为鼎7+簋2+壶2+盘1+盆2+簠1+甗1，M2为鼎1+盘1+簋2+盉1+杯1，M3为鼎5+簋4+壶2+鉶1+盘1+盉1+甗1+盆1。M1与M3还出土有兵器和车马器。从随葬品规格及墓口面积分析，M1级别最高，M3次之，M2最低。

M2虽仅随葬1鼎，但在棺四角板灰中发现有26枚骨钉，并出土有棺饰铜鱼117件和铜翣4件。《礼记·丧大记》："君里棺用朱绿，用杂金鐕；大夫里棺用玄绿，用牛骨鐕。"这种使用骨质棺钉的现象还见于三门峡虢国墓地，如M2008[②]和M2010[③]，墓主身份均为大夫。周人饰棺之具在不同的等级之间有明显的差别，铜鱼和四翣均为大夫之制。因此，M2墓主等级应与大夫相当。

告成贵族墓地中心的M1出土有玉戈，而西周墓葬中随葬兵器的墓主皆为男性[④]，推测其墓主性别为男性。M2位于M1西侧约2米处，无随葬兵器和车马器，其墓主可能是女性，身份应是M1墓主的配偶。

M3出土有兵器和护甲，墓主人可能是男性。随葬的2件铜鼎腹内侧有铭文，分别为"郑伯公子子耳作盂鼎，其万年眉寿无疆，子子孙孙永宝用"（M3：181），"郑鄂叔之宝登作鼎，子子孙孙永宝用享"（M3：6），发掘者据此认为墓主为郑伯公子子耳[⑤]。M3出土铜礼器中有鼎5件，其中形制相同、大小相次的附耳鼎3件，立耳鼎2件（后配1）。朱凤瀚认为，鉴于随葬青铜礼器规格略低，墓主人尚不能肯定就是铭文中的郑伯公子子耳[⑥]。张莉则认为，铜鼎铭文中的"子耳"与"宝登"为同一人，即一名、一字，M3墓主为段之子，告成袁窑春秋墓地应与段后裔有密切关系[⑦]。

传世文献中有子耳的记载。《左传·襄公十年》载："于是子驷当国，子国为司马，子耳为司空，子孔为司徒。冬十月戊辰……晨攻执政于西宫之朝，杀子驷、子国、子耳，劫郑伯以如北宫。"子耳生年不详，死于非命，他生活的年代约相当于前625至前563年左右。而M3铜器的年代约在春秋早期偏晚至春秋中期初，根据同组中年代较晚的上村岭虢

① 郑州市文物考古研究所、登封市文物局：《河南登封告成东周墓地三号墓》，《文物》2006年第4期，第4～16页；郑州市文物考古研究院、登封市文物管理局：《河南登封告成春秋墓发掘简报》，《文物》2009年第9期，第21～42页。

② 河南省文物考古研究所、三门峡市文物工作队：《河南三门峡虢国墓地M2008发掘简报》，《文物》2009年第2期，第18～31页。

③ 河南省文物考古研究所、三门峡市文物工作队：《三门峡虢国墓地M2010的清理》，《文物》2000年第12期，第4～22页。

④ 张明东：《略论商周墓葬的毁兵葬俗》，《中国历史文物》2005年第4期，第72～79页。

⑤ 郑州市文物考古研究所、登封市文物局：《河南登封告成东周墓地三号墓》，《文物》2006年第4期，第4～16页。

⑥ 朱凤瀚：《中国青铜器综论》，上海：上海古籍出版社，2009年，第1578页。

⑦ 张莉：《登封告成春秋郑国贵族墓研究》，《中国历史文物》2007年第5期，第74～80页。

国铜器推断，其时代下限为前 655 年 ①。墓葬中有铭铜器的年代明显早于文献中子耳的生活时段，况且文献中的子耳为"公孙"非"公子"。可见，史书中的郑卿公孙辄（子耳）并非 M3 铜鼎铭文中的子耳。

关于郑叔段的文献记载相对较多。《春秋·隐公元年》载："郑伯克段于鄢。"春秋三传对庄公是否杀段有争议。《公羊传》《谷梁传》皆言郑伯杀段。《公羊传》载："郑伯克段于鄢。克之者何？杀之也。"后世之作多沿此说。《古本竹书纪年·晋纪》载："郑庄公杀公子圣。"公子圣即"共叔段" ②。而《左传·隐公元年》载："京叛大叔段，段入于鄢，（庄）公伐诸鄢。五月辛丑，大叔出奔共。……冬十月……郑共叔之乱，公孙滑出奔卫，卫人为之伐郑，取廪延。郑人以王师、虢师伐卫南鄙。"杜预注："共国，今汲郡共县。"共国已亡，实属卫国。公孙滑即共叔段之子。又《左传·隐公十一年》载庄公言："寡人有弟，不能和协，而使糊其口于四方，其况能久有许乎？"可见，段叛乱失败后，实未死，而是与其子滑先后流亡至卫国。《史记》沿用此说。当代学者也多支持《左传》的观点，如荆贵生 ③、韩益民 ④ 和苏勇 ⑤ 等。但无论庄公是否杀段，方家基本认同段之子滑出奔卫的事实，而且不可否认的是，庄公平息段之乱后，应是对段嫡亲后裔采取了严苛的惩罚措施，才迫使滑出逃。滑出奔卫后，还挑起了郑、卫之间的战争，庄公更加不可能善待叔段的后裔。这在此后的文献中也可得到印证。《左传·庄公十六年》载："郑伯治与于雍纠之乱者……公父定叔出奔卫。三年而复之，曰：'不可使共叔无后于郑。'"杨伯峻注：公父定叔为共叔段之孙，段之子曰公孙滑，定叔可能为公孙滑之子，"定"为其谥号 ⑥。虽然公父定叔亦可能非公孙滑之子，但可以明确的是，其是共叔段唯一的男性后裔，而且在郑国的景况不佳。反观 M3，其规模较大，随葬器物约 500 余件（组），包括铜礼器、兵器、护甲、车马器、金器、玉饰等，器物制作精美。据此并结合上述分析，其墓主人应当不是段之子或其后裔。

再者，从称谓上看，"郑伯公子子耳"应非叔段之子，铭文中的"子耳"与"宝登"也非同一人。从文献记载和金文资料分析，"伯"的含义较为复杂，计有封君诸侯之"爵称"、卿大夫之尊称、"侯伯"、排行名等诸多含义，按照一般的通则，"某伯"的"伯"大多是封君诸侯之"爵称"或卿大夫之尊称，而"伯某""伯某父"之"伯"，则一定是行第名 ⑦。据此判断，"郑伯"则有郑君和郑国卿大夫两种可能。但卿大夫尊称中的"某伯"之"某"仅见有谥号、邑名等，不见有国名。据《春秋》《左传》《国语》等文献，郑君时称侯时称伯，且不见有卿大夫称"郑伯"的现象。因此，铭文中的"郑伯"应是郑君，"公子子耳"则是郑公之子，即合《仪礼·丧服》所载"诸侯之子称公子……公子之子称公孙"的一般原则。而且倘若铭文中的咢叔为段，其又被称为"公子圣"，段之子则应称为"公孙某"，如

① 朱凤瀚：《中国青铜器综论》，上海：上海古籍出版社，2009 年，第 1587 页。

② 方诗铭、王修龄：《古本竹书纪年辑证》，上海：上海古籍出版社，1981 年，第 68 页。

③ 荆贵生：《"郑伯克段于鄢"的"鄢"》，《中国语文》1995 年第 2 期，第 145～146 页。

④ 韩益民：《"郑伯克段于鄢"地理考》，《北京师范大学学报（社会科学版）》2006 年第 4 期，第 98～104 页。

⑤ 苏勇：《周代郑国史研究》，吉林大学博士学位论文，2010 年，第 76～78 页。

⑥ 杨伯峻：《春秋左传注》，北京：中华书局，1981 年，第 202 页。

⑦ 陈絜：《商周姓氏制度研究》，北京：商务印书馆，2007 年，第 356～366 页。

其子滑在《左传》中为"公孙滑",那么"咢叔之子宝登"也对应称为"公孙",而不能称为"公子"。据此推测,"公子子耳"应非咢叔或叔段之子"宝登"。

至于 M1 中一件方壶铭文"鲁侯作壶"被刮除的原因,除可能与此器为战争掠夺或受贿所得 ① 有关外,还可能与鲁国干涉郑国内政有关。郑庄公去世后,郑国发生了君位之争,在宋国与祭仲的合谋下,本应即位的昭公奔卫,而厉公立 ②。郑厉公上台后积极与鲁国交好,多次与鲁桓公会盟并联合伐宋 ③。此后不久,郑国发生内乱,厉公出奔而昭公入,鲁国对此十分不满,联合宋、卫、陈伐郑 ④,从此鲁、郑两国交恶。M1 墓主可能忌惮与鲁国的紧张关系,而刻意毁坏了"鲁侯作壶"的铭文。当然以上的诸种仅为推测,虽不能确定铭文被磨毁的具体原因,但此举当是出于政治目的,是要磨灭某种不愿祖先神灵或后世子孙知晓的事情。

告成袁窑墓地三座高等级墓葬均设有腰坑,而姬姓周人没有使用腰坑的习惯,目前能确定身份的腰坑墓主大多为殷遗民 ⑤,其中不乏高等级贵族,如鹿邑长子口大墓 ⑥。何景成先生通过对青铜器铭文中族徽的研究,认为殷遗民在周王朝供职的现象较为常见,主要包括王室供职、卿大夫贵族家族供职、诸侯国供职和受封为诸侯国四种情况 ⑦。虽然,相对于随葬品的多变性,丧葬习俗属于考古学文化中深层次的文化因素,具有相当强的稳定性和延续性,尤其是在上层社会阶层中,贵族墓较平民墓有着更大的保守性 ⑧,但也不可否认,部分周人受到殷遗民的影响采用腰坑葬俗 ⑨。因此,登封告成贵族腰坑墓的墓主身份就有两种可能:第一种,墓主为供职于郑国的殷遗民;第二种,墓主为郑国姬姓公族,出于某种特殊礼制因素的考虑而采用了腰坑的葬俗。结合墓葬位置、规模以及 M3 出土铭文内容"郑伯公子子耳作盂鼎""郑鄂叔之子宝登作鼎"推测,第二种的可能性较大。

综上所述,郑州地区部分东周墓葬仍保留着商代墓底置腰坑的习俗,自春秋早期一直延续到战国晚期前段,数量呈减少趋势,到最后阶段腰坑位置也不规范。相对于已发现的2000 多座东周墓葬,57 座腰坑墓占比较小,分布也较为分散。腰坑墓的等级从第二至第五等级均有发现,以第四、第五等级最多,墓主身份多为士和平民阶层,也有少部分的高等级贵族。除春秋早期外,腰坑的设置无明显的等级意义,等级之间的差异体现在坑内的殉

① 张莉:《登封告成春秋郑国贵族墓研究》,《中国历史文物》2007 年第 5 期,第 74～80 页。

② 《左传·桓公十一年》载:"夏,郑庄公卒。……祭仲与宋人盟,以厉公归而立之。秋九月丁亥,昭公奔卫。己亥,厉公立。"

③ 《左传·桓公十二年》载:"公欲平宋、郑。……宋公辞平,故与郑伯盟于武父,遂帅师而伐宋,战焉,宋无信也。"

④ 《左传·桓公十五年》载:"夏,厉公出奔蔡。六月乙亥,昭公入。……冬,会于袲,谋伐郑,将纳厉公也。弗克而还。"

⑤ 马赛:《周原遗址西周时期人群构成情况研究——以墓葬资料为中心》,《古代文明》第 8 卷,北京:文物出版社,2010 年,第 138～158 页。

⑥ 河南省文物考古研究所、周口地区文化局:《河南鹿邑县太清宫西周墓的发掘》,《考古》2000 年第 9 期,第 9～23 页;韩维龙、张志清:《长子口墓的时代特征及墓主》,《考古》2000 年第 9 期,第 24～29 页。

⑦ 何景成:《商周青铜器族氏铭文研究》,济南:齐鲁书社,2009 年,第 270 页。

⑧ 张辛:《中原地区东周陶器墓葬研究》,北京:科学出版社,2002 年,第 126 页。

⑨ 彭文:《从蜀墓腰坑的设置看巴蜀文化与关中文化的交流》,《考古与文物》1996 年第 6 期,第 45～52 页;井上聪:《先秦阴阳五行》,武汉:湖北教育出版社,1997 年,第 179 页。

物上，第二、三等级以殉牲占大多数，第四、五等级殉牲居多，但葬器比重增加。春秋时期腰坑多为殉牲，战国时期则逐渐变为葬器为主，反映了时人丧葬观念的变化，可能更注重墓主死后的生活。战国中期以后流行专门放置随葬品的壁龛，替代了腰坑葬器的功能，加速了腰坑消亡的节奏。腰坑墓主男、女性的比例为 2∶1，性别差异明显。在出土陶器的30 座腰坑墓葬中，有 23 座随葬的陶器为本土文化因素，仅有 7 座陶器出现了创新文化因素，也说明腰坑墓在葬俗和器物使用方面都表现出明显的保守性。

郑州地区东周腰坑墓主人群应以殷遗民为主，既有原住地者，也可能有随郑人东迁的殷遗民。其中的高等级贵族墓葬需综合考古发现具体分析。结合出土铜器铭文推测，登封告成春秋墓地应为郑国公族墓地，其中三座墓葬因某种特殊的礼制而设有腰坑，M3 铜器铭文中的"郑伯公子子耳"与"郑鄂叔之子宝登"并非同一人。

第二节　毁物现象探析

毁物葬，亦称碎物葬或毁器葬，指墓葬中用于为死者殓葬、陪葬或祭奠的器物在丧葬过程中遭到人为有意毁坏的葬俗。毁物葬早在 7000 年前的仰韶文化中就已出现，可能起源于黄河中游地区，兴盛于黄河下游及长江下游地区 [1]。中原地区二里头文化墓葬中也见有打破陶器随葬的现象 [2]，如登封南洼 2004M1 [3]。商代墓葬中常见用被打碎的陶器、铜器、玉石器随葬的现象，且多集中在等级较为低下的墓葬，偶见于中高等级贵族墓葬 [4]。西周时期，毁兵葬比较盛行 [5]。

郑州地区东周时期有毁物现象的墓葬近 200 座，约占已发现墓葬总数的十分之一。从地域分布看，郑州地区东周墓葬分布于 35 个地点，毁物葬出现于其中的 17 个地点，约占总地域的二分之一。可以说，毁物葬习俗在郑州地区东周墓葬中占有重要地位，现根据考古材料对其进行探讨。

一、毁物葬的考古发现

毁物葬据所毁对象用途的不同，可分为陪葬、殓葬及祭奠三大类型，其先产生于陪葬，而后扩展到装殓和祭奠死者的领域。郑州地区东周时期毁物葬主要有毁葬具殓葬和毁物随葬两大类，毁物随葬主要有毁大陶鬲（釜）和毁兵两种。

---

① 黄卫东：《史前碎物葬》，《中原文物》2003 年第 2 期，第 24～29 页。

② 燕飞：《龙山文化墓葬与二里头文化墓葬的比较研究》，郑州大学硕士学位论文，2013 年，第 43～47 页。

③ 郑州大学历史文化遗产保护研究中心：《登封南洼：2004～2006 年田野考古报告》，北京：科学出版社，2014 年，第 61 页。

④ 邰向平：《商墓中的毁器习俗与明器化现象》，《考古与文物》2010 年第 1 期，第 42～49 页。

⑤ 张明东：《略论商周墓葬的毁兵葬俗》，《中国历史文物》2005 年第 4 期，第 72～79 页；井中伟：《西周墓中"毁兵"葬俗的考古学观察》，《考古与文物》2006 年第 4 期，第 47～59 页。

（一）毁葬具殓葬

毁葬具装殓死者的现象仅见于瓮（瓦）棺葬，分布于登封南洼遗址、郑州战国城和新郑中行遗址三处。目前发现的 36 座瓮（瓦）棺葬多有葬具被毁现象，除南洼遗址 2 座墓时代为春秋晚期外，其余均为战国晚期。瓮（瓦）棺的毁坏形式主要有两种：一种是完全打碎器物装殓死者，另一种是利用残破的陶器作为葬具。前一种仅见于郑州南洼 2004M21，用打碎的陶罐残片压盖墓主全身[①]。后一种较为多见，如中行 W1 南、北两侧均用残罐底作挡头[②]。另外，郑州黄委会青年公寓基建区发现 1 座瓮棺葬（C8HQM1），葬具由一件较完整的小口圆鼓腹圜底陶瓮和一件残圜底陶罐倒置扣合而成[③]。

从时代和数量上看，完全打碎葬具的墓葬仅有 1 座，为春秋晚期；其余均为部分葬具被打破的墓葬，多为战国晚期。

（二）毁大陶鬲（釜）随葬

在郑州地区东周墓葬中，大陶鬲（釜）出土时多已成碎片，常发现于墓底葬具或人骨下。发掘者对此有不同认识：一种观点认为其是打碎平铺于墓主身下的[④]。另一种观点则认为，器物是完整放置在椁底或墓底的，其上再放置葬具或尸体[⑤]。后者的主要依据为鬲（釜）碎片呈放射状分布，似重物压迫所致，不同于毁物葬的随意打破状态，并发现有被人骨叠压且出土时完整的陶鬲，如西亚斯 M182，同时从发掘现场来看，板灰痕迹均在鬲（釜）碎片之上。由于年代久远和文献缺失，我们无法准确得知下葬的具体过程，但可以根据现有资料判断，鬲（釜）碎片的形成是否为有意为之。

结合已发表墓葬平面图和文字资料看，鬲（釜）碎片呈现两种状态：一种是碎片较为分散，如西亚斯 M205（图 4-7-1）、合兴 M52（图 4-7-2），明显是人为损坏所致；另一种是碎片集中于小范围区域，如西亚斯 M179（图 4-7-3），既可能是下葬前人为毁坏，也可能是下葬过程中葬具或尸体压迫所致，均应视为有意行为。需要注意的是，在毁陶器随葬的墓葬中，若同时出土鬲（釜）与其他类型陶器，则多以鬲（釜）呈碎片状出于墓底中部，而其他陶器则另行放置，如西亚斯 M104 置于壁龛中、合兴 M52 则置于头前棺外。虽然西亚斯墓地发掘者否认鬲（釜）为事先打破的，但明知会被压碎而放置在墓底的做法，也应属于有意毁物的行为。因此，这种鬲（釜）碎片常见于葬具或人骨下的现象，应属于毁物葬俗的范畴。

鬲和釜器身特征基本相似，前者为袋足，后者为实足或无足。虽然有些器物底部不能复原，只能根据肩部有无弦纹对二者进行判别，但不影响总体数量统计。文中将大陶鬲（釜）被毁且置于墓底中部的现象简称为毁鬲（釜）。

---

① 郑州大学历史文化遗产保护研究中心：《登封南洼：2004～2006 年田野考古报告》，北京：科学出版社，2014 年，第 717 页。

② 河南省文物考古研究所：《新郑郑国祭祀遗址》，郑州：大象出版社，2006 年，第 869 页。

③ 河南省文物考古研究所：《郑州商城——1953～1985 年考古发掘报告》，北京：文物出版社，2001 年，第 967 页。

④ 郑州市文物考古研究院、河南省文物管理局南水北调文物保护办公室：《新郑市赵庄东周墓葬发掘简报》，《中原文物》2011 年第 3 期，第 9～16 页。

⑤ 河南省文物考古研究所：《新郑西亚斯东周墓地》，郑州：大象出版社，2012 年，第 153 页。

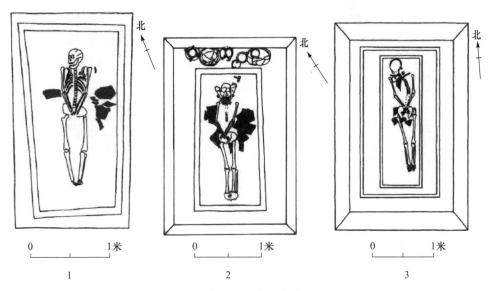

图 4-7　毁鬲（釜）墓葬平面图
1. 西亚斯 M205　2. 合兴 M52　3. 西亚斯 M179（图中阴影部分为鬲或釜碎片）

　　根据考古发掘报告中有明确出土位置和详细器物状况的墓葬材料统计，郑州地区共有毁鬲（釜）东周墓葬 143 座，计毁鬲 98 座，毁釜 45 座。被毁大陶鬲（釜）的摆放位置较为固定，置于棺椁或墓主之下，且多位于墓主腰或臀下。此现象分布广泛，在西亚斯、赵庄、合兴、华信、双楼、禹县白沙、加气混凝土厂和纺织机械厂等墓地中均有发现。以西亚斯墓地更为普遍，在 138 座陶器墓中，有毁鬲（釜）随葬现象的达 75 座，占比 54.3%，其中包括 2 座未成年墓。

　　在这些毁鬲（釜）随葬的东周墓葬中，可分期的有 65 座，分别为：第三期后段 4 座，第四期前段 3 座，第四期后段 17 座，第五期前段 27 座，第五期后段 10 座，第六期前段 4 座。

　　从图 4-8 可以看出，毁鬲（釜）葬俗始见于第三期后段（略晚于大陶鬲出现的第三期

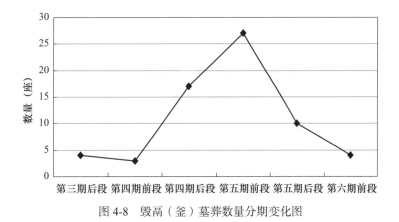

图 4-8　毁鬲（釜）墓葬数量分期变化图

前段），第四期后段开始流行，第五期前段达到顶峰，此后逐渐衰落，到第六期则较为少见。从毁坏对象来看，毁鬲始终存在，而毁釜则自第五期开始出现，并迅速取代了毁鬲的主导地位。从墓葬规模和随葬品看，毁鬲（釜）葬俗集中出现于第四和第五等级墓葬中，墓主多为士和平民阶层。

（三）毁兵随葬

"毁兵"葬俗是指在死者入殓或下葬前，人为地先对用于随葬的戈、矛、戟、剑、钺、镞等青铜或其他质地兵器进行不同程度的毁坏，再把毁后的兵器放置在墓室内。

在 15 座毁兵墓共出土 28 件兵器，仅 1 件铜剑和 1 件铜戈保存基本完整，其余 25 件青铜兵器和 1 件玉戈均存在不同程度的残损，以戈居多，共 16 件，矛 4 件，戟 1 件，镞 3 件，钜 1 件（见表 4-2）。戈多为援残断，也有残缺较甚者，仅存内或残片；其他兵器以锋残较为常见。一般而言，铜或玉质兵器硬度高、耐腐蚀，不易断裂且易保存。但是铁岭 M550：27 铜戈援残断且有折弯痕迹，西亚斯 M47：5 铜戈仅存长方形内，告成 M1：157 玉戈仅存前后两段，而且前两墓均未遭到盗扰。因此，这 15 座墓中出土的残损兵器应是人为有意毁坏，属于毁兵葬俗。这种现象多被学者忽视，仅新郑大高庄墓地的发掘者注意到了 M9 和 M10 出土兵器除剑外，锋均被折断[1]。

郑州地区东周毁兵墓中可以分期的有 10 座，计第一期 1 座，第二期后段 3 座，第三期后段 2 座，第四期前段 3 座，第四期后段 1 座。可见，在郑州地区东周墓中，毁兵葬俗从春秋早期一直延续至战国早期后段，战国中期基本不见，各期数量无明显变化。从墓葬等级看，第二等级墓为 2 座，第三等级墓为 7 座，第四等级墓为 5 座，毁兵方式没有呈现出明显等级差别。仅 1 座墓为西向，余皆为北向。

表 4-2　毁兵墓葬统计表

墓号	分期	面积	兵器	保存情况	盗扰
告成 M1	一期	20.3	玉戈 1	仅存两段，中间残缺	是
兴弘 M100	二期后段	7	戈 1	援前半部分残	是
河东周村墓	二期后段	—	戈 3	一件完好，另两件援残	是
兴弘 M11	二期后段	4	戈 1	援尖及栏尾稍残	是
铁岭 M550	三期后段	18.6	戈 1	援断且有折弯痕迹，内下角略缺	否
兴弘 M10	三期后段	4.8	戈 1	仅存残片	是
兴弘 M19	四期前段	5.6	戈 1	援尖、胡尾、内端均残	是
大高庄 M9	四期前段	13.2	戈 1、矛 3	戈援残，矛锋均残	是
铁岭 M1414	四期后段	26.7	戈 2、戟 1	援均残断	是
大高庄 M10	四期后段	7.2	戈 1、矛 1、剑 1、镞 3、钜 1	戈援残，钜锋残，矛锋残，镞锋均残，剑完好	是

---

[1] 　郑州市文物工作队、新郑县文物保管所：《河南新郑大高庄东周墓》，《文物》1995 年第 3 期，第 16～30 页。

续表

墓号	分期	面积	兵器	保存情况	盗扰
兴弘 M65	—	6.8	戈 1	援基本缺失，仅存胡与内	否
西亚斯 M47	—	17.5	戈 1	戈仅存长方形内	否
西亚斯 M259	—	6.5	戈 1	援前端残	是
西亚斯 M273	—	18.5	戈 1	援前端残	是
热电 M65	—	—	戈 1	援前端、胡尾端和内残损	是

注：未标明材质的兵器均为铜器，面积为墓口面积，单位为平方米。

综上所述，郑州地区东周墓葬中存在着毁葬具殓葬和毁物随葬两种毁物方式。黄卫东认为古代碎物及使用有三种方式：第一种，将器物在预定点之外摔碎或敲碎后，再把破碎的器物全部放置在预定点，形成的器物碎片较散乱。第二种是将器物在预定点之外碎后，再选择其中有特定含义的某部分放置在预定点，较为少见。第三种是将器物在预定点放好，然后用某种物件将其破碎，形成的器物碎片相对集中[1]。从上述分析可知，瓮（瓦）棺葬和毁兵葬采用的是前两种方式，而大陶鬲（釜）的破碎状态更符合第一种和第三种方式。

二、毁物方式及相关意图

关于毁物葬的意义和文化内涵，学界多有讨论，主要有高规格祭法[2]、万物有灵且兼事死[3]、避邪兼事死[4]等观点。下文拟就郑州地区东周墓葬中毁物葬的意图进行分析。

（一）毁瓮（瓦）棺的方式及意图

郑州地区东周时期毁葬具葬仅见于毁瓮（瓦）棺葬。瓮（瓦）棺葬的葬具均为日用陶器、筒瓦或板瓦，不见专门制作的葬具，因此常需要打破葬具装殓体量不一的尸体，但随葬品未见毁坏，如中行 W20 随葬的 2 件陶钵均完整，因此，这种毁物与葬具特殊性有密切关系。《礼记·檀弓上》载："周人……以有虞氏之瓦棺葬无服之殇。"周人把未成年男女逝者称为殇，不满八岁为无服之殇。因埋葬对象年岁较小，体量不一，难觅尺寸合适的封闭性陶器葬具，所以常需要将葬具打破以放入尸体，或是为了方便两器相扣构成封闭性葬具而毁物。此类现象在湖北郧县大寺遗址曾有发现，如屈家岭文化 W4 的葬具高领罐，在其腹部有一个有意敲击出来的缺口，以便将婴儿尸体从缺口处放入罐内[5]。郑州黄委会青年公

①　黄卫东：《史前碎物葬》，《中原文物》2003 年第 2 期，第 24～29 页。
②　何崝：《商代卜辞中所见之碎物祭》，《中国文化》1995 年第 11 期，第 74～84 页。
③　中国科学院考古研究所、陕西省西安半坡博物馆：《西安半坡》，北京：文物出版社，1963 年，第 220 页；张英：《从考古学看我国东北古代民族"毁器"习俗》，《北方文物》1990 年第 3 期，第 21～27 页；张碧波：《关于毁尸葬、毁器葬、焚物葬的文化思考》，《中原文物》2005 年第 2 期，第 36～40、61 页。
④　黄卫东：《史前碎物葬》，《中原文物》2003 年第 2 期，第 24～29 页。
⑤　湖北省文物考古研究所、湖北省文物局南水北调办公室：《湖北郧县大寺遗址 2006 年发掘简报》，《考古》2008 年第 4 期，第 9 页。

寓基建区 C8HQM1 就是采用陶瓮与残陶罐倒置扣合而成的葬具。综上，毁坏葬具一个主要目的应是便于使用现有的陶器装殓体量不一的死者。

（二）毁鬲（釜）的方式及意图

毁鬲（釜）葬在郑州地区毁物葬中占大多数。大陶鬲（釜）常遭破碎可能是因其本身具有特殊意义。在中行遗址中，鬲从西周晚期至战国晚期均有出土，在战国中期以前占有重要比例，釜自战国中期出现后迅速盛行，逐渐代替了鬲 [①]。在墓葬资料中，大陶鬲出现于春秋晚期前段，流行于战国早中期，战国中期以后逐渐减少。大陶釜则集中出现于战国中期，战国晚期器形变小。可见，这两种器物在遗址和墓葬中的变化基本同步，而且鬲与釜作为日常生活用器，肩以上部位夹细砂，腹、底夹颗粒比较大的粗砂，符合炊具的特征。自古以来，民以食为天，古代社会物资相对贫乏，常常会出现食不果腹的现象，处于社会底层的人们担心死后仍会出现这种情况，所以随葬炊具可视作先民注重死后生活的表现 [②]。而毁鬲（釜）墓葬的墓主等级主要为第四、第五等级，正是处于社会底层的人群。郜向平认为，毁器是变生为死、为死者提供能够享有的器物的一种手段，被毁坏的器物在本质上可视为一种明器 [③]。因此，毁鬲（釜）葬俗可能是为了死者能够在阴间享用炊具实现足食，不再挨饿受饥。

但同时还应注意到，既然同为死者享有，为何其他类别的陶器没有被毁。这就要从鬲（釜）的放置位置来探讨其背后意义。郑州地区被毁的大陶鬲（釜）均置于葬具或墓主身下，又多位于墓主腰臀下。这种现象可追溯至新石器时代晚期后段，如香港马湾岛东湾仔北史前遗址第二期遗存的墓葬 C107 [④]，墓主身下有 1 件被人为敲碎的大陶釜，其下有磨制精美的大石环，南部有 2 件小陶罐并压有大石玦。商代亦有类似发现，如安阳殷墟花园庄东地 M60 [⑤]，墓中有少量随葬器物位于填土和棺内，绝大多数器物是被打碎后放置在棺下，且陶器与其他质地器物残片分开放置。受资料限制，这种毁物并置于葬具或墓主身下的葬俗的演变轨迹尚不明晰。但是将鬲（釜）置于墓室底部，且多处于墓主腰臀下，与腰坑位置十分相似。多数学者认为，商代的腰坑多有奠基意义 [⑥]，那么坑内殉物应被视为祭品。商周时期腰坑墓内殉物在不同的时段有差异。商代腰坑墓中以殉狗为主，也有部分兵器、玉器和石器。在郑州地区周代腰坑墓中，西周晚期和春秋时期与商代基本相似，坑内均以殉狗为主，而战国墓的腰坑大都葬物，多为陶鬲。虽然从表面上看，战国墓腰坑兼有器物坑的功能，但其祭祀功能仍然存在，如山东地区墓底腰坑中的豆应是祭祀之用 [⑦]。据此推断，置

① 河南省文物考古研究所：《新郑郑国祭祀遗址》，郑州：大象出版社，2006 年，第 30～31 页。

② 王志友：《东周秦汉时期墓葬中的腰坑浅议》，《秦文化论丛》第 10 辑，西安：三秦出版社，2003 年，第278～293 页。

③ 郜向平：《商墓中的毁器习俗与明器化现象》，《考古与文物》2010 年第 1 期，第 42～49 页。

④ 香港古物古迹办事处、中国社会科学院考古研究所：《香港马湾岛东湾仔北史前遗址发掘简报》，《考古》1999年第 6 期，第 1～17 页。

⑤ 中国社会科学院考古研究所：《安阳殷墟花园庄东地商代墓葬》，北京：科学出版社，2007 年，第 250 页。

⑥ 梁思永、高去寻：《侯家庄第二本·1001 大墓》（上），台北："中央研究院"历史语言研究所，1962 年，第 31页；郭志委：《史前时期腰坑葬俗试析》，《考古》2014 年第 6 期，第 56～63 页。

⑦ 张庆久、杨华：《山东地区周代腰坑墓考古研究》，《中国历史文物》2008 年第 2 期，第 43～51 页。

于葬具或墓主身下的鬲（釜）应是祭器，可能是祭祀土地之神或其他某种仪式所用，为防止他人或其他鬼神使用该器，将其打碎后置于墓室之中。

（三）毁兵的方式及意图

毁兵葬常被认为是周人的习俗。西周墓葬毁兵现象分布较广，西周早期较为流行，西周中期开始急剧下降，西周晚期比较少见。毁兵种类十分广泛，又以毁坏铜戈最为常见。但即使在毁兵葬俗最流行的西周早期，也并非所有墓的兵器都要毁坏，墓中也并不是每件兵器都毁坏，即毁与不毁并存[①]。郑州地区东周毁兵葬基本延续了西周时期的葬俗。

郑州地区东周墓葬中有 32 座兵器墓，其中 15 座存在毁兵现象。具体来看，14 座有铜戈被毁，1 座毁玉戈，其中 2 座墓中毁与不毁并存。

学者们对毁兵意图有不同看法，主要有六种观点：①驱鬼避邪。郭宝钧首倡，毁兵中戈多残与此有关[②]。此说影响较大。②与某种仪式有关[③]。③周人"示民疑也"与"尊礼尚施"思想观念的体现[④]。④显示财富或战功[⑤]。⑤与武王克商之后的"偃五兵"有关[⑥]。⑥保护墓葬的一种方式[⑦]。

上述诸说均有其合理性。就郑州地区东周毁兵现象而言，首先，毁兵墓中均有戈被毁的现象，与①说基本符合。其次，毁与不毁并存的现象，无法与④、⑤两说相合。再次，15 座毁兵墓中，11 座被盗，虽不确定被盗的年代，但可以说明毁兵并非一种有效保护墓葬的方式。最后，从现有材料不能证实是否符合②、③两说。

三、毁物随葬墓主人群考察

从出土位置来看，鬲（釜）碎片均置于葬具或墓主身下，且多位于墓主腰臀的位置。据此推断，鬲（釜）置于墓葬最底部，应与腰坑具有相似的奠基意义。换言之，毁鬲（釜）葬可能受到腰坑葬俗影响，更有可能是腰坑内葬物的变异形式[⑧]。而根据前文对陶器文化因素的分析来看，大陶鬲（釜）属于郑人在商文化因素基础上创新出来的型式，既属于创新文化因素，又是本土文化的一种延续方式。综合分析，使用毁鬲（釜）葬的主体人群应深受商文化影响，甚至有可能是殷遗民。

① 张明东：《略论商周墓葬的毁兵葬俗》，《中国历史文物》2005 年第 4 期，第 72～79 页；井中伟：《西周墓中"毁兵"葬俗的考古学观察》，《考古与文物》2006 年第 4 期，第 47～59 页。

② 郭宝钧：《浚县辛村古残墓之清理》，《田野考古学报》第 1 册，商务印书馆，1936 年，第 177 页。

③ 中国社会科学院考古研究所、北京市文物研究所琉璃河考古队：《北京琉璃河 1193 号大墓发掘简报》，《考古》1990 年第 1 期，第 20～31 页。

④ 唐嘉弘：《西周燕国墓"折兵"之解—考古札记之一》，《中国文物报》1992 年 5 月 17 日第 3 版。

⑤ 洛阳市文物工作队：《洛阳北窑西周墓》，北京：文物出版社，1999 年，第 368 页。

⑥ 王恩田：《沣西发掘与武王克商》，《考古学研究（五）：庆祝邹衡先生七十五寿辰暨从事考古研究五十年论文集》，北京：科学出版社，2003 年，第 550～556 页；井中伟：《西周墓中"毁兵"葬俗的考古学观察》，《考古与文物》2006 年第 4 期，第 47～59 页。

⑦ 朱世学：《巴楚墓葬中"毁兵"现象的考察及相关认识》，《长江师范学院学报》2015 年第 2 期，第 30～35 页。

⑧ 王志友：《东周秦汉时期墓葬中的腰坑浅议》，《秦文化论丛》第 10 辑，西安：三秦出版社，2003 年，第278～293 页。

一般认为，在西周时期，不仅姬姓周人流行毁兵葬俗，非姬姓他族如殷遗民受到影响也采用之 [①]。郑州地区 15 座东周毁兵葬中，有 4 座墓底置有腰坑，坑内殉狗，另有 1 座陶鬲呈碎片状置于墓底中部。这 5 座墓的墓主可能与殷遗民有密切关系，但毁兵葬主体人群还是周人。

四、毁物随葬衰亡的原因

郑州地区东周时期毁物随葬风俗于战国中期以后迅速衰亡。毁兵葬于战国中期基本不见，可能与周人在自身发展过程中对礼制进行改革有关，许多原始的习俗被纳入礼制的范畴或被放弃，毁兵葬俗基本属于后者。西周晚期，王室衰微，礼制受到严重冲击，尤其是战国诸子百家学说兴起，思想意识多元化，为统治者提供了更合适的新思想武器，原有具有维系道德和统治功能的丧葬观念如毁兵葬俗趋于消亡。在其他地区东周墓葬中，洛阳地区未见明确的毁兵现象，楚墓中则常见有毁兵葬俗 [②]，可视为西周时期毁兵葬俗的孑遗，也暗示墓主与周人之间有某种密切关系。

毁鬲（釜）并置于墓底的葬俗集中出现在郑州和新郑两地，出现于春秋晚期后段，与腰坑葬俗的衰落有直接关系。从流行时间上看，战国早、中期正是腰坑葬俗迅速走向衰落的阶段，此时毁鬲（釜）葬的盛行应该不是偶然现象，应是殷遗民深受周文化影响，在埋葬习俗中逐渐放弃本族标志性的腰坑葬俗而采用的一种简化方式。这种葬俗在韩代郑后并未明显减少，到战国中期前段反而呈现出激增现象。这可能是土著居民对新统治者的一种对抗形式，采用特意强化毁物葬的传统习俗，以示其族属。而随着时间推移，血缘政治演变为地缘政治，战国中期以后釜逐渐取代了鬲的主导地位。同时，诸子学说兴起，丧葬礼俗不再受到禁锢，以往人群特征明显的腰坑和毁鬲（釜）葬俗逐渐被放弃。

综上所述，郑州地区东周墓中常见有毁物现象，分布范围较广，主要有毁葬具殓葬和毁物随葬两大类，毁物随葬的对象以大陶鬲（釜）、兵器为主。毁兵葬中以毁坏铜戈最为常见，基本与西周时期特征一致。郑州地区东周墓中被毁坏的陶器显然是有目的性和选择性的，集中于大陶鬲和大陶釜两种器类，而其他种类的陶器则未见有故意毁坏现象，且鬲（釜）碎片均置于葬具或墓主身下，这是郑州地区的显著特点。

关于毁物的内涵与意义，多数学者认为，毁物葬俗主要是通过人为对器形的改变，达到对"鬼器"与"人器"的区分，并可变生为死，以便死者享用。毁器就是将实用器明器化，即完成人器至鬼器的转变。就大陶鬲（釜）而言，其为东周时期主要的日用炊具，且常被置于葬具或墓主身下，应具有与腰坑奠基意义相似的功能，当属祭器。因此，毁鬲（釜）既可供墓主享用，免遭饥饿之苦，又可防止他人或其他鬼神使用该器。毁兵葬应也有事死意义，而且均有毁戈现象，似与"方相氏……及墓，入圹，以戈击四隅，殴方良"相

① 张明东：《略论商周墓葬的毁兵葬俗》，《中国历史文物》2005 年第 4 期，第 72~79 页；井中伟：《西周墓中"毁兵"葬俗的考古学观察》，《考古与文物》2006 年第 4 期，第 47~59 页。

② 黄凤春：《毁器与折兵——楚国丧葬礼俗的考古学观察与释疑》，《湖南省博物馆馆刊》第 8 辑，长沙：岳麓书社，2011 年，第 339~345 页；朱世学：《巴楚墓葬中"毁兵"现象的考察及相关认识》，《长江师范学院学报》2015 年第 2 期，第 30~35 页。

合。而毁葬具目的比较明确，主要是为了方便殓葬。毁物葬俗与墓主人群所属有关。毁鬲（釜）葬的主体人群应深受商文化的影响，甚至有可能是殷遗民；毁兵葬的主体人群为周人，兼有少数殷遗民。

第三节　空心砖墓的年代及相关问题

一、空心砖墓的特征与年代

郑州地区发现的东周空心砖墓共计 255 座，从现有发表的资料来看，分布在新郑（194座）、郑州（44 座）、禹州（17 座）三地。其中形制明确的墓葬有 186 座。因上部多遭到破坏，现知设置壁龛的有 16 座，多为头龛。在禹州新峰墓地，发现有少数墓室底部一端置有器物室的现象，其宽、高、进深均大于壁龛[①]。砖室外均有生土或熟土二层台。已知墓向的 186 座墓葬中，北向为 178 座，占绝大多数，东向 5 座，西向 2 座，南向 1 座。空心砖多拍印几何纹，以菱形米格纹和菱形柿蒂纹居多，还有少量的柿蒂、树木、老虎等纹饰。在修建墓葬的过程中，砖中有纹饰的一面多朝向墓室内部。

关于郑州地区空心砖墓出现的时代，学界存在争议。以往很多学者认为其兴起于战国晚期[②]，亦有学者提出战国中期的观点[③]。空心砖墓形制演变较慢，时代特征不明显，只能从随葬品考察其年代。但空心砖墓多被盗扰破坏，随葬品出土较少，且部分墓葬只出土有铁质或铜质小件，出土陶器的墓葬仅 71 座。陶器组合中，一种陶器组合的墓葬有 19 座，包括釜（2 座）、壶（7 座）、罐（4 座）、碗（5 座）、瓮（1 座）；两种陶器组合的墓葬有 37座，包括碗 + 罐（20 座）、壶 + 罐（2 座）、碗 + 瓮（1 座）、碗 + 壶（9 座）、壶 + 豆（1座）、罐 + 豆（1 座）、鼎 + 盒（1 座）、鼎 + 匜（1 座）、鼎 + 碗（1 座）；三种陶器组合的墓葬有 8 座，包括壶 + 碗 + 罐（3 座）、鼎 + 盒 + 壶（2 座）、罐 + 碗 + 釜（1 座）、盖豆 +盘 + 匜（1 座）、盒 + 壶 + 高柄小壶（1 座）；四种及以上陶器组合的墓葬有 7 座，包括鼎 +盒 + 壶 + 盘（1 座）、壶 + 碗 + 盘 + 匜（1 座）、盒 + 壶 + 盆 + 盘（1 座）、鼎 + 盖豆 + 壶 +盘 + 匜（1 座）、鼎 + 盒 + 壶 + 盘 + 匜（1 座）、鼎 + 盒 + 高柄小壶 + 盘 + 匜（1 座）、鼎 +盖豆 + 壶 + 盘 + 匜 + 罐 + 碗（1 座）。随葬品以日用陶器为主，其中罐、碗、壶为大宗，随葬仿铜陶礼器的墓葬仅有 3 座。根据前文陶器分期及时代特征，这 71 座墓葬的时代分别为：第五期后段 1 座，第六期前段 9 座，第六期后段 61 座。

此外，还有两座出土铜容器和一座出土金属货币的空心砖墓。登封肖家沟 M1 出土有流行于西汉初期的铜洗 1 件[④]，同出有陶瓮和合碗，时代为第六期后段。新郑烟厂墓第一次

---

① 河南省文物局：《禹州新峰墓地》，北京：科学出版社，2013 年，第 357 页。
② 黄晓芬：《汉墓的考古学研究》，长沙：岳麓书社，2003 年，第 99 页；瓯燕：《战国时期的墓葬》，《北方文物》1989 年第 3 期，第 8、29～35 页；叶小燕：《中原地区战国墓初探》，《考古》1985 年第 2 期，第 161～172 页。
③ 河南省文物考古研究所：《郑韩故城兴弘花园与热电厂墓地》，北京：文物出版社，2007 年，第 138 页。
④ 河南省文物研究所登封工作站：《河南登封县肖家沟战国墓发掘简报》，《华夏考古》1990 年第 4 期，第 40～42、112 页。

出土铜敦 2、盘 1 件，第二次又在附近清理出铜鼎 1 件，两次器物出土的深度基本一致，且器物风格相似，均制作粗糙，器足较短，器盖饰三环钮[①]，初步判断这 4 件器物属于同一座墓葬。铜敦与新禹 M1：2[②]形制相似，但器物装饰明显简化，而且器足短细且外撇，时代不早于战国早期。铜鼎属于联裆鼎，此类鼎在洛阳地区、长治地区、太原地区、晋南地区、豫北冀南地区战国墓葬中较为常见，但在郑州地区东周墓葬中不多见，仅在防疫站 M6 出土 1 件[③]。联裆鼎的年代上限可至战国初期，甚至春战之际，一直沿用至战国晚期。器型演变趋势是：盖上钮饰由盛行三卧牛（兽）逐渐变成以三圆环为主，裆由高渐低，足变短[④]。烟厂墓出土的铜鼎低裆短足，盖饰三环钮，晚期特征明显，与辉县赵固 M1：6[⑤]相似，器腹及足部与长治分水岭 M36：2[⑥]也较为相似。高明认为，赵固 M1 的年代为战国中期后段，分水岭 M36 的年代为战国晚期[⑦]；朱凤瀚则把两墓均归于战国二期Ⅱ段，时代主要相当于战国晚期，上限也可早至战国中期偏晚[⑧]。烟厂墓的年代应与这两墓相近，结合出土的铜敦具有战国早期风格的情况初步推断，此墓年代应为战国中期后段。岗杜 M139[⑨]出土方足小布 6 枚，面文有"安阳"等，属于三晋货币，其始铸年代是战国中期，至少是中期的后段，铸造时间的下限为前 242 年左右[⑩]，结合墓中出土陶罐、碗分析，墓葬时代应为战国晚期。

综上，郑州地区空心砖墓自战国中期后段出现，主要流行于战国晚期。

二、墓主身份等级

从图 4-9 可以看出，空心砖墓的墓口长度集中在 2～3.5 米，宽度集中在 1～2 米，面积均不超过 10 平方米。关于空心砖墓的葬具，安金槐在《郑州二里岗空心砖墓介绍》中提及，多数空心砖室内发现有棺的痕迹，从砖椁内遗留的板灰看，埋藏时应有木棺[⑪]。《郑州二里冈》再次强调空心砖椁内的木痕无疑为棺[⑫]，空心砖椁内均置一木棺[⑬]。在未被盗扰的空心砖墓中基本均有随葬品出土，以陶器和铜璜、铜带钩、玛瑙珠等小件器物为主，陶器以日用器居多，另有少量仿铜陶礼器，偶见有铜容器。参照竖穴土坑墓的等级划分标准，空心砖墓的等级为第三等级 1 座，第四等级 81 座，第五等级 100 座。

① 孟昭东：《河南新郑出土的战国铜器》，《考古》1964 年第 7 期，第 368 页。
② 赵清、王文华、刘松根：《河南新郑新禹公路战国墓发掘简报》，《考古》1994 年第 5 期，第 397～404 页。
③ 河南省文物考古研究所新郑工作站：《新郑市郑韩路 6 号春秋墓》，《文物》2005 年第 8 期，第 39～46 页。
④ 朱凤瀚：《中国青铜器综论》，上海：上海古籍出版社，2009 年，第 1889～1946 页。
⑤ 中国科学院考古研究所：《辉县发掘报告》，北京：科学出版社，1956 年，第 110～122 页。
⑥ 山西省考古研究所、山西博物馆、长治市博物馆：《长治分水岭东周墓地》，北京：文物出版社，2010 年，第 229 页。
⑦ 高明：《中原地区东周时代青铜礼器研究（下）》，《考古与文物》1981 年第 4 期，第 82～91 页。
⑧ 朱凤瀚：《中国青铜器综论》，上海：上海古籍出版社，2009 年，第 1934～1935 页。
⑨ 河南省文物工作队第一队：《郑州岗杜附近古墓葬发掘简报》，《文物参考资料》1955 年第 10 期，第 3～24 页。
⑩ 吴良宝：《中国东周时期金属货币研究》，北京：社会科学文献出版社，2005 年，第 204 页。
⑪ 安金槐：《郑州二里岗空心砖墓介绍》，《文物参考资料》1954 年第 6 期，第 57～61 页。
⑫ 河南省文化局文物工作队：《郑州二里冈》，北京：科学出版社，1959 年，第 52 页。
⑬ 瓯燕：《战国时期的墓葬》，《北方文物》1989 年第 3 期，第 8、29～35 页。

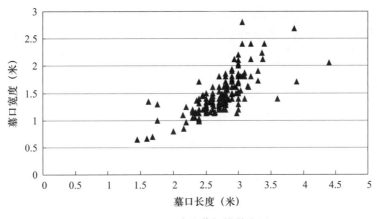

图 4-9　空心砖墓葬规模散点图

需要注意的是，从 17 座保存较好的空心砖墓来看，每座墓葬平均用砖数量约为 20 块，最多的用砖 36 块，显然墓主人生前有一定的经济实力。东周时期社会阶层发生了明显变化和流动，即上层贵族的下降，特别是下层庶民大量上升，导致士人数激增、阶层扩大，其性质也发生了基本改变。因此，战国中晚期空心砖墓的墓主以扩大的士阶层为主，兼有富裕的平民阶层，也有部分为一般平民[1]。

三、空心砖的起源与制作工艺

经考古发掘证实，迄今已知最早的空心砖发现于周原遗址，器表多饰绳纹，时代应不晚于商末周初，其用途与大型夯土建筑密切相关[2]。空心砖在发明初期，因产量和质量等方面的原因，并未得到大范围烧制和使用，似仅限于王室建筑。空心砖的制作工艺经历了由手制到模制的发展过程。从空心砖内壁不平整及残留的手印痕迹和周原池渠遗址出土的空心砖残块断面有泥条叠筑痕迹推测，西周早期空心砖是采用泥条盘筑法成型，再进行修整，内壁无修饰，外壁先抹平，再拍打绳纹。两端的器壁较薄，从内壁上残留的数道凹槽看，可能是先做成长方形薄饼状坯体，再加进木棍之类用于支撑，最后再粘接在空心砖的口端[3]。周原遗址出土空心砖四壁无凹槽，恰好证明当时空心砖是用泥条盘筑法成型。

经过西周和春秋时期的发展，到了战国时期，空心砖制作技术有了很大进步。李文杰通过仔细观察新郑出土的战国晚期空心砖，复原了其制作工艺。新郑战国空心砖的原料为红色黏土，成型是先制作由底板、前帮、后帮、左挡头、右挡头五块木板组成的"井"字形无盖箱状外模，再制作木质的双"工"字形托板。然后切割泥板贴于外模内壁，完

①　叶小燕：《中原地区战国墓初探》，《考古》1985 年第 2 期，第 161～172 页；刘中伟：《郑州地区空心砖墓的初步研究》，《华夏考古》2011 年第 2 期，第 62～72 页。

②　种建荣、雷兴山、郑红莉：《试论周原遗址新发现的空心砖》，《文博》2012 年第 6 期，第 13～16 页；徐天进：《周公庙遗址的考古所获及所思》，《文物》2006 年第 8 期，第 55～62 页；刘宏岐：《周公庙遗址发现周代砖瓦及相关问题》，《考古与文物》2004 年第 6 期，第 66～70 页。

③　刘军社：《周砖刍议》，《考古与文物》1993 年第 6 期，第 84～90 页。

成底面、两个侧面和一头。为防止顶面塌陷变形，再把"工"字形托板置于中间，切割一层泥片铺在托板上完成顶面的制作。"工"字形托板可从未封闭的一端取出。最后，用泥片封住取出托板的一端。成型后，还要对坯体进行必要的修整，再模印纹饰和切割孔洞[①]。董睿基本认同上述空心砖的制作流程，但他认为最后制作的一面比较厚实且含水量不高，表面不易凹陷，直接垂直倒扣在"井"字形木模上即可，空心砖内部不必使用"工"字形托板[②]。

空心砖多为一端有长方形孔，另一端有圆形孔或侧壁顶端有圆形孔。大多数学者认为，孔洞的形成与制砖工艺有密切关系。工匠可通过孔洞把手深入空心砖坯内壁将缝口抹平，使之黏结牢固，并从孔洞向内塞入杂草作为填充物以防砖壁收缩或下沉。还有学者认为，为防止空心砖坯顶面下凹，在内部使用沙袋[③]或"工"字型托板，在砖坯近干时，从两端的孔洞中取出。也有学者认为，孔洞是空心砖坯成型并晾晒到一定程度时剜制的，便于砖坯内部水分蒸发[④]。此外，当坯体在窑内烧制时，砖内壁产生的水汽等得以从孔洞中逸出，避免内部气体因受热膨胀，引起坯体爆裂[⑤]。而且窑内的热量通过孔洞直达空心砖内部，使其内外温度保持一致，可以提高热能利用率和成品砖的质量。但是为何空心砖两端的孔洞形状不一样，而且多是一方一圆？除了满足制作和运输的需求外，可能还蕴含着其他方面的意义。

砖瓦之类的烧成温度一般在 1000℃ 左右，一般的横穴与竖穴窑都可达到此温度。西周早期，烧制空心砖的窑体是以岐山赵家台 Y1[⑥]为代表的竖穴升焰式馒头窑。随着窑业技术的进步，西周晚期开始采用半倒焰技术，其与早期竖穴升焰窑相比有很大的改进，是窑炉构造上划时代的革命[⑦]。这种半倒焰式窑炉到了战国时期广泛分布于黄河中下游地区[⑧]，在东周王城[⑨]和郑韩故城[⑩]均有发现。

随着窑业技术的进步和逐渐成熟，到了东周时期，空心砖已大规模地在建筑中使用。虽然考古发现的空心砖多已不在原来的位置，但其作为建筑构件的性质应无疑，常用于铺筑大型建筑或高台建筑的台阶或踏步[⑪]，以增添庄严雄伟之势。因此，空心砖烧制技术日趋成熟，为空心砖墓的出现提供了技术支持和保障。

---

① 李文杰：《河南新郑市郑韩故城战国晚期空心砖工艺研究》，《二十一世纪的中国考古学——庆祝佟柱臣先生八十五华诞学术文集》，北京：文物出版社，2006 年，第 678～688 页。

② 董睿：《汉代空心砖的制作工艺研究》，《华夏考古》2014 年第 2 期，第 68～74、141 页。

③ 黄明兰：《洛阳汉画像砖》，郑州：河南美术出版社，1986 年，第 6 页。

④ 董睿：《汉代空心砖的制作工艺研究》，《华夏考古》2014 年第 2 期，第 68～74、141 页。

⑤ 刘军社：《周砖刍议》，《考古与文物》1993 年第 6 期，第 84～90 页。

⑥ 陕西省考古研究所宝鸡工作站、宝鸡市考古工作队：《陕西岐山赵家台遗址试掘简报》，《考古与文物》1994 年第 2 期，第 29～38 页。

⑦ 熊海堂：《东亚窑业技术发展与交流史研究》，南京：南京大学出版社，1995 年，第 122～123 页。

⑧ 王春斌：《战国及秦汉之际陶窑初步研究》，《考古与文物》2011 年第 5 期，第 50～59 页。

⑨ 洛阳市文物工作队：《洛阳东周王城战国陶窑遗址发掘报告》，《考古学报》2003 年第 4 期，第 545～577 页。

⑩ 河南省文物考古研究所新郑工作站：《郑韩故城发现战国时期大型制陶作坊遗址》，《中原文物》2003 年第 1 期，第 4～8 页。

⑪ 刘军社：《周砖刍议》，《考古与文物》1993 年第 6 期，第 84～90 页。

四、空心砖墓出现的原因与背景

至于战国时期空心砖墓为何首先出现于韩国的郑州地区，学界目前尚无一致意见。刘中伟[①]和董睿[②]两位先后对此发表了相似的看法，主要包括韩国掌握了先进的空心砖烧制工艺，郑州地区木材匮乏和空心砖自身的优势三个方面，下面逐一进行分析。

首先是空心砖烧制技术。根据现有考古资料统计，战国至西汉初期，空心砖在地面建筑中的使用非常普遍，在陕西、河南、河北、辽宁、山东、江苏、安徽、湖北等地均有发现，主要集中在陕西与河南两省[③]。所以，空心砖烧制技术只是空心砖墓出现的必要条件，但并非韩国所独有，不足以解释其为何先出现于郑州地区。

其次是木材匮乏。关于木椁用料，《礼记·丧大记》载：“君松椁，大夫柏椁，士杂木椁。”一般而言，椁用枋木或厚木板（中原地区或用圆木），并在墓室中堆砌而成；棺用相对较薄的板材加工成型，整体运进墓室，并有漆绘和其他装饰[④]。以山西长子牛家坡 M7 为例，葬具保存较好，由椁室、两层套椁、单棺和棺椁下的垫木组成，用料均为松木，最厚的方木达 20 厘米，据估算此墓的葬具所用木料约为 36 立方米[⑤]。又如郑州登封告成三座春秋墓的葬具均为一椁二棺，所用木料厚度均在 20～30 厘米之间[⑥]。可见多重棺椁用料较多，尤其是制作宽厚的椁板需要树龄较长的木材，须有广阔的森林提供资源。

气候变化对森林和植被有明显影响。以往的研究认为，战国至整个西汉时期属于温暖气候时期[⑦]。但满志敏认为，春秋时期以后中国东部的气候又趋于寒冷，至少在战国末至西汉初这段时间内，黄河中下游地区的气候已经由春秋时期的较温暖转向寒冷，属于气候的冷期，在春、秋、冬三个季节均有表现[⑧]。葛全胜也认为，战国时期的气温较前代有明显下降，战国晚期黄河中下游的气候温暖程度至少与今天基本相同[⑨]。而战国时期较前代寒冷的气候会延长树木的生长周期。

相对于自然因素，影响森林资源的人为因素则较复杂。随着农业地区的扩大，森林地区相应地缩小或消失。在农耕范围扩大的过程中，焚林是常见的开荒措施。战国时期，人口增多，韩、魏两国出现“土狭而民众”的局面，迫使人类的活动由平原、河谷向丘陵推进，导致丘陵地区的林木遭到大规模毁坏。统治阶级修建城池、兴建宫室苑囿都需要大量

① 刘中伟：《郑州地区空心砖墓的初步研究》，《华夏考古》2011 年第 2 期，第 62～72 页。
② 董睿：《汉代空心砖墓研究》，北京：科学出版社，2019 年，第 193～203 页。。
③ 项文：《战国空心砖研究》，郑州大学硕士学位论文，2013 年，第 6 页。
④ 赵化成：《周代棺椁多重制度研究》，《国学研究》第 5 卷，北京：北京大学出版社，1998 年，第 34 页。
⑤ 山西省考古研究所：《山西长子县东周墓》，《考古学报》1984 年第 4 期，第 503～529 页。
⑥ 郑州市文物考古研究所、登封市文物局：《河南登封告成东周墓地三号墓》，《文物》2006 年第 4 期，第 4～16页；郑州市文物考古研究院、登封市文物管理局：《河南登封告成春秋墓发掘简报》，《文物》2009 年第 9 期，第 21～42 页。
⑦ 竺可桢：《中国近五千年来气候变迁的初步研究》，《考古学报》1972 年第 1 期，第 15～38 页。
⑧ 满志敏：《中国历史地理学·中国历史时期气候变化研究》，济南：山东教育出版社，2009 年，第 144 页。
⑨ 葛全胜：《中国历朝气候变化》，北京：科学出版社，2010 年，第 35 页。

木材。《诗·大雅·文王之什·皇矣》描述周的先世筑城时说："作之屏之，其菑其翳。修之平之，其灌其栵。启之辟之，其柽其椐。攘之剔之，其檿其柘。……帝省其山，柞棫斯拔，松柏斯兑。"可见，修建一座城池严重破坏了其周边的林地，而都城的修建影响则更甚。东周时期恰是筑城的高峰期，据统计，河南境内的东周城市多达 150 座左右[1]。此外，《诗·小雅·车辖》："陟彼高冈，析其柞薪。"郑玄笺："登高冈者必析其木以为薪。"古人以木柴作燃料也对森林产生了一定的破坏[2]。

在自然和人为的双重作用下，中国历史时期的森林资源分布和覆盖范围发生了很大变化。森林资源由太古时代的 47600 万公顷，到清初减少到 29130 万公顷，森林覆盖率由49.6% 下降到 26.1%[3]。虽然不同学者的研究数据不同[4]，但是结论均相似，即森林覆盖率剧减。根据史念海的考证，到了春秋战国时期，黄河中游地区平原区域的森林绝大部分受到破坏，林区明显缩小[5]。

郑州地处平原地带，周围河流、湖泊较多，属于暖温带林[6]，相对于南方来说森林资源较为缺乏。战国至两汉是河南开发的第一高潮，天然林消耗为 4.3～6.3 万亩/年[7]。郑州地区地理位置重要，历来是兵家必争之地，"春秋战争之多者莫如郑，战国战争之多者莫如韩"，频繁的战事也对此地区的林木造成严重破坏。战国中期，韩灭郑后迁都新郑，伴随而来的是人口激增，墓葬用料也大量增加。多重棺椁及其赖以存在的木结构需要消耗大量木材，大型墓葬木材的消耗量都在数十乃至数百立方米。战国中晚期，没落的大夫和士阶层为彰显身份，纷纷僭越级别使用多重棺椁，而平民阶层也常采用一椁一棺的葬具，这无疑使得木材的需求量急剧增加。

受刀耕火种，战争破坏，建筑增多和人口激增等多种因素的影响，郑州地区森林面积缩减，而且树木生长周期长，取材不易。加之战国时期交通不便，木材不适宜长途运输，《史记·货值列传》载"百里不贩樵，千里不贩籴"。因此，当统治阶层掌控了有限的林木资源时，低等级阶层在棺椁制作中只能另辟蹊径。其中较薄的棺板制作材料相对易寻，而宽大的椁板只能另选材质替代。在空心砖烧制技术比较成熟的背景下，空心砖成为木椁的替代品出现在墓葬中。

再者，空心砖自身优势明显。空心砖以泥土为原料，取材方便，易短途运输而且较木

① 许宏统计的数字为 144 座，尚咏统计的数字为 176 座，详见许宏：《先秦城市考古学研究》，北京：北京燕山出版社，2000 年，附表 3；尚咏：《河南东周城址价值、现状与保护的初步探讨》，郑州大学硕士学位论文，2007 年，第 5 页。

② 史念海：《历史时期黄河中游的森林》，《河山集（2）》，北京：生活·读书·新知三联出版社，1981 年，第 303 页。

③ 凌大燮：《我国森林资源的变迁》，《中国农史》1983 年第 2 期，第 28～36 页。

④ 周鸿：《古今森林的变迁》，《云南林业》1992 年第 3 期，第 25 页。

⑤ 史念海：《历史时期黄河中游的森林》，《河山集（2）》，北京：生活·读书·新知三联出版社，1981 年，第 233 页。

⑥ 文焕然、何业恒：《中国森林资源分布的历史概括》，《中国历史时期植物与动物变迁研究》，重庆：重庆出版社，1995 年，第 3～17 页。

⑦ 徐海亮：《历代中州森林变迁》，《中国农史》1988 年第 4 期，第 84、98～110 页。

椁耐腐朽。《吕氏春秋·节丧》曰:"善棺椁,所以避蝼蚁蛇虫也。"①采用空心砖椁室,可更好地达到避蝼蚁蛇虫的目的。同时,空心砖便于大批量生产,成本比木椁要低,符合没落贵族和一般平民的经济能力。空心砖墓的建造过程简单,一般先以空心砖平铺底部,再于两端和两侧以双层砖侧立叠砌,最后顶部用空心砖平铺或者侧立横铺,抑或用木盖。为方便建筑椁室,还可提前确定砖的位置,如二里冈 M9②每块壁砖靠里的一面都有红色的刻划符号。从已知的空心砖尺寸来看,单砖长约 1 米,宽 0.36～0.4 米,厚约 0.14 米,规格基本相同,这也从侧面反映当时空心砖已经批量规模化生产和销售。而且空心设计大大减轻了砖的重量,便于搬运和砌筑。鉴于空心砖在墓葬修建中的优势明显,战国晚期迅速流行于韩国核心统治区域,并率先影响到两周统治的洛阳和巩义地区。

综上所述,在经历了常年战争的破坏尤其是政权的武装更迭后,郑州地区本不丰富的木材资源越发匮乏。适逢空心砖烧制技术成熟,直接导致了空心砖墓的出现,因其满足了那些既要证明身份、又需减少成本的士或平民阶层的丧葬需要,迅速得到扩展传播。

五、空心砖墓的丧葬观念及影响

椁本是为了防止墓坑周围和回填土对棺的压迫而设置的③,从这个意义上讲,空心砖椁室原应均有顶盖。如二里冈 M452④保存有较完整的木椁盖,岗杜 M125⑤砖圹上发现有厚约 7 厘米的板灰。木盖一般和椁室大小略同,有长方形和八角形两种形制。当时人们在采用空心砖作为墓葬修建材料时,并没有彻底放弃木质棺椁的传统。如兴弘 M154 仅东西两侧由空心砖砌成,南北两端无挡板,顶部无盖板,底部亦无铺砖。椁室采用木板和空心砖混搭的建造方式也见于二里冈墓地,在 26 座空心砖墓中,有 22 座无空心砖盖。由此可知,空心砖椁无疑是由木椁发展而来的,源于下层庶民用砖代替木椁的尝试⑥。

俞伟超认为,木椁本是作为地上居室的象征物而出现的,故早从商代起,便在椁底筑出腰坑,以模拟地上建筑物的"奠基坑"⑦。战国时期墓葬已经出现了第宅化萌芽,如土洞墓室仿造地上窑洞⑧,这都是地上生活在地下墓葬中的缩影。韩国河总结了墓葬第宅化的发展过程,东周时期为木椁墓第宅化的初级阶段,而墓葬第宅化在秦汉时期全面兴盛,不仅墓域地面建筑仿生化,而且地下建筑也第宅化,等于把生前建筑结构模拟缩小,全面引入埋葬内容,以期待来世有个美好的生存环境⑨。那么代替木椁出现的空心砖也可视为第宅化的一种新形式。

① （汉）高诱注:《吕氏春秋》,上海:上海书店出版社,1986 年,第 100 页。

② 河南省文化局文物工作队:《郑州二里冈》,北京:科学出版社,1959 年,第 51 页。

③ 《白虎通义·崩薨》载:"椁之为言廓,所以开廓辟土,无令迫棺也。"

④ 河南省文化局文物工作队:《郑州二里冈》,北京:科学出版社,1959 年,第 49 页。

⑤ 河南省文物工作队第一队:《郑州岗杜附近古墓葬发掘简报》,《文物参考资料》1955 年第 10 期,第 3～24 页。

⑥ 胡进驻:《东周郑韩墓葬研究》,郑州大学硕士学位论文,2003 年,第 65 页。

⑦ 俞伟超:《汉代诸侯王与列侯墓葬的形制分析——兼论"周制"、"汉制"与"晋制"的三阶段性》,《先秦两汉考古学论集》,北京:文物出版社,1985 年,第 118 页。

⑧ 瓯燕:《战国时期的墓葬》,《北方文物》1989 年第 3 期,第 8、29～35 页。

⑨ 韩国河:《秦汉魏晋丧葬制度研究》,西安:陕西人民出版社,1999 年,第 266～268 页。

虽然并非所有的空心砖两面都拍印有几何纹，但在砌筑椁室时均把有纹饰的一面朝内[1]，也可视为第宅化的一种侧面反映。空心砖墓顶部变化轨迹是"木板盖→空心砖平铺顶→空心砖侧立横铺顶→空心砖筑斜坡屋脊状拱形顶"[2]，仿地面房屋建筑的痕迹越发明显。因此，我们推测空心砖墓也是仿造地面建筑而出现的。但既然是仿造地面建筑，为何不选择方砖和长方形实心小砖，而唯独选择了空心砖取代木材来建造椁室？这主要是因为空心砖大而稳重，坚硬结实，可增添宏伟、庄严之气氛。同时，空心砖墓建造结构简单，墓葬一般较浅，现存的深度多不超过 2.5 米，空心砖足够承受墓葬修建过程中的各种压力。加之空心的制砖工艺，既可节省原料，又能大幅度减轻砖的重量。

空心砖代替木椁在墓葬中应用后，逐渐模仿地上建筑，改变了墓葬建筑结构。这种现象到了西汉时期更加明显，用空心砖制作的门、屋顶等设施开始出现在墓葬中，也为以后各种类型砖室墓的产生奠定了基础。如上所述，空心砖墓是由缺少礼制禁锢的士和具有经济实力的平民开创的一种新的墓葬形式，这种由中下层创造的文化，逐渐影响到了高级贵族。两汉时期，许多高等级贵族墓逐渐采用砖室墓，通过进一步的发展演变，砖墓最终于东汉时期成为墓葬形制的主流，并对后世产生了深远的影响。与此同时，丧葬观念也发生了变革，最显著的表现就是墓葬内部空间的变化，如禹州新峰墓地空心砖墓室一端的器物室使得空间增大、随葬器物增多。东汉初期以后，空心砖逐渐被实心小砖所取代，究其原因，一是空心砖承重有限，不易单独建造大型墓葬；二是空心砖的制作工艺和烧制流程较实心小砖烦琐，相比较而言，后者更适宜批量生产。

那么空心砖墓为何没有在韩国的上党地区出现？云梦秦简《编年记》中记录了秦昭王时期秦韩之间的战争[3]，虽然这些战争的规模不大，但极大地削弱了韩国的势力，尤其是太行山和野王之战，大大阻碍甚至切断韩国国都与上党郡的联系。空心砖墓虽然在战国中期出现，真正流行于郑州地区却是在战国晚期，当时韩国对上党地区的控制已名存实亡。而且上党地区多山地和丘陵地带，森林和树木植被资源丰富，并未受到这种新出现的墓葬形制的影响。

第四节　墓葬的"守旧"与"创新"

通过对郑州地区东周墓葬中腰坑与毁物葬俗的考察，可以看出，"守旧"现象延续时间较长，在墓葬中根深蒂固。而最显著的"创新"即空心砖墓出现的时间较晚，对后世影响深远。但是，墓葬中不存在绝对的"守旧"与"创新"，现结合陶器文化因素和墓葬各方面的特征进行考察。

郑州地区东周腰坑墓虽然数量不多，但从第一期至第六期前段一直存在，而且除第一等级外，各等级墓葬均有发现，可见其分布范围较广。一般认为，腰坑是商文化的典型代

---

①　河南省文化局文物工作队：《郑州二里冈》，北京：科学出版社，1959 年，第 51 页。

②　刘中伟：《郑州地区空心砖墓的初步研究》，《华夏考古》2011 年第 2 期，第 62～72 页。

③　云梦秦墓竹简整理小组：《云梦秦简释文（一）》，《文物》1976 年第 6 期，第 11～14 页。

表，周灭商后，将殷遗民迁至各地，而且统治政策比较灵活，没有强制其放弃腰坑葬俗，甚至有些周人受其影响，也在墓中设置腰坑，但毕竟为少数。因此，本研究仍把腰坑墓主与殷遗民联系在一起。

共有 30 座腰坑墓出土陶器，其中 23 座包含有商文化因素的陶器，占比 76.7%。可见，不论是葬俗还是随葬品，腰坑墓均保留着深厚的商文化因素，"守旧"特征比较明显。当然，腰坑墓也不是一成不变的，坑内殉物随着历史的演进有明显的变化。春秋时期以殉牲为主，战国时期则以葬物居多，腰坑性质也逐渐由祭祀殉牲坑演变成了器物坑，反映出时人更为关注死后生活的丧葬观念。同时，有 11 座墓葬出土陶器包含创新文化因素或外来的三晋文化因素，这也说明腰坑墓在"守旧"的同时自身也在变化，具有一定的开放性。

毁物葬有毁葬具殓葬和毁物随葬两种类型。毁葬具殓葬虽然也延续了过去的传统，但主要是针对未成年的特殊群体而采用的埋葬方式，不属于明显的"守旧"现象。毁物随葬有毁鬲（釜）和毁兵两种。毁兵葬常被认为是周人的习俗，在西周墓葬中较为常见，但从早到晚其数量呈逐渐下降的趋势。毁兵葬从第一期延续至第四期后段，第五期基本不见，使用的人群主要为中高级社会阶层。毁鬲（釜）葬从第三期后段延续至第六期前段，第五期前段为高峰期，涉及人群主要为第四、第五等级。毁鬲（釜）虽然是早期毁物葬的延续形式，但其特点和创新性明显。首先，新石器至商、西周时期，毁坏陶器无明确的固定对象，而毁鬲（釜）葬将毁坏对象固定为大陶鬲或釜；其次，以往陶器被毁后，在墓葬中放置较为凌乱，而鬲（釜）被毁后，常被置于葬具或墓主身下的墓底中部；再者，就大陶鬲或釜本身而言，虽其原型是具有商文化因素的 A 型鬲，但大陶鬲与釜均属于陶器中的创新文化因素。此外，还见有毁物随葬与腰坑相互交叉出现的现象，如毁兵和毁鬲（釜）1 座，毁鬲（釜）与腰坑 3 座，毁兵与腰坑 4 座。

空心砖墓属于一种全新的墓葬形制，是在空心砖制作工艺成熟的背景下，为满足中下阶层多重棺椁的需要和解决木材匮乏的困境而出现的。其出现后迅速流行，但涉及的人群仅为中下阶层。从墓葬的随葬品来看，以陶罐、壶、钵（碗）为主体，而又以本地文化因素的甲 B 型罐和乙 B 型罐较为常见。这两型罐延续的时间很长，尤其是乙 B 型罐变化缓慢，器型较为稳定，至少从西周晚期已经在本地区使用。

腰坑与毁物随葬的"守旧"葬俗都是在战国中期以后迅速衰落的，而"创新"的空心砖墓则是在战国中期后段出现的，流行于战国晚期，这不是巧合，而是社会变革的真实反映。墓葬中的"守旧"证明当时的人们保留了部分传统的观念，这与郑韩两国社会变革不彻底密切相关。《左传·襄公十年》载："初，子驷为田洫，司氏、堵氏、侯氏、子师氏皆丧田焉。"此后，《左传·襄公三十年》载，郑子产实施"使都鄙有章，上下有服，田有封洫，庐井有伍"的改革措施。但这都是郑国的井田制遭到破坏时[1]，子驷和子产维护公田地位的举措，从根本上还是为了维护井田制度，仅是对土地制度的改良。此外，子产还作丘赋（昭公四年）、铸刑书（昭公六年），但为在保护旧贵族的利益的同时扶持新兴封建势力，常采用折中妥协的策略[2]。子产之政虽颇合民意，又能保护郑国的利益，但其仍是"政在卿

---

① 金景芳：《中国奴隶社会史》，上海：上海人民出版社，1983 年，第 256 页。
② 顾德荣、朱顺龙：《春秋史》，上海：上海人民出版社，2019 年，第 365～367 页。

族"的形态^①。因此，郑国在亡国前一直维持着子产改良式的井田制度，没有彻底转向个体家庭私有制^②。韩代郑后，虽也任用申不害进行了改革，但其"不擅其法，不一其宪令，则奸多"^③，未从根本上打破传统礼制的束缚，基本未触动旧贵族的势力，新兴阶层没能得到充分发展。战国中晚期，周代文化大传统的礼乐文化^④受到巨大冲击和破坏，维系血缘的政治体系逐渐被地缘政治所取代，而墓葬中族群身份特征明显的葬俗也不再为人们所推崇，反而更关注墓葬形制和随葬品的实用性。战国晚期，郑州地区很多"守旧"的葬俗，如腰坑、毁物等基本不见，空心砖墓则较为流行，墓葬面貌趋于统一，这与当时思想得到解放、丧葬观念发生巨大转变有关。

---

①　陈来：《古代思想文化的世界：春秋时代的宗教、伦理与社会思想》，北京：生活·读书·新知三联书店，2009年，第 248 页。

②　苏勇：《周代郑国史研究》，吉林大学博士学位论文，2010 年，第 173 页。

③　《韩非子》校注组：《韩非子校注》，南京：江苏人民出版社，1982 年，第 590 页。

④　徐良高：《中国三代时期的文化大传统与小传统——以神人像类文物所反映的长江流域早期宗教信仰传统为例》，《考古》2014 年第 9 期，第 50~62 页。

第五章 郑韩文化变迁与王朝更替

从郑韩两国的历史发展来看，郑国灭郐、虢后东迁，韩灭郑后徙都新郑，秦统一六国最先兼并的就是韩国，这种频繁的王朝更替对考古学文化的发展演变产生了重要影响。

第一节 郑韩都城的变迁与王朝更替

先秦时期，改朝换代或土地兼并多是通过大规模战争实现，新政权出于安全和统治的便利，多不沿用旧政权的政治中心。但韩灭郑后仍沿用旧都，这是由韩国的国力和政治形势所决定的。韩国是战国七雄中国力最弱的，又疲于与郑、秦连年的战争，灭郑后无暇也无力新建都城。同时，西部的秦国迅速强大起来，大肆扩张领土，不断向东发展，其攻韩最为频繁，韩国的上党地区和西部边地常受到秦的侵扰。而新郑地处中原，远离强秦，可保安宁，韩国迁都新郑也是迫不得已而为之。

郑韩相继以新郑为都，城址形制和布局较为清楚，下文对两都进行比较研究，以探讨王朝更替与都城变迁的关系。

一、郑韩两都的异同

郑韩两都差异明显。郑都为单一大城制，亦可称为"非城郭制"[①]；宫殿区以高台基址为主体，位于城西北部；宗庙和社稷遗址位于城中部区域；实行集中公墓制，国君和高等级贵族墓葬集中在城内。韩都为两城制，中部有南北向的隔墙，分为东、西两个小城；宫城位于西城北部，宗庙位于西城中部，宫、庙周围有城垣；实行独立陵区制，城内墓葬较少。

两都相似之处主要包括以下几个方面。

第一，重视都城防御能力，因地制宜。郑都防御体系由高大的城垣与两条大川构成，城垣走向依河而定，平面呈不规则长方形。韩都沿用郑都因地制宜的规划思想，并进一步加强了防御，采取新筑南城垣和隔墙、在宫庙四周修建围墙和壕沟、在西城北垣外加筑马面等措施。

第二，宗庙地位突出。郑都的宗庙位于城内中部偏东，韩都的宗庙位于西城中部偏南，皆处于都城的核心位置。两都皆重视宗庙，主要是因为其除了可作为祖先神主所在和祭祀

---

① 韩国河、陈力：《论秦汉都城规划基本模式的形成》，《陈直先生纪念文集》，西安：西北大学出版社，1992年，第148～156页。

场所外，还是行使权力、发布政令的场所。换言之，三代的宗庙不仅是血缘组织内祭祀祖先的活动中心，是族权的象征，更是政权的象征，是族权与政权结合一体的宗法制度的建筑表现形式[①]。因此，郑韩的宗庙代表国家，表示国都所在[②]。

第三，手工业遗存占有重要的地位，存在就近设置现象。一方面，手工业产品要满足日益增长的都城人口的消费需求；另一方面，统治阶级举行各种政治和礼仪活动需要大量的物品，就近制作和生产可提供很大的便利。

第四，宫殿区均位于都城西北部，在整个城市中所占比例较小。

二、都城变迁与王朝更替

郑韩两都的差异主要集中在城址形制、宫庙建筑和墓葬区三个方面，现就这些差异与王朝更替的关系进行讨论。

首先，"两城制"取代了"非城郭制"。"两城制"包括以宫庙为主的宫城和以平民工商业为主的郭城，是东周列国都城的主要形制，其主要目的是将统治者与被统治者从城市居住区上严格区分开[③]。

韩都新郑是典型的西城东郭的两城分制，平面形制与燕下都、中山灵寿城较为相似。韩都的宫殿区和宗庙、官署、贵族居住区集中在西城，手工业作坊和平民居住区集中在东城。如此规划不但可以把东城作为依托和屏障，对付外来的武力进犯，更为重要的是可应付来自国内敌对势力的威胁[④]，尤其是东城内的郑遗民，从隔墙东侧的壕沟可窥一斑。因此，韩都新郑"东城（郭城）"和"西城（宫城）"不仅相互依存，还相互对立。

由郑都"非城郭制"到韩都"两城制"，既是韩代郑后增加防御的需要，也顺应了东周时期都城规划的潮流。除秦国外，东周列国都城都经历了从"非城郭制"到"两城制"的转变，而晋都新田则是韩都新郑东、西两城分制的前身，前者"东西两分"的格局直接发展成后者的"两城制"[⑤]。

其次，韩都新郑对宫殿和礼制建筑进行了彻底重建。韩都宫殿区和宗庙区周围筑有城墙，是君主专制的集中体现，也是加强核心区域防御能力的重要举措。正如章太炎所言："春秋之后，大臣篡弑者多。故其时论政者，多主专制。"[⑥]韩迁都新郑后不久，韩严即弑其君哀侯，为防止此类事件重演，韩有意加强了宫殿和宗庙核心区域的防备。

同时，为了更好地控制郑国遗族，打破其血缘和族缘上的联系，防止郑国残余王室贵族发起反抗运动，韩大肆对郑进行政治性报复。韩国的政治性报复措施主要针对郑国宫殿、

① 徐良高：《夏商周三代城市聚落研究》，《三代考古（一）》，北京：科学出版社，2004 年，第 38～57 页。

② 黄盛璋：《中国青铜时代最早形成的地域和年代初论》，《传统文化与现代化》1994 年第 1 期，第 29～39 页。

③ 徐苹芳：《关于中国古代城市考古的几个问题》，《文化的馈赠——汉学研究国际会议论文集（考古学卷）》，北京：北京大学出版社，2000 年，第 33～40 页。

④ 李自智：《东周列国都城的城郭形态》，《考古与文物》1997 年第 3 期，第 69～75 页。

⑤ 梁云：《战国时代的东西差别——考古学的视野》，北京：文物出版社，2008 年，第 265 页。

⑥ 章太炎：《诸子流别》，《国学大师说诸子百家》，昆明：云南人民出版社，2009 年，第 11 页。

礼制建筑、公墓区，具体包括在郑宫殿主体建筑"梳妆台"上进行铸造生产[1]，在中行社稷遗址刻意建窑烧造和埋葬未成年的孩童[2]，并把病死的儿童和有生理残缺的人埋入郑国公墓区[3]，以破坏郑国王气和风水，意使郑族永世不得翻身。但此举也加深了郑遗民对韩的仇恨，《战国策·韩策一》载："郑强载八百金入秦，请以伐韩。"

再次，国君及高级贵族墓与都城的相对位置发生明显变化，即从城内到城外，尤其是君王陵墓。郑国公墓区位于城内后端湾至仓城一带，高级贵族墓也多分布在城内，部分春秋战国之际的贵族墓葬分布于城外西北侧。韩王陵则分布于城西、南侧的远郊区域，城内基本无高等级贵族墓。

东周时期君王陵墓与都城相对位置的变化轨迹为：春秋早、中期多位于城内或者近郊区域，春秋晚期至战国时期一般移至城外，极少数位于城内者也均在郭城之中。究其原因，从墓葬制度分析，东周时期处于"族坟墓"制度的衰落阶段。春秋时期诸侯国君的墓葬同前代一样，一般比较集中地置于城内。战国时期，除东、西周与燕、鲁外，列国君王墓大都远离都城。这是从商周"集中公墓制"转变为秦汉"独立陵园制"的过渡表现[4]。

墓葬位置变化还与封土的普遍流行关系密切。一般认为，封土墓产生于春秋晚期，流行于春秋战国之际[5]。《礼记·月令》曰："茔丘垄之大小、高卑厚薄之度，贵贱之等级。"墓上封土高低、大小乃是墓主生前社会地位、贵贱等级的标志象征。《吕氏春秋·节丧》抨击王公大族的冢墓："世之为丘垄也，其高大若山，其树之若林，其设阙庭、为宫室、造宾阼也若都邑。"可见战国时期高等级墓葬占据很大的土地面积。而且，战国时期铁器广泛应用于社会生产，生产力明显提高，人口急剧增加。为节省都城内有限的空间，适应战国时期都城人口激增的趋势，韩都新郑的墓葬区大都置于城外。

此外，韩都新郑在秦灭韩后就废弃了，这在作坊遗址中可以找到一些线索。在能人路制陶作坊有战国晚期末段与西汉早期陶窑打破城墙的现象[6]，大吴楼铸铜遗址的使用约止于秦亡韩之际[7]。《史记·秦始皇本纪》载，秦王政三十二年（前215年），"刻碣门石，其辞曰……堕坏城郭，决通川防，夷去险阻"。《正义》云："言始皇毁拆关东诸侯旧城郭也。"但据统计，在黄河中下游地区的秦汉城邑中，86%的郡国城、48%的县邑城均为继承前代，反映出秦汉时期城邑普遍因循前代[8]。可见秦"堕坏城郭"是区别对待的，其对象并非所有

① 蔡全法：《郑韩故城与郑文化考古的主要收获》，《群雄逐鹿·两周中原列国文物瑰宝》，郑州：大象出版社，2003年，第206页。

② 河南省文物考古研究所：《新郑郑国祭祀遗址》，郑州：大象出版社，2006年，第917页。

③ 王阿敏、李丽静：《河南发现春秋郑国车马坑群》，《瞭望新闻周刊》2002年第39期，第48~49页。

④ 赵化成：《从商周"集中公墓制"到秦汉"独立陵园制"的演化轨迹》，《文物》2006年第7期，第41~48页。

⑤ 黄展岳：《说坟》，《文物》1981年第2期，第89~92页；王仲殊：《中国古代墓葬概说》，《考古》1981年第5期，第449~458页；王世民：《中国春秋战国时代的冢墓》，《考古》1981年第5期，第459~466页；韩国河：《论中国古代坟丘墓的产生与发展》，《文博》1998年第2期，第32~41页。

⑥ 河南省文物考古研究所新郑工作站：《郑韩故城发现战国时期大型制陶作坊遗址》，《中原文物》2003年第1期，第4~8页。

⑦ 郑韩：《新郑县大吴楼东周铸铜遗址》，《中国考古学年鉴（1993年）》，北京：文物出版社，1995年，第185~186页。

⑧ 徐龙国：《秦汉城邑考古学研究》，北京：中国社会科学出版社，2013年，第117页。

的城池，而是那些规模巨大的六国都城。主要是因为这类大城政治影响力较强，为防止六国残余势力据守都城叛变，始皇对此类城池进行了毁坏，并借此提升咸阳城的地位。郑韩故城时以城垣高大而著名，是毁城的首要对象之一。而且韩亡后不久，新郑出现了反秦事件，《史记·秦始皇本纪》载，秦王政二十一年（前226年），"新郑反"。同年，韩王安死于楚国郢都 [①]。韩王是否直接参与或策划了这次叛乱不得而知，但其在韩国旧贵族中有深刻的影响，很可能秦为平息叛乱处死了韩王安 [②]，这也说明韩国遗族不甘心国家的灭亡，时刻企图复国 [③]。新郑之反和韩王客死他乡，是韩亡后的一次余波 [④]，这也促使秦加快毁城节奏，大肆对韩都新郑进行破坏。

综上所述，韩代郑后，把都城改造成东、西两城制，墓葬区大都置于城外，这既是王朝更替后加强防御的需要，也顺应了东周时期都城规划演变的趋势，同时也继承了晋系都城的特点。而新建宫城和宗庙则是王朝更替的产物，如田氏代齐后仍居临淄城，但夷平了位于大城东北部的姜齐宫殿区，在西南另筑小城。秦灭韩后，韩都新郑即遭到严重毁坏。

第二节　郑州地区东周墓葬的演变与王朝更替

墓葬具有时效性，当王朝发生更迭时，墓葬内容就会产生变化。同时，墓葬存在滞后性，其所反映的文化传统发生的变化与王朝更迭并不同步，即文化传统的变化需要一个循序渐进的过程，它不会随着政权的变革而立刻发生变化 [⑤]。现主要从器用制度和墓葬特征两方面考察郑州地区东周墓葬演变与王朝更替的关系。

一、器　用　制　度

在郑州地区东周墓葬器用制度中，以陶器和小件器物的变化最为显著。陶器经历了三次明显变化：第一次发生在第二期后段，器类陡然增多，新出现了鼎、盖豆、敦、罍、舟、盘、匜等仿铜陶礼器；第二次发生在第五期前段，敦、罍、舟三类陶器基本消失，鼎、盖豆、匜的型式明显增多，鬲的地位显著下降；第三次发生在第六期后段，器类明显减少，前期流行的、以鼎为核心的仿铜陶礼器组合基本不见，罐与壶的地位突出。从陶器的文化因素来看，本地文化因素在第一期和第二期前段占有优势，此后逐渐衰退，延续至第六期。郑文化因素在第二期后段集中出现，此后一直持续到第四期后段，于第五期基本消失。韩文化因素在第四期后段开始出现，第五期占主导地位，第六期趋于衰落。秦文化因素集中

---

① 高敏：《"秦、楚二国各有一个昌平君"说》，《史学月刊》2008年第2期，第127~128页。

② 上海市重型机械制造公司工人历史研究小组：《从云梦秦简〈大事记〉看秦统一六国和反复辟斗争》，《文物》1976年第7期，第12~18页。

③ 黄盛璋：《云梦秦简〈编年记〉初步研究》，《考古学报》1977年第1期，第1~22页。

④ 马雍：《读云梦秦简〈编年记〉书后》，《云梦秦简研究》，北京：中华书局，1981年，第34页。

⑤ 韩国河、柴怡：《有关墓葬考古学研究的思考——以两汉墓葬为例》，《西部考古》第1辑，西安：三秦出版社，2006年，第338页。

在第六期，并呈持续上升的趋势。

小件器物变化明显的有玉玦、玉圭、带钩和铜璜四类。玉玦和玉圭的变化趋势相同，数量在第四期达到峰值，第五期急剧减少。带钩和铜璜则是第四期及以前数量较少或不见，第五期数量剧增。

二、墓 葬 特 征

墓葬形制最显著的变化为空心砖墓和洞室墓的出现。空心砖墓出现于战国中期后段，流行于战国晚期。生态环境变化、烧造技术成熟以及自身优势等多种因素的综合，促成了空心砖墓的出现和流行。洞室墓仅见于战国晚期后段，可视为强秦东进带来的新墓葬形制。

墓葬结构中以壁龛变化较为明显。壁龛墓自第一至第四期有少量发现；第五期数量急剧增多，还出现了设置多个壁龛的墓葬，属于盛行时期；第六期数量有所减少，但仍较为流行。

墓葬等级结构变化集中在第三和第四阶段。第三阶段包括第三期和第四期，明显变化是第四等级墓葬的占比大幅提高，反映出中下阶层人群流动频繁，以第四等级为代表的新兴阶层迅速扩大，成为主要的社会力量。第四阶段包括第五期和第六期，墓葬等级序列呈现出两极分化的特点，社会结构上下悬隔明显。

总的来看，郑国东迁后，生活在郑州地区的前代遗民仍然在一定程度上顽固地保持并维系着原有的丧葬习俗。在春秋早期和春秋中期前段，虽然郑人在政治上占据优势，但在文化和心理上处于弱势，出土陶器文化因素以商文化和周文化为主，腰坑葬俗依然存在，而且在第二等级墓葬中也发现有腰坑，典型的郑文化因素尚未形成。从春秋中期后段开始，墓葬中开始出现典型郑文化因素，即以甲类鼎、敦、罍、舟、A型匜、A型盘、B型鬲为代表的陶器。在郑人统治一段时间后，郑文化得到社会普通阶层的接受和认同，郑文化因素的陶器迅速流行。本地遗民坚守的本地文化因素随之退居次要地位，腰坑和毁物葬俗退化严重，趋于消失。战国早期后段，郑韩争战期间，三晋文化因素出现，郑文化因素虽有所减弱但仍居于主导地位。在郑文化居于统治地位的春秋晚期和战国早期，墓葬等级结构明显松动，新兴的士阶层迅速扩大并成为主要社会力量。战国中期，韩代郑后，郑文化因素迅速衰退，而韩东迁带来的三晋文化因素迅速兴起。同时，以玉玦、玉圭、带钩和铜璜等为主的小件器物消长变化明显，墓葬中流行壁龛。战国中期后段，韩人始创的空心砖墓出现并迅速流行。战国晚期后段，随着秦国的不断扩张，秦文化因素出现在了郑州地区并不断增强，而以三晋文化因素为主体的韩文化急剧退化，并衍生出新的器类。墓葬等级结构呈现出两极分化的开放态势，但仅限于中下层人群之间的流动，体现出血缘政治向地缘政治的转变。

在郑州地区东周时期的王朝更替过程中，墓葬变化具有时效性和滞后性双重特点。代表郑韩文化的典型陶器以及某些小件器物变化较为及时且显著，体现出同步性，而那些属本地文化因素的陶器及传统葬俗则变化较慢，滞后性明显。空心砖墓显然是韩代郑后在墓葬形制上的一次大变革，但其出现于战国中期后段，相对于王朝更替明显滞后。

第三节　关于考古学文化变迁与王朝更替的思考

自 1959 年二里头遗址发现伊始，夏商王朝分界就成为学界研究的焦点，针对其究竟属"夏"还是姓"商"的争论此起彼伏，形成了多种观点和假说，至今仍无定论①。本质上看，这是关于考古学文化与夏商王朝更替对应关系的争论。张忠培就曾对"三代考古学文化的演变与王朝更替同步"提出质疑②。根据前文对郑韩文化的变迁与王朝更替关系的分析可以看出，在王朝更替的过程中，考古学文化虽也发生了变化，但变化节奏存在滞后性和差异性。

一、考古学文化变迁的滞后性

多数学者认为，相对于王朝更替的朝夕瞬变，考古学文化变迁具有一定程度的滞后性，不会随政权更迭立刻发生变化③。考古学文化的延滞现象普遍存在于王朝更替之际，如"小邦周"取代了"大邑商"后，洹河流域的多数遗址都是西周中、晚期的，极少发现西周早期的遗存，虽然绝对年代已进入西周，但考古学文化表现的内容仍为殷商文化遗留。这也可理解为考古学文化发展的"边缘化效应"，包括两方面内容：一是时间上的滞后性，二是文化地位的边缘化，两者相伴而生④。在王朝更替的过程中，旧的文化逐渐被"边缘化"，逐步沦落为"文化的边陲"。

通过对郑州地区东周墓葬的观察可以看出，郑代郐、虢东迁后，以商文化和周文化为主体的本地文化因素在春秋早期和中期前段居主导地位，春秋中期后段典型郑文化因素出现后，迅速取得了本地文化的主体地位。虽自春秋中期后段开始，本地文化因素明显已沦为"文化的边陲"，但仍一直顽强地存在。这主要表现为两个方面：一是在随葬器物方面，以鬲、罐为核心的日用陶器组合贯穿整个东周时期；二是在葬俗方面，以腰坑和毁物葬为代表的旧俗直到战国晚期才消失殆尽。本地文化因素贯穿始终，也反映了部分保守的土著人群对文化和政治认同感的固守。因此，虽然王朝更迭带来的是疾风骤雨式的考古学文化互动，后代强势文化替代前朝弱势文化的统治地位可在短时间内实现，但弱势文化对强势

---

① 关于二里头遗址的主要观点和争论过程，详见许宏：《关于二里头为早商都邑的假说》，《南方文物》2015 年第 3 期，第 1～7、22 页。

② 张忠培：《关于中国考古学过去、现在与未来的思考》，《传统文化与现代化》1999 年第 1 期，第 3～14 页。

③ 王学荣：《夏商王朝更替与考古学文化变革关系分析——以二里头和偃师商城遗址为例》，《古代文明研究》第 1 辑，北京：文物出版社，2005 年，第 131～146 页；王学荣：《制度革新与文化融合——王朝更替与考古学文化变革关系的个案分析，以二里头和偃师商城遗址为例》，《二里头遗址与二里头文化研究》，北京：科学出版社，2006 年，第 478～492 页；王立新：《也谈文化形成的滞后性——以早商文化和二里头文化的形成为例》，《考古》2009 年第 12 期，第 47～55 页。

④ 唐际根、荆志淳：《考古学文化发展的延滞现象和"边缘化效应"》，《三代考古（一）》，北京：科学出版社，2004 年，第 12～15 页。

文化的同化始终存在着抵制和抗争①。

在郑韩政权更替过程中，虽然郑国的宫、庙等遗存毁于战争的朝夕之间，但迁都于此的韩国，新建宫殿和礼制建筑仍需要一段时间。韩代郑后，墓葬中最显著变革是空心砖墓的出现，其出现的时间为战国中期后段，明显晚于王朝更替的发生。因此，都城和墓葬的演变均不同程度地滞后于王朝更替。

一种文化形成后便具有较强的排他性，也具备了较强的生命延续力，即使受到了外族的征服和外来文化的冲击，仍顽强地力图保存自己的文化特色，遵循自己固有的发展规律而延续下来②。墓葬中的郑文化即是如此，在韩的吞并和三晋文化的强烈影响下，郑文化中的典型仿铜陶礼器遭到较强冲击，在战国中期前段迅速衰落，但郑文化因素中的 B 型鬲则在战国中期继续流行，并于战国晚期演变为大陶釜，继续流行于墓葬之中。

综上所述，任何一个民族或国家的文化都是经过长期历史发展而逐渐形成的，是维系团结和认同感的纽带，有强烈的顽固性和保守性。虽然在政治上可通过战争或政变等手段实现王朝更替，但作为新领地上的前朝土著居民，其文化习俗、宗教信仰和生活方式不会随着政权更替立刻发生根本性变化。前朝遗民文化虽受到后来者文化的强制影响，但同化过程是渐进的、潜移默化的③。因此，在诸如王朝更替等重大政治变革而导致的一系列变化中，一种新的或外来的物质文化的形成，在时间上常会滞后于重大政治事件。

二、考古学文化变迁的差异性

当然，在探讨考古学文化变迁与王朝更替的关系时，不能一概而论，需要具体问题具体分析④。换言之，在王朝更替过程中，考古学文化变迁存在明显的差异性，主要包括以下三个方面。

第一，不同历史时期的王朝更替对文化变迁的影响存在差异。如在秦汉中央集权帝国时期，通过政令强力推行统一的制度，可在较短时间内实现文化剧变。而在夏商王国阶段，相对于王朝更迭，考古学文化的滞后性较为明显。

第二，不同的王朝更替方式所带来的考古学文化变迁存在差异。激烈的政治冲突常会引发文化的激变，即通过大规模战争行为实现的王朝更替，常会带来考古学文化的突变⑤。而内部政变引起的王朝更替会使文化呈现渐变式的变迁，如田氏代齐后，齐文化表现出平稳过渡的趋势⑥。

第三，不同种类的文化遗存在王朝更替中变化的节奏存在差异，甚至同类遗存内部也有差异。王朝更迭常导致前朝都城废弃，王宫乃至王陵被毁。新王朝则大兴土木，新建都

① 李伯谦：《关于考古学文化互动关系研究》，《南方文物》2008 年第 1 期，第 14～20 页。

② 张辛：《中原地区东周陶器墓葬研究》，北京：科学出版社，2002 年，第 127 页。

③ 杨宝成：《试论遗民文化》，《武汉大学学报（人文科学版）》2004 年第 6 期，第 691～695 页。

④ 王巍：《考古学文化及其相关问题探讨》，《考古》2014 年第 12 期，第 64～76 页。

⑤ 李伯谦：《关于早期夏文化——从夏商周王朝更迭与考古学文化变迁的关系谈起》，《中原文物》2000 年第 1期，第 11～14 页。

⑥ 张光明：《齐文化的考古发现与研究》，济南：齐鲁书社，2004 年，第 123 页。

城和宫殿。都城和宫殿的兴废可以视作王朝更替的标志，也是王朝更替的产物。而器用制度方面也一定会发生变化，但这些变化是否立刻在考古学文化面貌上有所反映，具体情况则各不相同。但可以肯定的是，相对都城变化而言，器用制度的变化节奏明显较慢。

郑韩文化的演变过程可作为上述差异性的例证。韩代郑后迁都新郑，随即对郑国进行了政治性报复，毁郑宫殿、残郑社稷、破郑公墓，通过建窑烧造和埋葬未成年或非正常死亡人员的方式来实现其政治目的。韩择新地修宫庙建筑，并新筑了隔墙和南墙，但基本上沿用了郑的手工业遗址。相对于都城兴废速度而言，墓葬中器用制度的变化稍滞后，且因器而异。王朝更替影响最为明显的是以仿铜陶礼器为主的文化因素，第二期后段新出现的郑文化因素，随着韩灭郑而快速消失，代之以三晋文化因素的鼎、盖豆、壶、盘、匜组合。但作为郑文化因素典型的 B 型鬲，一直流行至第六期前段。韩灭郑历经约五十年的争战，加速了阶级流动，从而引起了墓葬等级结构的松动和器用礼制秩序的破坏。

需要特别注意的是，引起考古学文化变迁的因素很多，而某些与王朝更替同步的考古学文化变迁，其变化的原因可能与王朝更替无关。换言之，即使没有王朝更替类的重大政治事件，在人口流动、技术进步等因素的推动下，一些文化的演进同样也会进行，只是恰好与王朝更替同步罢了。如郑州地区东周墓葬第五期中玉玦衰退、带钩兴盛，这些变化在其他地区同样存在。因此，不能把与王朝更替过程同步的文化变迁，统统归结为王朝更替的结果和影响，需要细致地进行区别对待。

结　语

　　本研究选择考古资料较为丰富的郑州地区郑韩两国都城和墓葬作为考察中心，并结合文献材料考察郑韩文化的面貌、特征和演进过程，进而探讨文化变迁与王朝更替的关系。

　　根据文献记载和考古资料，郑国下辖的城邑约有99处，庄公时期的疆域范围较大，包括黄河故道以南的今河南中心区域。其后疆域变迁频繁，尤自"（郑）幽公元年，韩武子伐郑"后，变迁较甚。韩国下辖的城邑共有81处，集中分布在今河南境内及山西南部地区，极少数延至今陕西、河北境内，另有少量地望不详或存有争议者。韩国疆域可划分为五大区域，由北至南依次为上党地区、野王至荥阳地区、阳翟与新郑地区、以宜阳为中心的三川地区和上蔡地区。公元前375年韩灭郑迁都新郑后，为防止秦、楚两国的进犯，在西北设上党郡，西部设三川郡，南部设上蔡郡。由于同秦国争战不断，韩国西部和西北疆域变化频繁。

　　郑韩文化的面貌、特征和演变过程在郑州地区都城和墓葬两方面表现得尤为明显。都城方面，郑韩两国均经过数次迁徙，最后皆以新郑为都。而新郑之所以受到两国青睐并被选址作为都城，与其优越的自然和人文环境密不可分。郑都新郑因地制宜，建于双泊河与黄水河交汇处，城垣依河而建，平面呈不规则长方形。郑都为单一的大城，宫殿区位于西北部，以"梳妆台"为主体建筑；宗庙和社稷遗址位于中部区域；手工业遗存和平民居住区位于城东部；公墓区位于西南部，中小型墓多位于城外近郊，在城内也有少量发现。郑都布局特征明显，如崇尚居中为尊的观念，防御体系严密，不同墓葬与都城的相对位置体现出明显的等级差异等。韩国曾先后以平阳、宜阳、阳翟和新郑为都。韩都新郑在郑旧都的基础上进行了大规模改造与新建，实行东、西两城分制。功能分区进一步明确：西城为小城，主要分布宫城、宗庙、官署以及贵族居住区，还有少量专为统治阶级服务的手工业遗存；东城为大城，集中分布冶铸、制骨、制陶等各类手工业遗存，还有仓廪和平民居住区。韩都布局特征包括西城中存在南北向的中轴线、防御功能最大化、墓葬区大多位于城外等。

　　郑州地区东周墓葬可分为六期，春秋、战国各三期，第二至第六期又可各分前、后两段，六期十段的划分基本反映出东周墓葬的阶段性变化。在墓葬特征方面，墓葬形制以竖穴土坑为主，空心砖墓出现于第五期后段，土洞墓出现于第六期后段；生土二层台设置不多，壁龛流行于第五和第六期，腰坑和毁物葬数量较少，但均贯穿始终；墓葬以北向为主，而测量基准大概以现在的地磁正方向顺时针偏转10°左右；葬具与墓葬面积和墓主等级关系密切；葬式始终以仰身直肢为主。在器用制度方面，以陶器的特征和变化最为明显。出土陶器文化因素可以分为本地文化因素、创新文化因素、三晋文化因素、北方文化因素和秦文化因素五类。根据不同时期文化因素的量化统计分析可知，第一期至第二期前段，以商、周文化因素为代表的本地文化由盛至衰。郑人创新的文化因素出现在第二期后段，迅速流行并成为郑文化的典型代表，包括以甲类鼎、敦、罍、舟、A 型匜、A 型盘等仿铜陶礼器和 B 型鬲为代表的日用陶器。除典型器类外，随葬器物组合中兼有仿铜陶礼器与日用陶器也属于创新文化因素。创新文化因素的统治地位一直延续到第四期后段，在此期间，北方文化因素出现于第三、四期之际，三晋文化因素在第四期后段出现，二者均居于从属地位。第五期，三晋文化因素快速占据统治地位，并吸纳乙 B 型罐为典型器。创新文化因素的典型器类则迅速衰退，其中仿铜陶礼器中的大部分型式快速消失，仅 B 型鬲继续存在。第六期，本地文化因素中的一些器类重新兴起，并衍生出新的器类，以乙 B 型罐为代表的文化因素占据主要地位，而三晋文化因素急剧退化。同时，秦文化因素逐渐传入，但影响较小。陶器以外的其他器用制度也有明显变化，如：青铜容器组合在第二期发生重大变化，鼎、敦、舟组成相对稳定的组合形式；兵器、车马器、贝的等级特征明显，兵器和车马器的男性标志明显；玉器以玉玦和玉圭数量较多，二者均在第四期达到峰值，第五期急速减少；带钩和铜璜则呈现出第五期猛增的趋势。

综合多种因素，可将郑州地区东周墓葬分为五个等级。墓葬等级演变能够反映郑州地区东周社会结构的发展过程，可分为四个阶段：第一阶段为第一期，社会结构等级森严；第二阶段为第二期，等级结构出现松动；第三阶段包括第三、四期，阶层之间流动频繁，以第四等级为代表的新兴阶层迅速壮大；第四阶段包括第五、六期，社会结构上下悬隔明显并呈现较为开放的态势。

郑文化墓葬的特征为集中公墓制，典型陶器具有创新文化因素，兼有仿铜陶礼器与日用陶器的组合形式，毁大陶鬲（釜）葬等。关于韩国早期墓葬本研究虽未作讨论，但根据多数学者将其归为赵文化来看，早期韩文化的墓葬仍保留着晋系的典型特征[①]。战国中期迁都新郑后，韩文化墓葬的特征为独立陵园制，以乙 B 型罐为典型陶器，新创空心砖墓，壁龛较为流行，带钩和铜璜较为常见等。

在郑韩文化中，墓葬的保守性较强，主要表现在陶器中的本地文化因素占有一定的地位，B 型鬲和乙 B 型罐均是本地文化因素的产物，而且腰坑和毁物葬贯穿始终。此外，虽然自第三期开始，墓葬等级结构在仿铜陶礼器的冲击下，器用制度约束力退化，社会结构打破以往井然有序的面貌，中下阶层人群流动频繁，开始逐渐冲破礼制的禁锢，阶级松动明显。但直到第六期，仿铜陶礼器的使用仍具有明显的等级差异，这与郑韩两国的政治改革不彻底有密切关系。

从郑韩文化的面貌和发展轨迹来看，郑文化的演变可分为三个阶段：第一阶段自春秋早期至春秋中期前段，属于郑文化的萌芽阶段；第二阶段为春秋中期后段至战国早期前段，为郑文化的兴起和鼎盛时期；第三阶段为战国早期后段至战国中期前段，属于郑文化衰落、消亡的阶段。韩文化则以公元前 375 年韩灭郑迁都为界，可分为早、晚两个时期。本研究讨论的主要是晚期韩文化，也可分为三个阶段：第一阶段为战国中期前段，是韩文化取代郑文化的阶段，文化面貌仍以晋文化为母体；第二阶段为战国中期后段至战国晚期前段，是韩文化创新并盛行的时期；第三阶段为战国晚期后段至秦代，是韩文化走向衰亡的阶段。

---

① 张辛：《中原地区东周陶器墓葬研究》，北京：科学出版社，2002 年，第 129～130 页。

　　韩文化代替郑文化经历了复杂而漫长的过程。都城的更替较为直接明显，代表国家政权类的遗存均废旧立新，但多数手工业遗存仍沿用前代。在墓葬方面，从战国早期后段开始，韩人东进带来的文化因素对郑文化产生了一定的冲击。战国中期前段，韩灭郑以后，郑文化的典型因素迅速消失，但其中的 B 型鬲仍延续至战国晚期前段，并衍生出属于韩文化的大陶釜。韩文化中典型的乙 B 型罐则是从郑文化直接继承发展而来的，而且影响到了楚墓和秦代墓葬。韩文化中对后世影响最大的莫过于空心砖墓，为以后各种类型砖墓的产生奠定了基础。

　　通过对郑韩文化演变的综合分析可以看出，在考古学文化发展演变过程中，政治上的"连续"可能成为一种负担和累赘，主要表现为保守和故步自封，而以王朝更替为代表的"断裂"可能成为文化创新的动力，同时也意味着毁灭和破坏[1]。在王朝更替过程中，考古学文化虽也发生了变化，但文化变迁存在滞后性和差异性。另外，需要注意的是，某些与王朝更替同步的考古学文化变迁，或与王朝更替无关，要具体问题具体分析。

　　总之，郑韩文化不仅是一种或几种陶器的组合，还应包括铜器、铁器、石器、玉器等其他遗物与居址、墓葬等遗迹，涵盖了时人的物质生活、精神生活和社会生活[2]。本研究以郑州地区郑韩两国都城和墓葬为考察中心，关于郑韩文化的结论均基于上述研究得出，在研究的广度上有局限性，难免存在一些不足。同时，本研究在某些方面也尚存欠缺，诸如早期郑韩文化的面貌和特征，郑州地区东周墓葬中的性别差异，生产技术在郑韩文化演变中的地位和作用等问题，均有待解决。

---

①　彭兆荣：《连续与断裂：我国传统文化遗续的两极现象》，《贵州社会科学》2015 年第 3 期，第 5～11 页。
②　王巍：《考古学文化及其相关问题探讨》，《考古》2014 年第 12 期，第 64～76 页。

参 考 文 献

一、古 籍

[1] （汉）司马迁撰，（宋）裴骃集解，（唐）司马贞索隐，（唐）张守节正义：《史记》（修订本），北京：中华书局，2014年。

[2] （汉）班固撰，（唐）颜师古注：《汉书》，北京：中华书局，1962年。

[3] （汉）高诱注：《吕氏春秋》，上海：上海书店出版社，1986年。

[4] （晋）陈寿撰，（宋）裴松之注：《三国志》，北京：中华书局，1959年。

[5] （宋）范晔撰，（唐）李贤等注：《后汉书》，北京：中华书局，1965年。

[6] （后魏）郦道元注，（清末）杨守敬、熊会贞疏，段熙仲点校，陈桥驿复校：《水经注疏》，南京：江苏古籍出版社，1989年。

[7] （唐）李泰等著，贺次君辑校：《括地志辑校》，北京：中华书局，1980年。

[8] （唐）李吉甫撰，贺次君点校：《元和郡县图志》，北京：中华书局，1983年。

[9] （宋）吴曾：《能改斋漫录》，北京：中华书局，1985年。

[10] （元）陈澔注：《礼记》，上海：上海古籍出版社，1987年。

[11] （清）王先慎：《韩非子集解》，北京：中华书局，1998年。

[12] （清）顾栋高辑，吴树平、李解民点校：《春秋大事表》，北京：中华书局，1993年。

[13] （清）阮元校刻：《十三经注疏（附校勘记）》，北京：中华书局，1980年。

[14] （清）顾祖禹撰，贺次君、施和金点校：《读史方舆纪要》，北京：中华书局，2005年。

[15] （清）王先谦撰，沈啸寰、王星贤点校：《荀子集解》，北京：中华书局，1988年。

[16] 杨伯峻：《春秋左传注》，北京：中华书局，1981年。

[17] 《韩非子》校注组：《韩非子校注》，南京：江苏人民出版社，1982年。

[18] 徐元诰撰，王树民、沈长云点校：《国语集解》，北京：中华书局，2002年。

[19] 杨天宇：《周礼译注》，上海：上海古籍出版社，2004年。

[20] 杨天宇：《仪礼译注》，上海：上海古籍出版社，2004年。

[21] 杨宽、吴浩坤主编：《战国会要》，上海：上海古籍出版社，2005年。

[22] 闻人军译注：《考工记译注》，上海：上海古籍出版社，2008年。

二、考古报告与简报（按资料发表时间顺序）

[1] 郭宝钧：《一九五〇年春殷墟发掘报告》，《中国考古学报》第五册，北京：中国科学院考古研究所，

1951 年。

[2]　唐兰：《郏县出土的铜器群》，《文物参考资料》1954 年第 5 期。

[3]　安金槐：《郑州二里岗空心砖墓介绍》，《文物参考资料》1954 年第 6 期。

[4]　陈公柔：《河南禹县白沙的战国墓葬》，《中国考古学报》第七册，北京：中国科学院考古研究所，
　　　1954 年。

[5]　郭宝钧、林寿晋：《一九五二年秋季洛阳东郊发掘报告》，《中国考古学报》第九册，北京：中国科学
　　　院考古研究所，1955 年。

[6]　河南省文物工作队第一队：《郑州岗杜附近古墓葬发掘简报》，《文物参考资料》1955 年第 10 期。

[7]　陈梦家：《寿县蔡侯墓铜器》，《考古学报》1956 年第 2 期。

[8]　河南省文化局文物工作队第一队：《郑州碧沙岗发掘简报》，《文物参考资料》1956 年第 3 期。

[9]　山西省文物管理委员会：《山西长治市分水岭古墓的清理》，《考古学报》1957 年第 1 期。

[10]　河南省文化局文物工作队：《郑州二里冈》，北京：科学出版社，1959 年。

[11]　湖南省博物馆：《长沙楚墓》，《考古学报》1959 年第 1 期。

[12]　北京大学、河北省文化局邯郸考古发掘队：《1957 年邯郸发掘简报》，《考古》1959 年第 10 期。

[13]　中国科学院考古研究所：《洛阳中州路（西工段）》，北京：科学出版社，1959 年。

[14]　郭宝钧：《山彪镇与琉璃阁》，北京：科学出版社，1959 年。

[15]　考古研究所洛阳发掘队：《洛阳西郊一号战国墓发掘记》，《考古》1959 年第 12 期。

[16]　张颔：《侯马东周遗址铸铜陶范花纹所见》，《文物》1961 年第 10 期。

[17]　中国科学院考古研究所编：《沣西发掘报告》，北京：文物出版社，1963 年。

[18]　梓溪：《战国刻绘燕乐画象铜器残片》，《文物》1963 年第 2 期。

[19]　陶正刚、叶学明：《古魏城和禹王古城调查简报》，《文物》1962 年第 4、5 期合刊。

[20]　河北省文化局文物工作队：《河北邯郸百家村战国墓》，《考古》1962 年第 12 期。

[21]　河南省文化局文物工作队：《河南巩县石家庄古墓葬发掘简报》，《考古》1963 年第 2 期。

[22]　刘东亚：《河南鄢陵县古城址的调查》，《考古》1963 年第 4 期。

[23]　中国科学院考古研究所、陕西省西安半坡博物馆：《西安半坡》，北京：文物出版社，1963 年。

[24]　中国科学院考古研究所山西工作队：《山西夏县禹王城调查》，《考古》1963 年第 9 期。

[25]　山西省文物管理委员会侯马工作站：《山西襄汾赵康附近古城址调查》，《考古》1963 年第 10 期。

[26]　中国科学院考古研究所洛阳发掘队：《河南偃师"滑城"考古调查简报》，《考古》1964 年第 1 期。

[27]　山西省文物管理委员会、山西省考古研究所：《山西长治分水岭战国墓第二次发掘》，《考古》1964
　　　年第 3 期。

[28]　河北省文化局文物工作队：《河北易县燕下都故城勘察和试掘》，《考古学报》1965 年第 1 期。

[29]　河北省文化局文物工作队：《河北怀来北辛堡战国墓》，《考古》1966 年第 5 期。

[30]　边成修：《山西长治分水岭 126 号墓发掘简报》，《文物》1972 年第 4 期。

[31]　郝本性：《新郑"郑韩故城"发现一批战国铜兵器》，《文物》1972 年第 10 期。

[32]　山西省文物工作委员会晋东南工作组、山西省长治市博物馆：《长治分水岭 269、270 号东周墓》，

《考古学报》1974 年第 2 期。

［33］　中国科学院考古研究所、北京市文物管理处、房山县文教局琉璃河考古工作队：《北京附近发现的西周奴隶殉葬墓》，《考古》1974 年第 5 期。

［34］　云梦秦墓竹简整理小组：《云梦秦简释文（一）》，《文物》1976 年第 6 期。

［35］　开封地区文管会、新郑县文管会、郑州大学历史系考古专业：《河南省新郑县唐户两周墓葬发掘简报》，《文物资料丛刊（2）》，北京：文物出版社，1978 年。

［36］　陕西省雍城考古队：《陕西凤翔春秋秦国凌阴遗址发掘简报》，《文物》1978 年第 3 期。

［37］　湖北省博物馆：《随县曾侯乙墓》，北京：文物出版社，1980 年。

［38］　河南省博物馆新郑工作站、新郑县文化馆：《河南新郑郑韩故城的钻探和试掘》，《文物资料丛刊（3）》，北京：文物出版社，1980 年。

［39］　邯郸市文物保管所：《河北邯郸市区古遗址调查简报》，《考古》1980 年第 2 期。

［40］　中华书局编辑部：《云梦秦简研究》，北京：中华书局，1981 年。

［41］　四川省博物馆、新都县文物管理所：《四川新都战国木椁墓》，《文物》1981 年第 6 期。

［42］　刘占成：《秦俑坑出土的铜钺》，《文物》1982 年第 3 期。

［43］　郑州市博物馆：《尉氏出土一批春秋时期青铜器》，《中原文物》1982 年第 4 期。

［44］　山东省文物考古研究所：《曲阜鲁国故城》，济南：齐鲁书社，1982 年。

［45］　长治市博物馆：《山西屯留武家沟出土战国铜器》，《考古》1983 年第 3 期。

［46］　河南省文物考古研究所新郑工作站：《河南新郑县李家村发现春秋墓》，《考古》1983 年第 8 期。

［47］　山西省考古研究所：《山西浑源县李峪村东周墓》，《考古》1983 年第 8 期。

［48］　周口地区文化局：《扶沟古城初步勘查》，《中原文物》1983 年第 2 期。

［49］　山西省考古研究所：《山西长子县东周墓》，《考古学报》1984 年第 4 期。

［50］　陕西省雍城考古队：《凤翔马家庄一号建筑群遗址发掘简报》，《文物》1985 年第 2 期。

［51］　海阳县博物馆：《山东海阳嘴子前村春秋墓出土铜器》，《文物》1985 年第 3 期。

［52］　长治市博物馆：《山西省长治市小山头春秋战国墓发掘简报》，《考古》1985 年第 4 期。

［53］　山西省考古研究所、山西省晋东南地区文化局：《山西省潞城县潞河战国墓》，《文物》1986 年第 6 期。

［54］　河南省文物研究所新郑工作站、新郑县文物保管所：《新郑县辛店许岗东周墓调查简报》，《中原文物》1987 年第 4 期。

［55］　河南省文物研究所新郑工作站：《新郑县蔡庄东周墓葬发掘简报》，《中原文物》1987 年第 4 期。

［56］　河南省文物研究所新郑工作站：《新郑县河李村东周墓葬发掘简报》，《中原文物》1987 年第 4 期。

［57］　山西省考古研究所侯马工作站：《晋国石圭作坊遗址发掘简报》，《文物》1987 年第 6 期。

［58］　中国社会科学院考古研究所：《殷墟发掘报告（1958～1961）》，北京：文物出版社，1987 年。

［59］　山西省考古研究所：《山西芮城东周墓》，《文物》1987 年第 12 期。

［60］　河南省文物研究所、禹县文管会：《禹县吴湾西周晚期墓葬清理简报》，《中原文物》1988 年第 3 期。

［61］　赵安杰：《战国宜阳故城调查简报》，《中原文物》1988 年第 3 期。

[62] 河南省文物研究所新郑工作站：《新郑县东城路古墓群发掘报告》，《中原文物》1988 年第 3 期。

[63] 陕西省考古研究所、始皇陵秦俑坑考古发掘队：《秦始皇陵兵马俑坑一号坑发掘报告（1974～1984）》，北京：文物出版社，1988 年。

[64] 信阳地区文管会、信阳市文管会：《河南信阳市平西五号春秋墓发掘简报》，《考古》1989 年第 1 期。

[65] 中国社会科学院考古研究所：《洛阳发掘报告（1955～1960 年洛阳涧滨考古发掘资料）》，北京：北京燕山出版社，1989 年。

[66] 周兴华：《宁夏中卫县狼窝子坑的青铜短剑墓群》，《考古》1989 年第 11 期。

[67] 中国社会科学院考古研究所、北京市文物研究所琉璃河考古队：《北京琉璃河 1193 号大墓发掘简报》，《考古》1990 年第 1 期。

[68] 河南省文物研究所：《郑韩故城制骨遗址的发掘》，《华夏考古》1990 年第 2 期。

[69] 河南省文物研究所登封工作站：《河南登封县肖家沟战国墓发掘简报》，《华夏考古》1990 年第 4 期。

[70] 四川省文物管理委员会：《四川犍为金井乡巴蜀土坑墓清理简报》，《文物》1990 年第 5 期。

[71] 长治市博物馆、晋东南文物工作站：《山西潞城县潞河东周、汉墓》，《考古》1990 年第 11 期。

[72] 青海省文物考古研究所：《民和阳山》，北京：文物出版社，1990 年。

[73] 河南省文物研究所、河南省丹江库区考古发掘队、淅川县博物馆：《淅川下寺春秋楚墓》，北京：文物出版社，1991 年。

[74] 河南省文物研究所：《郑韩故城内战国时期地下冷藏室遗迹发掘简报》，《华夏考古》1991 年第 2 期。

[75] 刘东亚：《阳翟故城的调查》，《中原文物》1991 年第 2 期。

[76] 河南省文物研究所：《河南新郑郑韩故城制陶作坊遗迹发掘简报》，《华夏考古》1991 年第 3 期。

[77] 河南省文物研究所、中国历史博物馆考古部编：《登封王城岗与阳城》，北京：文物出版社，1992 年。

[78] 张长寿：《墙柳与荒帷——1983～1986 年沣西发掘资料之五》，《文物》1992 年第 4 期。

[79] 陕西省考古研究所宝鸡工作站、宝鸡市考古工作队：《陕西岐山赵家台遗址试掘简报》，《考古与文物》1994 年第 2 期。

[80] 丘刚：《启（开）封故城遗址的初步勘探与试掘》，《中原文物》1994 年第 2 期。

[81] 赵清、王文华、刘松根：《河南新郑新禹公路战国墓发掘简报》，《考古》1994 年第 5 期。

[82] 山西省考古研究所：《上马墓地》，北京：文物出版社，1994 年。

[83] 中国社会科学院考古研究所：《陕县东周秦汉墓》，北京：科学出版社，1994 年。

[84] 山西省考古研究所：《1976 年闻喜上郭村周代墓葬清理记》，《三晋考古》第 1 辑，太原：山西人民出版社，1994 年。

[85] 中国社会科学院考古研究所：《殷墟的发现与研究》，北京：科学出版社，1994 年。

[86] 湖北省文物考古研究所：《江陵九店东周墓》，北京：科学出版社，1995 年。

[87] 郑州市文物工作队、新郑县文物保管所：《河南新郑大高庄东周墓》，《文物》1995 年第 3 期。

[88] 北京市文物研究所：《琉璃河西周燕国墓地（1973～1977）》，北京：文物出版社，1995 年。

[89] 山西省考古研究所侯马工作站编：《晋都新田》，太原：山西人民出版社，1996 年。

[90]　郑州市文物考古研究所：《郑州纺织机械厂战国墓葬发掘简报》，《中原文物》1997 年第 3 期。

[91]　郑州市文物考古研究所：《郑州市两处战国墓发掘报告》，《中原文物》1997 年第 3 期。

[92]　咸阳市文物考古研究所：《塔儿坡秦墓》，西安：三秦出版社，1998 年。

[93]　山西省考古所晋东南工作站：《长子县孟家庄战国、汉墓发掘简报》，《文物季刊》1999 年第 1 期。

[94]　杜平安：《新郑博物馆藏战国带铭青铜器》，《中原文物》1999 年第 3 期。

[95]　香港古物古迹办事处、中国社会科学院考古研究所：《香港马湾岛东湾仔北史前遗址发掘简报》，《考古》1999 年第 6 期。

[96]　河南省文物考古研究所、三门峡市文物工作队：《三门峡虢国墓（第一卷）》，北京：文物出版社，1999 年。

[97]　中国社会科学院考古研究所：《张家坡西周墓地》，北京：中国大百科全书出版社，1999 年。

[98]　洛阳市文物工作队：《洛阳北窑西周墓》，北京：文物出版社，1999 年。

[99]　洛阳市文物工作队：《洛阳东郊西周墓》，《文物》1999 年第 9 期。

[100]　韩维龙、张志清：《鹿邑太清宫长子口墓出土青铜器》，《中原文物》2000 年第 1 期。

[101]　郑州市文物考古研究所：《郑州纺织机械厂东周墓葬发掘简报》，《华夏考古》2000 年第 4 期。

[102]　河南省文物考古研究所、周口地区文化局：《河南鹿邑县太清宫西周墓的发掘》，《考古》2000 年第 9 期。

[103]　河南省文物考古研究所、三门峡市文物工作队：《三门峡虢国墓地 M2010 的清理》，《文物》2000 年第 12 期。

[104]　河南省文物考古研究所、三门峡市文物工作队：《三门峡虢国墓地 M2013 的发掘清理》，《文物》2000 年第 12 期。

[105]　邹衡主编，北京大学考古学系商周组、山西省考古研究所编著：《天马—曲村（1980～1989）》，北京：科学出版社，2000 年。

[106]　郑州市文物考古研究所：《郑州市加气混凝土厂东周墓发掘简报》，《华夏考古》2001 年第 4 期。

[107]　郑州市文物考古研究所：《郑州市洼刘村西周早期墓葬（ZGW99M1）发掘简报》，《文物》2001 年第 6 期。

[108]　河南省文物考古研究所：《郑州商城——1953～1985 年考古发掘报告》，北京：文物出版社，2001 年。

[109]　河南博物院、台北历史博物馆编：《新郑郑公大墓青铜器》，郑州：大象出版社，2001 年。

[110]　河南省文物考古研究所、新密市炎黄历史文化研究会：《河南新密市古城寨龙山文化城址发掘简报》，《华夏考古》2002 年第 2 期。

[111]　洛阳市第二文物工作队：《洛阳韩城战国墓发掘简报》，《文物》2002 年第 11 期。

[112]　河南省文物考古研究所新郑工作站：《郑韩故城发现战国时期大型制陶作坊遗址》，《中原文物》2003 年第 1 期。

[113]　洛阳市文物工作队：《洛阳东周王城战国陶窑遗址发掘报告》，《考古学报》2003 年第 4 期。

[114]　昌芳：《山东长清石都庄出土周代铜器》，《文物》2003 年第 4 期。

［115］ 洛阳市第二文物工作队、宜阳县文物保护管理所：《洛阳市宜阳县元村战国墓发掘简报》，《文物》2003 年第 9 期。

［116］ 太原市文物考古研究所编：《晋国赵卿墓》，北京：文物出版社，2004 年。

［117］ 山西省考古研究所：《侯马乔村墓地（1959～1996）》，北京：科学出版社，2004 年。

［118］ 周原博物馆：《1995 年扶风黄堆老堡子西周墓清理简报》，《文物》2005 年第 4 期。

［119］ 河南省文物考古研究所新郑工作站：《新郑市郑韩路 6 号春秋墓》，《文物》2005 年第 8 期。

［120］ 河北省文物研究所：《战国中山国灵寿城——1975～1993 年考古发掘报告》，文物出版社，2005 年。

［121］ 河南省文物考古研究所：《新郑郑国祭祀遗址》，郑州：大象出版社，2006 年。

［122］ 郑州市文物考古研究所：《河南巩义站街秦墓发掘简报》，《文物》2006 年第 4 期。

［123］ 郑州市文物考古研究所：《郑州市南阳路家世界购物广场战国墓葬发掘简报》，《华夏考古》2006 年第 2 期。

［124］ 郑州市文物考古研究所：《郑州市市政工程总公司战国墓葬发掘简报》，《中原文物》2006 年第 3 期。

［125］ 郑州市文物考古研究所、登封市文物局：《河南登封告成东周墓地三号墓》，《文物》2006 年第 4 期。

［126］ 崔利民、白红芳：《长治广电局战国墓》，《文物世界》2006 年第 5 期。

［127］ 河南省文物考古研究所编：《郑韩故城兴弘花园与热电厂墓地》，北京：文物出版社，2007 年。

［128］ 中国社会科学院考古研究所：《安阳殷墟花园庄东地商代墓葬》，北京：科学出版社，2007 年。

［129］ 湖北省文物考古研究所、湖北省文物局南水北调办公室：《湖北郧县大寺遗址 2006 年发掘简报》，《考古》2008 年第 4 期。

［130］ 郑州市文物考古研究院、河南省文物管理局南水北调办公室：《南水北调新郑铁岭墓地发掘简报》，《文物春秋》2008 年第 5 期。

［131］ 河南省文物考古研究所、三门峡市文物考古研究所：《河南三门峡虢国墓地 M2008 发掘简报》，《文物》2009 年第 2 期。

［132］ 郑州市文物考古研究院：《郑州信和置业普罗旺世住宅小区 M126 战国墓》，《中原文物》2009 年第 3 期。

［133］ 河南省文物考古研究所：《河南新郑胡庄韩王陵考古发现概述》，《华夏考古》2009 年第 3 期。

［134］ 内蒙古文物考古研究所：《内蒙古凉城县忻州窑子墓地发掘简报》，《考古》2009 年第 3 期。

［135］ 郑州市文物考古研究院、登封市文物管理局：《河南登封告成春秋墓发掘简报》，《文物》2009 年第 9 期。

［136］ 郑州市文物考古研究院：《河南荥阳娘娘寨城址西周墓葬发掘简报》，《文物》2009 年第 9 期。

［137］ 洛阳市文物工作队：《洛阳王城广场东周墓》，北京：文物出版社，2009 年。

［138］ 张松林、张家强、黄富成：《河南荥阳娘娘寨遗址发掘出两周重要城址》，《中国文物报》2009 年 2 月 18 日第 2 版。

[139]　郑州市文物考古研究院、河南省文物管理局南水北调办公室：《新郑铁岭墓地 M429 发掘简报》，《中原文物》2010 年第 1 期。

[140]　许昌市文物工作队：《河南许昌市仓库路战国和汉代墓葬发掘简报》，《华夏考古》2009 年第 4 期。

[141]　郑州市文物考古研究院、河南省文物管理局南水北调办公室：《新郑铁岭墓地 M550 发掘简报》，《中原文物》2010 年第 5 期。

[142]　刘彦锋、丁兰坡、张巧燕：《郑州市高新区布袋李春秋墓葬发掘简报》，《郑州文物考古与研究（二）》，北京：科学出版社，2010 年。

[143]　郑州市文物考古研究院、河南省文物管理局南水北调办公室：《河南新郑市铁岭墓地 M458 发掘简报》，《文物研究》第 17 辑，北京：科学出版社，2010 年。

[144]　山西省考古研究所、山西博物院、长治市博物馆：《长治分水岭东周墓地》，北京：文物出版社，2010 年。

[145]　郑州市文物考古研究院、河南省文物管理局南水北调文物保护办公室：《新郑市赵庄东周墓葬发掘简报》，《中原文物》2011 年第 3 期。

[146]　洛阳市文物工作队：《洛阳体育场路西东周墓发掘报告》，北京：文物出版社，2011 年。

[147]　河北省文物研究所：《邢台商周遗址》，北京：文物出版社，2011 年。

[148]　河南省文物考古研究所：《新郑西亚斯东周墓地》，郑州：大象出版社，2012 年。

[149]　郑州大学历史学院考古系、河南省文物局南水北调文物保护办公室：《河南荥阳市官庄遗址春秋墓葬发掘简报》，《华夏考古》2012 年第 1 期。

[150]　郑州市文物考古研究院、河南省文物管理局南水北调办公室：《新郑铁岭墓地 M709、M722 发掘简报》，《文物春秋》2012 年第 1 期。

[151]　郑州市文物考古研究院、河南省文物管理局南水北调办公室：《新郑铁岭墓地 M1404、M1405 发掘简报》，《中原文物》2012 年第 2 期。

[152]　郑州市文物考古研究院：《郑州四方汇泽清华·紫光园小区东周墓发掘简报》，《中原文物》2012 年第 2 期。

[153]　山西省考古研究所：《屯留余吾墓地》，太原：三晋出版社，2012 年。

[154]　山西省考古研究所：《侯马白店铸铜遗址》，北京：科学出版社，2012 年。

[155]　河南省文物局：《禹州新峰墓地》，北京：科学出版社，2013 年。

[156]　赵晓军、屈昆杰、周鼎凯：《伊川新城故城勘察记》，《洛阳考古》2013 年第 2 期，郑州：中州古籍出版社，2013 年。

[157]　郑州大学历史学院考古系：《河南荥阳市官庄遗址西区发掘简报》，《考古》2013 年第 3 期。

[158]　郑州市文物考古研究院、河南省文物管理局南水北调办公室：《新郑铁岭墓地 M1414 发掘简报》，《东方博物》第 49 辑，杭州：浙江大学出版社，2013 年。

[159]　郑州市文物考古研究院、荥阳市文物保护管理所：《河南荥阳凤凰台遗址战国墓葬发掘简报》，《洛阳考古》2013 年第 3 期，郑州：中州古籍出版社，2013 年。

[160]　郑州市文物考古研究院：《郑州市金水区廊桥水岸战国晚期秦墓发掘简报》，《中原文物》2013 年第

4 期。

[161] 宋婷:《新郑市合兴石业东周墓地发掘报告》,郑州大学硕士学位论文,2013 年。

[162] 郑州大学历史学院、郑州市文物考古研究院:《河南荥阳市官庄西周城址》,《中国文物报》2013 年 3 月 15 日第 5 版。

[163] 郑州市文物考古研究院、新郑市旅游文物局:《河南新郑市华阳城遗址东周遗存的调查与发掘》,《考古》2013 年第 9 期。

[164] 山东省文物考古研究所:《临淄齐故城》,北京:文物出版社,2013 年。

[165] 郑州市文物考古研究院、河南省文物管理局南水北调办公室:《新郑铁岭墓地 M308 发掘简报》,《中原文物》2014 年第 2 期。

[166] 郑州市文物考古研究院:《郑州高新区电厂路战国、东汉墓发掘简报》,《洛阳考古》2014 年第 3 期,郑州:中州古籍出版社,2014 年。

[167] 郑州市文物考古研究院:《郑州市中原区白庄东周墓发掘简报》,《洛阳考古》2014 年第 3 期,郑州:中州古籍出版社,2014 年。

[168] 于沛华:《新郑市华信新校区战国墓葬发掘简报》,郑州大学硕士学位论文,2014 年。

[169] 郑州大学历史学院考古系、河南省文物局南水北调文物保护办公室:《河南荥阳市官庄遗址西周遗存发掘简报》,《考古》2014 年第 8 期。

[170] 马俊才:《新郑郑韩故城出土春秋时期象牙车踵》,《文物》2014 年第 11 期。

[171] 郑州大学历史文化遗产保护研究中心:《登封南洼:2004～2006 年田野考古报告》,北京:科学出版社,2014 年。

[172] 何扬:《河南新郑一中新校区墓地东周墓葬发掘简报》,郑州大学硕士学位论文,2015 年。

[173] 郑州市文物考古研究院:《河南新郑市寺东高遗址周代遗存发掘简报》,《中原文物》2015 年第 5 期。

[174] 河南省文物管理局南水北调文物保护办公室、河南省文物考古研究院、漯河市文物考古研究所:《河南漯河固厢墓地战国墓发掘简报》,《文物》2015 年第 8 期。

[175] 河南省文物考古研究院:《新郑双楼东周墓地》,郑州:大象出版社,2016 年。

[176] 河南省文物考古研究院:《新郑华信学院新校区空心砖墓葬发掘简报》,《中原文物》2017 年第 6 期。

[177] 河南省文物考古研究院:《新郑天利两周墓地》,上海:上海古籍出版社,2018 年。

[178] 河南省文物考古研究院、新郑市旅游和文物局、城市考古与保护国家文物局重点科研基地:《河南新郑郑韩故城北城门遗址春秋战国时期遗存发掘简报》,《华夏考古》2019 年第 1 期。

[179] 河南省文物考古研究院:《新郑郜楼两周墓地》,上海:上海古籍出版社,2020 年。

[180] 河南省文物考古研究院:《2017 年新郑郑韩故城南城墙发掘简报》,《华夏考古》2021 年第 2 期。

[181] 河南省文物考古研究院:《荥阳小胡村商周墓地》,北京:中华书局,2021 年。

[182] 河南省文物考古研究院:《河南新郑黄帝故里景区东周墓葬发掘简报》,《华夏考古》2022 年第 5 期。

［183］ 河南省文物考古研究院、武汉大学历史学院考古系：《河南新郑市侯家台墓地三座东周墓》，《考古》2022 年第 10 期。

［184］ 河南省文物考古研究院、武汉大学历史学院考古系：《郑风韩韵——郑韩故城近出东周青铜器精粹》，上海：上海古籍出版社，2023 年。

三、论著（按作者姓名拼音排序）

［1］ 安金槐：《战国时期地下冷藏遗迹初探》，《华夏考古》1991 年第 2 期。

［2］ 安志敏：《关于考古学文化及其命名问题》，《考古》1999 年第 1 期。

［3］ 白云翔：《战国秦汉时期瓮棺葬研究》，《考古学报》2001 年第 3 期。

［4］ 白云翔：《先秦两汉铁器的考古学研究》，北京：科学出版社，2005 年。

［5］ 鲍颖建：《郑韩故城军事防御体系综合研究》，郑州：河南人民出版社，2020 年。

［6］ 鲍颖建、张英：《论郑韩故城周邻河泽的自然防御功能》，《华北水利水电学院学报（社科版）》2012 年第 4 期。

［7］ 蔡全法、马俊才：《战国时代韩国钱范及其铸币技术研究》，《中原文物》1996 年第 2 期。

［8］ 蔡全法：《新郑金城路铜器窖藏性质及其若干问题》，《河南文物考古论集（二）》，郑州：中州古籍出版社，2000 年。

［9］ 蔡全法：《郑韩故城与郑文化考古的主要收获》，《群雄逐鹿·两周中原列国文物瑰宝》，郑州：大象出版社，2003 年。

［10］ 蔡全法：《郑韩故城韩文化考古的主要收获》，《群雄逐鹿·两周中原列国文物瑰宝》，郑州：大象出版社，2003 年。

［11］ 蔡全法：《郑韩故城在我国古城中的地位》，《中国古都研究（十五）》，西安：三秦出版社，2004 年。

［12］ 蔡全法：《郑韩故城的发现与研究》，《华夏都城之源》，郑州：河南人民出版社，2012 年。

［13］ 蔡全法：《蔡全法考古文集》，北京：科学出版社，2012 年。

［14］ 蔡运章、杨海钦：《十一年皋落戈及其相关问题》，《考古》1991 年第 5 期。

［15］ 蔡运章：《甲骨金文与古史研究》，郑州：中州古籍出版社，1993 年。

［16］ 曹建墩：《先秦礼制探赜》，天津：天津人民出版社，2010 年。

［17］ 曹锡仁：《试论中国古代社会结构及其功能》，《云南社会科学》1987 年第 1 期。

［18］ 曹永歌：《中原地区战国晚期至西汉中期中小型墓葬研究》，郑州大学硕士学位论文，2014 年。

［19］ 常金仓：《周代礼俗研究》，哈尔滨：黑龙江人民出版社，2005 年。

［20］ 常征：《周都南郑与郑桓封国辨》，《中国历史博物馆馆刊》第 3 期，北京：文物出版社，1981 年。

［21］ 晁福林：《论郑国的政治发展及其历史特征》，《南都学坛（社会科学版）》1992 年第 3 期。

［22］ 晁福林：《先秦社会思想研究》，北京：商务印书馆，2007 年。

［23］ 陈博：《郑韩故城中行遗址马坑性质刍议》，《中国国家博物馆馆刊》2019 年第 4 期。

［24］ 陈春慧：《矰矢、恒矢、绕缴轴——兼与何驽先生商榷》，《文博》1998 年第 6 期。

[25] 陈淳:《考古学文化概念之演变》,《文物季刊》1994 年第 4 期。

[26] 陈淳、孔德贞:《性别考古与玉璜的社会学观察》,《考古与文物》2006 年第 4 期。

[27] 陈淳:《考古学的范例变更与概念重构》,《南方文物》2011 年第 2 期。

[28] 陈峰:《战国时期韩国交通问题初探》,《黑河学院学报》2014 年第 3 期。

[29] 陈公柔:《士丧礼、既夕礼中所记载的丧葬制度》,《考古学报》1956 年第 4 期。

[30] 陈洪、李宇、武丽娜,等:《再谈秦墓屈肢葬渊源及其相关问题》,《文博》2014 年第 1 期。

[31] 陈康:《官庄遗址两周时期遗存研究》,郑州大学硕士学位论文,2015 年。

[32] 陈来:《古代思想文化的世界:春秋时代的宗教、伦理与社会思想》,北京:生活·读书·新知三联书店,2009 年。

[33] 陈来:《古代宗教与伦理:儒家思想的根源》,北京:生活·读书·新知三联书店,2009 年。

[34] 陈隆文:《春秋战国货币地理研究》,北京:人民出版社,2006 年。

[35] 陈隆文:《郑州历史地理研究》,北京:中国社会科学出版社,2011 年。

[36] 陈梦家:《寿县蔡侯墓铜器》,《考古学报》1956 年第 2 期。

[37] 陈梦家:《西周铜器断代(六)》,《考古学报》1956 年第 4 期。

[38] 陈槃:《春秋大事表列国爵姓及存灭表撰异》,上海:上海古籍出版社,2009 年。

[39] 陈钦龙:《郑韩故城考古发现与初步研究》,郑州大学硕士学位论文,2007 年。

[40] 陈钦龙:《郑韩故城的军事防御功能探析》,《洛阳理工学院学报(社会科学版)》2009 年第 2 期。

[41] 陈铁梅:《定量考古学》,北京:北京大学出版社,2005 年。

[42] 陈铁梅、陈建立:《简明考古统计学》,北京:科学出版社,2013 年。

[43] 陈万卿、董恩林:《京、索二城考》,《历史文献研究》第 30 辑,上海:华东师范大学出版社,2011 年。

[44] 陈伟:《晋南阳考》,《历史地理》第 18 辑,上海:上海人民出版社,2002 年。

[45] 陈筱芳:《春秋宗庙祭祀以及庙与寝的区别》,《西南民族大学学报(人文社科版)》2006 年第 11 期。

[46] 成一农:《古代城市形态研究方法新探》,北京:社会科学文献出版社,2009 年。

[47] 成一农:《中国古代城市选址研究方法的反思》,《中国历史地理论丛》2012 年第 1 期。

[48] 程浩:《出土文献与郑国史新探》,上海:上海古籍出版社,2021 年。

[49] 程平山、周军:《商周管邑地望考略》,《中原文物》2000 年第 4 期。

[50] 程永建:《试论有銎铜戈》,《华夏考古》2001 年第 2 期。

[51] 丛文俊:《弋射考》,《青果集——吉林大学考古专业成立二十周年考古论文集》,北京:知识出版社,1993 年。

[52] 代丽鹃:《早期玉剑具研究》,《文物》2011 年第 4 期。

[53] 戴春阳:《秦墓屈肢葬管窥》,《考古》1992 年第 8 期。

[54] 丁福保:《古钱大辞典》,北京:中华书局,1982 年。

[55] 董睿:《汉代空心砖墓研究》,北京:科学出版社,2019 年。

[56] 董睿:《战国西汉时期中原墓葬建筑材质和内部空间转变及其社会原因》,《郑州大学学报(哲学社

会科学版）》2013 年第 1 期。

[57] 董睿：《汉代空心砖的制作工艺研究》，《华夏考古》2014 年第 2 期。

[58] 杜廼松：《记洛阳西宫出土的几件铜器》，《文物》1965 年第 11 期。

[59] 杜廼松：《谈江苏地区商周青铜器的风格与特征》，《考古》1987 年第 2 期。

[60] 段宏振：《赵都邯郸城研究》，北京：文物出版社，2009 年。

[61] 樊温泉：《郑韩故城近年来重要的考古发现与研究》，《华夏考古》2019 年第 4 期。

[62] 方诗铭、王修龄：《古本竹书纪年辑证》，上海：上海古籍出版社，1981 年。

[63] 房占红：《论郑国七穆世卿政治的内部秩序及其特点》，《厦门大学学报（哲学社会科学版）》2008 年第 6 期。

[64] 冯尔康：《中国社会结构的演变》，郑州：河南人民出版社，1994 年。

[65] 高崇文：《试论晋南地区东周铜器墓的分期与年代》，《文博》1992 年第 4 期。

[66] 高敏：《云梦秦简初探》，郑州：河南人民出版社，1979 年。

[67] 高敏：《"秦、楚二国各有一个昌平君"说》，《史学月刊》2008 年第 2 期。

[68] 高明：《中原地区东周时代青铜礼器研究》，《考古与文物》1981 年第 2～4 期。

[69] 高去寻：《战国墓内带钩用途的推测》，《历史语言研究所集刊》第二十三本下，1952 年。

[70] 邰向平：《洛阳地区西周墓葬研究》，吉林大学硕士学位论文，2003 年。

[71] 邰向平：《商墓中的毁器习俗与明器化现象》，《考古与文物》2010 年第 1 期。

[72] 邰向平：《商系墓葬研究》，北京：科学出版社，2011 年。

[73] 葛奇峰：《启（开）封城的性质及其存废原因》，《史学月刊》2008 年第 4 期。

[74] 葛奇峰：《战国魏大梁城平面布局新探》，《中原文物》2012 年第 4 期。

[75] 葛全胜等：《中国历朝气候变化》，北京：科学出版社，2010 年。

[76] 葛兆光：《中国思想史》，上海：复旦大学出版社，2001 年。

[77] 顾德融、朱顺龙：《春秋史》，上海：上海人民出版社，2019 年。

[78] 顾万发：《郑州祭城镇古城考古发现及相关问题初步研究》，《华夏考古》2015 年第 3 期。

[79] 郭宝钧：《商周青铜器群综合研究》，北京：文物出版社，1981 年。

[80] 郭建设：《焦作先秦古城考》，《河南文物考古论集（二）》，郑州：中州古籍出版社，2000 年。

[81] 郭沫若：《殷周青铜器铭文研究》，北京：科学出版社，1961 年。

[82] 郭妍利：《商代青铜兵器研究》，北京：社会科学文献出版社，2014 年。

[83] 郭志委：《先秦腰坑葬俗研究》，中国社会科学院博士学位论文，2010 年。

[84] 郭志委：《史前时期腰坑葬俗试析》，《考古》2014 年第 6 期。

[85] 韩炳华：《东周青铜器标准化现象研究——以晋与三晋铜器为例》，山西大学博士学位论文，2009 年。

[86] 韩国河、陈力：《论秦汉都城规划基本模式的形成》，《陈直先生纪念文集》，西安：西北大学出版社，1992 年。

[87] 韩国河：《论中国古代坟丘墓的产生与发展》，《文博》1998 年第 2 期。

［88］ 韩国河：《秦汉魏晋丧葬制度研究》，西安：陕西人民出版社，1999 年。

［89］ 韩国河：《简论坡形墓道》，《郑州大学学报（社会科学版）》2000 年第 5 期。

［90］ 韩国河：《秦代墓研究的几个问题》，《文博》2002 年第 3 期。

［91］ 韩国河：《都市文明与河流关系的思考》，《郑州商都 3600 年学术研讨会暨中国古都学会 2004 年年会论文选编》，郑州：中州古籍出版社，2005 年。

［92］ 韩国河、柴怡：《有关墓葬考古学研究的思考——以两汉墓葬为例》，《西部考古》第 1 辑，西安：三秦出版社，2006 年。

［93］ 韩国河、陈康：《郑国东迁考》，《郑州大学学报（哲学社会科学版）》2019 年第 2 期。

［94］ 韩建业：《墓葬的考古学研究——理论与方法论探讨》，《东南文化》1992 年第 3、4 期合刊。

［95］ 韩维龙、张志清：《长子口墓的时代特征及墓主》，《考古》2000 年第 9 期。

［96］ 韩伟：《马家庄秦宗庙建筑制度研究》，《文物》1985 年第 2 期。

［97］ 韩伟、焦南峰：《秦都雍城考古发掘研究综述》，《考古与文物》1988 年第 5、6 期合刊。

［98］ 韩益民：《"郑伯克段于鄢"地理考》，《北京师范大学学报（社会科学版）》2006 年第 4 期。

［99］ 何景成：《商周青铜器族氏铭文研究》，济南：齐鲁书社，2009 年。

［100］ 何琳仪：《古币丛考》，合肥：安徽大学出版社，2002 年。

［101］ 何弩：《缴线轴与矰矢》，《考古与文物》1996 年第 1 期。

［102］ 何崝：《商代卜辞中所见之碎物祭》，《中国文化》1995 年第 11 期。

［103］ 何兹全：《汉魏之际封建说》，《读史集》，上海：上海人民出版社，1982 年。

［104］ 贺业钜：《考工记营国制度研究》，北京：中国建筑工业出版社，1985 年。

［105］ 贺业钜：《中国古代城市规划史论丛》，北京：中国建筑工业出版社，1986 年。

［106］ 洪石：《战国秦汉漆器研究》，北京：文物出版社，2006 年。

［107］ 后晓荣：《秦代政区地理》，北京：社会科学文献出版社，2009 年。

［108］ 后晓荣：《战国政区地理》，北京：文物出版社，2013 年。

［109］ 胡继根：《浙江汉墓中"熟土二层台"现象分析》，《东南文化》1989 年第 2 期。

［110］ 胡健、王米佳：《周代丧葬礼器"翣"的再探讨——关于"山"字形薄铜片的考证》，《中原文化研究》2015 年第 5 期。

［111］ 胡进驻：《东周郑韩墓葬研究》，郑州大学硕士学位论文，2003 年。

［112］ 黄朝伟：《战国时期赵国墓葬研究》，吉林大学硕士学位论文，2009 年。

［113］ 黄凤春：《毁器与折兵——楚国丧葬礼俗的考古学观察与释疑》，《湖南省博物馆馆刊》第 8 辑，长沙：岳麓书社，2011 年。

［114］ 黄明兰：《洛阳汉画像砖》，郑州：河南美术出版社，1986 年。

［115］ 黄盛璋：《试论三晋兵器的国别和年代及其相关问题》，《考古学报》1974 年第 1 期。

［116］ 黄盛璋：《云梦秦简〈编年记〉初步研究》，《考古学报》1977 年第 1 期。

［117］ 黄盛璋：《新出五年桐丘戈及其相关古城问题》，《考古》1987 年第 12 期。

［118］ 黄盛璋：《三晋铜器的国别、年代与相关制度问题》，《古文字研究》第 17 辑，北京：中华书局，

1989 年。

[119] 黄盛璋：《中国青铜时代最早形成的地域和年代初论》，《传统文化与现代化》1994 年第 1 期。

[120] 黄卫东：《史前碎物葬》，《中原文物》2003 年第 2 期。

[121] 黄锡全：《先秦货币通论》，北京：紫禁城出版社，2001 年。

[122] 黄晓芬：《汉墓的考古学研究》，长沙：岳麓书社，2003 年。

[123] 黄展岳：《说坟》，《文物》1981 年第 2 期。

[124] 黄展岳：《殷商墓葬中人殉人牲再考察——附论殉牲祭牲》，《考古》1983 年第 10 期。

[125] 惠夕平：《试论河南荥阳官庄城址的性质》，《东方考古（第 21 集）》，北京：科学出版社，2023 年。

[126] 贾洪波：《中原地区东周时期青铜鼎形态学研究及相关问题》，南开大学硕士学位论文，1994 年。

[127] 贾金标、任亚珊、郭瑞海：《邢台地区西周陶器的初步研究》，《三代文明研究（一）》，北京：科学出版社，1999 年。

[128] 蒋五宝、高全福：《谈先秦铜质鱼饰的属性》，《陕西金融》1994 年第 6 期。

[129] 蒋英炬、杨爱国：《汉代画像石与画像砖》，北京：文物出版社，2001 年。

[130] 荆贵生：《"郑伯克段于鄢"的"鄢"》，《中国语文》1995 年第 2 期。

[131] 井上聪：《殷墓腰坑与狗巫术》，《华东师范大学学报》1992 年第 5 期。

[132] 井上聪：《先秦阴阳五行》，武汉：湖北教育出版社，1997 年。

[133] 井上聪：《再论腰坑葬俗的文化意义》，《纪念殷墟甲骨文发现一百周年国际学术研讨会论文集》，北京：社会科学文献出版社，2003 年。

[134] 井中伟：《西周墓中"毁兵"葬俗的考古学观察》，《考古与文物》2006 年第 4 期。

[135] 井中伟：《早期中国青铜戈·戟研究》，北京：科学出版社，2011 年。

[136] 柯萍萍：《晋南地区魏国墓葬研究》，吉林大学硕士学位论文，2014 年。

[137] 寇玉海、薛红：《西周时期的邨国故城在哪里》，《中原文物》2001 年第 2 期。

[138] 李伯谦：《中国青铜文化结构体系研究》，北京：科学出版社，1998 年。

[139] 李伯谦：《感悟考古》，上海：上海古籍出版社，2014 年。

[140] 李春玲、吕鹏：《社会分层理论》，北京：中国社会科学出版社，2008 年。

[141] 李峰：《西周金文中的郑地和郑国东迁》，《文物》2006 年第 9 期。

[142] 李峰著，徐峰译，汤惠生校：《西周的灭亡：中国早期国家的地理和政治危机》，上海：上海古籍出版社，2007 年。

[143] 李海明：《郑韩故城历史城市地理研究》，陕西师范大学硕士学位论文，2015 年。

[144] 李宏、孙英民：《从周初青铜器看殷商遗民的流迁》，《史学月刊》1999 年第 6 期。

[145] 李金玉：《郑国生态环境的变化及原因初探》，《河南社会科学》2006 年第 2 期。

[146] 李坤：《洛阳地区东周时期墓葬研究》，吉林大学硕士学位论文，2011 年。

[147] 李零：《中国方术正考》，北京：中华书局，2006 年。

[148] 李零：《中国方术续考》，北京：中华书局，2006 年。

[149]　李培林主编:《费孝通与中国社会学》,北京:社会科学文献出版社,2011 年。

[150]　李帅:《西安地区与洛阳地区西周时期腰坑墓对比研究》,西北大学硕士学位论文,2013 年。

[151]　李文杰:《河南新郑市郑韩故城战国晚期空心砖工艺研究》,《二十一世纪的中国考古学——庆祝佟柱臣先生八十五华诞学术文集》,北京:文物出版社,2006 年。

[152]　李夏廷、李建生:《也谈长治分水岭东周墓地》,《中国国家博物馆馆刊》2012 年第 3 期。

[153]　李晓杰:《战国时期韩国疆域变迁考》,《中国史研究》2001 年第 3 期。

[154]　李学勤:《论西周郑的地望》,《夏商周年代学札记》,沈阳:辽宁大学出版社,1999 年。

[155]　李学勤:《东周与秦代文明》,上海:上海人民出版社,2007 年。

[156]　李玉洁:《先秦丧葬制度研究》,郑州:中州古籍出版社,1991 年。

[157]　李玉洁:《郑国的都城与疆域》,《中州学刊》2005 年第 6 期。

[158]　李玉洁:《春秋时期郑国的成文法与"悬书"》,《中州学刊》2007 年第 1 期。

[159]　李曰训:《试论商周时期的铜戟》,《刘敦愿先生纪念文集》,济南:山东大学出版社,1998 年。

[160]　李政、朱乃诚:《迎接中国考古学的新时代——张忠培理事长采访录》,《中国文物报》2008 年 11 月 21 日第 5 版。

[161]　李自智:《东周列国都城的城郭形态》,《考古与文物》1997 年第 3 期。

[162]　梁景:《韩国都城迁徙考》,《大同高专学报》1998 年第 4 期。

[163]　梁晓景:《刘国史迹考略》,《中原文物》1985 年第 4 期。

[164]　梁晓景:《邻国史迹探索》,《中原文物》1987 年第 3 期。

[165]　梁云:《秦文化的发现、研究和反思》,《中国历史博物馆馆刊》2000 年第 2 期。

[166]　梁云:《周代用圭制度的流变》,《中国历史文物》2005 年第 3 期。

[167]　梁云:《战国时代的东西差别——考古学的视野》,北京:文物出版社,2008 年。

[168]　廖群:《考古释"鱼"——"文学考古"与〈诗经〉礼俗诗研究之一》,《第六届诗经国际学术研讨会论文集》,北京:学苑出版社,2005 年。

[169]　林寿晋:《东周式铜剑初论》,《考古学报》1962 年第 2 期。

[170]　林沄:《周代用鼎制度商榷》,《史学集刊》1990 年第 3 期。

[171]　凌大燮:《我国森林资源的变迁》,《中国农史》1983 年第 2 期。

[172]　刘彬徽:《楚系青铜器研究》,武汉:湖北教育出版社,1995 年。

[173]　刘秉正:《我国古代关于磁现象的发现》,《物理通报》1956 年第 8 期。

[174]　刘长:《战国时期鸟柱盘与筒形器研究》,《华夏考古》2014 年第 2 期。

[175]　刘丁辉:《商代殉狗习俗研究》,郑州大学硕士学位论文,2011 年。

[176]　刘宏岐:《周公庙遗址发现周代砖瓦及相关问题》,《考古与文物》2004 年第 6 期。

[177]　刘建安:《洛阳地区秦墓探析》,《华夏考古》2010 年第 1 期。

[178]　刘军社:《周砖刍议》,《考古与文物》1993 年第 6 期。

[179]　刘庆柱:《古代都城与帝陵考古学研究》,北京:科学出版社,2000 年。

[180]　刘庆柱:《中国古代都城考古学史论述》,《考古学集刊》第 16 集,北京:科学出版社,2006 年。

［181］ 刘庆柱：《关于中国古代都城考古研究中的几个问题》，《中国古都研究》第 23 辑，西安：三秦出版社，2008 年。

［182］ 刘绪：《晋与晋文化的年代问题》，《文物季刊》1993 年第 4 期。

［183］ 刘绪：《晋文化》，北京：文物出版社，2007 年。

［184］ 刘振东：《冥界的秩序——中国古代墓葬制度概论》，北京：文物出版社，2015 年。

［185］ 刘志玲：《论春秋时期郑国的外交政策》，《鄂州大学学报》2002 年第 2 期。

［186］ 刘中伟：《郑州地区空心砖墓的初步研究》，《华夏考古》2011 年第 2 期。

［187］ 卢连成：《周都减郑考》，《古文字论集（一）》，西安：考古与文物编辑部，1983 年。

［188］ 路伟东：《战国上党郡考》，《面向新世纪的中国历史地理学——2000 年国际中国历史地理学术讨论会论文集》，济南：齐鲁书社，2001 年。

［189］ 吕文郁：《周代的采邑制度》，北京：社会科学文献出版社，2006 年。

［190］ 吕亚虎：《周都"西郑"地望考》，《中国历史地理论丛》2007 年第 2 期。

［191］ 骆宾基：《郑之"七穆"考》，《文献》1984 年第 3 期。

［192］ 雒国栋、李泽生：《郑州黄河名胜史话》，郑州：中州古籍出版社，2009 年。

［193］ 马保春：《晋国历史地理研究》，北京：文物出版社，2007 年。

［194］ 马保春：《晋国地名考》，北京：学苑出版社，2010 年。

［195］ 马承源：《漫谈战国青铜器上的画像》，《文物》1961 年第 10 期。

［196］ 马俊才：《郑、韩两都平面布局初论》，《中国历史地理论丛》1999 年第 2 期。

［197］ 马俊才：《新郑"郑韩故城"新出土东周钱范》，《中国钱币论文集》第 4 辑，北京：中国金融出版社，2002 年。

［198］ 马俊才：《郑韩两都之考古学复原研究》，《华夏都城之源》，郑州：河南人民出版社，2012 年。

［199］ 马世之：《略论韩都新郑的地下建筑及冷藏井》，《考古与文物》1983 年第 1 期。

［200］ 马世之：《郘国史迹初探》，《史学月刊》1984 年第 5 期。

［201］ 马世之：《郑州市域夏商周诸侯国国都探索》，《古都郑州·下卷》，郑州：中州古籍出版社，2004 年。

［202］ 马世之：《娘娘寨城址性质问题试探》，《中原文物》2010 年第 5 期。

［203］ 马世之：《郑韩故城的城市布局》，《华夏都城之源》，郑州：河南人民出版社，2012 年。

［204］ 马雍：《读云梦秦简〈编年记〉书后》，《云梦秦简研究》，北京：中华书局，1981 年。

［205］ 满志敏：《中国历史地理学·中国历史时期气候变化研究》，济南：山东教育出版社，2009 年。

［206］ 孟宪武：《谈殷墟俯身葬》，《中原文物》1992 年第 3 期。

［207］ 缪文远：《战国制度通考》，成都：巴蜀书社，1998 年。

［208］ 牛济普：《郑州、荥阳两地新出战国陶文介绍》，《中原文物》1981 年第 1 期。

［209］ 牛济普：《新郑馆藏东周陶文试析》，《中原文物》1989 年第 2 期。

［210］ 瓯燕：《战国时期的墓葬》，《北方文物》1989 年第 3 期。

［211］ 庞小霞：《商周之邢综合研究》，北京：社会科学文献出版社，2014 年。

[212] 彭文：《从蜀墓腰坑的设置看巴蜀文化与关中文化的交流》，《考古与文物》1996 年第 6 期。

[213] 彭裕商：《西周铜簋年代研究》，《考古学报》2001 年第 1 期。

[214] 彭裕商：《周初的殷代遗民》，《四川大学学报（哲学社会科学版）》2002 年第 6 期。

[215] 彭裕商：《东周青铜盆、盏、敦研究》，《考古学报》2008 年第 2 期。

[216] 彭裕商：《春秋青铜器年代综合研究》，北京：中华书局，2011 年。

[217] 彭兆荣：《连续与断裂：我国传统文化遗续的两极现象》，《贵州社会科学》2015 年第 3 期。

[218] 钱林书：《战国时期的上党地区及上党郡》，《地名考释》1985 年第 2 期。

[219] 钱耀鹏：《中国史前城址与文明起源研究》，西安：西北大学出版社，2001 年。

[220] 钱益汇：《论考古学与历史研究》，《南开学报（哲学社会科学版）》2006 年第 4 期。

[221] 乔志敏、赵丙焕：《新郑馆藏东周陶文简释》，《中原文物》1988 年第 4 期。

[222] 秦文生：《荥阳故城新考》，《中原文物》1983 年特刊。

[223] 丘光明：《中国历代度量衡考》，北京：科学出版社，1992 年。

[224] 丘述尧：《新郑建国史发秘》，《华南师范大学学报（社会科学版）》1996 年第 2 期。

[225] 邱诗萤：《长江中游史前毁器葬》，《三峡大学学报（人文社会科学版）》2014 年第 5 期。

[226] 裘锡圭：《论簋的两个地点——棫林和胡》，《古文字论集（一）》，西安：考古与文物编辑部，
1983 年。

[227] 瞿同祖：《中国法律与中国社会》，北京：中华书局，1981 年。

[228] 曲英杰：《先秦都城复原研究》，哈尔滨：黑龙江人民出版社，1991 年。

[229] 曲英杰：《史记都城考》，北京：商务印书馆，2007 年。

[230] 曲英杰：《水经注城邑考》，北京：中国社会科学出版社，2013 年。

[231] 任伟：《从考古发现看西周燕国殷遗民之社会状况》，《中原文物》2001 年第 2 期。

[232] 任伟：《虢国考》，《史学月刊》2001 年第 2 期。

[233] 任伟：《西周封国考疑》，北京：社会科学文献出版社，2004 年。

[234] 上海市重型机械制造公司工人历史研究小组：《从云梦秦简〈大事记〉看秦统一六国和反复辟斗
争》，《文物》1976 年第 7 期。

[235] 尚咏：《河南东周城址价值、现状与保护的初步探讨》，郑州大学硕士学位论文，2007 年。

[236] 尚友萍：《关于王朝文化滞后于王朝建立理论的商榷》，《文物春秋》2011 年第 1 期。

[237] 尚志儒：《郑、棫林之故地及其源流探讨》，《古文字研究》第 13 辑，北京：中华书局，1986 年。

[238] 邵炳军：《郑武公灭桧年代补证》，《上海大学学报（社会科学版）》2005 年第 1 期。

[239] 申文：《战国时代魏国发展进程的考古学观察》，郑州大学硕士学位论文，2012 年。

[240] 沈长云：《西周二韩国地望考》，《中国史研究》1982 年第 2 期。

[241] 沈长云等：《赵国史稿》，北京：中华书局，2000 年。

[242] 沈小芳、樊温泉：《郑韩故城东周时期空心砖墓葬研究》，《中原文物》2017 年第 6 期。

[243] 沈文倬：《对"士丧礼、既夕礼中所记载的丧葬制度"几点意见》，《考古学报》1958 年第 2 期。

[244] 史念海：《历史时期黄河中游的森林》，《河山集（2）》，北京：生活·读书·新知三联出版社，

1981 年。

[245] 史念海：《郑韩故城溯源》，《中国历史地理论丛》1998 年第 4 期。

[246] 史念海：《中国古都和文化》，北京：中华书局，1998 年。

[247] 史树青：《关于"桥形币"》，《文物参考资料》1956 年第 7 期。

[248] 史树青：《我国古代的金错工艺》，《文物》1973 年第 6 期。

[249] 史雪飞：《雍氏城考辨》，《河南科技大学学报（社会科学版）》2018 年第 2 期。

[250] 史为：《长沙马王堆一号汉墓的棺椁制度》，《考古》1972 年第 6 期。

[251] 宋公文：《楚墓的头向与葬式》，《考古》1994 年第 9 期。

[252] 宋杰：《春秋时期的诸侯争郑》，《首都师范大学学报（社会科学版）》1996 年第 6 期。

[253] 宋玲平：《晋系墓葬制度研究》，北京：科学出版社，2007 年。

[254] 宋玲平：《晋系墓葬棺椁多重制度的考察》，《考古与文物》2008 年第 3 期。

[255] 宋兆麟：《战国弋射图及弋射溯源》，《文物》1981 年第 6 期。

[256] 宋治民：《战国秦汉考古》，成都：四川大学出版社，1993 年。

[257] 苏辉：《秦三晋纪年兵器研究》，上海：上海古籍出版社，2013 年。

[258] 苏军强：《三晋两周地区东周带钩研究》，吉林大学硕士学位论文，2012 年。

[259] 苏晔：《中华古币春秋》，北京：北京燕山出版社，2008 年。

[260] 苏勇：《周代郑国史研究》，吉林大学博士学位论文，2010 年。

[261] 孙华：《悬鱼与振容》，《中国典籍与文化》2000 年第 1 期。

[262] 孙华：《关于晋侯鞥组的几个问题》，《文物》1995 年第 9 期。

[263] 孙机：《玉具剑与璏式佩剑法》，《考古》1985 年第 1 期。

[264] 孙机：《我国古代的革带》，《文物与考古论集》，北京：文物出版社，1986 年。

[265] 孙机：《中国古舆服论丛》，北京：文物出版社，2001 年。

[266] 孙敬明、苏兆庆：《十年洱阳令戈考》，《文物》1990 年第 7 期。

[267] 孙立平：《中国社会结构的变迁及其分析模式的转换》，《南京社会科学》2009 年第 5 期。

[268] 孙庆伟：《两周"佩玉"考》，《文物》1996 年第 9 期。

[269] 孙庆伟：《西周玉圭及相关问题的初步研究》，《文物世界》2000 年第 2 期。

[270] 孙庆伟：《周代用玉制度研究》，上海：上海古籍出版社，2008 年。

[271] 孙燕：《铜钺若干问题探讨》，《江汉考古》2011 年第 2 期。

[272] 孙燕：《出土铜钺的类型与分期》，《中国国家博物馆馆刊》2011 年第 7 期。

[273] 孙智彬：《新都战国木椁墓文化因素剖析》，《江汉考古》1986 年第 1 期。

[274] 唐际根：《考古学证史倾向民族主义》，《读书》2002 年第 1 期。

[275] 唐际根、荆志淳：《考古学文化发展的延滞现象和"边缘化效应"》，《三代考古（一）》，北京：科学出版社，2004 年。

[276] 唐嘉弘：《西周燕国墓"折兵"之解—考古札记之一》，《中国文物报》1992 年 5 月 17 日第 3 版。

[277] 唐兰：《西周青铜器铭文分代史徵》，北京：中华书局，1986 年。

［278］ 唐晓峰：《从混沌到秩序：中国上古地理思想史述论》，北京：中华书局，2010 年。

［279］ 陶思炎：《中国鱼文化》，南京：东南大学出版社，2008 年。

［280］ 陶新伟：《新郑郑韩故城研究》，湘潭大学硕士学位论文，2008 年。

［281］ 滕铭予：《丰镐地区西周墓葬的若干问题》，《考古学文化论集（三）》，北京：文物出版社，1993 年。

［282］ 滕铭予：《论秦釜》，《考古》1995 年第 8 期。

［283］ 滕铭予：《秦文化：从封国到帝国的考古学观察》，北京：学苑出版社，2003 年。

［284］ 滕铭予、王春斌：《东周时期三晋地区的北方文化因素》，《边疆考古研究》第 10 辑，北京：科学出版社，2011 年。

［285］ 滕铭予、张亮：《中原地区东周铜器墓分类新论》，《考古》2013 年第 2 期。

［286］ 滕铭予：《东周时期刻纹铜器再检讨》，《考古》2020 年第 9 期。

［287］ 田伟：《试论两周时期的积石积炭墓》，《中国历史文物》2009 年第 2 期。

［288］ 田余庆：《说张楚——关于"亡秦必楚"问题的探讨》，《历史研究》1989 年第 2 期。

［289］ 童书业撰，童教英导读：《春秋史》，上海：上海古籍出版社，2003 年。

［290］ 王春斌：《战国及秦汉之际陶窑初步研究》，《考古与文物》2011 年第 5 期。

［291］ 王恩田：《沣西发掘与武王克商》，《考古学研究（五）——庆祝邹衡先生七十五寿辰暨从事考古研究五十年论文集》，北京：科学出版社，2003 年。

［292］ 王桂枝：《浅谈鱼国墓地出土的货币》，《中国钱币》1993 年第 2 期。

［293］ 王国维：《观堂集林》，北京：中华书局，1959 年。

［294］ 王海文：《春秋、战国时期的青铜工艺》（续），《故宫博物院院刊》1986 年第 4 期。

［295］ 王佳涵：《战国韩三都比较研究》，郑州大学硕士学位论文，2013 年。

［296］ 王晖：《商周文化比较研究》，北京：人民出版社，2000 年。

［297］ 王辉：《西周畿内地名小记》，《考古与文物》1985 年第 3 期。

［298］ 王健：《文化大传统与小传统新论——以两汉社会文化为例》，《宁夏社会科学》2007 年第 2 期。

［299］ 王江：《长治分水岭东周墓地的初步研究》，山西大学硕士学位论文，2013 年。

［300］ 王凯：《郑韩故城手工业遗存的考古学研究》，郑州大学硕士学位论文，2010 年。

［301］ 王立新：《也谈文化形成的滞后性——以早商文化和二里头文化的形成为例》，《考古》2009 年第 12 期。

［302］ 王琳：《从郑韩故城出土陶文看先秦乡遂制度》，《考古与文物》2003 年第 4 期。

［303］ 王龙正、倪爱武、张方涛：《周代丧葬礼器铜翣考》，《考古》2006 年第 9 期。

［304］ 王仁湘：《古代带钩用途考实》，《文物》1982 年第 10 期。

［305］ 王仁湘：《带钩概论》，《考古学报》1985 年第 3 期。

［306］ 王仁湘：《我国新石器时代的墓葬方向研究》，《中国原始文化论集》，北京：文物出版社，1989 年。

［307］ 王世民：《中国春秋战国时代的冢墓》，《考古》1981 年第 5 期。

［308］ 王巍：《考古学文化及其相关问题探讨》，《考古》2014 年第 12 期。

[309] 王文嘉:《新郑地区东周墓葬出土陶器研究》,武汉大学硕士学位论文,2006 年。

[310] 王晓勇:《从地理环境看春秋时期郑国之盛衰》,《河南教育学院学报(哲学社会科学版)》1997 年
第 4 期。

[311] 王学理:《长铍春秋》,《考古与文物》1985 年第 2 期。

[312] 王学荣:《夏商王朝更替与考古学文化变革关系分析——以二里头和偃师商城遗址为例》,《古代文
明研究》第 1 辑,北京:文物出版社,2005 年。

[313] 王学荣:《制度革新与文化融合——王朝更替与考古学文化变革关系的个案分析,以二里头和偃师
商城遗址为例》,《二里头遗址与二里头文化研究》,北京:科学出版社,2006 年。

[314] 王宇:《新郑郑国祭祀遗址相关问题研究》,吉林大学硕士学位论文,2011 年。

[315] 王毓铨:《中国古代货币的起源和发展》,北京:中国社会科学出版社,1990 年。

[316] 王振铎:《司南指南针与罗经盘(上)》,《中国考古学报》第三册,上海:商务印书馆,1948 年。

[317] 王震:《东周时期郑韩墓葬研究》,吉林大学硕士学位论文,2014 年。

[318] 王志友:《东周秦汉时期墓葬中的腰坑浅议》,《秦文化论丛》第 10 辑,西安:三秦出版社,
2003 年。

[319] 王志友:《商周时期的腰坑葬俗》,《华中科技大学学报(社会科学版)》2006 年第 6 期。

[320] 王仲殊:《中国古代墓葬概说》,《考古》1981 年第 5 期。

[321] 王重九:《古韩原地理位置考辨——兼论〈左传〉“秦始征河东”的问题所在》,《中国史研究》
1984 年第 4 期。

[322] 王震:《中央集权国家形成的考古学观察——以中原地区东周时期墓葬为中心》,吉林大学博士学
位论文,2017 年。

[323] 王震、滕铭予:《郑州地区东周时期郑韩陶器墓葬分期》,《考古与文物》2018 年第 4 期。

[324] 王子今:《秦人屈肢葬仿象“窑卧”说》,《考古》1987 年第 12 期。

[325] 卫斯:《我对韩都新郑“地下室”的看法——兼与马世之先生商榷》,《文物季刊》1989 年第 2 期。

[326] 文焕然、何业恒:《中国森林资源分布的历史概括》,《中国历史时期植物与动物变迁研究》,重
庆:重庆出版社,1995 年。

[327] 闻一多:《神话与诗》,武汉:武汉大学出版社,2009 年。

[328] 邬锡非:《制和“北制”》,《杭州大学学报》1988 年第 1 期。

[329] 巫鸿:《谈几件中山国器物的造型与装饰》,《文物》1979 年第 5 期。

[330] 吴敬:《略论我国古代墓葬的防护措施》,《四川文物》2015 年第 3 期。

[331] 吴良宝:《战国布币四考》,《古文字论集(二)》,西安:考古与文物编辑部,2001 年。

[332] 吴良宝:《战国文字所见三晋置县辑考》,《中国史研究》2002 年第 4 期。

[333] 吴良宝:《〈战国时期韩国疆域变迁考〉补正》,《中国史研究》2003 年第 3 期。

[334] 吴良宝:《中国东周时期金属货币研究》,北京:社会科学文献出版社,2005 年。

[335] 吴良宝:《战国时期上党郡新考》,《中国史研究》2008 年第 1 期。

[336] 吴良宝:《战国晚期韩国疆域变迁新考——以兵器刻铭为中心》,《中国历史地理论丛》2012 年第

1 期。

[337] 吴晓筠：《商周时期车马埋葬研究》，北京：科学出版社，2009 年。

[338] 夏鼐：《关于考古学上文化的定名问题》，《考古》1959 第 4 期。

[339] 项文：《战国空心砖研究》，郑州大学硕士学位论文，2013 年。

[340] 谢鸿喜、杨剑英：《战国上党郡县考》，《三晋文化学术研讨会论文专集》，太原：山西古籍出版社，
1999 年。

[341] 谢日万：《论两广战国汉代墓的腰坑习俗》，《广西民族研究》2001 年第 2 期。

[342] 谢肃：《商文化墓葬二层台上放置动物腿骨现象与"奠鼏"礼比较研究》，《华夏考古》2009 年第
2 期。

[343] 谢肃：《关于新郑中行遗址青铜器坑和马坑性质的讨论》，《中国国家博物馆馆刊》2013 年第 11 期。

[344] 谢肃：《对周代宗庙类祭祀遗存的考察》，《南方文物》2023 年第 3 期。

[345] 谢尧亭：《〈士丧礼〉、〈既夕礼〉的考古学举例》，《山西省考古学会论文集（四）》，太原：山西人
民出版社，2006 年。

[346] 谢尧亭：《晋南地区西周墓葬研究》，吉林大学博士学位论文，2010 年。

[347] 谢尧亭：《〈上马墓地〉葬式补正及其它》，《史志学刊》2015 年第 3 期。

[348] 信应君、张文霞：《郑州战国墓出土布币述略》，《中国历史文物》2006 年第 5 期。

[349] 刑金善：《中国传统剑文化考论》，《南方文物》2010 年第 3 期。

[350] 熊海堂：《东亚窑业技术发展与交流史研究》，南京：南京大学出版社，1995 年。

[351] 徐海亮：《历代中州森林变迁》，《中国农史》1988 年第 4 期。

[352] 徐良高：《夏商周三代城市聚落研究》，《三代考古（一）》，北京：科学出版社，2004 年。

[353] 徐良高：《关于古代陶器生产与流通的推想：考古学文化研究的一个值得琢磨的假说前提》，《三代
考古（四）》，北京：科学出版社，2011 年。

[354] 徐良高：《中国三代时期的文化大传统与小传统——以神人像类文物所反映的长江流域早期宗教信
仰传统为例》，《考古》2014 年第 9 期。

[355] 徐龙国：《秦汉城邑考古学研究》，北京：中国社会科学出版社，2013 年。

[356] 徐苹芳：《关于中国古代城市考古的几个问题》，《文化的馈赠——汉学研究国际会议论文集（考古
学卷）》，北京：北京大学出版社，2000 年。

[357] 徐天进：《周公庙遗址的考古所获及所思》，《文物》2006 年第 8 期。

[358] 徐团辉：《战国时期韩国三大都城比较研究》，《中原文物》2011 年第 1 期。

[359] 徐团辉：《韩国迁都宜阳、阳翟考辨》，《华夏考古》2015 年第 2 期。

[360] 徐卫民：《秦都城研究》，西安：陕西人民教育出版社，2000 年。

[361] 徐在国：《新出韩、魏陶文辑录》，《出土文献》第十一辑，上海：中西书局，2017 年。

[362] 徐中舒：《先秦史十讲》，北京：中华书局，2009 年。

[363] 许宏：《燕下都营建过程的考古学考察》，《考古》1999 年第 4 期。

[364] 许宏：《先秦城市考古学研究》，北京：北京燕山出版社，2000 年。

[365] 许宏：《"连续"中的"断裂"——关于中国文明与早期国家形成过程的思考》，《文物》2001 年第 2 期。

[366] 许宏：《关于二里头为早商都邑的假说》，《南方文物》2015 年第 3 期。

[367] 许进雄：《中国古代社会——文字与人类学的透视》，台北：台湾商务印书馆，1988 年。

[368] 许少华：《祝融八姓之妘姓、曹姓诸族历史地理分析》，《湖北大学学报（哲学社会科学版）》1996 年第 2 期。

[369] 严文明：《新石器时代考古研究的两个问题》，《文物》1985 年第 8 期。

[370] 杨爱国：《先秦两汉时期陵墓防盗设施略论》，《考古》1995 年第 5 期。

[371] 杨宝成：《试论遗民文化》，《武汉大学学报（人文科学版）》2004 年第 6 期。

[372] 杨朝明：《试论西周时期鲁国"殷民六族"的社会地位》，《烟台大学学报（哲学社会科学版）》1996 年第 3 期。

[373] 杨泓：《战国绘画初探》，《文物》1989 年第 10 期。

[374] 杨鸿勋：《从盘龙城商代宫殿遗址谈中国宫廷建筑发展的几个问题》，《文物》1976 年第 2 期。

[375] 杨华：《论中国西南地区腰坑墓葬俗文化的起源与发展——兼论中国腰坑墓葬俗文化的起源》，《重庆师范大学学报（哲学社会科学版）》2004 年第 5 期。

[376] 杨华：《论黄河流域先秦时期腰坑墓葬俗文化—兼说与长江流域同类墓葬俗的关系》，《华夏考古》2008 年第 1 期。

[377] 杨建华：《春秋战国时期中国北方文化带的形成》，北京：文物出版社，2004 年。

[378] 杨建军：《三晋东周铜器墓初论》，《中原文物》2005 年第 3 期。

[379] 杨宽：《战国史》，上海：上海人民出版社，2003 年。

[380] 杨宽：《中国古代都城制度史研究》，上海：上海人民出版社，2003 年。

[381] 杨宽：《中国古代陵寝制度史》，上海：上海人民出版社，2008 年。

[382] 杨师群：《东周秦汉社会转型研究》，上海：上海古籍出版社，2003 年。

[383] 杨文胜：《中原地区两周随葬青铜礼乐器制度研究》，郑州：大象出版社，2016 年。

[384] 叶启政：《社会理论的本土化建构》，北京：北京大学出版社，2006 年。

[385] 叶万松、李德方：《中国古代马面的产生与发展》，《考古与文物》2004 年第 1 期。

[386] 叶文宪：《再论铍的起源与演变——兼论吴越系双耳剑的演变》，《考古》2013 年第 3 期。

[387] 叶小燕：《我国古代青铜器上的装饰工艺》，《考古与文物》1983 年第 4 期。

[388] 叶小燕：《中原地区战国墓初探》，《考古》1985 年第 2 期。

[389] 印群：《黄河中下游地区的东周墓葬制度》，北京：社会科学文献出版社，2001 年。

[390] 印群：《由墓葬制度看殷遗民文化特色嬗变之不平衡性》，《中国历史文物》2004 年第 4 期。

[391] 俞伟超：《先秦两汉考古学论集》，北京：文物出版社，1985 年。

[392] 俞伟超：《中国古代都城规划的发展阶段性——为中国考古学会第五次年会而作》，《文物》1985 年第 2 期。

[393] 俞伟超：《考古学是什么》，北京：中国社会科学出版社，1996 年。

［394］ 俞伟超：《古史的考古学探索》，北京：文物出版社，2002年。

［395］ 虞万里：《〈郑风·缁衣〉诗旨与郑国史实、封地索隐》，《史林》2007年第1期。

［396］ 岳洪彬：《我国古代铜桥形饰及相关问题》，《考古求知集：'96考古研究所中青年学术讨论会文集》，北京：中国社会科学出版社，1997年。

［397］ 岳洪彬：《铜桥形饰的性质和用途再考》，《华夏考古》2002年第3期。

［398］ 曾庸：《若干战国布钱地名之辨释》，《考古》1980年第1期。

［399］ 翟胜利：《商代毁物葬俗试探》，《中国国家博物馆馆刊》2011年第3期。

［400］ 查瑞珍：《战国秦汉考古》，南京：南京大学出版社，1990年。

［401］ 张碧波：《关于毁尸葬、毁器葬、焚物葬的文化思考》，《中原文物》2005年第2期。

［402］ 张光明：《齐文化的考古发现与研究》，济南：齐鲁书社，2004年。

［403］ 张光直：《商周青铜器上的动物纹样》，《考古与文物》1981年第2期。

［404］ 张光直：《考古学：关于其若干基本概念和理论的再思考》，北京：生活·读书·新知三联书店，2013年。

［405］ 张光直：《考古学专题六讲》，北京：生活·读书·新知三联书店，2013年。

［406］ 张光直：《中国青铜时代》，北京：生活·读书·新知三联书店，2013年。

［407］ 张国硕：《夏商时代都城制度研究》，郑州：河南人民出版社，2001年

［408］ 张国硕编：《文明起源与夏商周文明研究》，北京：线装书局，2006年。

［409］ 张国硕：《中原先秦城市防御文化研究》，北京：社会科学文献出版社，2014年。

［410］ 张国硕、缪小荣：《先秦城址马面初探》，《中原文化研究》2015年第1期。

［411］ 张国硕、张婷、缪小荣：《中国早期城址城墙结构研究》，《考古学报》2021年第1期。

［412］ 张怀通：《武王伐纣史实补考》，《中国史研究》2010年第4期。

［413］ 张继海：《汉代城市社会》，北京：社会科学文献出版社，2006年。

［414］ 张剑：《洛阳殷遗民史迹考察》，《夏商文明研究》，郑州：中州古籍出版社，1995年。

［415］ 张莉：《登封告成春秋郑国贵族墓研究》，《中国历史文物》2007年第5期。

［416］ 张礼艳：《丰镐地区西周墓葬分期研究》，《考古学报》2012年第1期。

［417］ 张礼艳：《丰镐地区西周墓葬研究》，北京：社会科学文献出版社，2015年。

［418］ 张亮：《东周社会结构演变的考古学观察——以三晋两周地区墓葬为视角》，吉林大学博士学位论文，2014年。

［419］ 张亮、滕铭予：《中原地区东周铜器墓中的仿古器物》，《文物》2017年第7期。

［420］ 张亮：《洛阳地区战国中晚期陶器墓的分群研究》，《考古》2019年第9期。

［421］ 张亮：《中原地区战国时期洞室墓研究》，《考古》2021年第2期。

［422］ 张明东：《略论商周墓葬的毁兵葬俗》，《中国历史文物》2005年第4期。

［423］ 张明东：《商周墓葬比较研究》，北京大学博士学位论文，2005年。

［424］ 张庆久、杨华：《山东地区周代腰坑墓葬考古研究》，《中国历史文物》2008年第2期。

［425］ 张庆久：《腰坑墓葬的研究现状及相关问题》，《殷墟与商文化：殷墟科学发掘80周年纪念文集》，

北京：科学出版社，2011 年。

［426］ 张全民：《考古学文化的理论与方法》，《中国社会科学院研究生院学报》2004 年第 1 期。

［427］ 张松林：《郑州商城区域内出土的东周陶文》，《文物》1985 年第 3 期。

［428］ 张松林：《郑州商城内出土东周陶文简释》，《中原文物》1986 年第 1 期。

［429］ 张素琳：《晋南地区西周墓葬初探》，《中国历史博物馆馆刊》1998 年第 1 期。

［430］ 张天恩：《东周列国贝化的考察》，《中国钱币》1991 年第 2 期。

［431］ 张天恩：《周代棺饰与铜翣浅识》，《考古学研究（八）：邹衡先生逝世五周年纪念论文集》，北京：科学出版社，2011 年。

［432］ 张渭莲：《论豫北冀南地区东周时期的考古学文化》，《中原文物》2013 年第 4 期。

［433］ 张渭莲、段宏振：《春秋时期中原核心文化区的重构与郑国的兴衰》，《中原文化研究》2014 年第 2 期。

［434］ 张渭莲、段宏振：《东周赵国考古学文化的演进历程》，《中国国家博物馆馆刊》2016 年第 1 期。

［435］ 张闻捷：《周代用鼎制度疏证》，《考古学报》2012 年第 2 期。

［436］ 张闻捷：《东周青铜乐钟制度研究》，厦门：厦门大学出版社，2021 年。

［437］ 张辛：《郑州地区的周秦墓研究》，《考古学研究（二）》，北京：北京大学出版社，1994 年。

［438］ 张辛：《中原地区东周陶器墓葬研究》，北京：科学出版社，2002 年。

［439］ 张应桥：《河南地区西周墓葬研究》，郑州大学博士学位论文，2006 年。

［440］ 张英：《从考古学看我国东北古代民族"毁器"习俗》，《北方文物》1990 年第 3 期。

［441］ 张忠培：《中国考古学：走近历史真实之道》，北京：文物出版社，2022 年。

［442］ 章生道：《城治的形态与结构研究》，《中华帝国晚期的城市》，北京：中华书局，2000 年。

［443］ 章太炎：《诸子流别》，《国学大师说诸子百家》，昆明：云南人民出版社，2009 年。

［444］ 赵海洲：《东周秦汉时期车马埋葬研究》，北京：科学出版社，2011 年。

［445］ 赵化成：《周代棺椁多重制度研究》，《国学研究》第 5 卷，北京：北京大学出版社，1998 年。

［446］ 赵化成：《从商周"集中公墓制"到秦汉"独立陵园制"的演化轨迹》，《文物》2006 年第 7 期。

［447］ 赵立瀛、赵安启：《简述先秦城市选址及规划思想》，《城市规划》1997 年第 5 期。

［448］ 赵路花、樊温泉：《从郑国日用陶器墓看平民阶层的等级划分》，《华夏考古》2017 年第 1 期。

［449］ 赵瑞民、韩炳华：《晋系青铜器研究：类型学与文化因素分析》，太原：山西人民出版社，2005 年。

［450］ 赵世纲：《淅川楚墓王孙诰钟的分析》，《江汉考古》1986 年第 3 期。

［451］ 郑君雷：《战国燕墓的非燕文化因素及其历史背景》，《文物》2005 年第 3 期。

［452］ 周鸿：《古今森林的变迁》，《云南林业》1992 年第 3 期。

［453］ 周剑：《郑国与韩国墓葬制度比较研究》，郑州大学硕士学位论文，2014 年。

［454］ 朱凤瀚：《中国青铜器综论》，上海：上海古籍出版社，2009 年。

［455］ 朱津：《三河地区汉墓研究——兼谈汉制的形成与发展》，郑州大学博士学位论文，2015 年。

［456］ 竺可桢：《中国近五千年来气候变迁的初步研究》，《考古学报》1972 年第 1 期。

［457］ 邹衡：《郑州商城即汤都亳说》，《文物》1978 年第 2 期。

［458］ 邹衡：《关于探讨夏文化的方法问题——答方酉生同志质疑》,《河南文博通讯》1980 年第 2 期。

四、工具书（按出版时间顺序）

［1］ 中国社会科学院考古研究所：《新中国的考古发现和研究》，北京：文物出版社，1984 年。

［2］ 中国大百科全书总编辑委员会《考古学》编辑委员会：《中国大百科全书·考古学》，北京：中国大百科全书总出版社，1986 年。

［3］ 国家文物局主编：《中国文物地图集·河南分册》，北京：中国地图出版社，1991 年。

［4］ 河南省地方史志编纂委员会编纂：《河南省志·文物志》，郑州：河南人民出版社，1993 年。

［5］ 谭其骧主编：《中国历史地图集（第一册）》，北京：中国地图出版社，1996 年。

［6］ 郑州历史文化丛书编纂委员会编：《郑州市文物志》，郑州：河南人民出版社，1999 年。

［7］ 汤馀惠主编：《战国文字编》，福州：福建人民出版社，2001 年。

［8］ 郑州市文物考古研究所：《郑州文物考古与研究（一）》，北京：科学出版社，2003 年。

［9］ 中国社会科学院考古研究所：《中国考古学·夏商卷》，北京：中国社会科学出版社，2003 年。

［10］ 中国社会科学院考古研究所：《中国考古学·两周卷》，北京：中国社会科学出版社，2004 年。

［11］ 新郑市文物管理局编：《新郑市文物志》，北京：中国文史出版社，2005 年。

［12］ 方诗铭：《中国历史纪年表》，上海：上海人民出版社，2007 年。

［13］ 河南省文物局编：《河南文物》，郑州：文心出版社，2008 年。

［14］ 张志清主编：《中原文化大典·文物典·陵寝墓葬》，郑州：中州古籍出版社，2008 年。

［15］ 国家文物局编：《中国文物地图集·山西分册》，北京：中国地图出版社，2006 年。

［16］ 中国社会科学院考古研究所：《中国考古学·秦汉卷》，北京：中国社会科学出版社，2010 年。

［17］ 郑州市文物考古研究院编：《郑州文物考古与研究（二）》，北京：科学出版社，2010 年。

后　记

随着书稿的完成，我心中充满了无尽的感慨与深深的感激。这本小书，实际上是我2016年博士学位论文的修订之作。虽然整体架构与核心内容未有根本性的变动，但每一字每一句，都凝聚了我对于考古的无限热爱与不懈追求。它不仅是我个人学术旅程中的一个重要阶段性成果，更汇聚了众多师友、家人以及同仁的信任与期望。

回顾自己的成长与求学之路，我感触良多。出身于豫东农村的一个普通家庭，如今能够成为一名高校教师，这一路的艰辛与不易，我铭记于心。我深知，每一步的成长与进步，都离不开家人的默默支持、师长的悉心教诲以及好友的无私帮助。在此，向他们表达我最深切的谢意。

我要特别感谢我的导师韩国河先生。他的严谨治学与博学多识，一直是我学术探索之路上的明灯。韩师不仅引领我步入学术的殿堂，更在人生旅途中扮演了至关重要的角色。他的言传身教、悉心指导与无私奉献，让我深刻领会了学者的风范与师德的典范。自本科以来，在我成长的每一个关键节点，韩师都以他的智慧与经验为我指引方向，让我在困惑与挑战中找到前行的勇气。同时，我也要衷心感谢师母赵炜女士，无论是学业、生活还是家庭，她都给予了我无微不至的关怀与支持，为我提供了不竭的动力。

我出生在豫东永城的一个农村家庭，父母都是小学教师。他们对我的严格要求，使我在学习上始终保持优异。然而，在中招考试中，我并未发挥出最佳状态。我依然记得那个炎炎的夏日，父亲带着筹集的三千元赞助费，陪我去高中报名的情景。那一刻，我深刻体会到了父母的辛劳与付出。尽管他们收入微薄，却始终不放弃教书育人的使命，同时还要兼顾农活与家计。因此，在即将初中毕业之际，我毅然决然地放弃了当时看似稳妥的中师分配机会，选择报考高中，决心走出一条属于自己的道路。

2000年，高考结束后，我受到同乡张志清先生的影响，将郑州大学考古学专业作为我的第一志愿。这一选择，悄无声息地改变了我的人生轨迹。在本科四年的学习中，我在考古系各位老师的悉心指导下，参与了多次田野考古实习，收获颇丰。我的性格也由内向逐渐变得开朗。尽管我的学习成绩一直不算突出，但我依然选择报考本校的研究生，并幸运地以专业第一名的成绩被录取，这也是我在大考中取得的最好成绩。在韩师的信任与指导下，我有幸深入学习战国秦汉考古。

硕士毕业后，我入职南京市博物馆考古部（现南京市考古研究院），开启了我的职业生涯。在南京工作的四年里，我结识了许多志同道合的同事与朋友。在王志高先生的带领下，我负责了南京窑岗村明代琉璃窑遗址的考古工作，该项目还入选"2008年全国重要考古发现"。这段经历不仅丰富了我的考古实践，也坚定了我投身考古事业的决心。然而，由于家庭原因，我于2011年调入安阳师范学院资源与环境学院，担任辅导员工作。在李继文先生的支持与鼓励下，我在2012年脱产考入郑州大学，继续跟随韩师攻读考古学博士学位。这一决定对我来说既是挑战也是机遇，它让我有机会更深入地探索考古学，并在学术道路上迈出了坚实的步伐。

博士求学期间，我历经了人生的起伏与变迁，既有迎接儿子诞生的喜悦，也承受了岳母离世的哀痛，这些交织的情感一度动摇了我读博的决心。正是在韩师的耐心指导和无私关怀下，加之爱人的坚定鼓励，以及刘尊志、赵海洲、郜向平等兄长的关心支持，我才得以重新找回前行的力量，最终顺利完成了博士论文。在论文的撰写过程中，我还幸运地得到张志清、刘海旺、蔡全法、马俊才、樊温泉等多位先生的慷慨相助，在此向他们表达我诚挚的感谢。在博士论文答辩之际，我们组有幸邀请到刘庆柱先生担任答辩委员会主席，并由孙新民、唐际根、张国硕、靳松安等先生组成答辩委员会。他们不仅对论文提出了中肯而深刻的意见，还给予了宝贵的修改建议。我衷心感谢参加答辩的诸位先生的鼓励与帮助，他们的智慧与学识让我受益匪浅。还特别感谢提出宝贵意见的论文盲评专家们，他们的专业指导对提升本研究的深度至关重要。同时，也深深感谢在我攻读博士学位期间给予无私帮助与支持的同窗和同门，正是他们的陪伴与共同奋斗，让这段读博旅程变得如此充实和有意义。

博士毕业后，我留校工作。近八年来，我一直在讲台与考古工地之间奔波，有时忽视了家庭，也忽略了自我学习。幸运的是，我的家人一直是我最坚强的后盾，无论我面临怎样的困难与挑战，他们始终在我身边给予我无尽的支持与鼓励。他们的理解和付出，是我能够坚持学术追求的重要动力。今年，学院安排我兼任部分行政工作，并带队指导学生田野考古实习，我深感责任重大，唯有继续努力，才能不辜负师友的期望。于此，我衷心感谢郑州大学考古与文化遗产学院各位领导和老师的信任与支持，他们为我提供了宝贵的舞台和无尽的激励。同时，我也要向科学出版社的张亚娜女士和闫广宇先生致以诚挚的谢意，正是他们的鼓励、支持和不懈努力，使得这本小书得以顺利完成并呈现于世。

陈钦龙

2024 年 6 月